据教育部最新要求编写

DAXUESHENG ZHIYE SHENGYA GUIHUA YU FUDAO

大学生职业生涯规划与辅导

曾美英　窦秀明◎编著

北京航空航天大学出版社

内 容 简 介

本书以学生中心、能力本位、就业导向等理念为指引，全面介绍了大学生职业生涯规划、求职就业以及创业的基本理论、基本方法与操作技术。全书共分15章，基本按照“基础—规划—求职—适应—创业—咨询—测评”的逻辑顺序展开。

本书注重理论与实践的有机结合，行文深入浅出，通俗易懂。全书内容齐备，结构合理，逻辑清晰，既可作为大学生职业生涯规划和就业指导方面的教材，也可作为大学生增长阅历、丰富知识的自学读物。

图书在版编目(CIP)数据

大学生职业生涯规划与辅导/曾美英，窦秀明编著.
北京：北京航空航天大学出版社，2008.7
ISBN 978-7-81124-354-3

Ⅰ.大… Ⅱ.①曾…②窦… Ⅲ.大学生—职业选择
Ⅳ.G647.38

中国版本图书馆CIP数据核字(2008)第083626号

大学生职业生涯规划与辅导

曾美英 窦秀明 编著
责任编辑 吉瑾 王雁威
*
北京航空航天大学出版社出版发行
北京市海淀区学院路37号(100083) 发行部电话：010-82317024 传真：010-82328026
http://www.buaapress.com.cn E-mail：bhpress@263.net
涿州市新华印刷有限公司印装 各地书店经销
*
开本：787×960 1/16 印张：17 字数：381千字
2008年7月第1版 2008年7月第1次印刷 印数：1~5 000册
ISBN 978-7-81124-354-3 定价：28.00元

序　言

党的十七大报告明确指出要“积极做好高校毕业生就业工作”。国务院办公厅2007年12月下发的《大学生职业发展与就业指导课程教学要求》则进一步明确了做好高校毕业生就业工作的重要途径——大学生职业发展与就业指导课程的教学目标、内容、方式、管理与评估手段。本书正是全面贯彻十七大精神，并全面落实《大学生职业发展与就业指导课程教学要求》之作。

《大学生职业发展与就业指导课程教学要求》将大学生职业发展与就业指导课程的教学目标分为三个层面，即态度层面、知识层面和技能层面。期望通过激发大学生职业生涯发展的自主意识，树立正确的就业观，促使大学生理性地规划自身未来的发展，并努力在学习过程中自觉地提高就业能力和职业生涯管理能力。

态度是行为的动力。本书的各章安排都注意了教学的态度目标。例如“绪论”中“不同思维的两种人生”的延展知识，就以故事的形式说明了自主意识和思维的价值；“自我认知”中则通过“自我认知对大学生择业的影响”内容，向大学生指明了自我探索的重要性。同时，在本书各章安排中，每章均以一句名人名言开始，这既起到了提纲挈领的作用，又起到了激励和促使大学生内省，合理规划自己未来的作用，从而自觉地树立正确的就业观。如“有所作为是生活中的最高境界”，“职业是天然的医生，对人为幸福来说是本质的”，“选择一个目标并坚持下去——这一步路，就将改变一切”，等等。

知识是行为的基础。本书就职业、职业生涯发展、职业生涯规划以及求职、就业、创业等各方面的知识都做了系统的梳理与介绍，章节大体上按照“基础—规划—求职—适应—创业”的顺序安排。另外，为了进一步扩展大学生的职业规划和辅导知识，在最后又增加了和职业规划与辅导密切相关的“职业咨询”与“职业测评”内容，从而使全书内容齐备，结构合理，逻辑清晰。

能力是行为的条件。本书极其重视大学生职业生涯规划与就业能力的培养。具体地说，在有关职业生涯规划的各个章节，均提供了相关的职业规划技术，如自我认知的橱窗分析法、环境分析的SWOT技术和职业决策的平衡单技术等。在

“就业能力的提升”章节中，指明了就业能力提升的策略；在“求职策略”章节中，详细介绍了面试、简历撰写以及心理调适的方法和策略；而在“职业咨询”和“职业测评”章节中，也以一定的篇幅重点介绍了相关的方法和技术。

本书由北京联合大学师范学院曾美英和窦秀明两位老师共同编写。具体分工如下：曾美英编写第一章至第八章、第十二章、第十四章和第十五章；窦秀明编写第九章、第十章、第十一章和第十三章。最后由曾美英老师对全书进行审定和统稿。

本书是在借鉴、参考和引用国内外大量文献资料的基础上完成的。限于篇幅，只列出了主要参考文献，对相关的论文和著作未能一一列出，谨此向有关作者表示衷心感谢！

本书既可作为高等院校大学生职业生涯规划以及就业辅导、职业辅导相关课程的教材，也可作为从事大学生职业生涯规划与辅导的工作者以及大学生的参考读物。

由于水平有限，不当和错误之处，恳请专家、同行及广大读者批评指正。

编　者

2008 年 5 月

目 录

第一章　绪　论

有所作为是生活中的最高境界。

——弗里德里希·恩格斯[德]

随着高等教育大众化的发展和知识经济时代的来临,就业问题成为全世界都面临的一个严重问题,大学生的整体就业形势也日趋严峻。职业生涯规划与职业辅导是大学生得以顺利就业的重要保障,也是促进大学生了解自我、探索自我,提高职业生涯规划能力和求职技巧,促使潜能和个性得到充分发展的重要途径。

第一节　职业与就业

一、职　业

(一)涵　义

现代社会被称为职业社会,职场中的人则被称为"职业人",这无不表明"职业"对于生存和生活在当下社会的人类个体,有着多么重要的意义。

其中,国外学者主要是从社会学和心理学两个角度来界定。例如,美国社会学家塞尔兹认为:"职业是一个人为了不断取得收入而连续从事的具有市场价值的特殊活动,这种活动决定着从事它的那个人的社会地位。只有具备了技术性、经济性与社会性三要素的社会活动方可列入职业范畴。"美国学者泰勒认为:"职业的社会学概念,可以解释为一套成为模式的与特殊工作经验有关的人群关系","职业是用以组成一个社会的一种地位范畴。"日本学者尾高邦雄认为:"所谓职业,是个性的发挥,任务的实现和维持生活的连续性的人类活动。"日本劳动问题专家保谷六郎认为:"职业是有劳动能力的人为了生活所需而发挥个人能力,向社会作贡献而连续从事的活动。"

我国学者对职业内涵的描述则非常注重职业主体或者客体两个方面。例如,职业"是个人在社会中所从事的作为主要生活来源的工作,是专业的、非业余的。"职业"指从业人员为获取主要生活来源所从事的社会工作类别。"职业"是个人所从事的具有特定内容和方式的,并作为主要生活来源的具体工作。"职业是"人们在社会生活中所从事的,并作为自我主要生活来源的,在社会分工中具有专门职能的工作。职业具有社会性、目的性、技术性、稳定性和群体性五个特性。"职业"指社会人员按照社会分工所从事的相对稳定、合法、有报酬的工作。如教师、警察、会计、医生、营业员、厨师、秘书、驾驶员、保安、理发师、法官、公务员、军人、清洁工、记者、咨询师、演员、作家等，都是职业的名称。职业具有社会性、有偿性、稳定性、规范性等基本特征。”职业是“在业人员所从事有偿工作的种类。”

现在一般认为，职业是参与社会分工，利用专门的知识和技能，为社会创造物质财富和精神财富，获取合理报酬作为物质生活来源，并满足精神需求的工作。这一定义包含了四层意义：

首先，与人类的需求和职业结构相关，强调社会分工；

其次，与职业的内在属性相关，强调利用专门的知识和技能；

再次，与社会伦理相关，强调创造物质财富和精神财富，获得合理报酬；

最后，与个人生活相关，强调物质生活来源，并设计满足精神生活。

职业由三个基本要素构成：一是劳动，这是职业的具体行为表现；二是有固定的报酬收入，这是职业对个体的现实意义；三是承担一定职责并得到社会的承认，这是职业的社会意义。这些要素充分体现了职业是社会与个人、整体与个体的结合点，社会整体依靠每一个个体通过职业活动来推动和实现发展目标，个体则通过职业活动对整体作出贡献并索取一定的回报以维持生活。整个社会因众多的职业分工和从业者的工作构成了人类共同生活的基本结构。简而言之，作为职业，谋生是基础，个人发展是追求，推动社会发展是终极意义。

(二)特　征

1. 职业的社会属性

职业是人类在劳动过程中的分工现象，它体现的是劳动力与劳动资料之间的结合关系，其实也体现出劳动者之间的关系，劳动产品的交换体现的是不同职业之间的劳动交换关系。这种在劳动过程中结成的人与人的关系无疑是社会性的，他们之间的劳动交换反映的是不同职业之间的等价关系，这反映了职业活动和职业劳动成果的社会属性。

2. 职业的规范性

职业的规范性应该包含两层含义：一是职业内部的规范操作要求性，二是职业道德的规范性。不同职业在其劳动过程中都有一定的操作规范性，这是保证职业活动的专业性要求。当不同职业在对外展现其服务时，还存在一个伦理范畴的规范性，即职业道德。这两种规范性构成了职业规范的内涵与外延。

3. 职业的功利性

职业的功利性也叫职业的经济性，指职业作为人们赖以谋生的在劳动过程中所具有的逐利性的一面。职业活动中既要满足职业者自己的需要，同时也要满足社会的需要，只有把职业的个人功利性与社会功利性结合起来，个人的职业活动及职业生涯才具有生命力和意义。

4. 职业的技术性和时代性

职业的技术性指不同的职业具有不同的技术要求，特定的职业有特定的技术要求。职业的时代性则指由于科学技术的变化以及人们生活方式、生活习惯等因素的变化使职业不可避免地都打上了那个时代的“烙印”。

二、就 业

(一)涵 义

就业的涵义通常有广义和狭义之分。

从广义上讲,就业指具有劳动能力的公民在法定的劳动年龄内,依法从事某种有报酬或有劳动收入的社会职业。它一般有四层含义:一是劳动者具有劳动能力,包括劳动权利和劳动行为;二是达到法定年龄,即必须年满16周岁;三是从事的劳动是有报酬或劳动收入的职业;四是这种劳动得到社会承认并且是合法的。

按照我国就业政策的规定,只要是劳动者通过一定途径,实现同生产资料相结合,从事一种合法的社会劳动取得一定的报酬或劳动收入,就是就业。因此,无论是在国家机关、事业单位、国有企业、集体企业、三资企业、私营企业、个体企业谋求职业,还是自主创业,都应视为就业。

从狭义上讲,就业通常特指毕业生通过"双向选择"而就业的形式,即以毕业生和用人单位为双主体的市场就业方式。学校向毕业生出具推荐表(函、信),毕业生通过人才市场或各种形式的供需见面活动等途径与用人单位直接见面洽谈,进行双向沟通,双方达成统一,签订"双选合同"或"就业协议书",经学校和地方毕业生就业主管部门签章同意后,走上工作岗位,即可形成就业。

(二)就业岗位

毕业生的就业岗位可以概括为六种类型:

1. 科研型

指从事科研和科学实验等职业,范围包括各种科学调查与实验、开发新产品及一切疑难问题的探讨等。

2. 设计型

指主要从事规划设计等职业,范围包括城市、矿山、资源、人口、城市绿化、供水、供电、道路、居民小区等规划设计。

3. 管理型

指主要从事工程组织管理工作、人员管理工作等职业,从人才市场需求来看,有相当多的毕业生可能从事这类职业。

4. 社会型

指主要从事人的工作职业,即教育人、医治人、帮助人的工作,如教师、医生、政工干部、社团工作者等。

5. 企业型

指那些在企业第一线从事某项技术的职业,如企业技术岗位的骨干、车间主任助理、项目经理助理和营销主管等。

6. 艺术型

指艺术创造等职业,即用语言、音响、动作、色彩等创造艺术作品的工作。

【延展阅读】

中国职业TOP10排行榜

1. 销售(顾问型销售)

提名理由:在每一个发展正常的公司,销售人员开的车都比老总的好。千万别因为各个行业销售人才缺口的百万量级就一脚踏进来,专家们说,做到了顾问型销售的才是一流,并非人人都能练就九阳神功第十重。

2. IT工程师

提名理由:无论是熬夜干活的软件工人还是闲着数辆保时捷跑车没时间开的金领新贵,这个行业给了每个从业者均等的朝阳曙光,不信?看看那些跟刀抗母(.com)有关的公司股票吧。

3. 建筑设计师

提名理由:房地产有多热,建筑设计师就有多热。更何况,他们的衡量标准不是工作量,而是创意。国内高级建筑设计师的年薪在30万~100万人民币之间,那些因为一项设计而改变城市的设计师的年薪则不可估计。

4. 高级技师

提名理由:哪所大学能培养出高水平的汽车修理工?培养出一个高技术的蓝领会比写字楼里案头工作的白领更有价值,因为他们并非理想中工作的主流,高级技师已经成为稀缺资源。

5. 公务员

提名理由:100万人争考公务员的场面已经很能说明问题了,一个来自清华大学的应届生说:前几年,几乎所有同学都一窝蜂考托福出国,现在大家都忙着备战公务员考试。公务员的工资可能不吸引人,但相对稳定,而且地位和待遇正在逐年提高。

6. 职业经理人

提名理由:职业经理人,这个游戏只适合有才能有野心的人玩。从事这个职业,你有权调配手中资源和千军万马;有可观的收入,有受人尊重的理由,有实现价值的平台。

7. 人力资源总监

提名理由:二十一世纪最贵的是什么?人才?非也!找人才的人。千里马易得,千里马伯乐难求。人力资源部门的位置正在上升成为组织管理者的重要战略合作伙伴。

8. 投资经理

提名理由:首先,只有极少一部分人才能成为投资经理;其次,优秀的投资经理永远是被钱追着跑;最后,生产工具只有一副头脑而已。投资经理目前的人才缺口为3万~5万,未来3年的需求量将成倍增长。

9. 咨询业项目经理

提名理由:未来几年的咨询行业必然会以高于两位数的速度高速增长,需求无可估量。而他们本身的要求非常高,集专业能力和管理能力于一身。资深的咨询顾问年薪可达10万以上,高级项目经理的年薪则在30万~50万以上。

10. 律　师

提名理由:随着我国法治建设进程的不断推进,律师这个行当的社会需求越来越多,而律师的收入也高居职业排行前列。这类职业年薪收入在10万~100万之间浮动。一句话,供给多,需求更多。

来源 [2007-07-17].世界经理人数据.

三、就业和择业的关系

就业是使个体在社会分工中处于某种职业角色的行为,这种行为状态,可能是连续的,也可能是间断的。择业(选择职业)则是个体进入就业状态的必要环节。一个人处于失业(自愿或不自愿)状态时,其后也意味着再次择业。广义的就业是由择业、失业、再择业构成的,即择业是就业的基础,就业是建立在科学择业的基础上,两者紧密联系,不可分离。

关于就业与择业的关系,目前比较流行一种"先就业再择业"的提法。这主要是针对盲目择业现象提出的。盲目择业就是只考虑自身因素,而忽视职位和社会需求的现象;盲目就业则走向另一极端,只看岗位,而忽视自身需要。盲目就业意味着盲目择业,这就潜伏了较大失业概率的危机,所以先就业再择业只是特定时期的权宜之计。其实,"先"与"后"是一个求职的策略问题,毕业生应根据当前就业形势和自身情况的比较而决定,只有科学择业才能科学就业。

四、当前高校毕业生的就业形势

当前,高校毕业生的就业总体情况是:大学生大众化就业与社会总体就业形势严峻相互叠加,高校毕业生"就业难"问题凸显。大学生就业形势严峻。

"十五"期间,随着我国高等教育规模的扩大,我国高校毕业生数量进入一个急剧增加的阶段,毕业生总量逐年以几十万人的数量持续增长,2003年(扩招后毕业生全面毕业的第一年)我国高校毕业生人数为212万,2004年280万,2005年380万,2006年413万,4年内增加了201万。预计到2008年全国高校毕业生人数将达到540万左右,是首届扩招后的2003年毕业生人数的两倍多。

同时,大学生就业已进入大众化就业阶段。从整体上看,我国目前已处在劳动年龄人口增长高峰期,"十五"时期(2001—2005年)劳动年龄人口增长最为迅速,年均增长1360万人。据有关部门统计,今后几年全国城镇每年还将新增劳动力1000万人。未来几年,中国16岁以上人口将以年均550万人的规模增长,到2020年劳动年龄人口总规模将达到9.4亿人。在劳动年龄人口持续增长的同时,目前尚有1.5亿农村富余劳动力需要转移,有1100万以上的下岗失业人员需要再就业。这些都使得社会总体就业形势比较严峻,大学生就业难问题更加凸显。另据教育部统计,大学生待业人数年年增长:2001年有34万大学生待业,2002年37万,2003年52万,2004年69万,2005年则达到了79万。预计这个数字今后还将保持一定程度的增长。

第二节　职业生涯及其影响因素

一、职业生涯的涵义

职业生涯(career)从字源看,来源于罗马字"viaca rraria"及拉丁字"carrus",二者均指古代的战车。在希腊,"career"这个字是疯狂竞赛精神的意思。因此西方概念中,使用职业生涯一词就如同在马场上奔驰竞技,隐含有未知及冒险的精神。

目前对"职业生涯"的涵义还没有统一的界定,不同的学者则从不同的角度进行论述。法国的权威词典将职业生涯界定为"表现为连续性的分阶段、分等级的职业经历"。美国学者雷蒙德·伊诺认为"职业生涯是指一个人一生经历的与工作相关的经验方式,这种工作经历包括职位、职务经验和工作任务"。罗斯威尔和思莱德将职业生涯界定为"人的一生中与工作相关的活动、行为、态度、价值观、愿望的有机整体"。我国则有学者认为,"职业生涯是指一个人一生中所有与职业相联系的行为与活动,以及相关的态度、价值观、愿望等连续性经历的过程,也是一个人一生中职业、职位的变迁及工作理想的实现过程"。

尽管不同的学者对职业生涯有不同的认识,但作为一种客观存在,职业生涯的基本涵义应主要包括以下内容:

①职业生涯是个体的概念,是个体的行为经历,而非群体或组织的行为经历;

②职业生涯是职业的概念,实质是一个人一生中的职业经历或历程;

③职业生涯是时间的概念,指职业生涯期。这种职业生涯期起始于最初工作之前的专门职业学习和训练,终止于完全结束或退出职业工作。实际的职业生涯期在不同个体之间的差别很大,有长有短;

④职业生涯是发展和动态的概念,寓意着个人的具体职业内容和职位的发展和变化。职业生涯不仅表示职业工作的时间长短,而且内含着职业变更与发展的经历和过程,包括从事何种职业,职业发展的阶段,职业的转换、晋升等具体内容。

二、职业生涯形态

职业心理学家舒伯指出,每个人都有独特的职业生涯形态,而这种形态的不同,会对人的发展产生重要的影响。良好的职业生涯形态,能使事业获得成功,不良的职业生涯形态,将使事业一事无成。

日本职业生涯专家高桥宪行则进一步将人的职业生涯形态做了归纳与概述,共总结出 18 种职业生涯形态。

1. 超级巨星型

知名度极高,一举一动常常在无形之中牵动许多人的利益,是众所周知的知名人士。

2. 卓越精英型

品行端正,知识丰富,具有敏锐的观察力,常常适时化险为夷,扭转乾坤。

3. 劳碌型

安分守己，过着朝九晚五的安定生活。

4. 得过且过型

缺乏理想、抱负，很少为工作奋斗和拼搏，凡事只求生活过得去即可。

5. 捉襟见肘型

机会来了不知把握，机会走了又怨天尤人，自暴自弃。

6. 祸从口出型

喜欢批评，常在言中将过错推卸给别人，喜欢标新立异，又常常提出一些根本无法实现的计划。

7. 中兴二代型

继承可观家产，又能兢兢业业发扬光大。

8. 出外磨练型

将第二代接班人送到外部公司去工作，从基层做起，靠自身的能力、才能发展自己，磨练成长。

9. 家道中落型

面对困境时，常常束手无策，欲振乏力。

10. 游龙翻身型

能充分运用人生的蛰伏期，深刻思考自己的未来，并重新规划自己，终至飞跃。

11. 转业成功型

面对生涯困境，能迈开步伐，解脱束缚，另谋出路，闯出一番天地。

12. 一飞冲天型

智能与经营才华出众，又有冲劲，遇有赏识者提供必要的资源，就能一跃而起。

13. 强力搭档型

在人生中幸遇知音，志趣相投，并在能力互补的强力搭档配合下，开创成功的生涯。

14. 福星高照型

相当幸运，往往随着时势的推移，在风云际会中成就美好的事业前程。

15. 暴起暴落型

人生多舛，起浮不定，崛起、衰败往往均在朝夕之间。

16. 随波逐流型

目标不够明确，策略不够坚定，行动也常三心二意，因此只有随波逐流，难有创进。

17. 强者落日型

能够呼风唤雨，才能出众，但常因人生的际遇，虎落平阳，以至了度残生。

18. 一技在身型

专精于某一领域，脚踏实地，专心钻研，始终不懈，终获得事业的成功。

【延展阅读】

不同思维的两种人生

有一个小村庄，村庄里除了雨水没有任何水源，为了解决这个问题，村里的长者决定签订一份送水合同,以便每天都能有人把水送到村子里,有两个人愿意接受这份工作,于是村里的长者把这份合同同时给了这两个人。

得到合同的两个人中有一个叫艾德,立刻行动了起来,每日奔波于1公里以外的湖泊和村庄之间,用他的两只桶从湖中打水并运回村庄,再把打来的水倒在由村民们修建的一个结实的大蓄水池中。尽管这是一项相当艰苦的工作,但是艾德很高兴,因为他能不断地挣钱。

另外一个获得合同的人叫比尔,令人奇怪的是自从签订合同后比尔就消失了,几个月来,人们一直没有看见过比尔。这点更令艾德兴奋不已,由于没人与他竞争,他挣到了所有的水钱。

比尔干什么去了呢?他做了一份详细的商业计划,并凭借这份计划书找到了4位投资者,他们一起开了一家公司,6个月后,比尔带着一个施工队和一笔投资回到了村庄。花了整整一年的时间,比尔的施工队修建了一条从村庄通往湖泊大容量的不锈钢管道,并向周围村庄推销他的快速、低成本并且卫生的送水系统。每送出一桶水他只赚1便士,但是每天他能送几十万桶水。所挣的钱便都流入了比尔的银行账户。

艾德在他的余生里仍拼命地工作,最终还是陷入了"永久"的财务问题。

来源 (2005-11-09). http://www. cnrencai. com.

三、职业生涯的影响因素

影响职业生涯的因素是多方面的,有个人素质、心理等主观方面的因素,也有社会环境、机遇等客观方面的因素,他们相互联系、相互影响,好比房子周围支撑篱笆的桩柱,假如你移动其中的一根,整道篱笆就会改变形状。

(一)个体主观因素

1. 健 康

健康是最具影响力的一项,几乎所有的职业都需要健康的身体。试想一下,如果一位舞蹈学生,不慎摔伤造成身残后,还怎么能够走她所喜爱的舞蹈这条职业道路呢?当然,也有人因为克服残疾的噩运而变得更加坚强,如霍金、张海迪等。

2. 个性特征

不同气质、性格、能力的人适合不同类别的工作。如多血质的人较适合做管理、记者、外交等,不适合做过细的、单调的机械工作。如果做与自己个性特征不相吻合的工作,那么,就容易觉得自己的活力被束缚,思想被禁锢。

3. 兴趣爱好

与职业有关的兴趣称之为职业兴趣,不同的职业兴趣要求对应的职业不同。如喜欢具体工作的,相应的职业有室内装饰、园林、美容、机械维修等;而喜欢抽象和创造性工作的,相应的职业有经济分析师、新产品开发、社会调查各类科研工作等。

4. 负 担

负担是对别人(多为家人和朋友)、对社会及对财务状况所承担的义务。成人必定会受各种义务的束缚,选择职业也绝不可能毫不考虑个人的生活状态。所以,最初选职业考虑薪金,是非常正常的一个现象。

5. 性　别

虽然男女平等是基本国策,但"性别因素"仍然在职业发展中扮演着重要的角色。职业性别隔离严重存在,很少人能漠视性别问题。当然,如果你坚信男女两性在智慧和能力上基本相同,那么你的性别应该不会影响你的事业选择和事业成功。

6. 年　龄

对工作的看法和态度、尝试新事物的勇气、对胜任任务的能力和经验,不同的年龄表现都会有所不同。例如,年轻人充满朝气、锐意进取、有魄力,所以可能就比较适合 IT 行业;但是中年以后,追求稳定,就愿意从事稳定的工作,不太适合再从事 IT 这方面的工作。

7. 受教育程度

一个人所受到的教育程度和水平,直接影响他的职业选择方向和获取他喜欢的职业的机率。例如,目前应聘高校教师一般需要博士学历,而中小学教师本科学历就可以了。

(二)社会环境因素

1. 家　庭

每个个体所成长的环境,对他们的职业生涯都会大有影响。首先,教育方式的不同,造成他们认知世界的方法不同;其次,父母职业是孩子最早观察模仿的角色,孩子必然会得到父母职业技能的熏陶;再次,父母的价值观、态度、行为、人际关系等对孩子的职业选择也会起到直接和间接的影响作用。因而,我们常常看到艺术世家、教育世家、商贾世家等。

2. 朋友、同龄群体

朋友、同龄群体的工作价值观、工作态度、行为特点等不可避免地会影响到个人对职业的偏好、选择从事某一类职业的机会和变换职业的可能性等方面。张璨是美国一位拥有亿万资产的年轻女总裁,当年在找工作时,就是同学引领她走向商界,走向电脑业。

3. 社会环境

社会环境中流行的工作价值观、政治经济形势、产业结构的变动等因素,无疑都在个人职业选择上留下深深的烙印。"五十年代的兵,七十年代的工人,九十年代的个体户,二十一世纪的 IT 业商人",每年的职业地位排序都对高考志愿的选择和就业选择起到不可忽视的影响。不同的社会环境所给予个人的职业信息是不同的。

(三)机　遇

机遇是影响职业生涯的偶然因素,但是对个人的职业生涯而言,有时又具有决定性的作用。机遇是随机出现的、具有偶然性因素的事物,它包括社会各种职业对一个人展示的随机性的岗位,或者说是一个人能够就业和流动的各种职业岗位,也包括能够给个人提供发展的职业境遇。机遇本身是客观存在的,但机遇只垂青于那些有准备的人。个人的能动性会导致寻求到新的发展机会,或者自己创造机会,许多事业上成功的人,不是靠家庭、亲友的帮助,也不依赖社会给予的现成机会,而是靠自己的努力奋斗和开拓进取。

第三节　职业生涯规划与职业辅导

一、职业生涯规划与职业辅导的内涵

(一)职业生涯规划的涵义

职业生涯规划也称生涯规划、职业生涯设计,简单说就是针对职业生涯所做的设计。这一概念是由著名管理学家诺斯威尔最先提出的,诺斯威尔指出:“职业生涯设计就是个人结合自身情况以及眼前制约因素,为自己实现职业目标而确定行动方向、行动时间和行动方案。”换句话说,职业生涯设计或规划就是个体为未来职业发展所作的策划和准备。

职业生涯规划的主要内容包括:确立阶段性和长期性的职业目标;确定适合自己发展道路的方式、方法;明确将要进行的调整和各项准备等等。

职业生涯规划的目的就是让你考虑自己一生的生计,做一个个人的选择,以便使自己的潜力、精力得以充分发挥,拥有一个满意的、富有挑战性的和自我实现的事业,为社会也为自己创造最大的价值。简单地说,也就是通过职业生涯的规划和职业道路的选择,实现自己的人生价值。

(二)职业辅导的涵义

职业辅导,也称为“职业指导”或“就业指导”,它是为需要获得职业的人提供如何获得适合自己职业的服务,换句话说,辅导各类求职者就业。广义上的职业辅导不仅为求职者传递就业信息,帮助劳动者求职和择业,促进求职者与职业的结合,还包括对择业的准备阶段和选择阶段进行指导,即它是“一个系列性的综合咨询服务活动,以被指导者的自身特点、意愿与社会职业的需要相协调为前提,帮助指导其树立正确的就业意识,并为其选择职业、准备就业,以及在职业中求发展、求进步等方面提供知识、经验和技能,组织劳动力市场以及推荐介绍、组织招聘等与就业有关的活动。”

(三)职业生涯规划理念应纳入大学生职业辅导中

对于在校的大学生来说,只有及早了解自身的性格特点与素质优势,设计自己的职业生涯,明确自己的职业目标,尽可能多地接触和学习职场规则,才有可能在将来激烈的就业竞争中把握住机会从而成功就业。因此,将职业生涯规划理念融入大学生的职业辅导工作中,对于大学生的人生发展来说具有非常重要的战略意义和现实意义。

【延展阅读】

大学生职业指导的历史回顾

自从人类社会开始职业分工,职业指导也就开始出现了。但作为一种专门的社会服务工作和研究课题,现代意义上的职业指导肇始于19世纪末,发展于20世纪初。我国的职业指导则出现于五四以后,最早是由教育部门在国内提倡的。

1916年,清华大学校长周诒春首次将心理测试的手段应用在学生选择职业中,同时清华大学

开展了多种形式的职业指导活动，成立了相关的机构，这标志着职业指导在我国开始建立。此后，其他一些学校纷纷仿效，一些社会团体和职业介绍机构开始陆续建立，这些都使得我国的职业教育和职业指导得到了一定程度的发展。当时的国民政府还通过了推行职业指导的议案并制定颁布了实施办法。但因旧中国经济凋敝加上战乱的频繁，职业指导基本处于停滞状态。

新中国成立后，由于国家对劳动力采取统包统配的办法，职业指导一度被单纯的思想教育所取代。直到改革开放以后，为适应经济社会发展要求，党和政府开辟多种就业渠道推动就业，职业指导随之发展起来。20世纪80年代初，各地开始设立人才交流中心，为社会就业人员谋求职业、提供服务。

随着高校毕业生就业制度改革的深入发展，我国高校毕业生职业指导工作也应运而生。1988年国家教委学生司出版了《大学生求职择业指导》，标志着大学生职业指导的开端。深圳大学在全国高校率先成立了"职业指导中心"，并开设就业辅导课，编发《职业指导报》，利用电脑搜集、贮存就业信息，设置就业信息公布栏，组织用人单位进行招聘等。

1993年，国家教委成立了"全国高校毕业生职业指导中心"，并要求各地和高校也要逐步建立起职业指导机构并开展工作。从1994年起，国家教委每年举办毕业生职业指导人员和任课教师培训班，1995年组织编写出版了统编教材《大学生职业指导》，1997年制订了《大学生职业指导教学大纲》。1997年3月，国家教委颁发了《普通高校毕业生就业工作暂行规定》，对大学职业指导工作做出了明确的规定。"十五"期间，国家出台了一系列普通高校毕业生就业政策，我国大学生职业指导进入了一个蓬勃发展的新阶段。

二、大学生职业辅导的主要内容和任务

由于大学生职业辅导是一个系统性的工程，所以指导的过程和内容必须全面、具体，并要充分结合我国的国情和大学生的特点。从现阶段看，大学生职业辅导的主要内容应至少包括以下几个方面：

1. 大学生就业政策指导

国家有关毕业生的就业政策以及各个学校的具体就业操作办法，是调控和引导大学生就业的基本依据，它是大学生职业辅导的基础。因此，不但直接从事高校就业工作的专门人员需要掌握，每一个在校大学生都应对就业政策有所了解，避免在就业过程中走弯路。

具体而言，大学生应了解国家制定的全国性就业方针政策、有关部门和省市制定的行业性和区域性就业政策以及学校自行制定的具体实施办法等，了解就业渠道，了解毕业生就业的程序和就业办理手续等，应明确哪些是政策允许鼓励的，哪些是受到政策限制的，按政策规定自己的优势和劣势又分别在哪。这样能让毕业生纠正自己的片面认识和幻想，引导他们根据国家需要，结合个人实际，在就业政策允许的范围内选择职业和单位。另外，大学生就业是以普通劳动者的身份进行的，法律法规所确定的有关劳动者的权利和义务，大学生也应有所了解，比如国家劳动人事制度、《劳动法》、《合同法》等相关法律法规，这样可提早明确自己的权利和义务，能在自身权益受到侵害时，知道如何用法律武器保护自己。同时也可避免违反法律法规的行为。

2. 就业形势和择业观指导

就业形势是大学生就业时面临的总体就业状况，包括社会需求情况、求职者规模、供需比例、薪酬行情等方面，指导大学生全面把握和理智认识就业形势是大学生职业辅导产生实际效用的前提，树立正确的择业观、规划职业生涯、实施就业准备等都要以顺应就业形势为前提。

有了对就业形势的估计和分析，大学生就会建立自己的择业观。择业观是一个人的人生观、价值观在择业问题上的综合反映，是人们对于择业目的、意义的根本看法，它决定着人们的择业方向。因此，择业观的正确与否直接影响到毕业生对职业的选择，对择业标准的确立，进而影响到毕业生能否实现顺利就业。

当前，由于社会正处在转型时期，政治、经济、文化和社会等多方面都会对大学生的择业观产生影响，大学生的择业标准也出现多样化的趋势。这种现象是好的，它说明我们的社会正变得越来越民主和多元。但是在大学生择业时仍出现不少新问题：比如就业期望值太高，不能正确看待就业与个人发展、国家进步之间的关系等。所以，大学生职业辅导应该引导大学生们如何把个人理想和国家需要相结合，如何正确分析自己的情况并确定正确的择业标准。

3. 职业生涯规划指导

职业生涯是一个人一生中所有与工作相联系的行为和活动，以及相关的态度、价值观、愿望等连续性经历的过程。职业生涯规划是组织或者个人把个人发展和组织发展相结合，对决定个人职业生涯的主客观条件进行测定、分析和总结研究，制定个人一生事业发展的战略设想与计划安排。由于职业生涯是人生事业的开端，职业选择的好坏在一定程度上决定了一个人的命运，所以做好职业生涯规划对每个人来说都是非常重要的。它不仅有利于大学生实现自己个人的人生目标、促进个人的全面发展，而且也有利于一个社会实现人尽其才、才尽其用，避免人力资源浪费的发展目标。

职业生涯规划是一个系统的理论体系。它有科学的执行步骤，所以在进行职业辅导时，应从自我认知、职业认知、环境分析、职业决策、目标确定和实施等环节对大学生提供理论支持和实践指导，帮助大学生科学地设计自己的职业发展计划，避免就业时的盲目性和随意性。

4. 就业信息指导

在信息社会里，信息是第一生产要素，可以说谁掌握了信息，谁就掌握了主动权和制胜的机会。在大学生就业时，能否及时掌握社会需求信息、用人单位信息、招聘信息已成为大学生找工作时的关键所在。因此大学生职业辅导一方面要向大学生提供尽可能多的就业信息，包括国家经济发展趋势、行业发展态势、人才市场供需形势分析以及具体的用人单位招聘信息，方便大学生查询和了解，及时把握机会；另一方面，职业辅导还应引导和教会大学生搜集信息的方法，让他们学会挖掘更多的信息来源，帮助他们学会筛选就业信息，以免掉入就业陷阱中。

5. 就业技巧指导

求职择业也是一门艺术，正确的方法和技巧是求职成功的重要因素之一。能否在求职过程中熟练运用这些方法和技巧，对能否成功就业有着直接的影响。一般来说，面临就业的毕业生，普遍思想准备不足，有惶恐感，对种种具体的求职技巧缺乏必要的了解。大学生职业辅导就是通过对自荐资料准备、自荐技巧、面试技巧、应聘礼仪等进行指导，使大学生在有限的时间内学会如何最大限度地展示才华，吸引用人单位注意。

6. 就业心理指导

心理素质的好坏对人们工作和学习的成果有很大影响。现代社会竞争压力大,激烈的竞争使大学生面临着巨大的心理压力,青年大学生的心理问题也越来越多。曾有资料显示,大四学生在所有年级学生中自杀倾向是最高的。这与近年来大学生就业形势日益严峻不无关系。由于大学毕业生生理与心理的成熟程度存在差异,自我心理调节能力的发展明显滞后,在面临职业选择和就业竞争时,往往容易引发各种心理障碍和心理疾病。大学生就业心理指导就是根据大学生的心理特点,帮助大学生认识心理问题产生的原因和具体表现,并掌握相应的调适方法,以减轻心理压力、解决心理问题,增强战胜挫折的信心,以健康的心理状态迎接挑战。

7. 社会适应指导

大学生从学校走向社会,需要经历一个角色转变过程,角色转变的好坏直接影响到工作开展的顺利与否。由于学校和社会是两个差别很大的场景,时间、空间、人际、环境都发生剧烈变化,大学生又需要在较短的时间内实现这种角色转变,难度不可谓不大。如果事先没有做好足够的准备,必然在转变过程中出现诸多问题,比如不能适应新环境,与同事不能和谐相处,不知该怎么面对领导的批评等。所以,在大学生还未正式踏入工作岗位时就应对这些问题事先有所了解,懂得如何应对。在大学生职业辅导中添加职业适应与发展的内容就是为了帮助大学生们及时调整心态,尽快转变角色,顺利走上社会。

三、大学生职业辅导的主要方式

大学生个体特征的差异性和职业辅导内容的丰富性,决定了进行职业辅导所采取的方法不是单一而是多样化的。在选择职业辅导方法时应注意点面兼顾,既能指导广大学生掌握具普遍意义的择业知识与技能,又能尽量为学生个体提供个性化指导。

由于大学生职业辅导不同于简单的就业安置,不单纯是帮助大学生选择职业,求得一份工作。它是一项内容丰富、系统性和针对性都很强的工作。因此,大学生职业辅导要坚持“四结合”的原则:即与专业学习相结合,与思想教育相结合,与学生活动相结合,与社会实践相结合。

具体而言,大学生职业辅导的主要方式有以下几种。

1. 开设职业辅导课及系列活动

开设职业辅导课是进行大学生职业辅导的主要方法,把职业辅导作为一门课程来建设,可以使职业辅导系统化、全面化、规范化。职业辅导课开设的时间可以不局限于某一年级某一学期,可以将职业辅导的相关内容分步骤地在不同年级开设适当课时,修完全部课时和全部内容获得学分。职业辅导课的形式也应该多样化,可采用讲授与讨论相结合,理论与实践相结合,使职业辅导课生动活泼,富有实效。

职业辅导系列活动是与各类学生活动、社团活动相结合而开展的形式多样的职业辅导活动。如职业辅导专题讲座和大学生团日活动。职业辅导专题讲座是被普遍采用的职业辅导方法。主讲人一般为某一专业领域的专家学者、某一行业的成功人士或职业辅导、人力资源专家,对大学生进行正面引导,提供的信息具有权威性。团日活动是对大学生进行思想教育的有效途径之一,将团日活动的主题确定为职业辅导的相关内容,就可以为职业辅导服务。还可以选择大学生可能遇到的就业方面的矛盾作为论题,开展演讲、辩论比赛,引起学生对就业问题的关注与思考,达到进行职业辅导的目的。此外,通过模拟招聘现场的真实场景,让大学生身临其境体会应聘过程,获得求职择业的感性体验,积累临战经验,以便在真正求职时能克服紧张心理,应对自如,正常发挥。这也不失为进行职业辅导的好方法。

2. 通过各种渠道提供职业信息

信息在大学生就业过程中的作用十分重要,它是大学生求职择业的基础,因而,为大学毕业生提供大量准确的职业需求信息无疑是职业辅导的一种重要方式。各高校一般可通过校园网、校广播站、宣传栏等渠道及时发布就业信息。学校不但可以向毕业生提供具体的职业需求信息,还要对信息进行分类整理统计,并对就业形势进行分析预测。

3. 提供就业咨询

就业咨询,就是回答大学生有关就业的一些问题,为其选择职业提供一些参考意见和建议,包括择业咨询、招聘咨询和心理咨询。就业咨询的方式多样,有面对面的直接咨询,也有书面交流的间接咨询;有正式咨询,也有非正式咨询;有个体咨询,也有集体咨询;有定期咨询,也有非定期咨询等等。就业咨询的内容十分广泛,既包括就业形势、就业政策、就业信息,也包括择业心理、自我评价和求职技巧等各个方面。提供咨询者既可以是高校职业辅导工作者,也可以是其他教师、专家学者、亲友、同学等人。这种职业辅导方法针对性强,受时间地点的限制较小,气氛宽松,易于产生良好的指导效果。

4. 进行职业测评

这是一种新兴的职业辅导方法。它是上个世纪初在美国等西方国家,随着心理学、统计学的发展,测验理论与技术的成熟以及在社会职业发生巨大变化的影响下开始出现并发展起来的。职业测评是心理测量技术在职业管理领域的应用,它以心理测量为基础,对人的素质进行科学、客观、标准的系统评价,从而为组织和个体两个层面的职业管理提供参考依据。对大学生职业辅导而言,帮助大学生正确认识和评价自己是一个难点,职业测评就是通过选取适当的测评量表,对大学生的性格特点、兴趣潜能、职业倾向等做出评价,以评价结果为依据,帮助大学生更客观全面的认识自己,并指导他们依据自身的特点和优势扬长避短地选择职业。

四、职业生涯规划与职业辅导是大学生实现人生价值的战略选择

大学生职业生涯规划与职业辅导贯穿于学生在校的整个时期,是在他们最重要的黄金时代所做的全面系统的人生规划。毫无疑问,这一规划将有利于大学生树立科学的职业理想,确定奋斗目标;有利于促进大学生的全面发展;有利于大学生提高综合素质,增强就业的核心竞争力。

第一,职业生涯规划和职业辅导有利于指导大学生的职业定向,明确奋斗目标。

职业选择是人生价值的初步定位,能够选择一个理想的职业,对人一生的发展至关重要。然而,很多大学生受传统择业观的误导,往往追求的并不是适合自身发展的职业,比如追求政府机关,向往高薪热门职业,迷恋沿海发达地区等。孰不知不适合自身的发展,再好的职业也谈不上“理想”。而相反,如果一进校门就能培养树立正确的择业意识,科学地评价与认识自我,合理地选择职业方向,瞄准能够最大限度发挥自己潜能的职业方向,有意识地锻炼培养自己的核心能力,提高

综合素质,这样的职业生涯才有可能是精彩的。

第二,职业生涯规划和职业辅导有利于促进大学生的全面发展,实现人生价值。

大学生正处在身心全面发展的青春期,各种心理矛盾冲突相互交织,是一个迅速趋向成熟而又未真正成熟的阶段。比如:希望正确认识社会,但又缺乏辩证思考的能力;追求自我价值实现,但动机功利化;智力发展达到高峰,但缺乏辨识能力;自我设计愿望强烈,但自我评价片面;要求独立,但又心存依赖等等。此外,由于大学生面临着升学、就业、恋爱等等人生的一切基本问题,故常常会偏离正确的发展方向,对自身的定位和未来的职业方向也没有清晰的目标和计划。正是以上诸多矛盾和职业生涯的盲点,导致大学生渴望实现人生价值但又往往具有盲目性,难免遭受挫折。现代教育理念,实际上就是注重开发学生潜能,以学生可持续发展为第一要务。而大学生职业生涯规划,正是注重对学生进行个性化的职业辅导,把学生的全面发展作为落脚点,以一种长远的发展眼光指导职业生涯规划,使学生终身受益,实现价值的最大化。

第三,职业生涯规划与职业辅导有利于提高大学生的综合素质,增强核心竞争力。

知识经济时代的到来,对人才素质提出了更高的要求,过去单一专业倾向的人才培养已无法适应时代的要求,而是否具有健全人格,是否善于与人沟通和交往,是否对工作倾注激情与责任等综合素质,越来越受到用人单位的关注。甚至对大学生是否具有深厚的人文底蕴也提出了新的理解。人文修养不能替代科学技术,但是一个有修养的人,必然为人谦逊,善于与人合作,而只有这样,才能真正掌握科学的世界观和方法论。换言之,在更强调团队合作的信息技术时代,这是掌握科学的世界观和方法论的基础条件。总之,学习力、耐受力、修炼情商和完善逆境情商等等,都将成为未来社会核心竞争力的组成要素。开展大学生职业生涯规划,正是强调学生根据自己的实际情况,自我设计未来,并根据自己的发展目标,立足当前,形成个性化的自我培养与锻炼的教育方案。

第二章 职业生涯规划与职业辅导的基本理论

理论是思考的根本，也就是说，是实践的精髓。

——斯蒂芬·波尔茨曼[奥地利]

理论是实践的指导。职业生涯规划与职业辅导的基本理论主要有三种：职业生涯发展阶段理论、职业选择理论和职业锚理论。其中，职业生涯发展阶段理论注重职业生涯发展的不同时期个体的特征和相应的职业发展任务；职业选择理论和职业锚理论则注重探讨个体特征与职业的关系，旨在为职业选择提供相应的依据。

第一节 职业生涯发展阶段理论

职业生涯发展阶段的划分是职业生涯规划和辅导的一个重要内容，它是个人职业生涯中具有各种不同特征的时期。我们可以把这些不同的时期分为连续的几个阶段，每个阶段都有各自的特征和相应的职业发展任务，因此在不同的职业生涯发展阶段就有着不同的职业方式和内容。

一、金斯伯格的职业发展论

美国著名职业指导专家金斯伯格，对职业生涯的发展进行了长期研究，他提出的职业发展论对于实践曾产生过广泛影响。金斯伯格的职业发展理论将职业生涯发展分为幻想期、尝试期和现实期。

(一)幻想期(0~11岁)

儿童们对大千世界，特别是对于他们所看到或接触到的各类职业工作者，充满了新奇的感觉。此时期职业需求的特点是：单纯凭自己的兴趣爱好，不考虑自身的条件、能力水平和社会需要与机遇，完全处于幻想之中。

(二)尝试期(11~17岁)

这是由少年儿童向青年过渡的时期。具体划分成四个阶段：兴趣阶段、能力阶段、价值阶段和转移阶段。这一时期，人的心理和生理在迅速成长发育和变化，自主意识增强，价值观念开始形成，知识和能力显著增长和增强，初步掌握了社会生产和生活的经验。在职业需求上呈现出的特点是：

有职业兴趣，对职业有更深层次的探索，进一步客观地审视自身各方面的条件和能力，开始关注职业角色的社会地位、社会意义以及社会对该职业的需要。

（三）实现期（17 岁以后～）

这一时期又分为试探、具体化和专门化三个阶段。青年即将步入社会劳动，能够客观地把自己的职业愿望或要求，同自己的主观条件、专业方向、能力，以及社会现实的职业需要紧密联系和协调起来，寻找适合于自己的职业角色。他们对所希求的职业不再模糊不清，而已拥有具体的、现实的职业目标，这个时期表现出的最大特点是客观性和现实性。

金斯伯格的职业发展论，展示了从幼年到青年期个体职业心理发展的生动图景，表明早期职业心理的发展对人生职业选择有着重大的影响。

二、舒伯的生涯发展理论

舒伯于 1953 年根据自己"生涯发展型态研究"的结果，参照布勒（Bueller）的分类，将生涯发展阶段划分为成长、试探、决定、保持与衰退五个阶段，其中有三个阶段与金斯伯格的分类相近，只是年龄与内容稍有不同，舒伯增加了就业以及退休阶段的生涯发展，具体如下。

（一）成长阶段（0～14 岁）

该阶段儿童开始发展自我概念，开始以各种不同的方式来表达自己的需要，且经过对现实世界不断地尝试，修饰他自己的角色。

这个阶段发展的任务是：发展自我形象，发展对工作世界的正确态度，并了解工作的意义。这个阶段共包括三个时期：一是幻想期（4～10 岁），它以"需要"为主要考虑因素，在这个时期幻想中的角色扮演很重要；二是兴趣期（11～12 岁），它以"喜好"为主要考虑因素，喜好是个体抱负与活动的主要决定因素；三是能力期（13～14 岁），它以"能力"为主要考虑因素，能力逐渐具有重要作用。

（二）探索阶段（15～24 岁）

该阶段的青少年，通过学校活动、社团活动、勤工俭学等机会，对自我能力及角色、职业作了一番探索，因此在选择职业时有较大弹性。

这个阶段发展的任务是：使职业偏好逐渐具体化、特定化并实现职业偏好。该阶段共包括三个时期：一是试探期（15～17 岁），考虑需要、兴趣、能力及机会，作暂时的决定，并在幻想、讨论、课业及工作中加以尝试；二是过渡期（18～21 岁），进入就业市场或专业训练，更重视现实，并力图实现自我观念，将一般性的选择转为特定的选择；三是试验并稍作承诺期（22～24 岁），生涯初步确定并试验其成为长期职业生活的可能性，若不适合则可能再经历上述各时期以确定方向。

（三）建立阶段（25～44 岁）

由于经过上一阶段的尝试，合适者会谋求变迁或作其他探索，因此该阶段较能确定在整个事业生涯中属于自己的"位子"，并在 31～40 岁，开始考虑如何保住这个"位子"，并稳定下来。

这个阶段发展的任务是统整、稳固并求上进。

这个阶段细分又可包括两个时期：一是试验——承诺稳定期（25～30 岁），个体寻求安定，也可能因生活或工作上若干变动而尚未感到满意；二是建立期(31～44岁)，个体致力于工作上的稳固，大部分人处于最具创意时期，由于资深往往业绩优良。

(四)维持阶段(45～65岁)

这一阶段，个体仍希望继续维持属于他的工作“位子”，同时会面对新的人员的挑战。这一阶段发展的任务是维持既有成就与地位。

(五)衰退阶段(65岁以上)

这一阶段，由于生理及心理机能日渐衰退，个体不得不面对现实从积极参与到隐退。这一阶段往往注重发展新的角色，寻求不同方式以替代和满足需求。

在上述舒伯的生涯发展阶段中，每一阶段都有一些特定的发展任务需要完成，每一阶段需达到一定的发展水准或成就水准，而且前一阶段发展任务的达成与否关系到后一阶段的发展。在后来的研究中，舒伯对发展任务的看法又向前跨了一步。他认为在人一生的生涯发展中，各个阶段都要面对成长、探索、建立、维持和衰退的问题，因而形成“成长——探索——建立——维持——衰退”的循环。

三、施恩的职业生涯发展理论

美国的施恩教授根据人生不同年龄段面临的问题和职业工作主要的任务，将职业生涯分为9个阶段。

(一)成长、幻想、探索阶段(0～21岁)

此阶段的主要任务是：发现和发展自己的需要和兴趣，发现和发展自己的能力和才干，为进行实际的职业选择打好基础；学习职业方面的知识，寻找现实的角色模式，获取丰富信息，发现和发展自己的价值观、动机和抱负，做出合理的受教育决策，将幼年的职业幻想变为可操作的现实；接受教育和培训，培养工作世界中所需要的基本习惯和技能。个体在这一阶段所充当的角色是学生、职业工作的候选人、申请者。

(二)查看工作世界(16～25岁)

个人通过查看劳动力市场，谋取可能成为自己职业基础的第一项工作；同时个人和雇主之间达成正式可行的契约，个人成为一个组织或一种职业的成员，充当的角色是应聘者、新学员。

(三)基础培训(16～25岁)

与查看职业工作或组织阶段不同，个体在此阶段要担当实习生、新手的角色。也就是说，已经迈进职业或组织的大门。此时主要任务是了解、熟悉组织，接受组织文化，融入工作群体，尽快取得组织成员资格，成为一名有效的成员，并能适应日常的操作程序，完成工作。

(四)早期职业的正式成员资格(17～30岁)

这一阶段面临的主要任务有：承担责任，成功地履行与第一次工作分配有关的任务；发展和展示自己的技能和专长，为提升或查看其他领域的横向职业成长打基础；根据自身才干和价值观，根据组织中的机会和约束，重新评估当初追求的职业，决定是否留在这个组织或职业中，或者在自己的需要、组织约束和机会之间寻找一种更好的契合。

(五)职业中期(25 岁以上)

这个时期的主要任务是:选定一项专业或查看管理部门;保持技术竞争力,在自己选择的专业或管理领域内继续学习,力争成为一名专家或职业能手;承担较大责任,确定自己的地位;开发个人的长期职业计划。

(六)职业中期的危险阶段(35 ~ 45 岁)

这一阶段的主要任务为:现实地评价自己的进步、职业抱负及个人前途;就接受现状还是争取看得见的前途做出具体选择,建立与他人的良好关系。

(七)职业后期(40 岁以后)

此时的职业状况或任务是:成为一名良师,学会发挥影响,指导、指挥别人,对他人承担责任;扩大、发展、深化技能,或者提高才干,以承担更重大的责任;如果求安稳,就此停滞,则要正视和接受自己影响力和挑战能力的下降。

(八)衰退和离职阶段(40 岁 ~ 退休)

不同的人会在不同的年龄衰退或离职。此阶段主要的职业任务一是学会接受权力、责任、地位的下降;二是基于竞争力和进取心的下降,要学会接受和发展新的角色;三是评估自己的职业生涯,着手退休。

(九)离开组织或职业(退休后)

在失去工作或组织角色之后,面临两大问题或任务:保持一种认同感,适应角色、生活方式和生活标准的急剧变化;保持一种自我价值观,运用自己积累的经验和智慧,以各种资源角色,对他人进行传帮带。

需要指出的是,施恩虽然基本依照年龄增大顺序划分职业发展阶段,但并未囿于此,其阶段划分更多地根据职业状态、任务、职业行为的重要性,他只划分出了大致的年龄跨度,而且每个职业阶段上的年龄有所交叉。

【延展阅读】

在职业生涯各阶段,你该做什么

一个人的职业生涯,贯穿一生,是一个漫长的过程。科学地将其划分为不同的阶段,明确每个阶段的特征和任务,做好规划,对更好地从事自己的职业,实现确立的人生目标,非常重要。我国从事职业生涯研究的人事人才科学研究所副研究员罗双平认为:以年龄为依据,每十年作为一个阶段比较合适,即 20 ~ 30 岁为一个阶段,30 ~ 40 岁为一个阶段,依次类推。

(20 ~ 30 岁):走好第一步

这一阶段的主要特征,是从学校走上工作岗位,是人生事业发展的起点。如何起步,直接关系到今后的成败。

这一阶段的主要任务之一,就是选择职业。在充分做好自我分析和内外环境分析的基础上,选择适合自己的职业,设定人生目标,制定人生计划。再一个任务,就是要树立自己良好的形象。年轻人步入职业世界,表现如何,对未来的发展影响极大。有些年轻人,特别是刚毕业的大学生,总认为自己有知识,有文化,到单位工作后不屑于做零星小事,不能给同事们留下良好的印象,这对一个年轻人的发展而言,可以说是一个危机。还有一个重要任务,就是要坚持学习。根据日本科学家研究发现,人一生工作所需的知识,90% 是工作后学习的。这个数据足以说明参加工作后学习的重要性。

(30～40 岁):不可忽视修订目标

这个时期是一个人风华正茂之时,是充分展现自己才能、获得晋升、事业得到迅速发展之时。此时的任务,除发奋努力,展示才能,拓展事业以外,对很多人来说,还有一个调整职业、修订目标的任务。人到 30 多岁,应当对自己、对环境有更清楚的了解。看一看自己选择的职业、所选择的生涯路线、所确定的人生目标是否符合现实,如有出入,应尽快调整。

(40～50 岁):及时充电

这一阶段,是人生的收获季节,也是事业上获得成功的人大显身手的时期。对于到了这个年龄仍一无所得、事业无成的人应深刻反省一下原因何在?重点在自身上找原因,对环境因素也要做客观分析,切勿将一切原因都归咎于外界因素,他人之过。只有正确认识自己,找出客观原因,才能解决人生发展的困阻,把握今后的努力方向。

此阶段的另一个任务是继续"充电"。很多人在此阶段都会遇到知识更新问题,特别是近年来科学技术高速发展,知识更新的周期日趋缩短,如不及时充电,将难以满足工作需要,甚至影响事业的发展。

(50～60 岁):做好晚年生涯规划

此阶段是人生的转折期,无论是在事业上继续发展,还是准备退休,都面临转折问题。由于医学的进步,生活水平的提高,很多人此时乃至以后的十几年,都能身体健康,照样工作,所以做好晚年生涯规划十分重要。日本的职工一般是 45 岁时,开始做晚年生涯规划。美国是 50 岁时做晚年生涯规划。我国的职工按退休年龄提前 5 年做晚年生涯规划即可。

主要内容应包括以下几个方面:一是确定退休后的二三十年内,你准备干点什么事情,然后根据目标,制定行动方案;二是学习退休后的工作技能,最好是在退休前三年开始着手学习;三是了解退休后再就业的有关政策;四是寻找工作机会。目前我国已有离退休人员的人才职业介绍所,可提前与这些部门联系,取得他们的帮助。

来源 (2007-12-11). http://hi. baidu. com/wujlpower/blog/item/d0ee32089e0af533e924889c. html.

四、塞普尔的职业生涯发展理论

塞普尔是美国另一位有代表性的职业学家。他把人的职业发展划分为 5 个大的阶段。

(一)成长期(0～14 岁)

这一阶段,个体经历了对职业从好奇、幻想到产生兴趣,到有意识培养职业能力的逐步成长过程。塞普尔将这一阶段,具体分为 3 个成长期。幻想阶段(10 岁之前):儿童从外界感知到许多职业,对于自己感兴趣和喜爱的职业充满幻想,并通过角色游戏进行模仿,实现自己对职业角色的认同。兴趣阶段(11～12岁):个体以兴趣为中心,理解、评价职业,开始作职业选择。能力阶段(13～14岁):个体开始考虑自身条件与喜爱的职业是否相符,开始关注并有意识地发展自身能力。

(二)探索期(15～24岁)

这一阶段是青年择业、初就业时期,青年力图更多地了解自我,并作出尝试性的职业决策,同时通过经验的积累,不断改变自己的职业期望。这一阶段也可分为3个时期。试验阶段(15～17岁):个体通过想象、讨论、观察、见习、社会实践等活动开始综合认识和考虑自己的兴趣、能力与职业社会价值、就业机会,开始进行择业尝试。过渡阶段(18～21岁):了解劳动力市场,或者进行专门的职业培训,从过去的理想进入当前的现实,并对自己的职业期望进行现实性调整。尝试阶段(22～24岁):选定工作领域,开始从事某种职业。

(三)建立期(25～44岁)

这一阶段为建立稳定职业阶段。包括两个时期:尝试阶段(25～30岁)和稳定阶段(31～44岁)。

尝试阶段(25～30岁)是个人对初次选定的职业不满意,一直不能适应,就再次选择、变换职业工作。变换次数各人不等,也可能满意初选职业而无变换。

稳定阶段(31～44岁)个体已经适应了整个职业生活环境,明确了自己在职业岗位中的责任和权利,能顺利、成功解决职业中的各种问题,开始在职业中获得满意感和成就感,最终确定自己的终生职业。

(四)保持期(45～59岁)

在这一时期,个体一般达到常言所说的"功成名就",已不再考虑变换职业工作,只力求维持已取得的成就和社会地位。

(五)衰退期(60岁以上)

由于个体健康状况和工作能力逐步衰退,即将退出工作,结束职业生涯,考虑退休后的生活安排。

五、格林豪斯的职业生涯阶段理论

舒伯和金斯伯格的研究侧重于不同年龄段对职业的需求与态度,而美国心理学博士格林豪斯(Greenhouse)的研究则侧重于不同年龄段职业生涯所面临的主要任务,并以此为依据将职业生涯划分为五个阶段:职业准备阶段、进入组织阶段、职业生涯初期、职业生涯中期和职业生涯后期。

(一)职业准备(0～18岁)

这一阶段的主要任务:发展职业想象力,对职业进行评估和选择,接受必须的职业教育。

(二)进入组织(18～25岁)

这一阶段的主要任务是在一个理想的组织中获得一份工作,在获取足量信息的基础上,尽量选择一种合适的、较为满意的职业。

(三)职业生涯初期(25~40岁)

这一阶段的主要任务是学习职业技术,提高工作能力;了解、学习组织纪律和规范,逐步适应职业工作,适应和融入组织;为未来的职业成功做好准备。

(四)职业生涯中期(40~55岁)

这一阶段的主要任务:需要对早期职业生涯重新评估,强化或改变自己的职业理想;选定职业,努力工作,有所成就。

(五)职业生涯后期(55岁~退休)

继续保持已有职业成就,维护尊严,准备退休,是这一阶段的主要任务。

六、职业生涯发展的"三三三"理论

职业生涯发展的"三三三"理论是将人的职业生涯分为三大阶段:输入阶段、输出阶段和淡出阶段。如表2.1所列。输出阶段又分为三个子阶段:适应阶段、创新阶段和再适应阶段。如表2.2所列。再适应阶段又可分为三种状况:顺利晋升、原地踏步、降到波谷。如表2.3所列,如图2.1所示。

表2.1 职业生涯的"三三三"理论

阶 段	输入阶段 (从出生到就业前)	输出阶段 (从就业到退休)	淡出阶段 (退休前后)
主要任务	输入信息、知识、经验、技能,为从业做重要准备;认识环境和社会,锻造自己的各种能力	输出自己的智慧、知识、服务、才干;进行知识的再输入、经验的再积累、能力的再锻造	精力渐衰,但阅历渐丰、经验渐多,逐步退出职业,适应角色的转换

表2.2 输出阶段的三个子阶段

输出阶段	个人的工作状态	职业环境状态
适应阶段	订三个契约: 对领导,我要服从你的领导 对同事,我要与你协同工作 对自己,我要使自己表现出色	适应工作硬软环境,个体与环境、个体与同事相互接受,进入职业角色
创新阶段	独立承担工作任务 努力作出创造性贡献 提出合理化建议	得到领导和群众认可,进入事业辉煌时期
再适应阶段	工作出色获得晋升 发展空间小而原地踏步 自身骄傲或工作差错受到批评	个体要调整心态,适应变化了的环境:此时属于职业状态分化时期,领导和同事看法不一

表 2.3　再适应阶段的三种状况

再适应阶段	职业状态
顺利晋升	面临新工作环境的挑战、新工作技能的挑战、原同级同事的嫉妒、领导提出的新要求,表面的风光隐藏着一定的职业风波
原地踏步	"倚老卖老"不求上进的状态出现,挂在口头边的话是"我早就干(想)过",对同事容易陷入冷嘲热讽,此时如作职业平移或变更更合适
降到波谷	由于个体原因或客观原因,遭受上级批评,或受降级处分,工作状态进入波谷,此时如能重新振奋精神,有希望进入第二次"三三三"发展状态

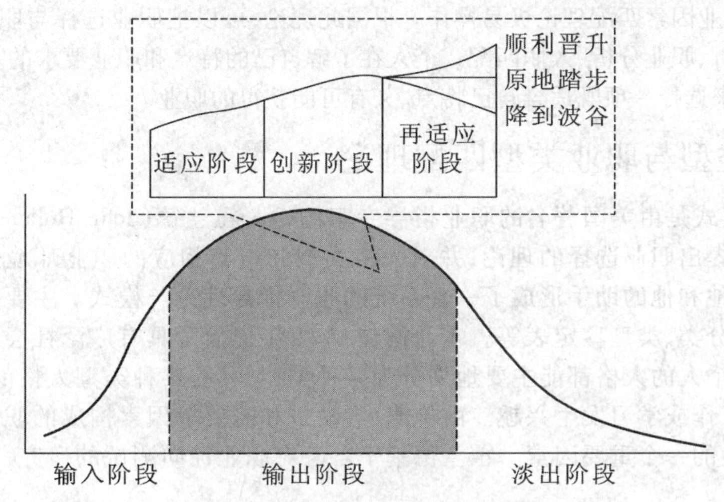

图 2.1　职业发展的"三三三"理论

第二节　职业选择理论

职业选择是人们从自己的职业期望、职业理想出发,依据自己的兴趣、能力、特点等自身素质,从社会现有的职业中选择一种适合自己的职业的过程。职业选择的理论主要包括:人格特性与职业因素匹配理论、人格类型与职业类型匹配理论、择业动机理论、心理需求理论以及行为论和决策论等。

一、人格特性与职业因素匹配理论

这种理论是由美国职业指导专家弗兰克·帕森斯创立的,继而由威廉逊·佩特森发展成型。这是在西方国家最为古老且应用范围最广的一种理论,在职业指导中一直处于主导地位,对世界各国影响较大。

这种理论是建立在差异心理学基础上的。它认为所有的人在成长与发展方面都存在着差异。每一个人都具有不同于别人的个性特点,即特性。这种特性与某种职业因素相关。人的特性又是可以运用科学手段客观地测量的,职业因素也是可以分析的,职业指导就是要解决人的特性与职业因素相适应的问题,达到合理匹配。这种理论通过职业指导者测量与评价被指导者的生理、心理特性以及分析职业对人的要求来帮助被指导者进行分析比较,使之在清楚地了解自己和职业因素的基础上做出明智的职业选择。

人格特性与职业因素匹配理论的核心是人与职业的匹配,其理论前提是:①每个人都有一系列独特的特性,他们是可以客观而有效地进行测量的;②为了取得成功,不同职业需要具备不同特性的人员;③选择一种职业是一个相当易行的过程,而且人职匹配是可能的;④个人特性与工作要求之间配合得愈紧密,职业成功的可能性就愈大。

人格特性与职业因素匹配理论极易操作。根据此理论,可以把职业选择与职业指导过程分为三个步骤:个人分析、职业分析、人职匹配。个人在了解自己的特点和职业要求的基础上,借助于职业指导者的帮助,来选择一项既适合自己特点、又有可能获得的职业。

二、人格类型与职业类型匹配理论

这种理论和模式是由美国著名的职业指导专家约翰·霍兰德(John Holland)创立的。霍兰德于1959年首次提出职业选择的理论,并对人格类型和与其相应的职业环境进行了划分。经过几十年的研究,他和他的助手形成了一套系统的职业指导理论与模式。主要包括人格与职业类型的划分、职业分类、类型鉴定表等。霍兰德在1971年提出了具有广泛社会影响的职业性向理论。他认为,每个人的人格都能主要地划分为某种类型,具有某种类型人格的人,便会对相应的职业类型中的工作或学习发生兴趣。由价值观、动机和需要等因素构成的职业性向是决定一个人选择何种职业的一个重要因素。霍兰德基于自己对职业性向测试的研究,归纳了六种基本的职业性向。

第一种是实际性向。

具有这种性向的人喜欢有规律的具体劳动和需要某种技能的工作。这种类型的人往往缺乏社交能力,这类职业包括机械工、电工、农民、森林工人、农场主等。

第二种是研究性向。

具有这种性向的人喜欢智力、抽象的、推理的、独立定向的工作,他们会被吸引去从事那些有较多认知活动(思考、组织、理解等)的职业,而不是那些以感知活动(感觉、反应或人际沟通以及情感等)为主要内容的职业。这种人格往往缺乏领导能力,这类职业有:生物学家、化学家以及大学教授等。

第三种是社会性向。

具有这种性向的人会被吸引去从事那些包含着大量人际交往内容的职业,而不是那些包含着大量智力活动或体力活动的职业,如:心理咨询医生、外交工作者以及社会工作者,等等。

第四种是常规性向。

具有这种性向的人会被吸引去从事系统且有条理的职业,具有良好的控制能力,相当保守,一般按常规办事。在这些职业中,个人的需要往往要服从于组织的需要。这类职业有:办公室工作人员、会计以及银行职员等。

第五种是事业性向。

具有这种性向的人性格外向,喜欢冒险活动,好担任领导角色,喜欢从事那些包含着大量以影响他人为目的的语言活动的职业。如:管理人员、政治家、律师以及公共关系管理者等。

第六种是艺术性向。

具有这种性向的人会被吸引去从事那些包含着大量自我表现、艺术创造、情感表达以及个性化活动的职业。这类职业有:艺术家、广告制作者以及音乐家,等等。

霍兰德的职业性向理论的实质在于工作者的职业性向与职业类型相适应。霍兰德认为,同一类型的工作者与同一类型的职业互相结合,便达到适应状态,这样工作者找到了适宜的职业岗位,其才能与积极性才能得以发挥。然而上述的人格类型与职业关系也并非绝对的一一对应。霍兰德在研究中发现,尽管大多数人的人格类型可以主要划分为某一类型,但个人又有着广泛的适应能力,其人格类型在某种程度上相近于另外两种人格类型,则也能适应另外两种职业类型的工作。也就是说,某些类型之间存在着较多的相关性,同时每一类型又有种极为相斥的职业环境类型。比如,人的职业性向中很可能同时包含着社会性向、实际性向和研究性向这三种性向。霍兰德认为,这些性向越相似或相容性越强,则一个人在选择职业时所面临的内在冲突和犹豫就会越少。为了帮助描述这种情况,霍兰德用一个正六边形描述了六种人格类型的相应职业。如图 2.2 所示。

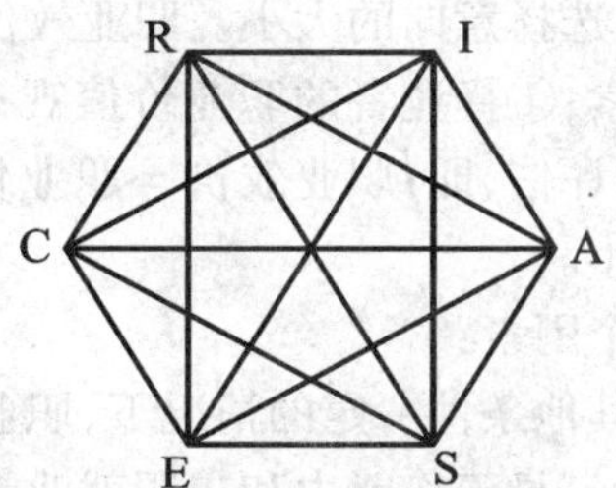

R(Realistic)—实际型　I(Investigative)—研究型　A(Artistic)—艺术型

S(Social)—社会型　E(Enterprise)—事业型　C(Conventional)—常规型

图 2.2　霍兰德职业正六边形

可以看到,此图形一共有六个角,每个角代表一个职业性向。根据霍兰德的研究,若图中的某两种性向是相邻的,那么个人将会很容易选定一种职业。然而,如果此人的性向是相互对立的(比如同时具有实际性向和社会性向),那么在进行职业选择时将会面临较多的犹豫不决的情况,这是因为人们的多种兴趣将驱使他们在多种十分不同的职业之间进行选择。

霍兰德的职业性向理论把人作为一个整体加以研究,提示出个性的整体结构并加以分类,克服了特性与因素理论把个性分解为各种简单要素的片面之处。同时霍兰德的六种个性类型的划分,是基于经验的概括,并经过长期的实验研究,不断修正和发展而来的。他提出的六种职业类型包括了美国职业词典上所有的行业,因而,其理论具有科学性和可行性。但是霍兰德理论在选择过程中,也存在一个人不仅可以选择与其个性类型协调的职业环境类型,也能适应与其个性类型次协调的两种职业环境类型,这就进一步扩大了职业选择的范围。这一方面使霍兰德理论具有了一定的实用性;但从另一方面来看,职业选择的范围太多,就可能削弱职业测定和职业指导的意义。一个人将六种类型中的三种作为自己的职业选择,同时每种选择里又有许多具体的职业,则很难说其择职方面是明确的。

三、佛隆(Victor H Vroom)的择业动机理论

美国心理学家佛隆(Victor H Vroom)在1964年出版的《工作和激励》一书中,提出了解释员工行为激发程度的期望理论。期望理论的基本公式为 F = V × E。F 为动机强度,指积极性的激发程度,表明个体为达到一定目标而努力的程度;V 为效价,指个体对一定目标重要性的主观评价;E 为期望值,指个体对实现目标可能性大小的估计,也就是目标实现的概率。个体行为动机的强度取决于效价大小和期望值的高低。效价越大,期望值越高,个体行为动机越强烈,也就是说为达到一定目标,他将付出更大努力。如果效价为零乃至负值,表明目标实现对个人毫无意义,甚至给个人带来负担,这种情况下,目标实现的可能性再大,个人也不会产生追逐目标的动机。如果目标实现的概率为零,那么无论目标实现的意义多么重大,个人都不会产生追求目标的动机。

佛隆将这一期望理论用来解释个人的职业选择行为,具体化为职业动机理论。该理论认为:个人如何进行职业选择,分为两个步骤:第一步,确定择业动机。第二步,比较择业动机,确定选择的职业。择业动机用公式表示为:择业动机 = 职业效价 × 职业概率。公式中,择业动机即择业者对目标职业的追求程度,或者对某项职业选择意向的大小。职业效价指择业者对某项职业价值的评价。职业效价的高低取决于以下两个因素:①择业者的职业价值观;②择业者对某项具体职业要素,如兴趣、劳动条件、工资、职业声望等的评估,即:职业效价 = 职业价值观 × 职业要素评估。职业概率指择业者获得某项职业可能性的大小。

职业概率的大小通常取决于四个因素:

①某项职业的社会需求量。在其他条件一定的情况下,职业概率同职业需求量呈正相关。

②择业者的竞争能力,即择业者自身工作能力和求职就业能力。竞争力越强,获得职业的可能性越大。

③竞争系数,指谋求同一种职业的劳动者人数的多少。在其他条件一定的情况下,竞争系数越大,职业概率越小。

④其他随机因素。因此,职业概率 = 职业需求量 × 竞争能力 × 竞争系数 × 随机性,即"择业动机 = 职业效价 × 职业概率 = (职业价值观 × 职业要素评估) × (职业需求量 × 竞争能力 × 竞争系数 × 随机性)"。

择业动机公式表明,对择业者来说,某项职业的效价越高,获取该项职业的可能性越大,择业者选择该项职业的意向或者倾向就越大;反之,某项职业对择业者而言其效价越低,获取此项职业的可能性越小,择业者选择这项职业的倾向也就越小。择业者在对其视野内的几种目标职业进行价值评估和获取该项职业可能性的评价时,在测定几种职业的择业动机上,应进行横向择业动机比较,确定选择的职业。

四、罗欧的心理需求理论

在职业选择的人格理论中，存在这样的假设：在职业选择过程中，若干种人格特性会给予职业选择非常重要的影响。而心理需求论则认为个人是通过职业选择而满足其内在需求的。学者们依据临床心理学经验及早年对有关各类杰出人物的适应性、创造力和智力等特质的研究成果，综合精神分析、人格理论与马斯洛的需求层次论，探讨生存、安全、归属、尊重、自我实现等不同层次的心理需求是否获得满足或遭受挫折的经验，如何影响个人选择特定的职业，在此基础上形成了心理需求论。此理论认为人格的发展大多取决于个人在儿童早期基本需求获得满足或受到挫折的经验，而这些经验常受到家庭文化背景的影响，因此又被称为“教养关系论”。

如图2.3所示，罗欧提出要重视个体需求和职业选择之间关系的理念，罗欧的理论被认为是心理需求理论的一个典型研究。罗欧依据精神分析和马斯洛的需求层次学说，提出个体早期的基本需求是否得到满足会决定个体职业选择方向，幼儿期亲子关系与职业选择之间有着非常重要的意义。比如，父母对孩子感情深厚、家庭温暖的人，愿从事与人打交道的工作，而家庭气氛冷淡，儿时的需求遭到父母亲拒绝的人，则不愿从事与人打交道的工作。为了验证罗欧的假说进行了很多研究，但很遗憾，并没有发现聚焦于父母亲养育态度的早期经历，与以后的职业行为之间存在一贯性的联系，支持罗欧理论模型的实证数据也非常少。针对该问题，Brown 和 Voyle 认为罗欧并不是说它们二者之间具有直接的联系，而是说幼儿期亲子关系以心理需求的形式，对职业行为产生影响，影响职业生活中的挫败感和满足感，与其说罗欧理论是关于职业选择的理论，还不如说是与职业适应相关的理论。

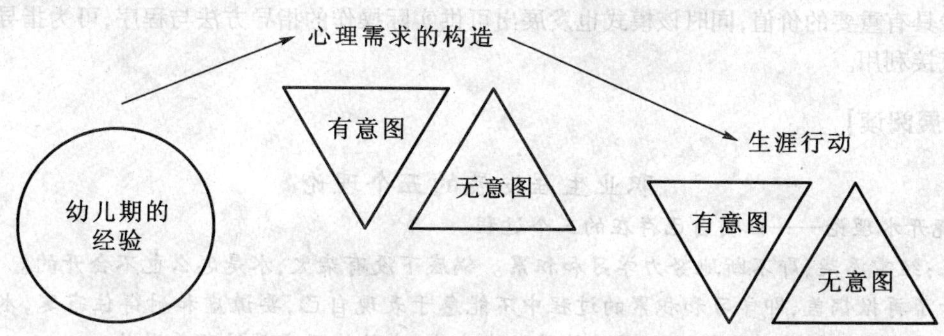

图2.3　心理需求理论

心理需求论将环境及个人经验背景纳入到职业选择的理论框架中，兼顾个人内外因素的影响。这种从内外因素的观点考虑人的职业选择行为，与特质－因素论相比，给职业指导实践提供了一个新的思想方法。它提醒职业指导人员要注意求职者的个人需要，协助求职者选择适当的职业以满足其需要，同时培养满足其需要的能力，并克服阻碍满足需要的心理障碍。此外，罗欧的职业分类系统采用多维度分类方法，不仅有助于求职者对工作世界作深入了解，而且在职业资料的整理上具有重要的价值。

但需求论也存在局限，就其理论基础而言，目前尚无充分证据证明亲子关系、早期经验对职业选择的影响，且很难对两者相关性进行确切分析。从职业指导实践来说，该理论还显得有些笼统，未发展出具体明确、操作性强的指导方法与技术，加上缺乏有效的测评技术，使指导者对求职者个人需要的了解变得既费时又费力，造成需求理论对实际的职业指导工作帮助有限。

五、行为论与决策论

在早期的职业选择理论中，还有一些注重相互作用的理论模式，有关学者将它们定义为行为论与决策论。这类理论认为无论是个人因素还是社会环境因素，都不能单方面决定个人的职业选择和职业发展。职业选择与职业发展既受个人因素的影响，也受个人所处的家庭与社会环境的影响，两者相互作用，共同决定个人的职业行为。

行为论以个体与环境的相互作用探讨职业行为，强调学习经验对职业选择的重要性。尽管其理论缺乏严密性，但对职业指导实践有一定的实用价值。特别在职业探索与决策能力的学习方面，已有系统的步骤和方法，可帮助职业指导者设计适当的训练计划，培养个人自我评估与进行决策的能力，尤其对个人内在认知过程的探讨，更具实用价值。

决策论运用经济决策原理来分析研究职业行为，并吸取了社会学习理论和其他认知学派的观点和方法，对个人的职业选择与职业发展进行经济的、社会的与个人的整体研究，并对个人的认知过程和决策步骤、技巧、方法进行系统分析，建立起职业决策的系统模式。这一模式为职业指导人员分析当事人的决策行为，诊断职业问题和设计适当的训练学习计划提供了基本的框架，也为编制职业决策、能力量表和计算机辅助指导程序提供了理论基础。决策论将职业指导的重点放在培养和增进当事人的职业决策能力或解决问题的能力上，从而为职业指导工作指明了基本方向，对职业指导实践具有重要的价值，同时该模式也发展出可供实际操作的指导方法与程序，可为指导人员及当事人直接利用。

【延展阅读】

职业生涯发展的五个理论

1. 烧开水理论——证明自己存在的三个过程

要点：经常添柴，即不断地努力学习和积累。锅底下没有柴火，水是怎么也不会开的。

水开了再掀锅盖，即学习和积累的过程中不能急于表现自己，要谦虚和耐得住寂寞，水开了再证明自己的存在。掀锅盖会把已积累的热量散发出去，会使烧开水的过程更漫长。

别让沸水熄灭了火，要学会回报与感恩，同时还要再烧第二锅开水，准备人生的再次冲刺。

2. 绣花理论——在奉献中发展

寻找资源，在职业生涯开始或处于低谷时，主动并努力去寻找资源或机会。打工学艺，不计报酬为给你提供资源或机会的人去工作，同时完成自己在知识、技能、经验和社会关系等方面的积累。

品牌效应，求得个人人力资本质的飞跃，以获得职业发展的成功。

3. 马论——识别并抓住机遇

马论把人在职业发展中的机遇比作飞奔而来的马，转瞬即逝，识别和抓住机遇，骑上机遇之马，才能在职业发展过程中加快速度，跋山涉水，取得成功。

识马，靠知识，靠见识，靠眼光；

跃马，靠技巧，靠魄力，靠勇气；

驭马，靠能力，靠技术，靠借势。

4. 红叶子理论——开发自己的亮点

一个人职业的成功主要不在红叶子数目的多少，而在于是否具有一片特别硕大的红叶子。这片红叶子不会与生俱来，需要个人的不断努力和开发才能形成。能引起人们和社会特别关注的红叶子，就是你的亮点，就是你个人最有价值的人力资本，它最能帮助你走向职业成功。

识别红叶子；

发展红叶子；

缩小绿叶子。

5. 交点理论——寻找职业生涯成功的起点

在人生道路上，绝对的平行线是没有的，在远处某个地方总有交点，不可忽略或放弃任何一件事。

对人生的每一件事都须认真去做，认真把握，努力完成人生的每一次积累。

每一个交点，都是职业道路获得成功的新起点，都是过去努力和奉献的积累。

来源 (2006-06-29). http://bbs.easecard.com/topic.do? forumID=23&postID=321527.

第三节 职业锚理论

一、职业锚的概念

职业锚的概念是由美国施恩教授提出的。这一概念最初产生于美国麻省理工学院斯隆研究院的专门小组，是从对斯隆研究院毕业生的纵向研究中演绎成的。1961 年、1962 年、1963 年的斯隆学院 44 名毕业生，自愿形成了一个专门小组，愿意配合和接受施恩教授所进行的关于个人职业发展和组织职业管理的研究与调查，并且在 1973 年返回麻省理工学院，就他们的职业与生活接受面谈和调查。

施恩在对他们的跟踪调查和对许多公司、个人及团队的调查中，形成了自己的一些看法，并提出了职业锚的概念。施恩说："设计这个概念是为了解释，当我们在更多的生活经验的基础上发展了更深入的自我洞察时，我们的生命中成长的更加稳定的部分。"

所谓职业锚指个人进入早期工作情境后，由习得的实际工作经验所决定，与在经验中自省的动机、需要、价值观、才干相符合，达到自我满足和补偿的一种稳定的职业定位。

了解职业锚的概念，要注意以下几方面。

①职业锚以雇员习得的工作经验为基础。职业锚发生于早期职业阶段，新雇员已经工作若干年，习得工作经验后，方能选定自己稳定的长期贡献区。个人在面临各种各样的实际工作生活情境之前，不可能确切地了解自己的能力、动机和价值观实际上将如何发挥作用，以及能在多大程度上适应可行的职业选择。因此，新雇员的工作经验，产生、演变和发展了职业锚。换言之，职业锚在某

种程度上由雇员实际工作经验所决定,而不只是取决于个体潜在的才干和动机。

②职业锚不是根据各种测试出来的能力、才干、动机或者价值观等进行预测的。只有新雇员在工作实践中,依据自省的和已被证明的才干、动机、需要和价值观,经过多次确认和强化以后,才能计划自己的职业定位。

③职业锚是雇员自我观念中的动机、需要、价值观、能力相互作用和逐步整合的结果。

在实际工作中,新雇员重新审视自我动机、需要、价值观及能力,逐步明确个人需要与价值观,明确自己的优势所在及今后发展的重点,并且针对符合个人需要和价值观的工作,以及适合于个人特质的工作,自觉地改善、增强和发展自身才干,达到自我满足和补偿。经过这种整合,新雇员寻找到自己长期稳定的职业定位。

④职业锚不是固定不变的。职业锚,是个人稳定的职业贡献区和成长区。但是,这并不意味着个人将停止变化和发展。雇员以职业锚为其稳定源,可以获得该职业工作的进一步发展,以及个人生命周期和家庭生命周期的成长、变化。此外,职业锚本身也可能变化,雇员在职业生涯的中、后期可能会根据变化了的情况,重新选定自己的职业锚。

二、职业锚的类型

最初,施恩在对美国麻省理工学院斯隆管理学院毕业生的跟踪研究基础上于 1978 年提出了五种类型的职业锚,即:技术/职能型、管理型、创造型、自主/独立型和安全型。随后大量的专家学者经过长时间的研究,对几万人不同的职业阶段进行了访谈和分析,在上世纪九十年代确定了八种基本的职业锚类型。

八种职业锚的基本特点及不同职业锚之间的区别如下所述。

(一)技术/职能型

技术/职能型的人追求在技术/职能领域的成长和技能的不断提高,以及应用这种技术/职能的机会。他们对自己的肯定来自于他们的专业水平,他们喜欢面对专业领域的挑战。他们通常不喜欢从事一般的管理工作,因为这意味着他们不得不放弃在技术/职能领域的成就。

(二)管理型

管理型的人追求并致力于工作晋升,倾心于全面管理,独立负责一个部分,可以跨部门整合其他人的努力成果。他们想去承担整体的责任,并将公司的成功与否看成自己的工作。具体的技术/职能工作仅仅被看作是通向更高、更全面管理层的必经之路。

(三)自主/独立型

自主/独立型的人希望随心所欲安排自己的工作方式、工作习惯和生活方式。追求能施展个人能力的工作环境,最大限度地摆脱组织的限制和制约。他们宁愿放弃提升或工作发展机会,也不愿意放弃自由与独立。

(四)安全/稳定型

安全/稳定型的人追求工作中的安全与稳定感。他们因为能够预测到稳定的将来而感到放松。稳定感包括诚实、忠诚以及完成老板交待的工作。尽管有时他们可以达到一个高的职位,但他们并不关心具体的职位和具体的工作内容。他们关心财务安全,例如:退休金和退休计划。

(五)创造型

创造型的人希望用自己的能力去创建属于自己的公司或创建完全属于自己的产品(或服务),而且愿意去冒风险,并克服面临的障碍。他们想向世界证明公司是他们靠自己的努力创建的。他们可能正在别人的公司工作,但同时他们在学习并寻找机会。一旦时机成熟了,他们便会走出去创立自己的事业。

(六)服务型

服务型的人一直追求他们认可的核心价值,例如:帮助他人,改善人们的安全,通过新的产品消除疾病等。他们一直追寻这种机会,这意味着即使变换公司,他们也不会接受不允许他们实现这种价值的变动或工作提升。

(七)挑战型

挑战型的人喜欢解决看上去无法解决的问题,战胜实力强硬的对手,克服无法克服的困难障碍等。对他们而言,参加工作的原因是工作允许他们去战胜各种不可能。他们需要新奇、变化和困难,如果事情非常容易,他们会对此感到厌烦。

(八)生活型

生活型的人希望将生活的各个主要方面整合为一个整体,喜欢平衡个人的、家庭的和职业的需要,因此,生活型的人需要一个能够提供"足够弹性"的工作环境来实现这一目标。生活型的人甚至可以牺牲职业的一些方面,例如放弃职位的提升,来换取三者的平衡。他们将成功定义得比职业成功更广泛。相对于具体的工作环境、工作内容,生活型的人更关注自己如何生活、在哪里居住、如何处理家庭事情及怎样自我提升等。

【延展阅读】

职业锚自我测试

为了帮助确定自己的职业锚,可以找几张白纸写下你对以下几个问题的答案:

①你在高中时期主要对哪些领域比较感兴趣(如果有的话)?为什么会对这些领域感兴趣?你对这些领域的感受是怎样的?

②你在大学时期主要对哪些领域感兴趣?为什么会对这些领域感兴趣?你对这些领域的感受是怎样的?

③你毕业之后所从事的第一种工作是什么(如果相关的话,服役也算在其中)?你期望从这种工作中得到些什么?

④当你开始自己的职业生涯时,你的抱负或长期目标是什么?这种抱负或长期目标是否曾经出现过变化?如果有,那么是在什么时候?为什么会变化?

⑤你第一次换工作或换公司的情况是怎样的?你指望下一个工作能给你带来什么?

⑥你后来换工作、换公司或换职业的情况是怎样的?你怎么会做出变动决定?你所追求的是

什么？（请根据你每一次更换工作、公司或职业的情况来回答这几个问题。）

⑦当你回首自己的职业经历时，你觉得最令自己感到愉快的是哪些时候？你认为这些时候的什么东西最能令你感到愉快？

⑧当你回首自己的职业经历时，你觉得最让自己感到不愉快的是哪些时候？你认为这些时候的什么东西最能令你感到不愉快？

⑨你是否曾经拒绝过从事某种工作的机会或晋升机会？为什么？

现在请你仔细检查自己的所有答案，并认真阅读关于五种职业锚（管理型、技术/职能型、安全型、创造型、自主/独立型）的描述。根据你对上述这些问题的回答，分别将每一种职业锚赋予从1~5之间的某一分数，其中1代表重要性最低；5代表重要性最高。

来源 (2006-02-10). http://www.cs86.cn/Document28962.aspx.

三、职业锚的功能作用

在个人的工作生命周期中，在组织的事业发展过程中，职业锚均发挥着重要的功能作用。

（一）识别个人职业抱负模式和职业成功标准

职业锚是个人经过搜索，所确定的长期职业贡献区或职业定位。这一搜索定位过程，依循着个人的需要、动机和价值观进行。所以，职业锚清楚地反映出个人职业追求与抱负。某人选定的是技术职能能力锚，显现出其志向和抱负在于专业技术方面的事业有成，有所贡献。与此同时，从职业锚可以判断人们达到职业成功的标准。职业成功，无统一的定义，亦无统一固定标准，因人而异，因职业锚而不同。对于抛锚于管理型的人来讲，其职业成功在于升迁至高职位，获得全面管理更多人的机会和更大的管理权力。而对于安全型职业锚的人来讲，求得一个稳定地位和收入不低的工作，有着优雅的工作环境和轻松的工作节奏，便是其职业成功的标志了。

（二）促进个人预期心理契约得以发展，有利于个人与组织稳固的相互接纳

职业锚准确地反映个人职业需要及其所追求的职业工作环境，反映个人的价值观和抱负。透过职业锚，组织获得个人正确信息的反馈，这样，组织才可能有针对性地对个人职业发展设置可行的、有效的、顺畅的职业通道。个人则因为组织有效的职业管理，自身的职业需要得以满足，必然深化对组织的情感认同与服从。于是，组织与个人双方相互深化了解，互相交融，达到深度而稳定的相互接纳。

（三）增长个人职业工作经验，增强个人职业技能，提高劳动生产率和工作效率

职业锚是个人职业工作的定位，是长贡献区。相对稳定的长期从事某项职业，必然增长工作经验。经验的丰富和积累，既让个人知识扩增，也使职业技能不断增强，直接产生提高工作效率或劳动生产率的明显效益。

（四）早期职业锚可为雇员做好中后期的职业工作奠定基础

在具有工作经验之前，锚是不存在的。通过工作经验的积累产生的职业锚，清晰地反映出当个人进入成年期的潜在需要和动机，它也反映了个人的价值观，反映了被发现的才干。个人抛锚于某一种职业工作过程，就是他自我认知过程，认识自己具有什么样的能力、才干，需要什么，价值观是

什么,自己属于哪种类型的人。把职业工作与完整的自我观相整合的过程,决定了成年期的主要生活和职业选择。所以,职业锚是中后期职业工作的基础,中后期的职业发展和早期的职业锚是紧密连结在一起的。

第三章　大学生职业生涯规划

人们所寻求的，将真的会被找到；人们所回避的，它也将回避人们。

——拉尔夫·瓦尔多·爱默生[美]

预则立，不预则废。大学生职业生涯成功的重要保证就是职业生涯规划。它有助于个体明确人生未来的奋斗目标，适应社会的需求，提升自身的职业品质，并实现自己的人生价值。职业生涯规划是大学生就业的必要准备。

第一节　大学生职业生涯规划概述

一、大学生职业生涯规划的涵义

大学生职业生涯规划就是大学生在进行自我剖析，在全面客观地认识主、客观因素与环境的基础上，进行自我定位，设定自己的职业生涯发展目标，选择实现既定目标的职业，制定相应的教育、培训、工作开发计划，并按照一定的时间安排，采取各种积极的行动去达成职业生涯目标的过程。

二、大学生职业生涯规划的分类

职业生涯规划按照时间的长短来分类，可分为人生规划、长期规划、中期规划与短期规划四种类型：

人生规划。整个职业生涯的规划，时间长至 40 年左右，设定整个人生的发展目标。如规划成为一个有数亿资产的公司董事。

长期规划。5 ~ 10 年的规划，主要设定较长远的目标。如规划 30 岁时成为一家中型公司的部门经理，规划 40 岁时成为一家大型公司的副总经理等等。

中期规划。一般为 2 ~ 5 年内的目标与任务。如规划到不同业务部门做经理，规划从大型公司部门经理到小公司做总经理等等。

短期规划。2 年以内的规划，主要是确定近期目标，规划近期完成的任务。如对专业知识的学习，2 年内掌握哪些业务知识等等。

三、大学生职业生涯规划的特点

大学生对于自己职业生涯规划的好坏直接影响着一生职业生涯的发展，因此客观分析自身的优点和劣势,清楚认识自己的性格能力以及爱好等对于制定合理有效的职业生涯规划有着至关重要的意义。一个良好的大学生职业生涯规划应具备以下特点。

(一)连续性

职业生涯规划是一项连续而又系统的工作,作为职业生涯规划理论发源地的美国早就走过从性向测评到职业生涯规划的阶段。性向测评仅仅能诊断出个体在能力、个性、兴趣等方面的特点,并在此基础上对学生适宜发展的方向和职业做出指导。然而,当面对大四学生其性向与所学专业相去甚远,而学生本身已经没有更多的选择时,此时的性向测评往往显得无能为力。就广义上而言,职业生涯贯穿人的一生,在个体走上工作岗位之前的所有时光都是个体为职业做准备的时期,而大学阶段进入一个专业学习阶段尤其显出其职业预备期的特点。因此,大学生职业生涯规划不仅仅是大四阶段的工作与任务,而应当贯穿大学四年,需要分阶段、分任务逐级做好大学生职业生涯的规划指导。

(二)可行性

可行性指的是规划要有事实依据,要充分考虑到自身的条件和外在环境的约束,制定切合实际的职业计划。

可行性需要大学生加强自我认知能力,对自己进行全面客观地定位,并对外界条件进行仔细分析,选择适合自己并且也能够实现的职业目标,而不能只是自己个人美好的愿望或不着边际的梦想,否则将会延误生涯良机。学校则可以通过开展形式多样的活动加以启发和引导,采用行之有效的方式、以喜闻乐见的形式,如演讲比赛、新老生学习经验交流会、主题班团会、辩论赛等,从大一抓起,发动和组织广大新生探讨如何确立大学目标,如何成才等问题,引导新生通过这几个层次的自我剖析之后,对自己形成一个客观、全面的认识和定位,为自我生涯规划做好相应的准备。

(三)适时性

适时性指规划要根据各学期、各阶段的情况特点,合理安排实施。规划是预测未来的行动,确定将来的目标。凡事预则立,不预则废,因此各项主要活动何时实施、何时完成,都必须有时间和时序上的妥善安排,以作为检查行动的依据。

适时性要求学校和指导老师必须依据学生不同的学习阶段进行相对应的职业生涯规划的指导。例如在大三、大四年级引导学生树立终身学习的观念,在离开正规学校系统教育后,必须通过各种途径去接受继续教育。与此同时进行职业心理咨询,让学生了解自身的特点,扬长避短,找到适合自己的工作岗位,才有可能成为职业生涯的成功者。

(四)针对性

个人职业生涯规划必须由个人自己来主导。从马斯洛的人生需求理论中,我们已经认识到发展的动力源泉在于个人自身。而每个大学生的成长环境,个性类型、价值观以及能力爱好等不尽相同,一般来说,兴趣和能力是决定职业适应性即职业成功和工作满意的两个最主要方面,也是职业设计和职业决策过程中所应着重考虑的因素。因此,大学生在为自己设定职业目标,制定职业生涯规划时应客观分析外界环境和自身条件,进行有针对性的个人计划,而不能盲从。

(五)前瞻性

大学生今后的职业生涯道路和即将面对的职业世界是非常广阔的,职业生涯规划也必须着眼于学生的充分发展,因此,大学生职业生涯规划具有前瞻性的特点。大学生在自我定位和选择职业生涯发展道路之前,必须知道摆在面前的职业生涯道路的各种可能性,知晓未来的职业世界。只有这样,他们才能在自我认识的基础上做好自我定位并选择好一条适合自身特点的职业生涯发展道路。

四、大学生职业生涯规划的要素

既然职业生涯规划具有明显的个性化特征,不同的学生在做职业生涯规划时,所考虑的因素也会有所不同,因人而异。但一般而言,一些因素是必须考虑的,例如:对自我的全面认识,对外部环境的合理评估,个人目标的抉择以及落实目标的措施安排等,这些因素就是大学生职业生涯规划的基本要素。

我国人事科学研究者罗双平用一个精辟的公式总结出了职业生涯规划的三大要素,即:职业生涯规划 = 知己 + 知彼 + 抉择。

知己、知彼是抉择的基础,正所谓"知己知彼,百战不殆"。在职业生涯规划中,所谓"知己"就是自我认识与自我了解,"知彼"就是熟悉周围的环境,特别是与职业生涯发展有关的工作环境。抉择就是在获得内部、外部信息的基础上,进行正确的选择。知己知彼相互关联,确定的个人生涯目标才会符合现实,而不是一厢情愿;对所要从事的职业要感兴趣,而不是被动地去干;所从事的工作能发挥专长,利用了个人的强项;对工作的环境能够适应,而不是处处困难,难以生存。这就说明你的生涯规划不仅作到了"知己"、"知彼",而且还做出了正确的"抉择"。

知己、知彼、抉择之间的关系与具体内容如图 3.1 所示。

五、大学生职业生涯规划的意义

大学生职业生涯规划,对于大学生的成长、高校的发展、社会的进步都有重要意义,具体表现在以下几个方面。

(一)大学生职业生涯规划对学生个体成长的意义

大学生职业生涯规划是一种人生的规划,是命运选择。现代职业生涯的规划不仅能帮助大学生实现目标,更重要的是有助于真正了解自己从而确定出合理、可行的职业生涯发展方向。尤其是在市场竞争激烈和人才济济的时代,只有发展个人的竞争优势,才能把握稍纵即逝的机会,发挥个人的潜能,实现预定的目标。"历史不能假设,过去不能重来。"在人生路上回头的代价是很高的,除了事件不再来之外,日趋专业的职业分工,也使得职业生涯规划的复杂程度越来越高。因此,大学生需要通过具有前瞻性的职业生涯规划,减少在人生路上的徘徊犹豫,以免浪费时光。

首先,大学生职业生涯规划是大学生成才的有效方法。近年来,人们文化素质的提高,绝大部分大学生都想施展自己的才能,成就一番事业,体现自己的人生价值。然而,由于社会的快速变迁,竞争的不断加剧,一些不能体察时代变迁和环境变迁的人,在这种多边时代往往手忙脚乱,不知所

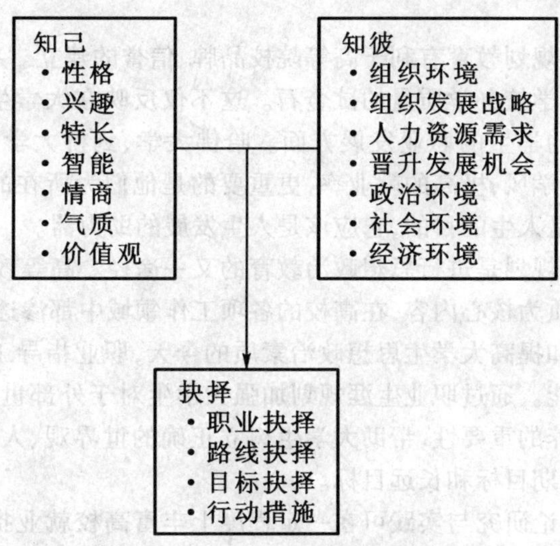

图 3.1　职业生涯规划要素关系

措，造成内心的惶恐、紧张不安，不知何去何从，其结果不仅事业无成，而且身心也受到严重的影响。因此，大学生只有及早做好职业生涯规划，认清自己，并在自己内在潜能上不断探索和发展，才能正确掌握人生方向，实现人生价值。只有树立了明确的目标，才能向着目标的方向努力。大学生职业生涯规划可以为求职择业提供成功的技术与方法、规划，可使其充分认识自己，客观分析环境，科学地梳理目标，正确选择职业，运用适当的方法，采取有效的措施，克服职业生涯发展困阻，避免人生陷阱。大学生无论从事什么职业、从事什么工作，都必须通过科学的职业生涯规划，才能使个人的目标得以实现，使个人的事业获得成功，使一个平凡之人发展成为一个出色人才。由此可见，职业生涯规划是大学生成才的一种有效方法。

其次，大学生职业生涯规划有助于全面提高大学生综合素质。学分制使学生进入大学后选择课程的权利更为自由，但是，如果没有必要的职业生涯规划指导，学生很难明确今后职业发展的方向。大学期间的学习目标存在盲目性，必然导致学习缺乏动力，涉猎知识的结构失衡，适应社会的能力弱化。所以，职业生涯规划应该从大学生入学就开始培养、引导和训练，以便为自己一生的职业生涯发展打下坚实的基础。

再次，大学生职业生涯规划有利于增强大学生的主体意识。由于受应试教育、工具教育的影响，有相当一部分大学生主体意识欠缺。学习是为了父母、教师，却唯独没有考虑是自己今后职业生涯发展的需要。开展大学生职业生涯规划后，大学生可以全面地认识自己的个性、长处与不足，认识社会对人才的需求，从而制定自己的职业生涯目标，并自觉地将目标规划转化为行动，增强学习的目的性，主体性意识明显增强。

(二) 大学生职业生涯规划对于学校发展的意义

培养合格的劳动者是高等院校的根本任务，质量是高等院校的“生命线”。大学生职业生涯规划不仅是大学生事业成功的导航仪，同时也有助于高等院校树立自己的人才品牌，提高自身的综合竞争实力。

首先,大学生职业生涯规划教育有利于高等院校品牌、信誉的建立。在就业形势日益严峻的情况下,大学生就业成了检验学校办学质量的试金石。这不仅反映在大学生的就业率方面,同时,更重要的是反映在一个学校的学生的职业发展方面。哈佛大学、剑桥大学、牛津大学之所以闻名于世,不仅是因为他们严谨的学风,极高的就业率,更重要的是他们为所在的国家和世界培养了大量的精英人才。知识教育不是人生的目的,它应该是人生发展的助力器。

其次,大学生职业生涯规划是进行思想政治教育的又一途径。高等教育是一项系统工程,它以推动大学生全面发展的素质为核心内容,在高校的各项工作领域中都渗透着积极的思想政治教育。在大力加强公民道德教育和提高大学生思想政治素质的今天,职业指导工作也可以并且能很好地承担起思想政治教育的功能。通过职业生涯规划加强大学生对于外部世界及自身的认识,可以促使他们认识到加强道德修养的重要性,帮助大学生树立正确的世界观、人生观和价值观,使他们有远大的理想,并有科学的近期目标和长远目标。

再次,职业生涯规划理论研究与实践可在一定程度上丰富高校就业指导工作的理论基础和方法论体系。高校就业指导是一项实践性相当强的工作,在实践操作中会不断遇到新问题。职业生涯规划是当前高校就业指导工作所面临的新挑战。积极、有效地开展大学生职业生涯规划是高校朝着就业指导工作进一步科学化和系统化迈进的关键一步。而丰富的实践经验必须总结与升华,形成新的科学理论进而指导新的实践。随着社会主义市场经济的进一步发展,大学生职业生涯规划作为高校就业指导工作的重要组成部分,在合理配置人才资源中日益发挥重要作用,对它的研究将有助于使高校就业指导形成学科体系。

(三)大学生职业生涯规划对于社会的意义巨大

高等教育以培养德、智、体等全面发展的大学生为己任,承担着重要的社会责任和义务。综合素质高的大学毕业生是社会发展的中坚力量。对于他们,理想的人生就是在谋求和促进社会发展与进步中实现个人的价值,其中包括实现个人的职业理想。合格毕业生是高校为社会培养的优秀"个体",社会则需要这个"个体"能在立足于社会的前提下,带动和影响周围的人,进而形成大小不一的促进社会发展与进步的元素,从整体上有利于社会的全面进步。从这一点来看,大学生职业生涯规划与设计的社会意义巨大。

【延展阅读】

职业生涯规划之典型的八大症状

职业生涯第一傻:得过且过

典型症状

"得过且过"在字典上的解释是:只要勉强过得去就这样过下去,也指对工作不负责任、敷衍了事。

别看现在这个社会竞争激烈,但总有人能"超然物外"、我行我素,"按既定方针办",领导再怎么急于出成绩、见效益,那也跟我没关系,我就这么着了。

病理分析

这种人又分为两种:一种是真傻、也真懒,虽说也对生活有较高的要求,知道好日子过着舒服,但就是不愿意费那个劲。动脑子、花心思太累,有时间还是趁年轻多玩玩。

另一种人是装傻,其实往往很聪明、有能力、也不乏思想,表面看是偷懒,实际上是糊弄事,让人说深了不是、说浅了不是:您不是让我干活吗,我干了,让干多少干多少,您还想怎么着啊?可那活质量如何?咳,差不离儿得了,较什么真儿啊,给这点钱,值当我拚命嘛!

实用处方

①假如你是第一种人,"天上没有掉馅饼的"最适合你,即使你占过那么一两次小便宜,一旦遇到裁员风波,领导fire名单的第一行肯定有你。

②假如你是第二种人,也许工作对你只是个解闷的工具,你不指望靠它挣钱,那是个人生活观的问题,谁也无法改变你,不过您最好自觉点,自动离职最好,等着让人开就没什么面子了。

③假如你不幸有这样的属下,第一步看看有没有改进的可能,如果沟通多次,对方依然得过且过,别怕人背后说你不留情面,既然他不干活干脆fire了都省心。

职业生涯第二傻:没有危机意识

典型症状

好像网络从业人员比较爱这样。

前一年各种媒体近乎没有脑子地爆炒网络经济,导致一大批热血青年投奔网站,似乎认定只要到了网站就离富翁不远了。拿着少说七八千,动辄上万的月薪,有一部分人还清醒,知道何时进、何时退。而另一部分是彻头彻尾地晕菜了,什么裁员哪、纳指降到一美元以下呀、某大网站被迫关张呀这么负面消息似乎对他们没有任何影响,他们依然每天昂首挺胸地去上班,跟什么事没有似的。

病理分析

其实不仅网络公司,每个人的职业生涯里都会遇到危机,有竞争的危机,也有失业的危机。所以,咱们脑子里要时刻崩紧这根弦,早做准备、多做准备,才不会在危机来临之时抓瞎。

实用处方

每天看看竞争对手的工作情况;每隔一段时间念一遍《甲申三百年祭》,想想李自成是怎么完蛋的。

职业生涯第三傻:干耗不充电

典型症状

看似与本质工作无关的东西,学它干吗,又用不着!

病理分析

徐琳,因考不考车本的问题与老公"杠"过好几次了。徐琳是一家杂志社的美术编辑,不坐班,即使去上班也有班车,加上一时半会儿没有买车的计划,徐琳一直不想考车本。她觉得用不着。而老公认为,开车是现在职业人的基本技能,就跟人必须要自己穿衣服一样,再说,历来就有技不压身的古训,同样的机会摆在面前,谁会得越多谁胜算越大。

胡洁,大本毕业在一家公司工作,5年下来,虽然现在的工作她可以驾轻就熟地完成,但总觉有被掏空的感觉。这5年来,胡洁的日子踏踏实实,她一直觉得有个大本就够吃一辈子的。可现在看来,似乎不是这么回事了。

实用处方

①职场生涯没有一通到底的 pass port,充电是必须的。曾有人说,21 世纪就业的三大基本技能是外语、电脑和开车。也许说得“邪乎”了点,但不可否认的是,如果这三样技能你样样精通,那就是好工作找你多一些而不是你忙着去找好工作。所以你看,大街小巷的电脑、外语学习班个个都火,驾校约车都困难。

②不断追求更高目标:只有大学本科的学历,最多再撑三、五年,以后估计连研究生都是“撮堆儿”的了,也许,到那时你的大本文凭只相当于现在的中专,天哪,你不害怕吗? 所以,有时间还是读个二学历、研究生、博士、MBA 什么的,心里也踏实。

③充电不盲目:不要看着别人报班就跟着起哄,最好选择有实用价值、有针对性地去学习。

④充电是随时随地都可以的,读一本书、与同事探讨都是充电的过程。

职业生涯第四傻:兼职兼到头晕

典型症状

“狗揽八泡屎”(话糙理不糙),有机会就要兼职挣钱,脑袋都大了。

病理分析

兼职既能把一个人的特长发挥到极至,又能最大限度地创收,所以很多人愿意做兼职的工作。如果有这个能力,机会又合适,无可厚非(国家明令不允许兼职的人员除外)。但如果一人身兼四职、五职,兼到头晕脑涨的程度,肯定会有得不偿失的一天。

实用处方

首先得明白一个道理,兼一百个职,也不见得能兼成富翁。

兼职太多,如果影响了本职工作,会不会影响到职业基础? 假如你觉得现在的工作本不如意,不如直接找个称心的工作,毕竟兼职总有点做贼的感觉。

世上没有不透风的墙,兼职太多,传到本单位去就比较麻烦,至少要花心思去解释呀!

兼职最好不要超过三个。

职业生涯第五傻:事不关己高高挂起

典型症状

凡事三缄其口,不问就不说,宁可让好想法烂在肚子里。

病理分析

当年我在一家公司做策划部主任的时候,部门里就有一个这样的同志,明明极为聪明,好创意一个一个往外面冒,就是不说,“你也没问我呀!”开会的时候,她从来不主动发言,你问到她头上,她也不会一次把所有的想法都说出来。

可到让她做什么策划的时候,那些火花呀、创意呀,又让你不得不承认她做得漂亮。我曾经几次跟她谈过,我认为每一个部门的成就是大家一起创造的,在同一个集体里没有与自己无关的事。可她说,不是我分内的事情我为什么要替别人操心。唉,人是聪明人,就是没有团队意识。

实用处方:换位思考

如果你是这样的员工,请替你的领导考虑考虑,如果你处在他的位置上,你会怎么想? 你是不是希望大家的劲儿往一块使？你是不是希望人人都有好创意？你是不是要讲团队意识？

如果你手下有这样的员工，请把自己放在他的位置考虑考虑。他是不是怕话说多了让领导误以为他想怎么怎么着？你有没有及时跟他沟通自己的想法，让他知道你很在意、很看重他的意见和建议？建设一个好的氛围，让人人都发表自己的见解，对你的帮助会是最大的。

职业生涯第六傻：机会来临抹头就跑

典型症状

因为害怕失败，所以不敢尝试新的、更高一层的工作。

病理分析

这是何惠最为懊悔的一件事了。当“兵”当出彩来的她，年底面临一个好机会。总经理找她谈话，告诉她将有机会竞争一个部门主任的职位，而且总经理亲口告诉她，有资格竞争的人不超过4个，而那3个人谁也没有何惠更了解这个部门的工作，总经理说：“如果你上，还是有很大机会的。”话都说到这份上了，换了谁都能明白，总经理对她寄予厚望，这个职位就应该是她的了。可何惠思前想后，到最后居然回绝了总经理，因为她认为自己还是做具体的业务比较合适，做管理工作没有经验，怕干不好让领导失望。就这么个理由，阿惠把加薪晋级的大好机会拱手送给了别人。

实用处方：当仁不让客气什么

没有人天生就会做一个新的工作，经验都是在做的过程当中学习和积累出来的，因为害怕失败就放弃机会，没有比这更没出息的了。你的上级领导也会失望的，不是因为你没做好工作，而是因为你连尝试的意愿都没有。假如你真的努力做了，即使没有达到领导的预定目标都没什么关系，至少你努力过了。而拒绝机会意味着什么？意味着你胆怯、没有勇气，这是不是职场大忌？

职业生涯第七傻：寻找靠山且急于表现

典型症状

话里话外、明着暗着告诉同事：“我是×××的人。”

病理分析

没有一个打工的人不愿意跟老板搞好关系，除非你自己当老板。跟老板搞好关系的基础是什么？是你要有自己的一套，得能练活儿，还要练得漂亮。但即便你跟老板关系再好，也别让别人认为你把老板当成靠山，好让别人不敢怎么怎么。

职场是个利益共同体，你跟老板再磁，他愿意为了你一个人而犯众怒吗？再说，你干活到底是给谁干的？不是给老板干的，是给自己攒本钱呢！万一哪天老板走人了，你是不是又要挖空心思找一个新的靠山？靠山是会变的，而变化的靠山还靠得住吗？

实用处方

跟各层领导都处好是非常重要的，但千万别让人以为你是×××的人。

职业生涯第八傻：把没思想show给他看

典型症状

让干什么就干什么，让做“一”决不做“二”，不会做也不想怎么怎样才能做。

病理分析

不可能人人都是天才，但也不能人人都是木头吧？只有木头才没有自己的思想。

实用处方

一般而言,领导如果让你做到1,他会点拨到0.5,但他希望你能想到2甚至3,做到1.5或2。假如你连想都不想,就那么照方抓药似的做了,肯定不会出彩。领导喜欢的是创造性地理解,然后发挥,而不是把没思想 show 给他看。

来源 (2007-6-16). http://www.jszp.org/wz/News_View.asp? NewsID=47.

第二节 大学生职业生涯规划的方法

大学生在做职业生涯规划时,应该按照职业生涯规划的基本步骤和内容要求进行,并重点注意实施策略的制订。

一、大学生职业生涯规划的基本步骤

大学生职业生涯规划的基本步骤包括:自我认知、职业认知、外部环境分析、职业决策、目标确立、策略实施、反馈修正等七个基本环节。

(一)自我评估

对于大学生来说,主要是了解兴趣、学识、技能、情商等与大学生本人相关的所有因素。自我评估的结果可以通过自我剖析、职业测试以及角色建议等方法获得。

(二)职业认知

对于大学生来说,职业认知主要是了解职业和行业的基础知识,搜集和掌握相关职业信息,同时,通过职业认知,大学生也可以了解劳动力市场的基本状况,以及影响劳动力市场的基本因素。

(三)外部环境分析

对大学生而言,外部环境主要是市场与用人单位等因素,尤其是近年来经济高速发展,科技日新月异,市场竞争加剧,用人单位的要求越来越高,这些因素对个人的发展产生了很大的影响。因此,在制定个人的职业生涯规划时,大学生要分析环境条件的特点、环境的发展变化情况、自己与环境的关系、自己在这个环境的地位、环境对自己提出的要求以及环境对自己的有利条件和不利条件等。

(四)职业决策

据统计,在选错职业的人当中,有80%以上的人在事业上是失败者。因此职业决策的正确与否,直接关系到人生事业的成功与失败。在职业决策的过程中要考虑性格与职业的匹配,兴趣与职业的匹配,特长与职业的匹配,内外环境与职业的相适应等等,也就是说,职业决策是在自我认知、职业认知和环境分析的基础上进行的,可以说,它是大学生职业生涯规划中至关重要的一步。

(五)目标确立

确立目标是制定职业生涯规划的关键,通常目标有短期目标、中期目标、长期目标和人生目标之分。长远目标需要个人经过长期艰苦努力、不懈奋斗才有可能实现,确立长远目标时要立足现

实、慎重选择、全面考虑,使之既有现实性又有前瞻性。短期目标更具体,对人的影响也更直接,也是长远目标的组成部分。

(六)策略实施

行动计划由长期和短期两部分组成,长期计划的实现有众多不确定因素,因此大学生要根据自身实际情况和社会发展趋势,不断地设定新的可操作的短期目标。比如大学一年级的时候应该怎么做,力求实现怎样的短期目标;二年级又该执行什么方案,本年级结束时需要达到预期效果……毕业当年有什么具体举措,如何向自己的初次择业方向和目标靠拢等等。

(七)反馈修正

为使职业生涯规划行之有效,需要结合实际情况不断对职业生涯规划的内容进行评估与修正。对大学生来说,反馈修正的主要内容包括:职业方向的重新选择,各阶段目标的修正,实施措施与计划的变更等等。

二、大学生职业生涯规划的文案内容

大学生职业生涯规划是对个人职业发展道路进行选择和设计的过程,规划的内容和结果应该在规划过程中及规划后形成文字性的方案,以便理顺规划的思路,提供操作指引,随时评估与修正。一个完整有效的职业生涯规划文案应该包括以下的八项内容。

(一)标　题

包括姓名、规划年限、年龄跨度、起止时间。规划年限不分长短,可以是半年、三年、五年,甚至是二十年,视个人的具体情况而定。

(二)目标确定

确立职业方向、阶段目标和总体目标。职业方向即从业方向,是对职业的选择;阶段目标是职业规划中每个时间段的目标;总体目标即当前可预见的最长远目标,也是在特定规划中的终极目标。在确定总体目标时,如果能适当地看得远些,定得高点,则有助于最大限度地激发规划者的潜能。

(三)个人分析结果

包括对自己目前的状况分析和对自己将来的基本展望,同时也包括对自己职业生涯有一定影响的角色建议。

(四)社会环境分析结果

指对政治、经济、文化、法律和职业环境等社会外部环境的分析。

(五)组织(企业)分析结果

主要是对职业、行业与用人单位的分析,包括对用人单位制度、背景、文化、产品或服务、发展领域等的分析。

(六)目标分解与目标组合

分析制订、实现目标的主要影响因素,通过目标分解和目标组合的方法做出果断明确的目标选择。目标分解是根据观念、知识、能力、心理素质等方面的差距，将职业生涯中的远大目标分解为有一定时间规定的阶段性分目标；目标组合是将若干阶段性目标按照内在的相互关系组合起来，达成更为有利的可操作目标。

（七）实施方案

首先找出自身观念、知识、能力、心理素质等方面与实现目标要求之间的差距，然后制订具体方案逐步缩小差距以实现各阶段目标。

（八）评估标准

设定此衡量此规划是否成功的标准，如果在实施过程中，无法达到制订的目标或要求应当如何修正和调整。

需要注意的是，文案内容的顺序与规划的步骤不是完全一致的。比如职业生涯规划的第一步就是要进行自我评估，其次是进行外部环境分析，然后才是职业目标的确立；而文案内容的顺序是先写出职业方向和总体目标，然后再写出自我分析和外部环境分析的结果。其实，这并不矛盾，因为文案的形成是建立在按正常步骤进行规划的基础之上的，之所以将职业方向与目标提前，目的是为了阅读上的方便，突出核心主题——规划的目标，并有利于与实施方案进行对照、检查和修订。

【延展阅读】

职业生涯规划文书(范文)

【姓名】程锐

【规划期限】四年

【起止时间】2006 年 9 月 1 日至 2010 年 7 月

【年龄跨度】18 岁至 22 岁

【阶段目标】顺利毕业；成为一个有一定经验的市场营销人员(职业方向)

【总体目标】成为一家大公司的总裁

【个人分析】自己是属于那种很外向的人，善于沟通，曾经有过兼职推销人员的经历并取得相当不错的成绩。而且，自己所学的专业也是市场营销专业，这也正是自己的兴趣所在。

【社会环境分析】中国现在是一个政治稳定，经济、文化高速发展的国家，而且，这种状况还将持续相当长的一段时间。这种情况为每一个人都提供了一个好的发展机遇。随着市场经济的发展，市场在经济活动中的作用将越来越大。

【职业分析】社会的发展将会对市场营销这一职业产生重要影响，对市场营销的依赖性将越来越大，而且，社会对市场营销的需要将越来越大。个人选择的行业还没有最后确定，但比较感兴趣的是制药、保险和食品。这些行业都是社会所不可缺少的行业，而且随着社会的发展，这些行业的发展空间也会相当大。

【目标分解与目标组合】

1. 目标分解

目标可分解成两个大的目标——一个是顺利毕业；一个是成为一个有一定经验的市场营销

人员。

对于第一个目标,又可分解为把专业课学好和把选修课学好,以便修完足够的学分,顺利毕业。接下来,还可以细分:在专业课程中,如何学好每一门课程;在选修课程中,需要选择哪些课程,如何学好……

对于第二个目标,又可分解为接触市场阶段,了解市场阶段、熟悉市场阶段。接下来,还可以细分:在接触市场阶段,要采用什么办法,和哪些公司保持联系……

2. 目标组合

顺利毕业的前提是学好专业课程,而专业课程的学习则对职业目标(成为一个有一定经验的市场营销人员)有促进作用。

【具体实施方案】要成为一个有一定经验的市场营销人员,需要缩小自己和有一定经验的市场营销人员的差距。这些差距包括几个方面。

1. 思想观念上的差距

刚从事销售的人一般会认为销售只是卖出商品,但有一定经验的人则会认为销售是"卖出自己"——客户只有相信销售者,才可能购买商品。为了缩小这种差距,需向有经验的人员请教,并在实践中去体会这一点。

2. 知识上的差距

书本知识的欠缺只是一个方面,更重要的应当是实践的差距。为了缩小这种差距,需要在学习书本知识的同时,多参与真正的市场销售,在实践中体会书本知识。

3. 心理素质的差距

市场销售需要百折不挠,而作为一个学生,缺少的恰恰是这一点,往往遇到一点挫折和失败就会退缩。这种差距,需要在实践中逐步消除。

4. 能力的差距

这一点可能是最重要的。为了缩小这种差距,除了在实践中逐步学习外,还要和七八名销售高手保持密切的联系,以便随时请教和学习。

【检查和反馈】在向销售高手请教的过程中,发现自己需要学习的书本知识很不够,特别是外语方面能力需要提高,否则,就无法适应现在的销售要求。所以,决定加强英语的学习,准备报一个英语的口语班,每周一次学习,同时,准备参加学校里的英语角,切实提高英语水平。在销售过程中还发现,销售中有很多时候只是一些事务性的活动,没有太多的智力成分,所以决定以后减少参加类似活动的次数,把精力用在那些对自己有锻炼意义的事情上去。

来源 姜静波. 明天的饭碗在哪里. 北京:当代世界出版社. (220 页)2004.

三、大学生职业生涯规划的实施策略

大学的学制一般为3-5年,在每一学年中,大学生的学习重点与心理特征都有所不同。根据这一自然的年限划分,大学生可以按学年为阶段设置阶段目标,进行自己的职业生涯规划,并按照每个阶段的不同目标和自身成长特点,制订一些有针对性的实施方案。下面,以本科四年制的大学生的职业生涯规划实施方案为例,供大家参考。

(一)大学一年级:探索期

【阶段目标】职业生涯认知和规划

【实施方案】首先要转变由高中生到大学生的角色,重新确定自己的学习目标和要求。其次,要开始接触职业和职业生涯的概念,特别要重点了解自己未来所希望从事的职业或与自己所学专业对口的职业,进行初步的职业生涯设计。熟悉环境,建立新的人际关系,提高交际沟通能力,在职业探知方面可以向高年级学生、尤其是大四的毕业生询问就业情况。积极参加各种各样的社团活动,增加交流技巧。在学习方面,要巩固扎实专业基础知识,加强英语、计算机能力的学习,掌握现代职业者所应具备的最基本技能。如果有必要,为可能的转系、获得双学位、留学计划做好资料收集及课程准备,多利用学生手册,为将来的就业选择打下良好的基础。

(二)大学二年级:定向期

【阶段目标】初步确定毕业方向以及相应能力与素质的培养

【实施方案】认识自己的需要和兴趣,确定自己的价值观、动机和抱负。考虑未来的毕业方向(深造或就业),了解相关的活动,并以提高自身的基本素质为主,通过参加学生会或社团等组织,培养和锻炼自己的领导组织能力、团队协作精神,同时检验自己的知识技能。可以开始尝试兼职、社会实践活动,并要有坚持性,最好能在课余时间长时间从事与自己未来职业或本专业有关的工作,提高自己的责任感、主动性和受挫能力,并从不断的总结分析中得到职业的经验。增强英语口语和计算机应用的能力,通过英语和计算机的相关证书考试,开始有选择地辅修其他专业的知识充实自己。

(三)大学三年级:准备期

【阶段目标】掌握求职技能,为择业做好准备

【实施方案】加强专业知识学习的同时,考取与目标职业有关的职业资格证书或相应的通过职业技能鉴定。因为临近毕业,所以目标应锁定在提高求职技能、搜集公司信息上。参加和专业有关的暑期工作,和同学交流求职工作心得体会,学习写简历、求职信等求职技巧,了解搜集就业信息的渠道,如果有机会要积极尝试。加入校友网络,向已经毕业的校友了解往年的求职情况,如果决定考研,也要做好复习准备。希望出国留学的学生,可多接触留学顾问,参与留学系列活动,准备TOEFL、GRE 的应试,注意留学考试资讯,向相关教育部门索取简章参考。

(四)大学四年级:冲刺期

【阶段目标】成功就业

【实施方案】这个阶段大学生的毕业方向已经确定,大部分学生的目标应该锁定在工作申请及成功就业上。这时,可先对前三年的准备做一个总结:首先检验自己已确立的职业目标是否明确,前三年的准备是否已充分;然后,开始毕业后工作的申请,积极参加招聘活动,在实践中校验自己的积累和准备;最后,预习或模拟面试,积极利用学校提供的条件,了解就业指导中心提供的用人公司资料信息、强化求职技巧、进行模拟面试等训练,尽可能地在较为充分准备的情况下进行施展演练。在撰写毕业论文时,可大胆提出自己的见解,锻炼自己的独立解决问题的能力和创造性。另外,要重视实习机会,通过实习从宏观上了解单位的工作方式、运转模式、工作流程,从微观上明确个人在岗位上的职责要求及规范,为正式走上工作岗位奠定良好基础。

第三节　大学生职业生涯规划的主要问题与应对策略

一、当前大学生职业生涯规划的主要问题

(一)对职业生涯规划重视不够

在校大学生普遍缺乏职业生涯规划意识。真正了解职业生涯规划的大学生更是为数不多。对职业生涯规划认识模糊,只知道概念而缺少实际的操作。有的把职业规划等同于职业目标和学习计划。其实,职业目标是职业规划的核心;但职业规划不等同于职业目标,它要将实现职业目标的任务分解细化到不同的时间段和若干小目标,采取相应的具体措施,步步落实。职业规划也需要科学的学习计划,需要知识的积累,但更重要的是综合能力的提升,有的把职业生涯规划等同于职业选择。其实,职业生涯规划是一个周而复始的连续过程,职业选择只是职业生涯规划中的重要一环。有的误认为高学历就有高能力,将专业等同职业。一般来说,专业决定不了职业,专业是学习阶段的任务,是对知识的被动接受,而职业是一种谋生手段,需要具备多种能力,从专业学习到胜任某项职业还需要有多种能力作支撑。有的同学认为,世界变化较快,人们无法预见未来,没必要提前做好职业规划。

(二)对自己缺乏充分的了解

有研究表明,只有6.7%的大学生对自己有比较清楚的认识,而52.3%的大学生对自己的各方面能力和兴趣等持含糊态度,41.0%的大学生则完全不了解自己。这说明,大学生普遍对自己缺乏了解。由于每个人都有自身的特点,因而工作的选择也没有固定的模式可遵循,关键是要从自身的实际情况出发,根据自己的特点和兴趣找到适合自己的工作。因此,客观冷静地分析认识自己,估计自己的能力,确认自己的性格,发现自己的兴趣,明确自己的优势和劣势就显得格外重要。如果对自己不能客观地分析和评价,不了解自己的性格、兴趣、特长、智商、情商、能力等个人所具备的基本素质,即使盲目地找到了工作,也会因为工作不适合自身的特点,不能激发自己对工作的兴趣,从而导致自己在工作中缺乏积极性、主动性和创造性,最终也会阻碍个人的发展与成才。

(三)职业目标的定位不切合实际

大学生的职业目标的定位不切合实际,主要体现在两个方面,一方面自我评价过高,过于自信、好高骛远。有研究显示,89%的大学生表示自己两年之内要做主管,5年后成为部门总监。71%的同学说,35岁之前要成为年薪50万~100万元的企业经理,做一名叱咤风云的"金领"。当然职业的目标定位高,可以调动自己的积极性,充分挖掘自身的潜能,但是如果目标过高,不切合实际,往往会带来心理与现实之间的极大落差,致使对自己的工作前景感到暗淡。还有一些大学生唯钱是瞻,倾向于去一些收入高、福利好的大企业、大公司,很少有人主动提出去祖国最需要人才的西部和农村。另一方面自我评价过低,缺乏自信、目光短浅。有些大学生存在着自卑心理,往往低估了自己的能力,做事畏首畏尾,不愿展示自己的才华,这些大学生的职业目标定位往往偏低,这样会埋没了自己的才能,致使"英雄无用武之地"。

(四)理论与实际存在严重脱节

职业生涯规划的理论与实践相脱节,在当前的大学生中也是非常严重的。这主要表现在两个方面:一方面,只有理论,不见行动。有一部分大学生在校期间对职业生涯规划很感兴趣,通过老师的讲授和自学也了解了不少关于职业生涯辅导的相关理论,许多人甚至制定了自己的职业生涯规划,但是他们缺乏实践的勇气,没有把自己的行动与规划统一起来,并为实现这些目标而努力,而是规划完就了事,把制订的职业生涯规划束之高阁。我们知道,即使理论非常完美、非常有用,如果个体不付诸实施,它只能停留在理论上而不能对实践产生任何积极的作用。因此,只有理论没有行动,那只是空想。另一方面,只有行动,没有理论指导。有些大学生可能是"行动主义者",他们的行动来自于内心的冲动,例如,有的同学凭自己的兴趣爱好找工作。有些人可能是从众心理,见到别人找到一份好工作,自己也千方百计地从事同样的工作。之所以会出现这种现象,是因为他们并没有对自身的条件和工作本身的性质进行科学的分析。要解决这个问题,必须学习科学的职业规划理论,并把这些理论付诸实际。因此,只有行动没有科学理论作指导,那是蛮干。

(五)误认为学历高就能找到好工作

在现实生活中的确存在这样一种现象,越来越多的公司和企业对应聘者的学历要求越来越高,很多人把高学历看做是能否找到好工作的"敲门砖",没有高学历可能就没有与招聘者面谈的机会,因而会被拒之门外。因此,很多大学生认为,要找到一份好工作必须拥有高学历。高学历意味着学到的知识多,但是不一定具有良好的综合能力,在很多公司和企业里,他们更希望雇佣那些能力强,脚踏实地做事的人,而不愿意让所谓的"书呆子",只会"纸上谈兵"的人留在自己的单位。

有些大学生为什么不能受到用人单位的欢迎呢?就是因为他们是高分低能的人。他们中的很多人就像是新时代的"孔乙己",认为自己学到了很多知识,就自命清高,他们往往"一心只读圣贤书,两耳不闻窗外事",对于其他各种基本的社会和生活技能漠不关心,有的大学生甚至在生活自理方面都存在很大问题,怎能适应日益激烈的就业环境呢?另一方面,知识渊博的人不一定个人的道德品质就好,人的职业素养在任何公司和企业里都起着非常重要的作用,如果只有知识而没有良好的道德素养,同样也不会为公司和企业做出重大的贡献。

(六)在校学习时间的规划不够合理

大学生在校学习的时间是很有限的,要对自己的职业生涯进行合理的规划,必须合理地分配自己的学习时间,从大一到大四,每一年、每个学期都应该有不同的侧重点。大学生职业生涯规划不是一蹴而就的事情,需要一个长期的准备过程。但是,很多大一、大二、大三的学生,普遍认为找工作、就业是大四毕业生的事情,与自己关系不大,他们基本上对四年的学习时间,哪一年应该做哪些就业或升学的准备,没有做出合理的规划。这种现象除了与大学生个人的认识有关以外,也受到一些高校指导偏向的影响。在很多高校,一些职业指导与咨询机构只为大四的毕业生做一些突击性就业咨询与培训,与职业生涯规划相关的课程,也只在大四才开设。这样就会给学生造成一种误导,职业生涯规划只是毕业生的事情,致使大一到大三的学生对职业生涯规划不够重视。为此,大学生自己要对在校的学习时间进行科学合理的规划,哪一年应该做哪些准备,应当有一个详细的安排,学校也应该给予科学合理的引导。

【延展阅读】

全新的职业定位方法——黄金评价法

美国施恩教授的“职业锚”和霍兰德教授的“职业性向”是两种被西方广泛使用的职业定位模式，虽有较为成熟的理论基础，但在国内的推广还处于起步阶段。对被测评者而言，这两种方法都要依靠专业的测评机构、测评专家经过问卷测评和访谈之后才能给出测评意见，往往还需要被测评者支付一些费用。

于加朋根据自己的研究，摸索出一套全新的职业定位方法——黄金评价法。这套方法的最大特点是，简单易学，可操作性强。更关键的是，与专家给出的测评不同，它是一套专门用于自我测评的职业定位方法。

黄金评价法有一个最基本的理论前提：对一个人的优势和劣势的最有价值的评价，是由曾与此人有过密切接触或交往的人在无意间给出的。对每一个人来说，在漫长的生活岁月中，他曾经与许许多多的人接触过、交往过，他也曾无数次被这些人评价过，这些评价也许被他铭记在心，也许被他忽略甚至几乎遗忘。我们认为，对他最准确、最有价值的判断都已隐藏在这一大堆评价当中，只要他有足够的生活经历。他需要从浩如烟海的记忆中找寻曾经出现过的针对自己的评价，以及出现这些评价的情景。所有这些评价当中，只有一部分甚至仅仅是一小部分才是有价值的，他需要去粗取精、去伪存真，把最有价值的那一部分找出来。

黄金评价法就是按照一定的规则，把多年来别人曾给自己做出过的评价进行筛选和过滤，选出最有价值的部分，并依此做出自己的职业定位。

以下是黄金评价法的七个要点。

要点一：关注别人对自己在以下方面的评价。

——哪种特质表现优秀？

——哪种特质表现糟糕？

要点二：关注以下人员对自己的评价。

——父母、兄弟姐妹、配偶等家庭成员。

——老师、同学。

——上级、同事。

——要好的朋友。

——曾与自己有过较为密切接触的其他人。

要点三：忽略以下评价。

——当事人选定某种特质后要求别人评价的。别人在被动情况下对当事人给出的评价往往偏离实际。

——不切实际的奉承。

——含糊的评价。

——恶意的攻击。

——明显受利益驱使下给出的评价。

——其他明显没有实际价值的评价。

要点四:要特别关注满足以下条件之一的正面评价,同时满足两项条件的称为“黄金评价”。

——重复出现的。

——引发自己极大满足感的。

——在实践中有很多机会表现的。

要点五:要特别关注满足以下条件之一的负面评价,同时满足两项条件的称为“黄金警告”。

——重复出现的。

——自己也高度认同的。

——在实践中被至少两次明显印证的。

要点六:逐条整理出所有的黄金评价和黄金警告,依此琢磨出同时满足以下条件的职业定位。

——其对人的素质要求符合尽量多条的黄金评价。

——其对人的素质要求避开了所有的黄金警告。

要点七:实施黄金评价法过程中,不宜草率,当事人要选择符合以下条件的情景。

——情绪稳定,思路清晰。

——环境很安静,免受一切干扰。

——可以查阅自己的日记及其他文字记录。

——所有的信息都要靠自己的回想,回想可以分别在几个时间段内进行。

——不宜向别人求证自己回想的内容。想不清楚的就忽略。

来源 (2006-06-12). http://www.tlstudio.net/post/content/2007-6/content_7570.html.

二、大学生职业生涯规划问题的应对策略

要解决当前大学生在职业生涯规划上产生的这些问题,必须从大学生个人和学校两个方面采取针对性的措施。

(一)个人方面

1. 要客观地认识自我

大学生在进行职业生涯规划时,首先要认识自己,了解自己的各种特点,如基本能力、工作风格、兴趣爱好、价值观念等,找到自己最适合做的、最能做出成绩的行业。大学生在进行职业生涯规划时,不能随心所欲,想干什么就干什么,可能认为自己最适合做的职业也未必能做出成绩,因为自身所具有的优势也许与别人相比就是劣势。不被你看好的职业也不一定是不好的职业,因为自己的某些特点跟他人相比,也许就成了显著的优势。因此,要客观地认清自己的优势和劣势,给自己一个合理的定位。要做到这一点必须给自己一个科学合理的评估,一方面听听家长、老师和同学们的评价,俗话说“旁观者清,当局者迷”,或许自己对自己过于了解的缘故,往往对自己的评价具有很大的主观性。另一方面,借助于职业兴趣测验和性格测验,可以认清自己是一个较为外向开朗的人,还是内向稳重的人,对哪些问题较为感兴趣,通过分析自己的优势,可以找到发挥自己特长的职业。也可分析出自己的一些弱点,对自己的不足进行深刻的剖析,这样可以避免从事不适合自己的职业。

2. 增强职业生涯规划的自觉性

任何事物的发展都是内因和外因共同作用的结果，外因是事物发展的条件，而内因是事物发展的根本动力。同样，人的发展也遵循这样的规律，当一个人发展的动力主要来自于自我的积极努力时，他会很愿意为自己所定的目标而努力奋斗，即使遇到一些挫折和障碍，也会全力以赴。大学生在进行职业生涯规划时，要积极主动，不要对外界的力量过于依赖。当制定了行动方案后，要有坚强的意志和毅力，不断地勉励自己，持之以恒，加强自我管理，把职业生涯规划落到实处。很多研究表明，职业规划越早越对自身的发展有利，大学生从踏进学校的那一天起，就要树立职业生涯规划的观念，积极主动地规划自己的职业，这样有利于毕业后找到适合自己的职业。

3. 合理规划四年的学习时间

四年的大学生活，每年都有不同的任务。例如一年级为试探期，二年级为定向期，三年级为冲刺期，四年级为分化期。所以合理规划这四年的时间就特别重要，具体方面可以参考上节内容。

（二）学校方面

1. 加强职业生涯教育，帮助大学生树立科学的职业规划理念

最近几年，国家对大学连年扩招，毕业生的数量增长迅猛，就业市场竞争异常激烈，大学生面临着沉重的就业压力。在这种情况下帮助大学生进行职业生涯规划已显得尤为重要。学校要改变传统的就业指导思想，要让大学生意识到，职业生涯规划观念和职业理想的树立一定要切合实际，符合社会发展的需要，用科学的发展观指导自己的择业，一定要认真分析、了解自身，对外部环境做出科学评估。要培养他们科学地分析自己和分析职业的技能，使自己的特点与所从事的职业相匹配。

2. 开展大学生职业生涯辅导活动，促进学生职业适应和综合能力的培养

通过开展丰富多彩的职业生涯辅导活动，使学生能够适时调整和改变自己的观念、态度和行为习惯，不断优化智能结构，培养广泛兴趣，提高综合素质，塑造良好形象，为生涯认知、准备、规划和决策等提供智力支持和强大动力。当前大学生毕业都要面临很激烈的竞争，一个职业岗位可能有很多人去角逐，要在竞争中取胜，只有专业知识还是不够的，还需要有良好的职业适应能力和综合能力，开展大学生职业生涯辅导有利于提高他们的这些能力。

3. 建立和完善高校的职业咨询机构

如果单纯依靠职业测评工具来指导学生的就业，这样会缺乏灵活性和人性化，职业测评是必要的依据，但不能机械地照搬，大学生在进行职业生涯规划时更需要有丰富经验的咨询教师的指导。因此，建立和完善高校的职业咨询机构，就显得特别重要。但是，从目前我国高校的实际情况来看，很多高校还不具备开展职业咨询的条件，因此，高校应当加强职业生涯规划队伍的培养，逐步提高职业咨询人员的职业测评和咨询技能，聘请有丰富经验的教师，建立一支以专职教师为主的职业咨询教师队伍，更好地为学生就业提供服务。

4. 开展大学生职业生涯心理训练

通过开展大学生职业生涯心理训练，开发他们的潜能心理素质是一个人各种能力和素养的综合体，其中职业生涯发展能力，例如，合作能力、自我激励能力、时间管理能力、人际交往和处世的能力、适应环境的能力以及规划与行动能力等，是大学生有效进行职业规划的必备能力。因此，应培养竞争合作意识、角色转换意识和敬业奉献精神，提高他们的自我效能感，培养全方位的能力和素

质,以适应职业发展和社会需要,更好地把握自己的前途和命运。

5. 要多组织大学生参加社会实践活动

社会实践活动是对学生综合能力的锻炼,一方面,学生可以把所学到的专业知识和技能应用到实际操作中,提升他们对所学知识的领悟;另一方面,学生在社会实践中还可以学到教材中学不到的经验和能力,这些经验和能力是在实际工作中逐步形成的,这正是大学生所缺乏的。通过大学生参与社会实践活动,有利于培养他们的职业素养,为以后参加工作打下坚实的基础;此外,通过参与社会实践活动,可以让大学生了解他们所从事的职业所具有的特点,不仅使他们在心理上更容易接纳自己将要从事的工作,也进一步明确了自己今后的努力方向。为此,学校应当建立相应的社会实践和实习基地,为大学生提供一个可以锻炼自己的舞台。

第四章　自我认知

在生活中没有找到位置的人，多半是因为没有找到自己。

——赖怀敏[中]

职业生涯规划是一个长期的连续的过程。在进行职业生涯规划辅导时，首要问题是帮助个体进行自我认知，其目的是为了让个体了解自我，发现潜能，悦纳自我，清醒认识到自己的现状与未来理想职业之间的差距，帮助个体端正态度，从而激发自我潜能、完善自我、发展自我。

第一节　自我认知概述

一、自我认知的概念

自我认知就是一个人对自己的认识、评价和期望。一般而言，一个人的自我认知是根据自己过去的经历，自己的成功或失败，他人对自己的反应，自己与环境中其他人的比较等方面形成的。自我认知是发挥学生主观能动性的基础。正如著名的成功学大师拿破仑·希尔所言："一切的成就，一切的财富，都是始于自我认知。"人们只有在实事求是地认知自己的基础上，才可能迅速、准确地捕捉和把握就业机遇。

二、自我认知的过程

自我认知的全过程可以总结为"WWHW"，即：

（一）"WHY"（为什么）

这一过程自我认知的内容是思想和行为的"动机"和"理由"，它要解决的任务是对是否行动进行决策。这一过程解决不好的人缺乏成功的动机，将很难开发出自己的智慧潜能。

（二）"WHAT"（是什么）

这一过程自我认知的内容是思想和行为的"结果"和"目标"。它要解决的任务是对取得什么样的结果和达到什么样的目标进行决策。这一过程解决不好的人则不能合理地估量和揣度事情的结果以及结果对其人生的意义，经常与成功失之交臂。

（三）"HOW"（怎么样）

这一过程自我认知的内容是思想和行为的"方法"和"策略"。它要解决的任务是对方法和策略进行决策。这一过程解决不好的人成天忙忙碌碌，却总是事倍功半。

（四）“WHERE”（在哪里）

这一过程自我认知的内容是理想和行为的环境因素和自然基础，它要解决的任务是个体的优缺点、个性以及有无潜能及条件等问题。这一过程解决不好的人对环境及自己在环境中的位置缺乏清晰的认识，不是高估就是低估自己，从而导致自负或者自卑的消极情绪。

三、自我认知的原则

自我认知的原则主要包括适度性原则、全面性原则、客观性原则和发展性原则。

（一）适度性原则

自我评价应该适当。不适当的自我评价不是过高就是过低。过高的评价往往使自己脱离现实，意识不到自己的条件限制，甚至自傲狂妄，由自信走向自负；过低的自我评价，往往忽视自我的长处，缺乏自信，过于自卑。过高或过低的自我评价，对自己都是不公正的。

（二）全面性原则

自我评价应当全面。既要看到自己的优点和特长，又要看到自己的缺点和不足；既要对自我某一方面的特殊素质进行具体评价，又要对其他各个方面的整体素质进行综合评价；既要考虑到全面的整体因素，又要考虑到其中占主导地位的重点因素。

（三）客观性原则

自我评价还应当掌握客观性原则。尽管是自己对自己进行观察、分析和评价，但仍然需要以客观事实作为基础和依据。人贵有自知之明。“自知”的可贵之处，是与自知分不开的。

（四）发展性原则

自我评价时，应以发展变化的眼光看待自己。自我评价不但应当对自己的现实素质作出适当、全面、客观的评价，还应当着眼于未来的发展变化，预见性地估价自己将来的发展潜力和前景。

【延展阅读】

自我意识

概　念

自我意识指对于意识活动本身的认识。广义指人对自己的属性、状态、行为、意识活动的认识和体验，以及对自身的情感意志活动和行为进行调节、控制的过程。在近代西方哲学界，一些哲学家赋予这一术语以更多不同的涵义。在康德哲学中，自我意识即先验的统觉的同义语，指主体意识对于经济材料的综合统一功能；在黑格尔的哲学体系中，自我意识则被视为人类精神在主观精神发展阶段上介乎于意识之后、理性之先的特定的意识形式。

自我意识是一个人对自己的认识和评价，包括对自己心理倾向、个性心理特征和心理过程的认识与评价。正是由于人具有自我意识，才能使人对自己的思想和行为进行自我控制和调节，使自己形成完整的个性。

内　容

自我意识是人对自己身心状态及对自己同客观世界的关系的认识。自我意识包括三个层次：对自己及其状态的认识；对自己肢体活动状态的认识；对自己思维、情感、意志等心理活动的认识。自我意识不仅是人脑对主体自身的意识与反映，而且人的发展离不开周围环境，特别是人与人之间关系的制约和影响，所以自我意识也反映人与周围现实之间的关系。自我意识是人类特有的反映形式，是人的心理区别于动物心理的一大特征。

自我意识在个体发展中有着十分重要的作用。首先，自我意识是认识外界客观事物的条件。当一个人还不知道自己，且无法把自己与周围相区别时，他就不可能认识外界客观事物。其次，自我意识是人的自觉性、自控力的前提，对自我教育有推动作用。人只有意识到自己是谁，应该做什么的时候，才会自觉自律地去行动。一个人如果意识到自己的长处和不足，就有助于发扬优点，克服缺点，取得自我教育的积极效果。再次，自我意识是改造自身主观因素的途径，它使人能不断地自我监督、自我修养、自我完善。可见，自我意识影响着人的道德判断和个性的形成，尤其对个性倾向性的形成更为重要。

结　构

自我意识的结构是从自我意识的第三层次，即从知、情、意三方面分析的，包括自我认识、自我体验和自我调节。

自我认识是自我意识的认知成分。它是自我意识的首要成分，也是自我调节控制的心理基础，它又包括自我感觉、自我概念、自我观察、自我分析和自我评价。自我分析是在自我观察的基础上对自身状况的反思。自我评价是对自己能力、品德、行为等方面社会价值的评估，它最能代表一个人自我认识的水平。

自我体验是自我意识在情感方面的表现。自尊心、自信心是自我体验的具体内容。自尊心指个体在社会比较过程中所获得的有关自我价值的积极的评价与体验。自信心是对自己的能力是否适合所承担的任务而产生的自我体验。自信心与自尊心都是和自我评价紧密联系在一起的。

自我调节是自我意识的意志成分。自我调节主要表现为个人对自己的行为、活动和态度的调控。它包括自我检查、自我监督、自我控制等。自我检查是主体在头脑中将自己的活动结果与活动目的加以比较、对照的过程。自我监督是一个人以其良心或内在的行为准则对自己的言行实行监督的过程。自我控制是主体对自身心理与行为的主动的掌握。自我调节是自我意识中直接作用于个体行为的环节，它是一个人自我教育、自我发展的重要机制，自我调节的实现是自我意识的能动性质的表现。自我意识的调节作用表现为：启动或制止行为，心理活动的转移，心理过程的加速或减速，积极性的加强或减弱，动机的协调，根据所拟订的计划监督检查行动，动作的协调一致等。

完善途径

1. 正确的自我认知

"人贵有自知之明"，全面而正确的自我认知是培养健全的自我意识的基础。自我认知是从多方位建立的，既有自己的认识与评价，也有他人的评价。我们不妨自己认真仔细地想一想，用尽量多的形容词描述自己，要忠实于自己的内心。在此基础上，进行第二步，他观自我的描述，描述父母眼中的我、同学眼中的我、老师眼中的我、恋人眼中的我、兄弟姐妹眼中的我，再寻找这些描述中的共同品质，将其归类。描述的维度越多，越会找到比较正确的自我。

2. 客观的自我评价

一个人必须建立在正确的自我认知基础上，正确的自我悦纳、积极的自我体验、有效的自我控制。

自我悦纳是自我意识健康发展的关键所在。悦纳自我首先要接纳自己，喜欢自己，欣赏自己，体会自我的独特性，在此基础上体验价值感、幸福感、愉快感与满足感。其次是理智与客观地对待自己的长处与不足，冷静地看待得与失。自我意识是将注意力集中在自我的一种状态，在生活中注重自我。积极的策略是：关注自己的成功，并将优势积累，每个人身上都有着无数的闪光点，重点在于寻找自己的闪光点并将其构成亮丽的人生风景线。

3. 积极的自我提升

提高自我效能感是个体在一定情境下对自我完成某项工作的期望与预期。当人们期望自己成功时，就必然会尽自己最大的努力，并且，当面临挑战性任务时，会表现出更强的坚持力，从而增加了成功的可能性，自我效能感高的人一般学业期望较高，也就是说，自我效能感与成就动机呈正相关性。

另一条途径是克服自我障碍，我们经常会有这样的感觉：体验对自己能力程度的焦虑带来的不安全感，这便是一种自我障碍。我们听说了太多的这样的故事：由于考试前身体不好，所以在大考中没有取得好成绩。这便是典型的自我障碍，为自己的考学不成功找到了适当的借口。一个渴望自我发展的人必须主动克服自我障碍，进行积极的自我提升与自我尝试。积极的自我在尝试中会发现自己新的支点。

4. 关注自我成长

自我发展需要不断的自我反思、自我监控。但将成长作为一条线索贯穿于人的始终时，整理自己成长的轨迹显得尤为重要。依照过去、现在、未来进行清理，深刻了解与把握自己。要记住：自我体验永远是个体的，当我们在分享他人自我成长的硕果时，也在促进我们自己的成长。

来源　(2007-09-08). http://baike.baidu.com/view/99830.htm.

四、自我认知对大学生择业的影响

(一)自我认知对大学生择业目标的影响

大学生在确定择业目标时，必须要了解自己喜欢干什么。要通过自我认知的“WHY(为什么)”和“WHAT(是什么)”两个过程，弄清自己的态度、兴趣、就业的理想个人成功的标准、思想和行为的动机及理由。具体地说，就是深入思考“自己的人生需求到底是什么？什么对我来说最重要，是挣钱多少，还是从事什么样的职业？我的成就观是什么？如何才能使我快乐？”等问题。大学生要把个人的兴趣、理想和对成功的理解同自己的职业目标、职业方向联系起来，不可因为别的标准或利益而抹煞自己的兴趣，随随便便迁就一份工作，否则既影响工作，又耽误个人的发展和为社会作出更大的贡献。

大学生择业目标的确定，还必须了解自己能干什么。要通过自我认知的“WHERE(在哪里)”过程，弄清自己的知识、能力、个性和特长等思想和行为的环境因素和自然基础。知识决定自己的专业背景,能力决定自己的职业素质,个性则关系到自己的发展前景,特长影响自己的成功大小。

(二)自我认知对大学生求职策略的影响

在人才市场的竞争中,人才的质量是成功的基础,而求职择业时采取的方法和策略则是成功的关键。要找到恰当的方法,必须对自己和自己应聘的工作有足够的了解,知己知彼,方能百战不殆。因此大学生求职应聘时,一旦确立了正确的择业目标,就要通过自我认知的“HOW”过程,对达到自己求职目标的方法和策略进行决策,了解自己在各方面的长短优劣,客观地给自己定位,在求职时采取恰当的方法和策略,扬长避短,以图顺利达成自己的就业目标。

(三)自我认知对大学生择业心理的影响

正确的自我认知,对于大学生求职择业时的心理调适具有十分重要的意义。学生求职择业时有许多心理误区,比如互相攀比,强求平衡;孤芳自赏,虚荣侥幸;缺乏主见,依赖他人;寻求依托,自命不凡等,这些都容易导致学生的心理障碍甚至心理疾病。只有通过自我认知,对自己有了正确、客观的了解和评价,才可以避免因个人自负清高而遭到失败所造成的挫折和焦虑,不去期待改变那些事实上无法改变的现实。只有实事求是地对待自己,才能心理平衡,避免心理冲突,防止心理障碍。

综上所述,自我认知贯穿于生命的全过程,它是个体发展的首要基础,也是个体职业生涯规划中最重要的一环。

第二节　自我认知的主要内容

在影响大学生职业选择的自我因素中,个性是最重要的一个,因而,它也是大学生进行职业生涯规划时,自我认知的一个最主要内容。

一、个　性

(一)个性的概念

在西方,个性(又称人格)一词源于拉丁语 Persona,它有两个含义:一方面,原指演员在舞台上所戴的假面具,后引申为一个人在生命舞台上所扮演的角色;另一方面,指能独立思考、具有独特行为特征的人。

现代心理学一般把个性定义为一个人的整个精神面貌,即一个人在一定社会条件下形成的、具有一定倾向的、比较稳定的心理特征的总和。

婴儿出生后只是一个个体,但并没有形成自己的个性,尚未成长为一个社会的人,所以,称他们为“未成年人”。随其成长,他的内心世界在丰富着、发展着、完善着,最后成长为一个从事社会实践活动的独立的个体,成长为完全的、现实的、具体的社会成员,形成了全面整体的个人,持久统一的自我,这时他便具备了自己的个性。

(二)个性的特征

1. 自然性与社会性

人的个性是在先天的自然素质的基础上,通过后天的学习、教育与环境的作用逐渐形成起来的。因此，个性首先具有自然性，人们与生俱来的感知器官、运动器官、神经系统和大脑在结构上与机能上的一系列特点，是个性形成的物质基础与前提条件。

个性又是在个体生活过程中逐渐形成的，在很大程度上受社会文化、教育教养内容和方式的塑造。可以说，每个人的人格都打上了他所处的社会的烙印，是个体社会化结果。就像马克思所说的"人的本质并不是单个人所固有的抽象物，实际上，它是一切社会关系的总和。"由此可见，个性是自然性与社会性的统一。

2. 稳定性与可塑性

个性的稳定性指个体的人格特征具有跨时间和空间的一致性。在个体生活中暂时的偶然表现的心理特征，不能认为是一个人的个性特征。例如，一个人在某种场合偶然表现出对他人冷淡，缺乏关心，不能以此认为这个人具有自私、冷酷的个性特征。只有一贯的、在绝大多数情况下都得以表现的心理现象才是个性的反映。

但是，个性又绝不是一成不变的。随着社会现实和个人生活条件、教育条件的变化，年龄的增长，主观的努力等，个性也可能会发生某种程度的改变。特别是在生活中经受的重大事件或挫折，往往会在个性上留下深刻的烙印，从而影响个性的变化，这就是个性的可塑性。当然，个性的变化比较缓慢，不可能立竿见影。

3. 独特性与共同性

个性的独特性指人与人之间的心理和行为是各不相同的。因为构成个性的各种因素在每个人身上的侧重点和组合方式是不同的。如在认识、情感、意志、能力、气质、性格等方面反映出每个人独特的一面。有的人知觉事物细致、全面，善于分析；有的人知觉事物较粗略，善于概括；有的人情感较丰富、细腻；而有的人情感较冷淡、麻木等。这如同世界上很难找到两片完全相同的叶子一样，也很难找到两个完全相同的人。

强调个性的独特性，并不排除个性的共同性。个性的共同性是指某一群体、某个阶级或某个民族在一定的群体环境、生活环境、自然环境中形成的共同的典型的心理特点。正是个性具有的独特性和共同性才组成了一个人复杂的心理面貌。

（三）个性心理结构

个性心理作为整体结构，可划分为既相互联系又有区别的两个系统，即个性倾向性（动力结构）和个性心理特征（特征结构）。

1. 个性倾向性

个性倾向性是个性中的动力结构，是个性结构中最活跃的因素，是决定个体发展方向的潜在力量，是人们进行活动的基本动力，也是个性结构中的核心因素。它主要包括需要、动机、兴趣、理想、信念、世界观、自我意识等心理成分。在个性心理倾向中，需要是个性积极的源泉。信念、世界观居最高层次，决定着一个人总的思想倾向。自我意识对人的个性发展具有重要的调节作用。

2. 个性心理特征

个性心理特征是个性中的特征结构，是个体心理差异性的集中表征，它表明一个人的典型心理活动和行为，包括能力、气质和性格。

个性倾向性和个性心理特征相互联系、相互制约，从而构成一个有机的整体。个性对心理活动有积极的引导作用,使心理活动有目的、有选择地对客观现实进行反映。个性差异通常是指人们在个性倾向性和个性心理特征方面的差异。

二、个性倾向性

与个体职业生涯发展密切相关的个性倾向性因素主要包括需要、兴趣和价值观等。

(一)需　要

需要是人的生理和社会的客观需求在头脑中的反映,也可以说是人维持自身生存和发展的需求在头脑中的反映。需要具有动力性的特征,是人活动的基本动力。它促使人朝着一定的方向,追求一定的目标,以行动求得满足。

人本主义心理学家马斯洛认为人的需要由低级到高级可分为七大类:第一类是生理需要;第二类是安全需要;第三类是归属和爱的需要;第四类是尊重需要;第五类是认知需要;第六类是审美需要;第七类是自我实现的需要。通常所说的收入、福利、人际关系、就业地区、工作的环境和舒适度、工作的稳定性等因素体现了人们的生理、安全、归属和交往等的需要,是属于比较低层次需要的满足。而另一些因素如有利于个人的发展和晋升、社会地位、职业声望等则体现了人们追求自我实现、获得尊重的需要,这些是属于较高层次的需要。生理安全需要,自我实现需要,两者是基础和目标的关系。一般来说,在寻求最低或较低层次需要满足的目标得到实现之后,才能寻求更高层次需要满足的目标。即先求生存,进而求发展。但是也并非每个个体都呈现逐步递进由低到高地满足需要的趋势。在生存有保障,物质待遇差别不大的情况下,人们的行为目标容易指向高级的精神需要。但如果生存得不到保障,而且又存在着获取更多物质利益可能性的情况下,人们的行为就会向满足低层次的物质需要方面回归。同时同一个时期也不一定就只有一个主要的需要支配人们的行为,影响行为的因素是复杂的。

大学生的各项需要强度是不平衡的,有主有次,但总的来说是侧重于追求发展、受到尊重、渴望交往、做出贡献等高级的需要,对安全、生理的需要程度相对较低。这与大学生这个社会精英群体的身份是相符的。因此,大学生在为职业做准备和选择职业的过程中,在保证工资水平和福利的前提下,往往更倾向于考虑有潜力,有利于个人的发展与晋升,能发挥个人特长的工作。

(二)兴　趣

个性特征中的兴趣是建立在需要基础上,带有积极情绪色彩的认知和活动倾向,是个人对其环境中的人、事、物所产生的喜爱程度,是个人力求认识、掌握某事物,并经常参与该种活动的心理倾向。良好而稳定的兴趣使人从事各种实践活动时,具有高度的自觉性和积极性。当对自己所从事的工作真正感兴趣的时候,自然而然会全身心投入,从中得到快乐和满足。

美国职业心理学家霍兰德曾根据劳动者的兴趣和择业倾向,将劳动者划分为六种基本类型,即实际性向、研究性向、艺术性向、社会性向、事业性向和常规性向,相应的职业也被划分为六种类型,即现实型R、调查研究型I、艺术型A、社会型S、事业型E和传统常规型C(详见第二章)。霍兰德的职业兴趣量表目前在职业选择中被广泛地采用。

兴趣是在需要基础上,受动机的影响,又对职业选择产生一定影响的、变化的、较为外在的因素。因此,大学生在做职业规划时,在满足了需要的基础上,一般就会开始考虑兴趣问题。比如在考虑了个人的发展、工资的水平、就业的地区等之后,就会开始考虑这份工作是否吸引自己,自己是否有兴趣做下去等等。

(三)价值观

价值观是一个人对周围的客观事物(包括人、事、物)的意义、重要性的总评价和总看法。对诸事物的看法和评价在心目中的主次、轻重的排列次序,就是价值观体系。价值观和价值观体系是决定人的行为的心理基础。

职业价值观是价值观在职业选择上的体现,是人对工作所能提供的各种有形和无形报酬的重视程度,直接影响人的择业态度和行为。职业价值观反映了人们的需要与社会职业属性之间的关系,受个体人生价值观的制约,是它的有机组成部分。

职业价值观决定大学生择业行为有着一定的心理机制,它在大学生对各种职业的认知过程中起着过滤器的作用,它使个体的择业行为带有一定的选择性和指向性。这种选择性和指向性体现在人们对不同职业的认知与对不同职业种类的筛选活动中。同时职业价值观又是抉择职业行为方式并进行制动的"调节器"。只有当人们知觉到某一职业信息的发生,然后才能在有关职业信息的基础上进行判断或抉择。

对大学毕业生而言,择业是其走向社会、独立生活的关键一环,被誉为"人生的一大选择"。随着时代和社会的变迁以及市场经济的发展,大学生职业价值观在不断发生变化,呈现出鲜明的时代特征。例如,上世纪九十年代后,随着市场经济的发展,个人的独立自主地位逐渐得以确立,大学毕业生在择业时越来越表现出敢于追求个人价值、尊严和利益,自我意识、成就欲望、自我责任等倾向。然而,大学毕业生的职业选择在很大程度上依靠的是市场机制,大学生的择业价值取向也应该与实际相符合。如果在择业时过多地考虑自我因素,评价职业时功利色彩太浓,仅从高收入、高地位、高稳定性等方面考量职业,就不只会造成难以就业,也不利于其个人事业的长远发展。所以大学生需要正确认识并调整好自己的职业价值观。

【延展阅读】

十三种职业价值观

利他主义

总是为他人着想,把直接为大众的幸福和利益尽一份力作为自己的追求。

审美主义

能不断地追求美的东西,得到美感的享受。

智力刺激

不断进行智力开发、动脑思考、学习和探索新事物,解决新问题。

成就动机

不断创新,不断取得成就,不断得到领导和同事的赞扬或不断实现自己想要做的事情。

自主独立

能够充分发挥自己的独立性和主动性，按自己的方式、想法去做，不受他人干扰。

社会地位

所从事的工作在人们的心目中有较高的社会地位，从而使自己得到他人的重视与尊敬。

权力控制

获得对他人或某事的管理权，能指挥和调遣一定范围内的人或事物。

经济报酬

获得优厚的报酬，使自己有足够的财力去获得自己想要的东西，使生活过得较为富足。

社会交往

能和各种人交往，建立比较广泛的社会联系和关系，甚至能和知名人物结识。

安全稳定

希望不管自己能力怎样，在工作中要有一个安稳的局面，不会因为奖金、加资、调动工作或领导训斥等而经常提心吊胆、心烦意乱。

轻松舒适

希望将工作作为一种消遣、休息或享受的形式，追求比较舒适、轻松、自由、优越的工作条件和环境。

人际关系

希望一起工作的大多数同事和领导人品好，相处在一起感到愉快、自然。

追求新意

希望工作的内容经常变换，使工作和生活显得丰富多彩，不单调枯燥。

来源　(2008-04-29). http://baike.baidu.com/update/id=1559223.

三、个性心理特征

与个体职业生涯发展密切相关的个性心理特征主要包括能力、气质和性格。

(一)能　力

能力是帕森斯提到的第一大要素，个人特征中的能力是直接影响人的活动效率，并使活动的任务得以顺利完成的那些最必需的个性心理特征，是个体完成活动的主观条件，包括一般能力和特殊能力。一般能力是顺利完成各种活动所必备的基本能力，特殊能力是顺利完成某种特殊活动所必备的专门能力，与某些职业活动紧密相连。一般能力是特殊能力的基础，为特殊能力的发展和发挥创造有利条件。

智力是一般能力的综合，包括观察力、记忆力、思维力、想象力等。美国学者噶德纳提出了多元智能理论，认为人包括八种智能：音乐智能，适合的职业有演奏家、作曲家等；身体——运动智能，适合的职业有舞蹈家、运动员、创造发明家等；逻辑——数学智能，适合的职业有数学家、科学家、工程师等；语言智能，适合的职业有小说家、诗人、编辑等；空间智能，适合的职业有建筑家、画家、飞行员等；人际关系智能，适合的职业有教师、社会工作者、推销员等；自我认识智能，适合的职业有心理学家、哲学家等；自然观察智能，适合的职业有植物学家、生态学家、庭院设计师等。

不同的大学生有自己不同的优势能力，俗称特长。不同的职业需要不同的能力，个体从事与自己的优势能力相符合的工作更容易获得成功，所以大学生在做职业规划时首先应根据自己的能力现状选择合适的职业。大学生在了解了自己的能力特征之后，在平时的学习生活中，就可以做到查漏补缺，通过学习和实践培养锻炼自己的能力。另外，噶德纳指出，八种智能都是价值中立的，在特定的社会中，个人如何运用他的智能，是一个必须面对的严肃而重要的道德课题。因此在择业时除了考虑是否能发挥个人特长之外，还应考虑自己选择的职业是否对社会的发展有所贡献。

(二)气　质

气质指一个人稳定的心理活动的动力特征，是个性特征中的重要因素之一，不仅影响着一个人性格的表现形式，而且在某些性格、品质及能力的形成和发展中，起到一定的促进或延缓的作用。有时气质不仅事关活动效率，甚至影响到一个人能否适合一定的职业活动。

气质类型普遍地被分为四种：胆汁质、多血质、粘液质和抑郁质（希波克拉底）。他们分别对应于高级神经活动类型的兴奋型、活泼型、安静型和抑郁型（巴甫洛夫）。胆汁质的人情绪产生迅速，具有爆发式特点，感受性低而耐受性高，外倾明显，比较适合从事导游、勘探、主持人之类的工作；多血质的人情绪变化迅速，感受性高而耐受性低，比较适合从事外交、管理、新闻记者之类的工作；粘液质的人情感不易变强烈，生活有规律，有耐久力，比较适合从事医生、法官、会计之类的工作；抑郁质的人情绪兴奋性低但体验深刻，办事稳妥可靠，但缺乏果断和信心，比较适合从事技术、化验、保管之类的工作。

一个人的气质并不完全是属于某一类型，而往往是两种或两种以上的混合类型，即多数人是混合气质，接近于某种类型，同时兼有其他一二种气质类型的某些特点。大学生有必要了解和掌握自己的气质，限制其消极方面，发挥其积极方面，这也是自我修养的重要内容之一。另外大学生的气质有一定的可改造性和可变性，会受到社会和家庭环境的影响，但是这种可塑造性是有一定限度的，不能忽视先天气质类型带来的差异。倘若从事的工作与个体气质不相符，对个人来说是痛苦的，对工作也是一种损失。因此，大学生在做职业规划时应该考虑自己的气质类型适合从事哪一类的工作。

【延展阅读】

气质测试

测试说明

在回答下面问题时，你认为很符合自己情况的，记2分；比较符合的，记1分；介于符合不符合之间的，记0分；较不符合的，记负1分(-1)；完全不符合的，记负2分(-2)

测试题目

①做事力求稳妥，不做无把握的事。

②遇到可气的事就怒不可遏，想把心里话全说出来才痛快。

③宁可一人干事，不愿很多人在一起。

④到一个新环境很快就能适应。

⑤厌恶那些强烈的刺激，如尖叫、噪音、危险镜头等。

⑥和人争吵时，总是先发制人，喜欢挑衅。
⑦喜欢安静的环境。
⑧善于和人交往。
⑨羡慕那种善于克制自己感情的人。
⑩生活有规律，很少违反作息制度。
⑪在多种情况下情绪是乐观的。
⑫碰到陌生人觉得很拘束。
⑬遇到令人气愤的事，能很好地自我控制。
⑭做事总是有旺盛的精力。
⑮遇到问题常常举棋不定，优柔寡断。
⑯在人群中从不觉得过分拘束。
⑰情绪高昂时，觉得干什么都有趣；情绪低落时，觉得干什么都没意思。
⑱当注意力集中于某一事物时，别的事物很难让我分心。
⑲理解问题总比别人快。
⑳碰到危险情况，常有一种极度恐惧感。
㉑对学习、工作、事业抱有极大的热情。
㉒能够长时间做枯燥、单调的工作。
㉓符合兴趣的事，干起来劲头十足，否则就不想干。
㉔一点小事会引起情绪波动。
㉕讨厌做那种需要耐心、细致的工作。
㉖与人交往不卑不亢。
㉗喜欢参加场面热烈的活动。
㉘爱看感情细腻、描写人物内心活动的文学作品。
㉙工作学习时间长，常感到厌倦。
㉚不喜欢长时间讨论一个问题，愿意实际动手干。
㉛宁愿侃侃而谈，不愿窃窃私语。
㉜别人说我时总是闷闷不乐。
㉝理解问题常比别人慢些。
㉞疲倦时只要短暂的时间就能精神抖擞，重新投入工作。
㉟心里有话，宁愿自己想，不愿说出来。
㊱认准一个目标就喜欢尽快实现，不达目的誓不罢休。
㊲学习、工作一段时间后，常比别人更疲倦。
㊳做事有些莽撞，常常不考虑后果。
㊴老师和师傅讲授新知识、新技术时总希望他讲慢些，多重复几遍。
㊵能够很快忘记那些不愉快的事情。
㊶做作业或完成一件工作总比别人花的时间多。

㊷喜欢运动量大的剧烈活动,或参加各种娱乐活动。

㊸不能很快地把注意力从一件事转移到另一件事上去。

㊹接受一个任务后,就希望迅速完成。

㊺认为墨守成规比冒风险强些。

㊻能够同时注意几件事。

㊼当我烦闷的时候,别人很难使我高兴。

㊽爱看情节起伏跌宕激动人心的小说。

㊾对工作认真严谨,具有始终一贯的态度。

㊿和周围人们的关系总是处不好。

51喜欢复习学过的知识,重复做已经掌握的工作。

52希望做变化大、花样多的工作。

53小时候会背几首诗歌似乎比别人记得清楚。

54别人说我"出语伤人",可我觉得并不是这样。

55在体育活动中,常因反应慢而落后。

56反应敏捷,头脑机智灵活。

57喜欢有条理而不麻烦的工作。

58兴奋的事常常使我失眠。

59老师讲新的概念,常常听不懂,但是弄懂以后就很难忘记。

60如果工作枯燥无味,马上情绪低落。

测试结果分析

将分数分类,并汇总各类得分。

胆汁质题号:2.6.9.14.17.21.27.31.36.38.42.48.50.54.58,总得分=?

多血质题号:4.8.11.16.19.23.25.29.34.40.44.46.52.56.60.,总得分=?

粘液质题号:1.7.10.13.18.22.26.30.33.39.43.45.49.55.57,总得分=?

抑郁质题号:3.5.12.15.20.24.28.32.35.37.41.47.51.53.59,总得分=?

如果其中一种气质得分明显高出其他种,高出4分以上,则可定为该类气质型,此外,如果该类气质得分超过20分,则为典型;如果该类得分在10分~20分,则为一般型。

两种气质类型得分接近,其差异低于其他两种,高出4分以上,则可定为这两种气质的混合型。

3种气质得分均高于第4种,而且接近,则为几种气质的混合型,如多血一胆汁-粘液混合型或粘液-多血-抑郁质混合型。

来源 (2005-12-31).http://homelandson.bokee.com/4057366.html.

(三)性 格

性格是人在现实的、稳定的态度和习惯化的行为方式中表现出的个性心理特征。人的个体差异首先表现为性格。性格对个体的能力发展、潜能开发起着导向和激发作用,并能改造气质。性格直接影响甚至决定所从事的职业。不同职业需要不同性格的人,同一类职业工作者能体现共同的职业性格。

根据个性维度和工作维度,有关专家制作了个性类型图,区分了八种基本性格类型和十六种组合类型。八种基本类型分别为:a、喜欢独处,适合职业为考古、作家、出租车司机等;b、合群,适合职业为物业管理员、活动组织者、青年工作者等;c、果断,适合职业为经纪人、新闻编辑、谈判人员、记者等;d、消极被动,适合职业为计算机操作人员、园丁、科技读物作者等;e、富有想象力,适合职业为艺术家、演讲家、戏剧家、教师等;f、尊重事实,适合职业为律师、海关人员、技术人员等;g、跟着感觉走,适合职业为舞蹈演员、服装师、广告助理等;h、深思熟虑,适合职业为行政官员、外科医生、职业指导专家等。

由于性格的形成主要受后天环境影响较大,所以比气质可塑性强。大学生在做职业规划时应充分了解自己的性格,以求找到适合自己的职业。在从事某类职业后,也会形成许多适应职业要求的新的性格特征,从而表现出该职业共同的职业性格。所以在职业选择中,大学生应重视这种关系,使性格与职业达到完美的匹配。

第三节　大学生自我认知的主要技术

自我认知的技术有多种,在大学生职业生涯规划中,最常用的是以下三种:橱窗分析法、自我测试法和计算机测试法。

一、橱窗分析法

认识自我,了解自我是非常不易之事,所以有做事难、做人难、了解自己就更难的说法。心理学家们就曾把对个人的了解比作橱窗一样。为便于理解,我们把橱窗放在直角坐标中加以分析。坐标的横轴正向表示别人知道,坐标横轴负向表示别人不知道;纵轴正向表示自己知道,负向表示自己不知道。坐标橱窗如图 4.1 所示。

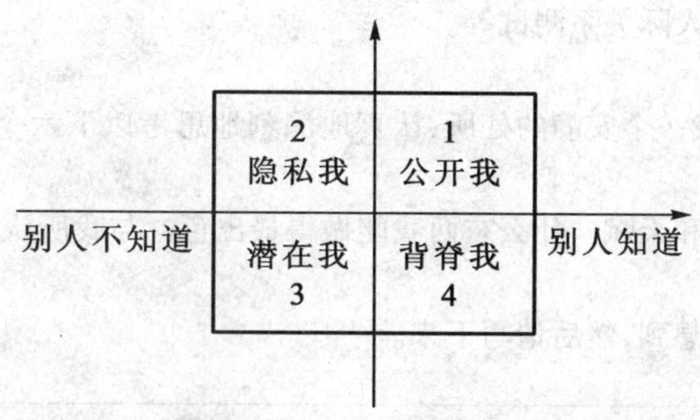

图 4.1　坐标橱窗

橱窗 1:为自己知道,别人知道的部分,称为“公开我”,属于个人展现在外,无所隐藏的部分。

橱窗 2:为自己知道,别人不知道的部分,称为“隐私我”,属于个人内在的私有秘密部分。

橱窗 3:为自己不知道,别人也不知道的部分,称为“潜在我”,是有待开发的部分。

橱窗 4:为自己不知道,别人知道的部分,称为“背脊我”,犹如一个人的背部,自己看不到,别人却看得很清楚。

通过四个橱窗可知,须加强了解的是橱窗 3 和橱窗 4。橱窗 3 是“潜在我”。据科学家研究发现,每个人都有巨大的潜能,人类平常只发挥了极小部分的大脑功能。如果一个人能发挥一半的大脑功能,将轻易地学会 40 种语言,背整套百科全书,拿 12 个博士学位。著名心理学家奥托指出,一个人一生所发挥出来的能力,只占他全部能力的 4%,也就是说一个人 96% 的能力还未开发。赫赫有名的控制论奠基人维纳说:“可以完全有把握地说,每个人,即使他是做出了辉煌成就的人,在他的一生中利用他自己的大脑的潜能还不到百亿分之一。”由此可见,认识、了解“潜在我”,是自我认识的重点之一,把个人潜能开发出来,也是职场新人的头等大事。

橱窗 4 是“背脊我”。如果自己诚恳地真心实意地征询他人的意见和看法,就不难了解“背脊我”。我们可以采取同自己的家人、朋友、同事等交流的方式,可以借助录音、录像设备,尽量开诚布公。要做到这一点,需要开阔的胸怀,确实能够正确对待,有则改之,无则加勉,否则,别人是不会说实话的。

对于橱窗 2,我们可以采取撰写自传或 24 小时日记的方式来了解自我。撰写自传,可以了解我们自身成长的大致经历和自我计划情况等,而 24 小时日记通过我们一个工作日和一个非工作日经历的对比,也可以了解一些侧面的信息。职场新人需要对此予以重视,尽管我们还年轻,不需要什么自传,但是这是了解自我的一种比较不错的途径。

二、自我测试法

自我测试法是通过回答有关问题来认识自己、了解自己,是一种比较简便经济的自我剖析方法。测试题目是由心理学家们经过精心研究设定的,只要如实回答,就能大概了解自己的有关情况。在自测回答问题时,切忌寻找标准答案,而应该是自己怎么想、怎么认识就怎么回答,这样的测试才有实际意义。自我测试的内容和量表很多,如性格测试、气质测试、智力测试、技能测试、应变能力测试、管理能力测试、人际关系测试等。

自我测试量表一例:

用一段休闲的时间,找一个安静的处所,认真地深刻地思考以下六个问题,想清楚,想透彻,然后写下来:

①我究竟有什么才干和天赋?什么东西我能做得最出色?与我所认识的人相比,我的长处、高人一筹的是什么?

方方面面的优势都要想到,然后请写下来。

---

②我的激情在哪一方面?有什么东西特别使我内心激动向往,使我分外有冲劲去完成,而且干起来不仅不觉得累,反而感到其乐无穷?

一定有,请仔细想,然后写下来。

---

③我的经历,有什么与众不同之处?能给我什么特别的洞察力、经验和能力?动用它我能做出什么与众不同的事?

请写下来：

④我最明显的缺陷和劣势是什么？

请写下来：

⑤我与什么杰出人物有往来？他们有哪些杰出的才干，天赋与激情？与之合作（或跟随他们），能找到什么样的机遇？

⑥我有哪些具体的需求要得到满足？

请注意：

①如果要获得职业生涯的成功，一定要面对这些问题、思考这些问题、回答这些问题。

②思考不成熟，一时不好回答的问题，可放一放，想好了再回答。

③这些问题肯定是有明确答案的，而且是与别人截然不同的答案。你的阅历、兴趣、理想不可能与其他人一模一样，因此，你的答案一定要与众不同——找出你的差别来！有差别才有存在，有差别才能成功。

④这些问题的答案，相当于你成功的能源库，要定期或不定期的重新思考检讨所有的资源用够了吗，还有没有可开发的资源，是否原来的思考有遗漏。久而久之，你会发现，随着心态和社会关系的发展，你的能源库不断扩大，变成一座取之不尽，用之不竭的"金矿"。

三、计算机测试法

计算机测试法是一种了解自己、认识自己的有效的现代测试手段和方法，科学性、准确性相对较高。

目前国内外比较常用的几种测试方法有：

（一）人格测试

人格是个人带有一定倾向性的、比较稳定的、本质的心理特征的综合，包括气质、能力、性格、兴趣等心理特征。目前，常用的人格测试方法有明尼苏达多项人格测验、卡特尔十六种个性测验、艾森克人格问卷等。

（二）智力测试

智力具有抽象性与隐蔽性的特点，难以把握，有必要了解一些智力测试的方法，以便于我们提高自我剖析的水平。常用的智力测试有韦克斯勒智力量表和瑞文推理测验量表等。

（三）能力测验

能力测验内容较多，有文职人员能力与机械能力两种测验。文职人员是工作地点在办公室而主要从事创造力要求较低工作的脑力劳动者，如会计员、簿记员、出纳员、秘书、干事等。其测验方法有以下几种：明尼苏达办事员测验、一般办事员测验等。机械能力测验，包括感觉和动作能力，空间知觉,学习机械事物的能力,以及理解机械关系的能力等。测验方法有:明尼苏达拼版测验、贝内特理解测验等。

(四)职业倾向测验

职业能力的大小及其发展,与任职者对职业的倾向与兴趣有很大关系。职业兴趣测试有以下几种:爱丁堡职业倾向问卷、霍兰特职业兴趣问卷表、明尼苏达职业兴趣问卷表等。

【延展阅读】

职业性格测试

性格是人的态度和行为方面较稳定的心理特征,是个性或称人格的重要组成部分。性格对人的事业能否成功具有重大影响。在选择职业时,应根据自己的性格,选择适合的职业和工作。

瑞士精神分析学家荣格将人的性格划分为内倾型、外倾型两种。荣格认为,在人的生命中存在着一种心理能量——里比多,它是人的一切行为变化的基础,由于"里比多"的倾向不同,可以把人分为两种基本类型:里比多面向客体(外),其兴趣、关心有面向他人或他事倾向者为外倾型;里比多面向主体(内),将兴趣、关心面向自己倾向者为内倾型。属于外倾型的人对外界事物表现出关心和兴趣,善于表露自己的情感和行为并乐于与人交往;而属于内倾型的人对外界事物缺少关心和兴趣,不善于表露自己的情感和行为而且不乐于与人交往。

一般来说,外向型性格类型的人,更适合从事能充分发挥自己行动能力积极性并与外界有着广泛接触的职业;内倾型性格类型的人,比较适合从事有计划的、稳定的、不需要与人过多交往的职业。适合外向性格人的典型职业有:管理人员、律师、政治家、教师、推销员、警察、售货员、记者、人力资源工作者等。适合内向性格人的典型职业有:自然科学家、技术人员、艺术家、会计师、一般事务性工作的人员、速记员、打字员、程序设计员等。

无论是内倾型的人还是外倾型的人,都有许多非常具体和丰富的性格特征,而且纯粹属于内倾型或外倾型的人不多,大部分、都属于混合型,只是存在着程度的差别。因此,上面关于性格与下面的分析,只能提供一个大致的匹配方向。在实际的匹配过程中,还应根据人的性格特征与职业生涯要求的具体情况采取有针对性的方法。

近年来,一些教育学家和心理学专家将职业性格分为9类,可在选择职业时作为参考。

①变化型:这些人在新的和意外的活动或工作环境中感到愉快,喜欢经常变化职务的工作。他们追求多样化的活动,善于转移注意力和工作环境。适合从事的职业类型有:记者、推销员、演员。

②重复型:这些人喜欢连续不停地从事同样的工作,喜欢按照机械的或别人安排好的计划或进度办事,喜欢重复的、有规则的、有标准的职业。适合从事的职业类型有:印刷工、纺织工、机床工、电影放映员等。

③服从型:这些人喜欢按别人的指示办事,不愿自己独立作出决策,而喜欢让他人对自己的工作负责。适合从事的职业有:办公室职员、秘书、翻译等。

④独立型:这些人喜欢计划自己的活动和指导别人的活动。在独立的和负有职责的工作环境中感到愉快,喜欢对将要发生的事情作决定。适合从事的职业类型有:管理人员、律师、警察、侦察

员等。

⑤协作型:这些人在与人协同工作时感到愉快,想得到同事们的喜欢。适合从事的职业类型有:社会工作者、咨询人员等。

⑥劝服型:这些人喜欢设法使别人同意他们的观点,这一般通过谈话或写作来达到目的。对于别人的反应有较强的判断力,且善于影响他人的态度、观点和判断。适合从事的职业类型有:辅导人员、行政人员、宣传工作者、作家等。

⑦机智型:这些人在紧张和危险的情境下能很好地执行任务,在危险的状况下能自我控制和镇定自如,能出色地完成任务。适合从事的职业类型有:驾驶员、飞行员、公共安全专家员、消防员、救生员等。

⑧好表现型:这些人喜欢能够表现自己的爱好和个性的工作环境。适合从事的职业类型有:演员、诗人、音乐家、画家等。

⑨严谨型:这些人喜欢注重细节,按一套规则和步骤将工作尽可能做得完美。倾向于严格、努力地工作,以便能看到自己付出努力后完成的工作效果。适合从事的职业类型有:会计、出纳员、统计员、校对员、图书档案管理员、打字员等。

对于性格来说,它作为人的一种心理特性具有一定的稳定性,但又不是一成不变的,客观环境的变化和个人的主观调节都会使性格发生改变,所以性格与职业生涯的顺应也并非绝对,而是具有一定弹性的。

下面一系列问题有助于你分析自己的性格,请按自己的真实情况,在写"是"或"否"相对的字母上画圈,每题只能画一个圈,不能多圈,也不能漏圈。

第一类:人

选择"是"或者"否"	是	否
1. 你在作出决定前常考虑别人的意见	A	C
2. 你愿意处理统计数据	C	A
3. 你总是毫不犹豫地帮助别人解决问题	A	C
4. 你常常忘记东西放在哪儿	B	C
5. 你很少能通过讨论说服别人	C	B
6. 大多数人认为你可以忍辱负重	C	A
7. 在陌生人中你常感到不安	C	B
8. 你很少吹嘘自己的成就	A	C
9. 你对世事感到厌倦	B	C
10. 你参加一项活动的主要目的是取胜	C	A
11. 你容易被大多数人所动摇	C	B
12. 你作出选择后就会按照你的办法去做	C	A
13. 你的工作成功对你很重要	B	C
14. 你喜欢既需要大量体力又需要脑力的工作	B	C
15. 你常问自己真正的感受如何	A	C

16. 你相信那些使你心烦意乱的人他们心里有数	C	B

计数(不计算答案C),每选择一个得1分。

A得分(　),照顾人;B得分(　),影响于人;A和B总分(　)。

第二类:程序与系统

选择"是"或者"否"	是	否
1. 你喜欢清洁	A	C
2. 你对大多数事情都能迅速作出结论	C	A
3. 经过检验和运用过的决议最值得遵循	A	C
4. 你对别人的问题不感兴趣	B	C
5. 你很少对别人的话提出疑问	C	B
6. 你并不总是能遵守时间	C	A
7. 你在各种社交场合下都感到坦然	C	B
8. 你做事总愿意先考虑后果	A	C
9. 你觉得在限定的时间内迅速地完成一件事很有趣	B	C
10. 你喜欢接受紧张的新任务	C	A
11. 你的论点通常可信	C	B
12. 你不善于查对细节	C	A
13. 明确、独到的见解对你是很重要的	B	C
14. 人多的话会约束你的自我表达	B	C
15. 你总是努力完成开始的事情	A	C
16. 大自然的美常使你震惊	C	B

计数(不计算答案C),每选择一个得1分。

A得分(　),言语;B得分(　),财政金融/数据处理;A和B总分(　)。

第三类:交际与艺术

选择"是"与"否"	是	否
1. 你喜欢在电视节目中扮演角色	A	C
2. 你有时难以表达自己的意思	C	A
3. 你觉得你能写短篇故事	A	C
4. 你能为新的设计提供蓝图	B	C
5. 关于艺术你所知甚少	C	B
6. 你愿意做实际工作,而不愿读书或写作	C	A
7. 很少留意服装设计	C	B
8. 你喜欢同别人谈他们的见解	A	C
9. 你满脑子独创思想	B	C
10. 你发现大多数小说很无聊	C	A
11. 你特别不具备创造力	C	B

12. 你是个实实在在的人	C	A
13. 你愿意将你的照片、图画拿给别人看	B	C
14. 你能设计有直观效果的东西	B	C
15. 你喜欢翻译外文	A	C
16. 不落俗套的人使你感到很不舒适	C	B

计数(不包括答案C),每选择一个得1分。

A得分(　),文学、语言、传播;B得分(　),可见艺术与设计;A和B总分(　)。

第四类:科学与工程

选择“是”或者“否”	是	否
1. 辩论中,你善于抓别人的弱点	A	C
2. 你几乎总是自由地作出决定	C	A
3. 想个新主意对你来说不成问题	A	C
4. 你不善于令别人相信	B	C
5. 你喜欢事前将事情准备好	C	B
6. 抽象地想象有助于解决问题	C	A
7. 你不善于修修补补	C	B
8. 你喜欢谈不可能发生的事	A	C
9. 别人对你的谈论不会使你难受	B	C
10. 你主要靠直觉和个人感情解决问题	C	A
11. 你办事有时会半途而废	A	C
12. 你不隐藏自己的情绪	C	A
13. 你发现解决实际问题很容易	B	C
14. 传统方法通常是最好的	B	C
15. 你珍惜你的独立	A	C
16. 你喜欢读古典文学	C	B

计数(不计算答案C),每选择一个得1分。

A得分(　),研究;B得分(　),实际;A和B总分(　)。

请计算出各部分的A得分、B得分与A和B的总分。

总分在0~4分表明这一工作不能满足你的性格所求;5－10分表明一般;10分以上表明这一类型的工作最适合你,能满足你的性格需求。最后,根据A和B的得分多少,来确定工作范围内的具体职业。

第一类:人

在这一大类中,如果A得分高于B,则说明你更善于照顾人,应该在医务工作、福利事业或教育事业中寻找职业,如医生、健康顾问、社会工作者、教师等。如果B得分高于A,则表明你更能影响他人,对军事、商业或者管理方面会感到得心应手,例如警察、军人、安全警卫、市场经理、贸易代理、市场研究者等。

第二类:程序与系统

在这一大类中,如果A得分高于B,表明你适合做行政管理、法律等与言语有关的工作,例如,办公室主任、人事管理、公司秘书、律师、图书馆员、档案员、书记员等。如果B得分高于A,那么你更适合做金融和资料处理工作,包括会计、银行、出纳、经济、保险、计算机程序和系统分析方面的工作。

第三类:交际与艺术

在这一大类中,如果A得分高于B,表明你适合做新闻、文学和语言工作,如记者、翻译、电台或电视台工作人员、公共事业管理员。如果B得分高于A,表明你更适宜于从事设计和艺术工作,如图案设计员、制图员、建筑师、室内装修设计师、剧场设计、时装设计、摄影师等。

第四类:科学与工程

这一大类的工作可分为研究与实际工作。如果A得分高,则适于从事前类工作,如生物学家、物理学家、化学家等。如果B得分高则适于从事后类工作,如机械工程师和土木工程师等。A和B不能绝对分开。

每个人的性格都有积极和消极两个方面,通过测量、分析,有利于克服消极的性格品质,发扬积极的性格品质。例如,有的人在工作中积极热情、乐于助人、好出头露面,但做事持久性不长,常存表现得虎头蛇尾,这种人就应该注意培养自己克服困难的决心和信心,锻炼自己的坚持性和持久性的品格意志;又如,有的人办事热情高、拼劲足、速度快,但有时马马虎虎,甚至遇事就着急,性情暴烈,这种人就应该在发扬其性格长处的同时注意培养认真细致的精神,防止急躁情绪,要随时"制怒";有的人做事深沉、认真、严谨,但有时优柔寡断、办事拖拉,这种人必须经常提醒自己"今天的事今天完成",并逐步养成当机立断的性格。

来源 (2007-04-12). http://www.lifepop.com/view_castid_349688.html.

第五章　职业认知

职业是天然的医生，对人为幸福来说是本质的。

——克劳迪厄斯[德]

职业不仅是挣钱谋生的手段，更是学习进步、实现人生价值的舞台。对职业的了解和认知则是大学生职业生涯规划的基础性工作，因为如果对一种职业不了解，我们就没有资格说喜欢或不喜欢。

第一节　社会职业

一、社会职业定义

随着社会的进步和发展，人类在长期生产活动中产生了劳动分工，职业由此产生和发展。所谓社会职业是在业人员所从事有偿工作的种类，也就是有劳动能力的人为生活所得发挥个人能力并为社会作贡献的持续性活动。

社会职业存在于社会分工之中，在不同工作性质的岗位上，人们从事的工作在目标、内容、方式与场所上有很大的差别，比如医生、教师、清洁工等等，也就是说，人们的社会角色是不一样的，一定的社会分工或社会角色的持续实现，就形成了职业。

二、社会职业要素

社会职业由以下几个要素构成：

①职业名称　职业的符号特征；

②职业主体　从事一定社会分工活动的劳动者；

③职业客体　工作的对象、内容、劳动方式和场所；

④职业资格　承担该职业工作所需要的资格和能力；

⑤职业报酬　工作取得的各种报酬。

社会职业的要素充分体现出社会整体依靠每一个个体通过职业活动来推动和实现发展目标，个体则通过职业活动对整体作出贡献并索取一定的回报以维持生活。整个社会因众多的职业分工和从业者的工作，构成了人类共同生活的基本结构。

三、社会职业功能

职业的功能指职业的内在要求和外在规范对从事职业活动的人或社会带来的影响和作用，这种影响和作用有正面性的，也有负面性的，把它们概括起来有如下几点：

（一）职业对个人的影响和作用

1. 影响个人的兴趣

人们的兴趣点和兴趣领域总是表现出一定的行业性，即职业性，这就是为什么不同的人由于兴趣不同最终各自选择了自己感兴趣的职业。青年学生在选择志愿，填报专业时，兴趣爱好是他们的重点考虑因素之一。

2. 影响个人的专业知识

选择了相应的职业就在很大程度上确定了自己的专业知识范围，在学习过程中，将以自己专业的需要来构建自己的知识体系。

3. 影响个人的技能范围

不同的职业，有不同的技能要求，选择了一定的职业，其技能的培养也紧紧围绕其职业要求而进行，最终形成从业者相对较固定的职业和稳定的技能水平。

4. 影响个人的性格

性格的形成有先天因素也有后天因素，个人的职业范围、职业角色要求、职业环境是形成性格的重要后天因素，如从事屠夫职业的人与从事医生职业的人因各自职业的影响，各自性格多少也带上一定的职业特性。

（二）职业对社会的影响和作用

1. 影响职业者的家庭和社会地位

家庭一般是以婚姻为纽带组建起来的。而在择偶的过程中，职业则是很多人所考虑的重要因素之一。例如，我国古代就有“嫁人要嫁尚书郎”的传统思想。现代人的择偶观念虽然比以前进步了很多，但对方的职业依然很重要，收入水平、社会地位、体面程度等与职业有关的因素依然被许多人所考虑。因而，这些因素自然会影响到职业者本身，使其对自己和自己的职业形成一定的社会评价和判断，并影响到其现在或者未来的婚姻家庭和社会地位。

2. 对社会生活方式的影响

不同的职业对从业者的要求是不一样的，有的要求是季节性的，有的是白昼黑夜式的，有的是固定的，有的是流动性的，有的是长久性的，有的是短暂性的等等。这些要求仅仅是从时间这个角度上来分析的，至于从其他角度上分析，要求也不一样。不一样的职业要求无疑地会影响人们的社会生活方式的改变，这种生活方式的改变往往与传统生活方式，与他人不同职业的生活方式发生矛盾和冲突，容易导致出现一系列的社会问题。

3. 对社会科技发展的推动作用

科学技术的发展推动了职业的细化和新兴职业的产生，而细化了的新兴职业的内在要求又反过来促使相应的科学技术发展。各行各业对自身行业科学技术的推动作用构成了整体上的科学技术发展。

4. 对社会进步的推动作用

人类社会的进步体现在政治、经济和文化上，政治、经济和文化分属不同的职业活动中。各个职业在技术上的进步和在行业操守上的规范化构成了社会物质文明、精神文明和政治文明的进步。

总之，职业活动的要求，职业活动的规范，职业活动的结果，职业活动者的角色塑造和定位等方面共同促使了个人和社会的变化和发展。职业的社会功能性从纵向和宏观上来看，它的正面作用永远是第一位的。正确认识职业的功能性利于对青年学生的专业选择和就业到来给予理性化的指导。

【延展阅读】

职业声望

(一)职业声望的涵义

职业声望指某种职业在一定的时间、空间和人群的范围内产生的期许值。也就是说在一定的时间、空间范围内，一定的人群对某种职业，所产生的追求、羡慕、倾向和赞誉的心理状态。根据2001年公布的我国公众科学素养调查显示，科学家职业在公众中的职业声望最高，其次是医生，再次是律师，第四位是中小学老师，第五位是政府官员，第六位是新闻记者和编辑，第七位是大学教师。这一公众性的职业声望排序反映出，人们对科技、对知识的重视，这与我国倡导的“科教兴国”战略政策有关联性。根据国家相关部门预测，未来十年内，我国热门职业发展趋势大致有：会计类、律师类、电脑类、环保类、咨询服务类、保险类、老人医学类、个人服务类、推销员类、公共关系类等，这些职业类别的发展趋势是与我国整体的经济社会发展相适应的。

(二)影响职业声望的因素

职业声望在人们心目中的大小取决于多种因素，归纳起来主要有如下几个方面：

1. 职业收入

职业收入指从事该职业的职员所获得的月报酬或年报酬，也就是通常所说的月收入或年收入。这对一种职业的声望值影响是极大的。毕竟职业在当今还是作为人们的谋生手段，职业收入是择业者必然重点考虑的因素。

2. 择业者的兴趣爱好

职业声望在具体的不同择业者那里，表现是有差异的，这种差异性与各自择业者对职业的兴趣爱好，关注点不同有关。如大学生群体是一个知识型的群体，他们的择业方向和兴趣点与其知识构成相关联性，他们的职业声望值与其他群体肯定有不同之处。

3. 媒体炒作因素

现在的声、形、音、视同时兼具的多样性媒体对人们影响是广泛而深刻的，职业声望也同样可以受到媒体作用的影响。如，节目主持人和影视明星们，由于他们经常在媒体上出现，他们的职业声望值也随着他们的知名度而上升。这就解释了为什么很多青年男女追求明星梦的原因。

4. 社会经济发展

社会经济发展过程中反映出对某类人才的需求,随着市场的供求关系而相应影响其职业声望大小。当某类人才供大于求时,它相应的职业声望就小;当某类人才供小于求时,它相应的职业声望就大。

5. 国家政策的影响

国家在一定时期为了达到某种目标,它所制定的方针政策会影响到相应一些职业的声望。如,我国为了加快军队现代化建设,近年来在政策上对招揽和培养高素质的知识型军人作出了重大调整,选择到军队里谋职成了有条件的大学生所追求的职业之一。

除了上述主要影响职业声望的一些因素外,还有社会文化价值观念,文化价值取向,国家建设发展方向,世界政治经济文化等因素都对职业声望产生影响。各种影响因素之间不是单独对职业声望起影响作用的,它们往往是同时共同参与,共同影响的。

来源 彭军.职业角色与职业声望初探[J].湖南科技学院学报,2007(8):78-80.

四、社会职业分类

我国先后制定了国家标准《职业分类和代码》、《中华人民共和国工种分类目录》和《中华人民共和国职业分类大典》(以下简称《大典》),逐步形成了一个行业齐全、内容完整、层次分明、结构合理的分类体系,建立了既符合中国国情,又可与国际标准体系相转换的科学规范的职业分类体系。我国台湾自20世纪60年代以来,也根据经济发展的要求,建立了符合实际需要的《台湾职业分类典》。

1.《大典》中的职业分类

《大典》中确定的职业分类结构包括四个层次,即大类、中类、小类、细类,依次体现由粗到细的职业类别。细类是最基本的类别即职业。

《大典》将我国职业划分为8个大类,66个中类,413个小类,1838个细类(职业)。如表5.1所列。

表5.1 各类数量简表

类 别	中 类	小 类	细类(职业)
第一大类 国家机关、党群组织、企业、事业单位负责人	5	16	25
第二大类 专业技术人员	14	115	379
第三大类 办事员和有关人员	4	12	45

续表 5.1

类 别	中 类	小 类	细类(职业)
第四大类 商业、服务业人员	8	43	147
第五大类 农、林、牧、渔、水利生产人员	6	30	121
第六大类 生产运输设备操作人员及有关人员	27	195	1119
第七大类 军人	1	1	1
第八大类 不便分类的其他从业人员	1	1	1

例如:

①高等学校校长这一职业。它属于第一大类——国家机关、党群组织、企业、事业单位负责人;中类——事业单位负责人;小类——教育教学单位负责人。其他如各级各类学校校长、卫生及科研单位负责人等都属于这一类。

②高等学校教师这一职业。它属于第二大类——专业技术人员;中类——教育人员;小类——高等教育老师。这一职业指在高等学校专门从事教育教学及科研工作的人员。

③导游这一职业属第四大类——商业、服务业人员;中类——饭店、旅游及健身娱乐场所服务员;小类——旅游及公共游览场所服务员;细类——导游这一职业指为中外游客组织安排旅行和游览事项,提供向导,讲解和旅途服务的人员。

2. 产业是国民经济活动最基本的类型

我国产业分为三大产业,即第一产业、第二产业、第三产业。第一产业包括农业、林业、牧业、渔业、水利业。从广义上讲,农业包括采集、种植、狩猎、捕鱼、畜牧在内。第二产业包括工业和建筑业。按照产品的经济用途,可将整个工业分为两大类:生产生产资料的工业和生产消费资料的工业。前者称为“重工业”,包括机械、冶金、电力、煤炭、石油、燃料、化工等工业;后者称为“轻工业”,包括纺织、造纸、食品、皮革等工业。第三产业是指广义的服务业,包括四大部分:①流通部门,如商业、饮食业、交通运输业、邮政电信通讯业、物资供销和仓储业等;②服务部门,如金融、保险、房地产业、公用事业、居民服务业、旅游业和咨询服务业等;③科教文卫体育部门,如教育、文化、广播电视事业、科学研究事业、卫生、体育和社会福利事业等;④机关团体,如国家机关、党群组织和社会团体等。

第一产业和第二产业都是物质生产部门,第三产业是流通和服务部门,它的发展是建立在第一、第二产业劳动生产率提高基础之上的,受第一、第二产业发展水平的制约。社会的生存、发展依赖于这三大产业保持合理的结构,第一产业是基础产业,关系到人类生存的基本需要,关系到国家的稳定;第二产业的发展水平是国家工业化与现代化程度的重要标志;第三产业虽然不直接从事物质生产，但它可以促进整个社会和经济的发展。

3. 行业是从事相同性质的经济活动的所有单位的集合

行业是采用经济活动的同质性原则划分的，即每一个行业类别都按照同一种经济活动的性质划分。1984 年颁布的《国民经济行业分类和代码》，把我国国民经济分为 13 个门类，1994 年进行了修订，2002 年颁布了新的《国民经济行业分类》国家标准。新标准将国民经济行业划分为门类、大类、中类和小类四级，共有 20 个行业门类，95 个大类，396 个中类，913 个小类。20 个行业门类包括：农林牧渔业、采矿业、制造业、电力、燃气及水的生产和供应业、建筑业等等。

我国是人力资源大国，合理开发、利用和管理社会劳动力，提高劳动者的素质，对于民族的兴旺、国家的昌盛意义重大。社会职业分类作为国家经济发展的一项重要基础性工作，涉及社会生活的各个领域，特别是对劳动力的管理具有直接的影响，其科学性很强。因此从 2004 年起，国家根据社会经济发展需要，建立起新职业定期发布制度，并不断补充与修订国家职业分类体系，为国民经济的发展提供必要的服务。

五、社会职业更新和演变趋势

社会发展、科技进步带来经济结构、产业结构的调整变化，社会职业随之发生变化。一些新职业产生并迅速发展，一些传统职业内涵发生了改变或转化，一些过时的职业开始衰退甚至消亡。如第一产业、第二产业的传统职业数量、从业人员总量和比例减少，但随着知识和技术密集程度的提高，基因工程师、生态农业师、环境监测工程师、航空航天材料技师等职业相继产生。第三产业的快速发展使之成为新生职业的密集区，信息服务业成为发展速度最快的职业群，"信息职业"占各种新生职业总和的 40% 以上，有专家认为信息产业有可能从第三产业领域独立出来，成为第四产业。管理咨询业对社会和个人的影响越来越大，已成为第三产业领域另一个发展最快的职业群，金融分析师、投资咨询师、心理咨询师、理财代理师等已成为当前最新的热门职业。在第三产业领域，提高生活质量、满足消费需求的服务性职业也有了突破性的发展，涌现出许多新的职业，如养老护理师、育婴师、健身教练等。

从发展态势看，我国未来职业变迁将出现以下发展态势。

1. 由单一基础向跨专业、复合型转化

从目前的就业情况分析，职业岗位的要求和劳动方式逐步由简单向复杂方面转化，过去单一技能就能胜任的工作，现在职业内涵发展扩大了，往往需要相关专业的许多知识和技能，需要更多的跨专业的复合型人才。

2. 由封闭型向开放型转化

职业岗位工作的范围和面向的服务对象越来越广泛，接受信息的渠道也必须加大，人们相互之间的交往和协作大大加强，所以要求人们具有开放的观念和心态，彻底摆脱封闭的状态。另外，开放型体现在职业岗位工作的性质上，也增加了一些以人与人之间联络、沟通、信息咨询和交易为表现形式的内容。

3. 由传统工艺型向信息化、智能型转化

传统工艺型在科技含量上相对滞后，在技术更新速度方面比较缓慢，有时跟不上时代前进的步伐。生产力发展的关键之一是增加职业岗位科技含量,改善劳动组织和生产手段,提高劳动生产率。能熟练应用信息管理方法的智能型操作人员,是今后职业岗位更新、工作内容更新需要的新型人才。

4. 由继承型向知识创新型转化

知识经济的到来,要求社会成员必须不断树立创新意识,在自己的职业岗位上进行创造性劳动。社会发展变化的迅速,已经使完全以继承方式获得的劳动技能和方法大大落后,国家的知识创新工程,将科技成果迅速转化成生产力,劳动效率的迅速提高改变着现有职业岗位的职业特征。今后,只有创造型人才才能更好地胜任岗位职责。

准确把握职业变迁趋势,对大学生至关重要,它能够对大学生职业目标的选择提供思路,对职业生涯发展提供方向,大学生应密切关注职业变迁和发展趋势,更好地适应变革中的社会职业环境,防止择业的盲目性。

第二节 劳动力市场

一、劳动力市场的涵义

劳动力市场是劳动力进行流动和交换的场所,其作用就是利用市场机制调节劳动力的供求关系,推动人才的合理流动,实现劳动力资源的合理配置。

根据劳动力提供劳务的不同形式和不同内容,劳动力市场可划分为职业型、智力型和服务型三种市场。职业型市场以在职业市场上用人单位和劳动者的双向选择确立劳动合同关系为基本特征。智力型市场通常是指人才市场,它是具有专门知识和创造力的劳动者实现合理流动的场所,人才虽然产生于一般劳动力中间,但其智力和能力均优于一般劳动力,故由这类人员所确立的劳动交换关系的场所称为智力型劳动力市场。如各大中城市的人才交流中心、回国人员职业服务中心等。服务型市场一般是指在第三产业领域为社会提供有益的、具有某种使用价值的劳务的市场,它以活劳动的消耗为主,其特点是供需双方的劳务和服务同时进入市场。

二、影响劳动力市场的因素

(一)现有行政户籍管理政策,限制了劳动力的合理流动

我国现有的户籍管理政策,使人口的流动不但涉及工作岗位的变动,而且关系到户口是否能随工作进行迁移,否则将影响子女求学等诸多因素,因此限制了劳动力的合理流动。同时,由于城市人口的相对稳定及城市户口与农村户口的较大社会保障差异,使地区与城市本位思想严重,如在企业招聘员工时要求本市户口就是比较常见的现象,有些大中城市甚至规定一些特殊的职业和岗位不允许外地人员应聘,对大中专毕业生,很多省市都实行优先招回本地考生的政策,使省内、区内人员流动性差,区域内人才互补性差。

(二)社会保障制度还不健全

根据目前现状,我国的社会保障制度还不健全,“企业办社会”的现象还相当普遍。从业人员

的社会保障在很大程度上取决于其所在企业的效益好坏,员工的退休金、医疗保证金均由企业承担,因此从很大程度上限制了职工的流动,尤其是年龄相对较大的员工流动相当困难,给人们造成了一些错觉,即认为劳动力市场是年轻人的市场,是"人才"的市场。事实上、随着经济的快速发展,产业结构在不断调整,中年劳动力,尤其是产业工人的工作调整应当是较为普通的现象。

(三)企业用人制度不适应市场经济要求

非国有企业是自己经营、自负盈亏的法人实体,按照我国《公司法》的规定,企业具有任免和调配包括部门经理在内的管理人员和工作人员,具有对本公司职工的奖罚、升降级、增减薪、聘任、招用、解聘、辞退的权力。但对一些国有企业,国家主管部门或地方政府为了保持社会稳定而不允许企业解聘富余员工或招聘外地急需人才,从而限制了人员的市场流动,人为地改变了劳动力的供需结构。

(四)人才素质结构不合理

我国是发展中国家,有丰富的劳动力资源,由于受各种因素的影响,劳动力整体素质较低,使体力劳动者过剩,脑力劳动者及高级管理人才、技术人才相对匮乏。这种结构上的不合理,限制了劳动力市场的全面发展,也使我国难以开展大规模的劳务输出,使我国人力资源丰富的优势难以在市场经济条件下充分发挥。

【延展阅读】

在劳动力市场可获得哪些就业信息

在正规的劳动力市场(如职业介绍所、人才交流机构等)通过咨询可以获得有关职业岗位的需求信息和职业岗位对从业者素质要求的信息。

职业岗位需求信息包括:什么地方需要劳动力?目前哪些行业就业人数多?哪些岗位就业竞争激烈?哪些行业或职业就业人数少?哪些职业岗位就业容易?各类职业的报酬如何?等等。这些机构常年研究劳动力市场的变化,对这些问题一般能给予比较准确的回答。

职业岗位对人的素质的要求:任何职业都对人的素质有一定的要求,这些素质包括:对从业者生理素质的要求、心理素质的要求、知识素质的要求、能力素质的要求、思想品德素质(包括职业道德素质)的要求等。这些机构常年为用人单位输送劳动力,对用人单位喜欢什么样的人,不喜欢什么样的人,什么职业岗位需要什么样的人等问题有准确的了解,他们可以为你准确地提供这方面的信息。在许多职业介绍和就业咨询部门设有专门的咨询员,备有各种心理测验和职业测验工具,帮助你了解自己适合哪类职业。

来源 (2005-02-21).中国农业出版社 http://www.fynw.com/nykj/nykjdeta.jsp?id=51996.

三、我国劳动力市场发展中存在的问题

(一)劳动力市场总体供大于求

国家发展改革委员会联合其他部门共同发布的《2006年就业面临的问题及政策建议》显示,2006年,我国劳动力供大于求的压力将进一步加大,全年城镇劳动力供大于求的数量达1400万

人。同时,据中国社科院和国家信息中心预测显示,考虑到每年城镇新增劳动力、农村城市化水平的提高和往年失业的人口,“十一五”期间可能有四五千万劳动力需要就业。但是,在我国劳动力市场总体供大于求的同时,却出现了所谓的“技工荒”现象,即严重的技能劳动者特别是高技能人才短缺的现象。2005 年第二季度全国 104 个城市的劳动力市场职业供求状况信息证明,高级技工和技师、高级技师的需求人数均远远大于供给人数,缺口总人数分别为 45769 人、23854 人和 8943 人。

(二)劳动力市场分割尚未消除

新中国成立以来,国家在劳动力流动上制定了严格的城乡隔绝措施,通过户籍制度、社会保障制度等限制了农村劳动力向城镇的自由流动,这些制度促成我国劳动力市场的城乡分割。与此同时,大量的劳动密集型企业只给员工提供较低的工资和较低的工作稳定性,形成二级劳动力市场。而高新技术产业与资本密集型产业却能够给员工提供较高的工资和较高的工作稳定性,加上原有的事业单位和国有垄断性企业,共同形成一级劳动力市场。一级市场往往通过内部招聘以及对招聘信息的垄断排斥二级市场的劳动者,从而形成劳动力市场的两极分割。劳动力市场具有的分割特性使得劳动者难以在成本收益分析的基础上,实现完全的自由流动,这成为影响劳动者就业选择的重要因素。

(三)劳动力市场秩序还不规范

一方面是劳动力市场相关法律制度的缺失,各种劳动法规很不健全,包括:劳动平等法律制度缺失、劳动法律责任制度不完善、劳动争议处理制度不合理。另一方面是劳动力市场的执法不严,包括:劳动行政执法不力、劳动行政执法不公、劳动司法不力。

(四)工会还没有充分发挥出其应有的功能

随着劳动力市场的建立和发展,作为劳动者的代表,工会成为劳动力市场运行中非常重要的一个组成部分,它是雇员为改善劳动和生活条件而设立的组织,应该代表和维护劳动者权益。但是,我国的工会却没有发挥出其在劳动力市场中应有的功能,一方面,国有企业和集体企业的工会尚未改变附属于企业行政的状况,而一些非公有制企业还未成立工会,已成立工会的还几乎全部被老板控制。在这种情况下,工会难以真正代表劳动力供给方——劳动者的利益。另一方面,我国工会主要从事的是日常性福利工作,很少涉及其应该注重的保护工人合法权益的问题。

四、劳动力市场分割对大学生就业的影响

在市场经济条件下,劳动力市场是不完全的,并不存在一个统一的竞争的劳动力市场,而是分割为不同的部分。因为,“由于历史的演进,在其过程中的政治经济力量鼓励劳动力市场分化为分散的、而又各有市场特征和行为规则的分市场或分割市场”。根据分析方法和分析角度的不同,劳动力市场主要有三种划分法:主要劳动力市场和次要劳动力市场,高等教育水平的劳动力市场、垄断的劳动力市场和竞争的劳动力市场,内部劳动力市场和外部劳动力市场。尽管劳动力市场的具体划分不同、称谓不同,但基本上可以划分为好的和差的两类,即主要劳动力市场和次要劳动力市场,类似于通常划分的正规就业劳动力市场和非正规就业劳动力市场。

（一）主要劳动力市场和次要劳动力市场的特征

主要劳动力市场提供的是大公司、大企业和大机构的工作岗位，就业稳定、工资高、工作条件好、享有平等的权利和晋升机会，要求教育水平较高、具有发展稳定的职业习惯。次要劳动力市场提供的是小公司、小企业中的工作岗位，工作不稳定、工资低、工作环境差、规章制度严厉、晋升机会少，教育水平要求较低，不鼓励也不要求发展稳定的工作习惯。根据劳动力市场划分理论，主要劳动力市场和次要劳动力市场划分的主要依据是受教育的程度。教育水平高低既是不同劳动力市场的重要标志，又是划分不同劳动力市场的重要依据。一个人教育水平的高低在很大程度上决定了他将承担何种职业岗位，他将进入何种劳动力市场。在现代化大生产和新技术革命条件下，技术变革和劳动分工的不断发展使生产过程中的计划与执行相互分割。一方面，生产的设计、计划和管理的责任集中到相对小量的职业范围内，这些职位在再生产过程中具有重要的地位，直接影响企业利润，要求雇员必须具有高等教育水平、高度发展的认知水平，公司也给予他们优厚的工资待遇、良好的晋升机会和最大限度的自主权。如此，教育水平高的人，往往进入主要劳动力市场，教育与工资收入之间存在着正相关关系。另一方面，随着计划与执行的相互分离，生产的综合任务被最大限度地分割开来，生产过程变得简单化和规范化，这些工作对工人的技能要求低，只需要较低的教育水平或根本用不着接受教育，所以他们只能得到较低的工资。即教育水平低的人，往往进入次要劳动力市场，教育与工资收入之间不存在正相关关系或者说这种关系很不明显。同时主要劳动力市场和次要劳动力市场之间的流动性也很少。

（二）劳动力市场分割对大学毕业生就业的影响

劳动力市场划分理论否定人力资本理论关于教育对提高劳动力素质、提高劳动生产率的论断当然是不正确的，它提出的教育对劳动力市场划分的作用以及与工资收入的关系虽然比较简单，但也简明地揭示了教育在主要劳动力市场和次要劳动力市场的不同作用。即接受高等教育的大学毕业生一般进入的是主要劳动力市场，教育程度较低的人一般进入的是次要劳动力市场。这有利于人力资源的充分开发利用，也有利于经济社会的发展。但主要劳动力市场提供的工作岗位数量相对稳定，职业稳定性强，对高层次人才需求有限，显然无法吸纳大规模的高校毕业生，使大学毕业生就业困难。从市场经济国家的情况看，日本大学生的初次就业率从1991年的80.9%开始逐年下降，1995年为67.1%，1996年为65.9%，此后一直维持在60%到70%之间。据美国国家教育数据统计中心提供的最新数据，2004年，20岁至25岁的大学本科生就业率为78.6%，25岁以上本科生就业率为75.8%。但大学生就业的三个新特点表明大学生就业仍然艰难：一是高学历占有利地位，受教育程度越高，在就业竞争中越有优势。二是追求职业的稳定性，择业不拘泥于第一份工作，而是将眼光放得长远一些，往往选择去知名度高的大公司以积累经验。三是到国外留学和就业人数增多。据欧洲统计局公布的最新统计数字，欧盟除捷克之外的24个成员国的大学生找工作并不容易，就业率低。2004年，大学毕业生一年内拥有一份工作比例最高的国家是荷兰，占72.8%，其次丹麦为62.9%、德国为61.3%、英国为61.2%。其他成员国大学毕业生的就业率均低于50%，就业率低于20%的国家有意大利、西班牙、卢森堡、希腊、波兰和匈牙利等国。大学生就业难的直接结果就是，大量接受过高等教育的劳动力进入只需要较低教育水平或根本不需要接受教育的次要劳动力市场,形成了过量教育。过量教育简单地说就是个人或社会拥有的教育存量超过了现有职业岗位的需要,与之相对的称为教育不足。据估算,西方国家过量教育平均发生率为27%,教育不足平均发生率为13%。美国过量教育发生率最高,为35%。过量教育使个人的教育投资收益率下降,影响人们的职业满足感、身体状况和工作行为等,损害整个社会生产力的提高。

五、劳动力市场中的"信息不对称"对大学生就业的影响

(一)劳动力市场中的"信息不对称"现象

"所谓信息不对称,指的是经济关系一方知情,另一方不知情,知情的一方有利用信息优势行骗讨便宜的动机。"2001 年度诺贝尔经济学奖得主伯克利加州大学的乔治·阿克洛夫(Geoge Akerlof)教授是最早论述"信息不对称"如何影响人们在市场中的行为的学者之一。在阿克洛夫描述的旧车市场上,卖主比买主更了解车的状况,它可以掩盖产品的真相,以次充好。买方处于明显的信息劣势,只有通过压低价格来提供自我保护。"由于买方出价过低,卖方不愿意提供高质量的旧车,好车从市场中退出,旧车市场上只剩下劣质车,发生了所谓的'劣品驱逐良品'现象,旧车市场出现萎缩。"

劳动力市场的信息不对称表现为:雇主拥有确定的、丰足的工作信息,但并不能获得相关求职者的全部信息;而求职者往往不能得到相关职业的可靠充分的信息,也不可能将个人全部情况告诉雇主。可见,劳动力市场的典型特征就是就业机会与劳动力资源之间的信息分布不对称。

具体来讲,劳动力市场的信息不对称可以从两个角度划分:一是时间,从发生的时间上看,不对称性可能发生在当事人签约之前,也可能发生在签约之后,分别称为事前不对称和事后不对称;二是内容,从内容上来看,信息不对称可能指某些参与人的行动,也可能指某些参与人的知识和信息,分别称为隐藏行动和隐藏信息。在大学生就业市场中,信息不对称的基本分类情况如表 5.2 所列。

表 5.2 劳动力市场信息不对称

类　别	隐藏行动	隐藏信息
事前不对称(逆向选择)		用人单位不了解毕业生的有关素质、能力等个人信息;用人单位分不清毕业生各种证书的真假优劣;用人单位不了解求职者的真实求职期望;求职者不了解用人单位的真实情况;求职者不了解用人单位承诺的可信程度,等等
事后不对称(道德风险)	隐藏行动的道德风险模型,如就业协议签订后,用人单位不了解毕业的"毁约"概率等。	隐藏信息的道德风险模型。

(二)劳动力市场信息不对称对大学生就业的影响

在大学毕业生就业市场上,供求双方对相关信息占有的不对称状况,导致在交易完成前后分别

产生逆向选择和道德风险问题。具体分析如下。

在就业协议订立前,求职者知道自己的能力信息,而用人单位不知道或不完全知道。在同一学历要求之下,用人单位当然更愿意选择能力强、素质高、离职率低的优秀毕业生。“但问题是:一是毕业生的能力信息属于个人私人信息,用人单位依然不能完全获取。二是如果用人单位依靠各类证书或通过询问求职者来选择,由于作假的成本很低,因此可能面临着低能力毕业生不说实话的道德风险。”而用人单位限于信息成本和资源的有限性,无法完全准确判断求职者证书的真假优劣,这就给作假者以可乘之机,使得真正高能力毕业生失去了原有的竞争优势。三是如果假设毕业生的能力水平与他们的保留工资(所愿接受的最低工资)正相关,保留工资便成了衡量毕业生能力的信息,能力越高,需要支付的工资也越高。面对同一工资,其保留工资超出这一水平的高能力毕业生不愿受雇,而低能力毕业生愿意受雇,如果工资降低,将会导致更多的高能力毕业生退出该用人单位的求职者行列,低能力毕业生将高能力毕业生“逐”出了市场,引发“逆向选择”。

而且,如果用人单位通过实施提高工资的反“逆向选择”措施,虽然能使申请求职的毕业生能力上升,但它所支付的高于市场一般水平的工资就成了它挑选高能力毕业生的额外成本,从而就会减少招聘人数。如果全体用人单位都采取提高工资这一措施,就会造成社会工资水平的不断抬升和整个社会对毕业生吸纳能力的下降。如图 5. 1 所示。

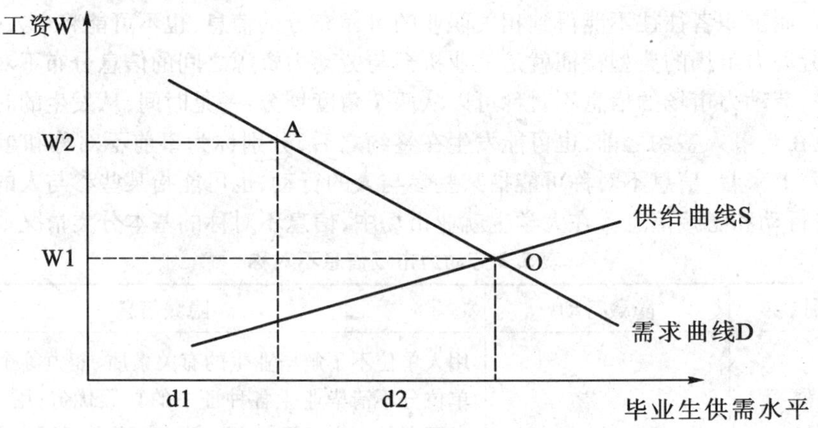

图 5. 1　毕业生供需水平与工资之间的关系

如果为了吸引高能力毕业生而把工资从 W1 提高到 W2,就会造成对毕业生的需求水平从 d1 降低到 d2。同时,“信息的不对称”还使得劳动力市场上无论是签约前,还是签约后都很容易发生“道德风险”问题。从用人单位的角度分析,用人单位能够提供的待遇实际上也是他们的私有信息,每个用人单位在寻求自己所需要的人才时都会表示自己能够提供让求职者满意的待遇。在这些条件中,只有具体的工资、住房、配偶调动等信息是明显的、公共的,而诸如工作单位的人文环境是否有利于职工的个人发展,工作单位的具体规章如何等信息,只有求职者在单位工作一段时间后才有可能真正了解。有时甚至工资、住房等信息也是某些用人单位的私有信息,因为有些用人单位在表示可以提供这些待遇时,往往还留有一些附加的条件。有些单位甚至只是想利用招聘会来推销企业形象和挖掘大学生中潜在的市场，故意夸大招聘名额，这使得毕业生为了区分各用人单位，也会进行逆向选择。结果是高不成低不就，最后无奈之下也只得行“权宜之计”暂时就业，然后再择业。于是就会出现毕业生的道德风险问题之一：毁约。除此之外，少数毕业生为求得好的职位，还有可能在求职材料上夸大其词甚至弄虚作假。当看到毕业生在岗的真实表现后，用人单位的过高期望极易变成失望，就会进一步“抬高招聘门槛”，使人才高消费升级，从而对其他毕业生的应聘产生不利影响。另外有一些毕业生在找工作时，有“保底签约”的情况，导致在招聘会上有的单位打出了名牌大学学生免谈的标语，就是害怕其毁约或跳槽。在我国信用制度、立法及执法体系还不健全，企业及个人制造虚假信息几乎不受成本约束的情况下，发生这些道德风险的可能性是非常之大的，从而进一步加剧了就业市场中的信息不对称程度，使得大学毕业生就业问题的解决变得更加困难。因此由于信息不对称产生的逆向选择和道德风险会严重降低市场运行效率，在极端情况下甚至会造成市场交易的停顿。

第六章 环境分析

重要的不是环境，而是对环境作出的反应。

——鲍勃·康克林[美]

一个人不可能离群索居，必须生活在一定的环境之中。如果说，人是职场中游泳的鱼，那么环境就是水和温度，环境为人提供了活动的空间，发展的条件和成功的机遇。对环境的分析是职业生涯规划的重要内容。

第一节 宏观与微观环境分析

宏观与微观环境分析主要是对个人所处的宏观与微观环境进行认识和探索。其中宏观环境主要包括社会环境、经济环境和政治环境；微观环境主要包括家庭环境、学校环境和同伴群体。

一、宏观环境

(一)社会环境

社会环境指人类生存及活动范围内的社会物质、精神条件的总和。对社会环境的分析主要包括以下几个方面：

①社会政策。人生发展与社会政策密切相关。社会政策分析主要关注哪些事情可以做，哪些事情不能干。分析时不仅要分析现在，而且还要预测未来。

②社会的变迁与价值观念。社会变迁与价值观念分析要重点考查信息社会对职业生涯发展的影响，分析信息社会对人才成长的要求与挑战。另外，还要关注人的价值观念的变化。因为随着社会的发展，人的价值观念都在不同程度地发生变化，人的需要层次也在不断提高，这些变化都将对人的职业生涯发展产生直接影响。

③科学技术的发展。科学技术日新月异，知识更新的周期也日趋缩短。因此，在职业生涯规划中要充分考虑到知识的补充、理论的更新、观念的转变、思维的变革等等。

④社会文化环境。社会文化环境包括教育条件和水平、社会文化设施等。在良好的社会文化环境中，个人就会受到良好的教育和熏陶，从而可能为职业发展打下良好的基础。

(二)经济环境

经济环境对人的职业生涯发展有着一定的影响，诸如经济增长率、经济景气度、经济建设的重点转移等等，都可能影响人的职业变化。

当经济振兴时，百业待举，新的行业就会不断出现，新的组织也会不断产生，机构增加，编制扩容，从而就会为就业及晋升创造有利条件。反之，经济衰退，就会带来不利影响。另外，在经济发展水平高的地区，企业相对集中，优秀企业也比较多，个人职业选择的机会就会比较多，因而就有利于个人职业发展；反之，在经济落后地区，个人职业发展也就会受到限制。经济模式的变化也对人有着广泛的影响。比如，由计划经济转为市场经济，又加上知识经济社会的到来，给人的生活方式必然带来巨大的变化，对人的就业、人的发展、人的素质也必然会提出更高的要求。经济主观化的发展，也会对人的素质提出更高的要求。例如，要求经营人才不但要精通专业技术与经营知识，还要精通外语、熟悉国际贸易法以及异国他乡的风俗习惯等等。

大学生的就业受一定时期经济的规模、经济结构及劳动力供给等多方面因素的制约，也就是说，经济因素是影响毕业生就业最直接、最重要的因素。随着国家经济的快速发展，国企改革的逐渐完成，西部大开发、振兴东北老工业基地以及中部的崛起等发展战略的逐步推进。近几年，国有企业将继续需要大批人才，并将继续成为毕业生就业的主渠道。同时，随着市场经济体制的推进和完善，非国有制经济如民营企业、私营企业在国民经济中的作用也日益凸显，在解决劳动就业方面也发挥着积极作用，非国有制经济单位也是目前毕业生就业的重要渠道。

（三）政治环境

政治制度、政治氛围和经济发展是相互联系的，政治制度不仅影响到一国的经济体制，而且影响着企业的组织机制，从而直接影响到个人的职业发展。政治制度和氛围则潜移默化地影响个人的追求，从而对个人的职业生涯起着间接的影响作用。

近年来面对大学生就业难的问题，我国在毕业生就业制度改革上已经取得了一些突破性进展：一是确立了与社会主义市场经济体制相适应的高校毕业生就业制度，即“市场导向、政府调控、学校推荐、学生与用人单位双向选择”的就业制度。二是建立了中央和地方两级管理、以地方管理为主的管理体制，形成上下联动、齐抓共管的良好局面和工作机制。三是初步形成了促进毕业生就业的政策框架体系，创造了良好的政策环境。四是初步建立了毕业生就业指导服务工作体系，高校就业指导基本做到了机构、人员、经费“三到位”。同时国家积极提倡大学生到基层、到西部就业，每年都有大量的高校毕业生响应国家的号召，加入到志愿服务西部基层的行列。据初步调查，在服务期满的西部计划大学生志愿者中，累计已有超过200人选择或意向选择留在服务地长期工作。

二、微观环境

（一）家 庭

家庭作为一种微观环境，是客观因素的重要组成部分。在职业生涯规划中发挥着重要的作用。罗安的需要理论曾指出，父母的管教方式会影响子女的职业选择，童年的家庭经验影响子女处理人际关系的方式、情绪反应以及活动的态度与兴趣。另外，家庭的社会经济地位、父母对儿女未来职业的期待以及期待程度、父母的职业身份和父母的榜样作用等都会对个体的职业生涯起到不同程度的影响。除了这些间接影响之外，有时候父母还会对子女的选择进行直接的干预。所以，在一定意义上讲，大学生的职业选择不同程度地融合并反映了家长的意志。

职业选择的前奏是专业选择。家庭对子女专业选择影响的一个主要途径是家庭环境的熏陶。例如，出身农民家庭的大学生，如果对父母脸朝黄土背朝天的农作生活有着强烈的感受，同时在父母的言谈和谆谆教诲下，可能就会拒绝选择农民这一父母从事的职业。艺术家庭出身的大学生，在长期受家庭成员的影响下，就很有可能继承父母的职业价值观，从而走上艺术的职业道路。

家庭对大学生的影响在其大学毕业后，面临具体职业的选择时又会突显出来。只不过，此时它的影响力已远不如昔，因为大学生专业知识已较为丰富，职业意识也更加明晰，心理也正在日渐成熟，对家庭的心理依赖已经大为减弱。但是，家庭作为大学生的后盾力量，对大学生的职业选择的影响也不能忽视，尤其当大学生在职业选择道路上犹豫不决，徘徊不定时，听一听父母的建议可能是一种良好的选择。

【延展阅读】

家庭环境分析案例

案例1：我家在农村，我家有五口人，仅靠父母耕种三亩田地维持生活，弟弟和我都在读书。家庭很贫困，而且负担很重。我爷爷是文盲，父亲是高中毕业生，母亲是初中生。亲戚们的经济状况也都不好。所以，现在家庭不能够提供我更多的帮助，我只有靠自己了。为了减轻父母的负担，我特意向学院申请了勤工俭学工作。我充分利用课余时间去做这些工作，为自己挣一部分生活费，同时也充分锻炼了能力。

案例2：我父亲十分要强，也造就了我不轻易服输的性格。在家中我是老大，被视为榜样，这就促使我自己更加严格地要求自己。父亲是个出色的企业管理人员，我的大伯、大舅也在电信部门担任要职。他们的成功和浓厚的家庭氛围让我对管理产生了强烈的兴趣。

案例3：家庭关系和睦美满，经济条件良好。父母对我的期望比较大，对我各方面的发展都抱支持的态度，物质上能满足我在学业上的深造，精神上也能给予足够的支持。我有意往教师这个职业方向发展，他们对我100%的支持，并鼓励我在各方面发挥自己的特长。

来源　http://www.mohaibowen.com/admin/UploadFile/1182909728062.doc.

(二)学校环境

对学校环境进行分析，主要是分析学校的特色以及校园文化。每个学校由于历史的、文化的因素不同，都会具有各自不同的特色传统，了解和把握这些特色，对于大学生自身更好地成长和有针对性地择业具有积极意义。比如有的学校偏重理工科，有的学校偏重文科，充分利用学校的这些优势师资、硬件资源培养自己相关的能力，便有利于更好地做出职业生涯规划。

不同的校园文化也对大学生有着重要的影响。“校园文化”是一种在大学特定区域中生活的所有成员共同拥有的校园价值以及这些价值在物质意识形态上具体化的文化形态。通俗地说，校园文化是学校工作、学习和生活的全体人员所创造的、具有新内容和独特形式的、以不同形态存在而由最小单位所构成的整体。教育部、共青团中央关于《加强和改进高等学校校园文化建设的意见》中指出，高等学校校园文化是社会主义先进文化的重要组成部分。加强校园文化建设对于推进高等教育改革发展、加强和改进大学生思想政治教育、全面提高大学生综合素质，具有十分重要的意义。

(三)同辈群体

同辈群体对大学生的职业生涯规划也起着潜移默化的作用，大学生经常是通过参考、借鉴同学、同事、朋友等人的意见、行为，从而做出自己的规划。所以，职业选择时，听一下同伴同学的意见也是必要的。

总之，每一个人都处在一定的环境之中，离开了这个环境，便无法生存和发展。所谓"时势造英雄"，说的便是环境对人的作用。政治风云、经济兴衰，社会潮流，都在深刻地影响人的一生。只有充分适应与满足社会需要，认清形势，才能站在时代的浪尖上，从而最大限度地实现个人的职业理想。

第二节　组织(企业)环境分析

对组织(企业)的环境分析大致可分为职业环境分析、行业环境分析、企业分析和地域分析等方面。

一、职业环境分析

所谓职业环境分析，就是要认清所选职业在社会大环境中的发展状况、技术含量、社会地位、未来趋势等。当前热点职业有哪些？发展前景怎样？社会发展趋势对所选职业有什么要求？影响如何？……

有这样一个故事：一位打井的高手，凡经他指点的地方准能打出一口泉水不断的好井，有人向他请教诀窍，他回答说："这打井也有学问，也要察形观势，找准位置，找对风水。"其实职场亦然，只有充分评估职业环境、职业要求以及自身状况对职业生涯的影响，才能找准职业方位。找到职业方位，就找准了职场的"风水线"，自然会风生水起。

根据国家人事部发布的预测，未来几年我国急需的人才主要有八大类：以电子技术、生物工程、航天技术、海洋利用、新能源新材料为代表的高新技术人才、信息技术人才、机电一体化人才、农业技术人才、环境保护技术人才、生物工程研究与开发人才、国家贸易人才和律师。在这八类当中，更热门的有如下几个专业的人才。

1. 网络人才继续走俏

随着互联网行业的回暖，网络公司的任期也大幅上升，网络人才将会更加走俏，而其中风头最劲、薪资最好的当属软件工程师，游戏工程师和网络安全师等。最新数据显示，从1996年到2006年，中国需要100万软件人才，目前尚有10万~40万个电脑软件职位的空缺。其中，电脑动画和特别效果也求才若渴，年营业额超过了100亿美元；在互联网收费盈利中最成功的网络游戏业，对电子游戏人才需求更大；此外，由于我国电子信息网络安全系统较为薄弱，网络安全正在成为一门新兴的产业，网络安全工程师也将成为热门职业；而根据调研机构和招聘网站的调研，每年相关各类企业对网络工程师的人才需求缺口有60万之多，其年薪可达10万元左右。

2. 土木工程、汽车制造、中医药专业受到追捧

在2006年高校招生当中,一向冷门的土木工程、汽车制造、中医药专业受到了广大考生们的追捧。此前,土木工程一直处于不温不火的状态。这一现象其实并不难理解,随着国家基础设施建设的加强和西部大开发战略的推进与实施,建筑业也随之水涨船高,成为国民经济的支柱产业之一,其中房地产业的蓬勃发展必然导致相关行业对人才的需求大增。

3. 汽车制造业提供大量岗位

经过几年快速的成长,中国目前已成为世界汽车制造大国之一,政府也正在积极地扶持汽车产业。汽车产业的发展,将会带动零售部件制造,售后服务、汽车美容等相关产业的发展,从而也可以为社会提供大量的工作岗位。

4. 中医药行业渐渐升温

中医药是中国传统的优势行业,现代医药技术的发展以及中医在世界范围内被广泛的认可,也促使了中医药行业的快速发展和大量的人才需求。

5. 市场营销、国际贸易专业需求旺盛

市场营销、国际贸易近年来高校招生情况比较理想,毕业生的就业形势也比较良好,随着国外企业本土化和国内企业国际化步伐的加快,高素质的营销人才与国际贸易人才也会越来越走俏。

6. 广告新行业朝阳无限好

广告业目前已发展成为蕴藏巨大商机的新兴产业,甚至已成为经济生活中不可缺少的一部分。近几年来,广告人才的需求一直在稳步地上升。预计今后几年,虽不会出现激增的局面,但是其用人潜力还是会很大,尤其是对高素质的创意人员等专业人才的需求将会加大,高校广告专业毕业生的身价也将会水涨船高,供不应求。

7. 外语、电子类专业前景依然乐观

从近几年高考招生的情况可以看出,外语专业或外语院校的报考热度依然不减。随着中国融入全球经济一体化步伐的加快,国家对外语类人才的需求也将逐年攀升,外语专业毕业生就业前景依然乐观。

近几年,国家对通讯基础设施的投资每年都达到近2000亿元,计算机、通讯工程、微电子等电子信息专业人才也需求旺盛,毕业生就业形势良好。

8. 新职业前景可待

除了上述热门职业外,一些新职业的就业前景也比较乐观。2005年10月,劳动和社会保障部正式向社会发布了第四批新职业,其中包括健康管理师、公共营养师、芳香保健师、宠物医师、医疗救护员、计算机软件产品检验员、水产品质量检验员、农业技术指导员、激光头制造工、小风电利用工、紧急救助员等11个职业。目前,劳动和社会保障部已经组织制定了信用管理师、黄金投资分析师、企业文化师、智能楼宇管理师、商务策划师、会展策划师、景观设计师、磨具设计师、客户服务管理师、动画绘制员、房地产策划师等新职业的职业标准。

另外,网络编辑员、广告设计师、物流师、理财规划师等四个新职业的职业标准、职业资格培训教程和题库等开发工作也都已经完成,并已全面启动全国统一鉴定工作。

上述这些新职业的确立,反映了我国劳动力市场的需求方向,对于广大毕业生制作职业生涯规

划以及选择就业方向都具有重要的指导意义。

二、行业环境分析

所谓行业环境分析包括对目前所从事行业和将来想从事的目标行业的分析。分析的主要内容包括行业的发展状况、国际国内重大事件对该行业的影响,目前行业优势与存在问题、行业发展趋势如何等等。

行业与职业不同,行业是企业的集合。从事同类的产品生产销售的企业或提供类似服务的企业达到一定的数量才会形成一个行业。例如,同样是家电行业,就包括生产电视机、洗衣机、空调、冰箱等不同类型具体产品的若干家企业。在同一行业内,可以从事不同的职业。比如同样是从事教育业,有人憧憬大学教师职业,也有人想从事办公室主任这样的行政管理职业;同在保险行业,可以做一名奔波于一线的业务员,也可以做人力资源部经理。

分析行业环境的时候,一定要结合社会大环境的发展趋势,因为社会大环境会对行业的发展产生重要影响。例如,科学技术的飞速发展会使某些行业如同夕阳坠落,逐渐萎缩,消亡;更会使许多极具发展前途的朝阳行业不断出现、发展起来。分析行业环境的时候,还要注意国家政策的影响,看一看国家对某一行业是扶持鼓励还是限制制约,职业选择时尽量选择有前景,发展空间较大的行业。

大学生职业生涯规划时需密切关注国家政策和经济大势。以环保行业为例,未来极有可能进入发展“牛市”。下面一些时事政策就预示了这一点:中央六中全会多次提到环保问题,温家宝总理三次亲手修改环保改革方案。国家环保局长提出,环保法要上升为国家基本法,将建立覆盖各个领域、真正有监督作用力的法律体系。另外,国家正在考虑将环保局升格为环境保护部,同时,世界银行也建议中国尽快成立环境保护部。

中国每年因环境污染而损失达2800多亿。环保问题几乎涉及到各个行业和领域。专家预测,国家宏观政策的高度重视和改革,将为该行业的职业人士提供大好的机遇和发展平台。

首先,环保政策的重大变革将对整个社会都产生影响,从农村到大都市,从经济落后的西部到沿海发达城市圈,各行各业,各个领域,特别是交通、化工、发电、能源、食品、纺织、林牧业等领域都将受到影响。例如制造业,工厂的设备和生产流程将由此得以更新和改进,采购环保设备,添置环境保护措施。而这就需要熟悉环保的生产技术人员和管理者,同时,环保设备需求的增加也为相关环保机械制造业提供了机遇。

其次,更多的公司内部会设置环保检测、监督部门,社会上的环保检测、公证、培训机构也将应运而生。这同样也需要大批的环保专业人士。

再次,国家环保监督体系的大幅度完善和升格,也需要在国家公务员的行列中纳入大批的环保专业人才。

环保专家、环保检测类人才、环保专业培训教师等职业未来将有望成为抢手的热门岗位。同时,企业内部,既熟悉某个行业又懂环保的复合型人才的需求量也将增大。因而有关职业规划专家提醒,在选择专业学科及进行职业选择时,在可能的情况下,不妨多考虑以上领域。

透过环保行业,我们发现,关注国家重大政策走向和社会发展潮流,将为职业选择提供重要的抉择依据,将有利于我们成功规划自己的职业生涯。所以,关注国家宏观政策以及经济大势,是个人职业规划必不可少的功课之一。

但是,行业前景不同于职业前景,所以求职时,就不难理解,"趋热避冷"依然是很多求职者的思维定势,银行业、IT业等热门行业往往意味着高收入、高福利和长远的发展,而农林牧渔业、传统制造业等行业却总给人收入低、工作枯燥的印象。因此在人才市场中,热门行业依然人满为患,冷门行业也依然乏人问津。

但择业时不宜只盯着热门行业。首先,行业的冷与热是相对的,例如前几年互联网业红极一时,但当其经济泡沫破灭时,下岗失业的人也不在少数。其次,热门行业中也有冷门职位,而冷门行业中也有热门职位,行业前景不等于职业前景。譬如,在IT行业,也有和计算机几乎没有必然联系的岗位,如行政管理、人力资源等;同样,在非IT行业,也需要大量IT人才进行系统的开发、设计和维护。懂得避开热门行业中的冷门职位,或善于发现冷门行业中有潜力的、成长性的职位,才是职场中的聪明人。

究竟如何处理热门与冷门的关系,找到最适合自己、前景最为看好的职业呢?有关专家认为,市场瞬息万变,冷门、热门也在不断变化。想从事热门职业,关键要有前瞻性,以成长性强的职业作为自己的目标。归纳起来,前瞻性体现在以下几个关键当口。

1. 填报专业时

职业规划从选择大学专业时就该开始。高考填报志愿时大多数人也以热门行业作为风向标,其实这样很危险。前些年金融行业火爆,报考金融专业的学生数量大增,学校也纷纷开设相关专业。结果没几年,金融专业的学生由于数量过多从而遭遇就业困难。现在,计算机专业的学生也面临着相似状况。相反,有些人报考了某些冷门专业,反而有意想不到的发展。譬如,心理学一向比较冷,而近几年心理咨询师、儿童顾问等相关职业却成了人才市场上的抢手货。

2. 选择职业时

尽量选择有发展潜力的职业,不要拼命追逐那些已经炙手可热的职业。成长性强的职业应具备两个条件。其一,在市场上,与该职业相关的人才供不应求。其二,提供相关职位的企业,发展态势大多蒸蒸日上,在政策方面拥有不少利好消息。具备这两个条件的职业,势必需要大量从业人员,呈现出"求贤若渴"之势,很可能是下一个"热门"。

3. 加盟行业时

选择行业时可做一番调查分析,包括社会热点职业的分布、自己所选择的行业在当前与未来社会中的地位、社会发展趋势对行业的影响等。再分析一下自己的人脉资源,包括在从事选定职业的过程中将同哪些人交往,这些人都属于哪些行业等等,最后根据实际情况选择有利于自己成长的行业。

此外,还要记住两个原则:①无论从事什么职业,都要考虑兴趣爱好及个性特点相结合。热门专业、职业、行业都可预测,但切不可因为追求热门而强迫自己从事不喜欢或不擅长的职业。②无论从事什么职业,都要努力把它做好。一份职业的前景如何,最大的决定因素并非是行业前景,而是自己有没有用心去做,能不能成为某一领域的专家。现代社会专业分工越来越精细,个人只要做好自己的工作,真正做到"人无我有、人有我精",就一定会有所建树。

三、企业环境分析

企业分析一般包括单位类型、企业文化、发展前景、发展阶段、产品服务、员工素质、工作氛围、人企匹配等因素的分析。

首先,要确定你适合什么样的企业文化、什么样的环境,从而帮助你找到真正适合自己要求的公司。我们每个人都面临着这样一个严肃的事实:我们必须长期地、努力地工作。如果你用几年的时间做你并不适合的工作(这样情况非常常见),那其实就是在浪费你的生命、浪费组织的信任。

企业是从业者直接生存和发展的土壤。每个企业都有自己的发展目标、运作模式,了解企业的基本情况是成为“圈里人”的基础,便于自己以后迅速适应新的环境。另一个方面,为了生存和发展,企业本身也要随时关注、适应社会大环境的变化,并采取相应的变革措施,这也必将影响到其成员的个人生涯。科学的职业生涯规划一定要把个人的发展与组织的发展结合起来考虑,才能顺风顺水。

企业环境分析包括企业在本行业中的地位、状况和发展前景,所面对的市场状况,产品在市场上的发展前景,能够提供的岗位等,具体包括以下三个内容。

1. 企业实力

企业在本行业中具备很强的竞争力,还是处于一个很快就将被吞并的地位?发展前景如何?企业是力图“做大”、“做强”,还是空有其壳?有没有长久的生命力?企业的发展领域在哪些方面?在本行业中的地位和发展前景如何?战略目标是什么?企业在社会中的地位和声望如何?企业的产品在市场上的表现和发展前景如何?……

2. 企业领导人

企业主要领导人的抱负及能力是企业发展的决定性因素。企业主要领导人是真想干一番事业,还是只想捞钱获利?他的能力是否足以带领员工开创新天地?有没有战略的眼光和措施?是否尊重员工?……很多成功的大企业都有一位出色的企业家掌舵领航,如海尔的张瑞敏,联想的柳传志。

3. 企业文化和企业制度

企业文化是全体员工在长期的生产经营活动中形成并共同遵循的最高目标、价值标准、基本信念和行为规范。企业文化是影响企业经营效益的重要因素,如果个人的价值观与企业文化有冲突,难以适应企业文化,那么在组织中就难以发展。

企业文化不是空洞的标语口号,真正的企业文化存在于每个人心底,从日常行为中自然流露出来。没有优秀的企业文化便不会有卓越的企业。从某种角度来说,企业文化折射了企业领导人的抱负。

企业制度设计的范围比较广,包括管理制度、用人制度、培训制度等。尽可能了解以上这些信息,了解企业在组织结构上的特征与发展变化趋势,分析这种安排对自己的未来可能带来什么样的影响。特别要注意企业用人制度如何,能提供教育培训机会吗?提供的条件是什么?自己将来有没有可能在此企业担任更高级的职务或担负更大的责任?个人待遇提升的空间有多大?

总之,通过以上分析,你应理出一条清晰的线索,确定自己的职业生涯在这个行业、企业中是否有足够的发展空间,衡量自己的目标是否能够在此企业得以顺利实现。

【延展阅读】

不同的组织结构和企业文化的适合程度分析

组织的社会性

1. 组织的社会性

一些人天生果断、活跃、他们喜欢大集体生活，经常是社交圈中的中心人物。在工作安排方面喜欢尽快完成。另一些人则完全不同，他们较为保守，不愿与人过多交往，通常只有几个亲密的朋友，很少超前，也不愿意和有野心的人交往。同样的，有些企业的企业文化更倾向于积极进取，快速高效地完成工作，对事情结果的关注大于对人的关注。开会和交流不被认为是和工作相抵触的事情，在很大程度上他们本身就是工作。

另一些企业较为保守和独立。工作往往是关起门来完成的，活泼和有野心的行为不被这种企业的文化接受。社会和商业的关系网被认为是需要避免的杂事，而不是必要和增加工作趣味的一部分。

2. 如何判断组织的社会性？

①这个组织是否喜欢用各种方式吸引有野心的人；

②办公室的设计是否允许职工有一定的私人空间；

③在这种文化中，成功在多大程度上取决于人际关系网；

④单独工作和与人合作的比率；

⑤在这种文化中事事去“压”在成功中占多大比重；

⑥在这种文化中有多少愉悦的氛围；

⑦对比花在分析和思考的时间与花在讨论与说服的时间；

⑧成功在多大程度上取决于职业的培训和专业。

3. 对组织的社会性要求程度

如果你这部分得分高，这表明你较为开放，适合那些经常有外出机会，果断和行动导向的企业文化。你希望每天能与许多人接触，愿意主动地建立起广泛的社会关系网，建立起新的商业机会。工作可以直接与客户打交道，如销售人员，商业拓展人员等。自信、有挑战性，发现或创造新的市场机会，有这样工作空间的环境适合你。

组织的结构和细节关注度

1. 组织的结构和细节关注度

一些人工作风格为非常有秩序的谨慎的作风、系统地进行计划、关注细节。另一些人则工作风格随意，不喜欢计划、系统，也不太关注工作的最终质量。类似的，一些组织/公司注重员工有严谨系统的工作作风，并关注工作细节。这种文化体现在成熟的工作程序、系统和工作计划。公司注重为最大化完善工作所做出的努力，而非“80/20”规则。多种行业里都拥有这种企业文化，更为突出的是在科学领域和工程工作中，或一些领域的管理阶层（例如，工厂的库存管理中“just in time”原则，机场运输等）。另一些公司则不太关注细枝末节，也不太强调部门分工和按程序办事。他们更愿意追随感觉和人们之间的相互说服或影响，而不去力求追求完美。这种企业文化要求快速的反应,尽管所获信息可能还很有限(例如,贸易)。强调创新(例如,广告公司)。

2. 如何判断组织及对细节的关注度

①在这种文化中你是否经常不得不去“粉饰”你的工作,以便恰如其分;

②“恰如其分”在这种文化中是否重要;

③有多少工作是在紧张的难以预料的工作期限下完成的;

④在多大程度上你能自主的制定适合自己的工作时间表和工作速度;

⑤是否经常需要在很短的时间里作决定和行动;

⑥企业是否提前计划和准备好应付各种不同的商业状况;

⑦工作环境是否整洁有序。

3. 对组织及对细节的关注度要求

如果你的得分高,这表明你非常喜欢有序、组织性、纪律性强的企业文化。这种企业是以取得成绩为驱动力的“getting it right”。在这种高标准、严要求的文化中你会更快乐或者说更容易成功。这种企业往往不断地采用最好的做法,以便它的产品服务的质量与众不同。你会因成为一个行业领先企业中的一员而骄傲。

对组织的开放性和想象力

1. 对组织的开放性和想象力

有些人天生富于想象力和好奇心,他们总是乐于接受新的观念和新的方法。另一些人则更为实际和朴实。同样的,有些企业的文化崇尚尝试各种新方法新方式。这种文化认为创新来源于错误的不断积累。这类人敢于冒险,但往往没有一个清晰的计划去完成他们的目标。另一些企业宁愿花费更多的时间事先去理解和花费时间考验,不犯错误是他们的第一目标。把事情做好并且在基础领域能够展现你的能力是通往成功的关键。这些企业的文化特征是稳定和一成不变。

2. 如何判断对组织的开放性和想象力

①新想法和创造力是否在企业中受到重视和奖励;

②对于那些已经成功的事情在这个企业里是否还是不断地持续正常的发展;

③工作中是否有很多的变化;

④企业通常如何看待和平衡尝试新鲜事务中的得失和成败;

⑤企业是否愿意接受不循规蹈矩和具有创造力的职员;

⑥不论职工在企业中的位置如何,他们是否都愿意说出他们的想法。

3. 对组织的开放性和想象力要求

如果这部分的得分低。表明你更倾向于那些忙碌的、注重实际操作的企业文化,用现有经过检验的方法处理事务。你崇尚经过时间检验的能力的有效性和可预测性。你不会从事风险极大的事情。你更欣赏按照传统方法按规定做事,不计时间代价的企业。你喜欢企业有明确目标、清晰的商业战略,并且能够尽可能有效和始终如一地执行这些策略的企业文化。

对组织的合作性与和谐性

1. 对组织的合作性与和谐性

一些人喜欢没有个人冲突和竞争的企业环境。在这种环境里友好、诚信、互相帮助是最基本的。这些个体通常有非常强烈的利他主义,他们认为他们的产品和服务社会价值更为重要。另一些人,喜欢竞争并把它看作一种美德,认为竞争是人的天性。同样的,一些企业文化强调合作、关心他人、并且认为人性本善。这些企业往往通过要求大家一致的手段避免内部的冲突和竞争。另一些企业崇尚竞争精神,并且鼓励有利于企业发展的意见。他们鼓励你用怀疑和审视的眼光评论企业所做出的决定。在这种企业生存的人一般能够允许和接受人与人之间的不同意见。

2. 如何判断对组织的合作性与和谐性

①员工在这种企业文化里彼此了解的程度如何;

②优胜劣汰在这种企业文化里是否被崇尚;

③当你在路上遇到同事时大家是否都非常友好地打招呼,你是否感到温暖;

④大家看起来是真正的关心对方吗;

⑤内部竞争机制在多大程度上影响员工的成功与失败。

3. 对组织的合作性与和谐性要求

你这部分的得分高。这表明你喜欢那种培养友好、合作和"温暖"工作氛围的企业文化,可能有利他主义的情感。你希望在工作中有一些同事能和你有同样的感觉或价值观。你希望企业能想办法将冲突和争论维持在最低点,并且鼓励大家彼此尊重和支持。那种鼓励内部竞争和敢闯敢干的企业文化看起来并不适合你。

来源 http://www.mohaibowen.com/admin/UploadFile/1182909728062.doc.

四、地域(城市)分析

选择工作地点也是大学生职业规划中最重要的一个部分,甚至可以说,选择哪里工作的重要性一点也不比选择从事什么工作低。记得前几年社会上曾经流行过这么一句话:"宁要北京一张床,不要西北一间房。"

城市环境方面主要表现为东热西冷,供需失衡的情况进一步恶化。某招聘网站发布的覆盖全国40所全国重点大学,涉及33个大行业5800家企业的《2006全国毕业生就业调查报告》显示,上海、北京和广州是2006年应届毕业生最愿意去的工作地,其次为浙江和江苏,占调查总人数26.1%,愿意去这三个地区之外工作的人仅15%。另一方面,中西部地区,以及工作条件稍差一点的东部市郊对毕业生的需求也远远没有达到饱和程度。例如2005年对北京13个乡镇的调查数据显示乡镇一级的党政机构、民营科技企业、事业单位的人才需求缺口不下3000人。毕业生求职就业的市场,并不完全反映市场对毕业生的整体需求,毕业生增量的矛盾集中到了沿海大中城市、省会城市和城市的中心地带。可见工作区域选择在当今毕业生心目中的重要性。

广东某大学对高校毕业生就业情况做了一个调查,调查对象是广东的13所高等学校的5300余名毕业生。结果表明,对于广东地区的学生而言,珠江三角洲地区是绝对的热门区域,接着就是少部分回生源地或者北京、上海等大城市。如果再考虑到那少部分回生源地就业的学生中也有相当部分是回到另一些大城市的情况,那么广东高校毕业生到大城市就业的比例可能达到95%以上。显然,毕业生过分集中于少部分大城市就业加剧了就业的竞争,已经成为当今大学生就业困难最重要的原因之一。而对于整个国家而言,广大农村甚至中小城市长期得不到高等人才,这就使区域经济发展不平衡进一步加剧,经济发展差距的拉大反过来又使大学生更不愿意到相对落后地区工作,由此形成一个可怕的恶性循环。

对于大学生而言,就业不仅仅是一份工作和职业的选择,很多时候更是一个生活环境甚至一种生活方式的选择。就业区域正是对生活环境和生活方式影响非常巨大的选择。

事实上,根据商业上"人弃我取"的原则,大学生在规划自己职业的时候大可不必集中于珠江三角洲或者长江三角洲等大城市,因为这些区域的就业竞争相当残酷,一般的毕业生想找到一份非常称心的工作实属不易,而内陆的不少区域就业竞争相对较小,大学生在那里也更为吃香。如某校中文系的小徐选择了中部省份的湖南作为其就业地,他考虑的是广东地区媒体的竞争太大,想实现自己成为记者的职业理想非常不容易,于是他毅然北上,选择了文化底蕴深厚、媒体环境也还不错的潇湘地区就业。这就是一个相当理性的选择,值得大家借鉴。选择中小城市并不是逃避竞争,而是因应形势发展而做出的一个合理的选择;选择到西部边远山区就业更是实现自我的社会价值的有效途径,当然非常值得提倡。

不少毕业生选择到北京、上海、广州等经济发达的地方找工作。对此选择,都可以而且应该理解。毕竟,大城市的机会总是相对较多。但这也不能一概而论,比如学动物医学的毕业生,内蒙古的需求机会就远远大于上海;学水产专业的学生就更容易在拥有水域的城市找到工作;搞文化艺术当然北京好。从事金融贸易则应该选择上海……从手边的东西拿起,核心竞争力是关键。有了核心竞争力,地域优势反而更明显。

无论是大都市还是小城镇。人才结构均呈金字塔形,高端人才少。人才分布呈山地型,有的地方人才多,是高地,有的地方人才少,是平地。东北振兴、西部开发和中部崛起,这些地区的发展对中高级人才的需求都非常大,在进行职业规划的时候,毕业生可以客观地分析自己,不必过于拘泥传统的地域限制,选择一个适合自己发展的平台,寻找更广阔的发展空间,这才是最重要的。

五、职场环境分析

世界万物都有其运行的内在规律,看似风起云涌,暗礁浮动的职场同样如是。作为即将奔赴职场竞技的大学毕业生和准大学毕业生们,只要看清职场的运行规律,尊重它的潜规则,并在实际工作中努力储备和提高自身的职业竞争力,完善个人的综合职业素质才能避免被市场吞没的危机,进而达到个人职业生涯的一个个高峰。

许多毕业后的大学生都有过这样的困惑:实际就业与自己职业理想相差甚远,收入也与期望值有较大差距。为什么会有这样的情况出现?有关专家认为,缺少必要的就业前的职业规划,缺少对职场的前瞻,因此造成了很多职场新人刚踏上工作岗位就有了职业失落感。职场上有句名言:"你今天站在哪里并不重要,但是你下一步迈向哪里却很重要。"成功的人生需要正确的规划,职业规划是一个与"职场成功"密切相关的话题,而要想职场成功,就要懂得职场规则,掌握职场沟通技能。

职场沟通有不同的形式。有面对领导的,有面对同级别同事的,有面对下属员工的,还有面对客户和朋友群体的。

1. 沟通的重要性

在当今社会，有一句话流传很广，这就是"三十岁前靠技术，三十岁后靠人脉"。人不可能独自一个人生存和发展。所以除了早期的专业技能之外，我们还要看到和重视另外一种同样决定我们在职业发展道路上是否能够一帆风顺并走向成功的技能，这种技能包括：对环境的适应能力、组织管理能力、部门协调能力、面对问题应变能力、危机的处理能力等，而这些技能又都是通过沟通协调来进行的。通过沟通双方才能够知道要做什么，你要表达什么意思，如何进行合作，如何来进行共同的协调发展等。

2. 什么叫做沟通

通俗的来讲，沟通的本意是通过信息的交流，拉进彼此之间的距离和增加彼此之间的了解，双方在对某种观点或者对某种事物的认识上达成统一，从而和谐进行发展，同时双方也需要不断地监控、总结、反省，促进再发展。

3. 沟通当中遇到的问题

但是在日常生活当中，沟通往往成了一种谈判，一种抱怨，一种命令和一种交待，成为一种单方面的行为。每个人都在坚持自己的意见，各说各的话，如果话不投机，就不欢而散，不但没有达到沟通的效果，甚至还加深了彼此之间的裂痕。这些都与沟通的目的背道而驰。

对于一个初次踏入社会的毕业生来说，要想游刃有余地和他人沟通和交往，需要注意以下原则。

(1)社交表面化原则

社交表面化原则是人与人之间社会交往，大量的、经常的、普遍的是一种表面化的交往，它的特征就是礼貌、和气，具有一定程度的亲热，同时保持一定的距离。这种交往看似平凡俗套，缺乏实际的价值，其实不然，它是人与人之间社会交往的底线，也是高层次交往的基础。没有这种表面化作为铺垫，人与人很难进入到更高层次的自由交流当中。而我们往往容易把应酬、客套、寒暄甚至是聊天这种表面化的交往行为看成是虚伪，庸俗的而毫无意义的东西，在思想上加以排斥，在行动上加以抵制。大部分人渴望的是一种真心对真心的交流，向往的是一种不加掩饰的率真，总是希望抛开利益的纠葛，在尘世间找到一片净土，这种理想是美好的，也是很值得追求的境界，但是这种想法并非根植于现实世界，在缺乏对人性的本质，社会的本质了解和社会发展客观规律的了解基础之上，再美好的理想也只能够是幻想，这就是这种表面化的交往之所以大量的存在，并被人们不断地加以运用，发扬光大的道理。

(2)情绪原则

情绪会影响和决定一个人的交际态度和处世方法，并进而影响到整个交际的后果，因此，情绪是人际交往当中一个重要的方面，有时在人际交往当中甚至起到决定性的作用。如果能够学会调控和利用情绪，则有时会有意想不到的收获，在职场与人相处时，控制自己并保持良好的情绪是非常重要的。

(3)表现原则

由于社会和人类本身的复杂性，在人际交往当中，人不可能实现直接彻底的沟通和对彼此的真实全面地认识，人们只能够通过间接的方式根据对方的外在表现来判断。换句话说，就是一个人若想为社会所了解和承认，强调自身的动机良好或才能卓越是不够的，要努力地把这些表现出来，让更多的人认知你，从而达到认可你。

(4)换位思考原则

在职场要有一种换位思考的思维方式，如果你能够站到对方的角度来看待和分析问题的话，那么就知道对方需要什么，对方忧虑什么，那么你就知道从哪些方面可以打消对方的顾虑，这样沟通自然就会产生一种信任的感觉，与人相处起来就容易得多。

(5)团结互助原则

从踏入职场的第一天起，竞争就在我们的身边，如果要想做出成绩，仅靠一个人的力量是不够的，必须要善于团结并利用利益群体的能量，发挥团队的巨大作用。一个人脱离不了社会，身后总会有一个利益群体来支撑，在公司是客户群体，在家庭是家人群体，而在职场则是同事和领导群体。如果你脱离了这个群体，那么也会被这个群体所抛弃。

第三节 环境分析技术

目前，在大学生进行职业生涯规划时，最常用的环境分析技术就是 SWOT 分析法。SWOT 分析法又称为态势分析法，它是由旧金山大学的管理学教授 H·Z·安索夫于 20 世纪 80 年代初提出来的。事实上，SWOT 分析法不仅可以对环境因素进行分析，也常用于个人职业生涯定位分析以及制定集团发展战略和分析竞争对手情况。

一、什么是 SWOT 分析法

所谓 SWOT 分析，就是将与研究对象密切相关的各种主要内部优势、劣势、机会和威胁等，通过调查列举出来，并依照矩阵形式排列，然后运用系统分析的思想，把各种因素相互匹配起来加以分析，从中得出一系列相应的结论，而其结论通常带有一定的决策性。

SWOT 是由“S”、“W”、“O”、“T”四个英文字母组成的，它们分别代表一个单词，也就是说 SWOT 实际上是由四个观点组成的。

S：Strength，优势，是在竞争中拥有明显优势的方面。

W：Weakness，弱势，是在竞争中相对处于弱势的方面。

O：Opportunity，机会，即外部环境提供的比竞争对手更容易获得的机会，而这种机会往往可以比较轻松地带来收益。

T：Threat，威胁，主要指一些不利的趋势和由发展带来的挑战。

运用 SWOT 分析法，有利于对研究对象所处的情景进行全面、系统、准确的研究，从而根据研究结果制定相应的发展战略、计划以及对策等。

二、SWOT 分析基本步骤

SWOT 分析是一种对分析对象的优势、劣势、机会和威胁的分析，在分析时，应把所有的内部因素（包括优势和劣势）都集中在一起，然后用外部的力量来对这些因素进行评估。这些外部力量包括机会和威胁，它们是由于竞争力量或环境中的趋势所造成的。这些因素的平衡决定了应做什么以及什么时候去做。

完成 SWOT 分析表的步骤如下：

①把识别出的所有优势分成两组，区分的时候应以下面的原则为基础：看看它们是与环境中潜在的机会有关，还是与潜在的威胁有关。

②用同样的方法把所有劣势分成两组。一组与机会有关，另一组与威胁有关。

③建构一个表格，每小格各占 1/4。

④把研究对象的优势和劣势与机会或威胁配对，分别放在每个格子中。如图 6.1 所示。SWOT 分析表格表明内部的优势和劣势与外部机会和威胁的平衡。

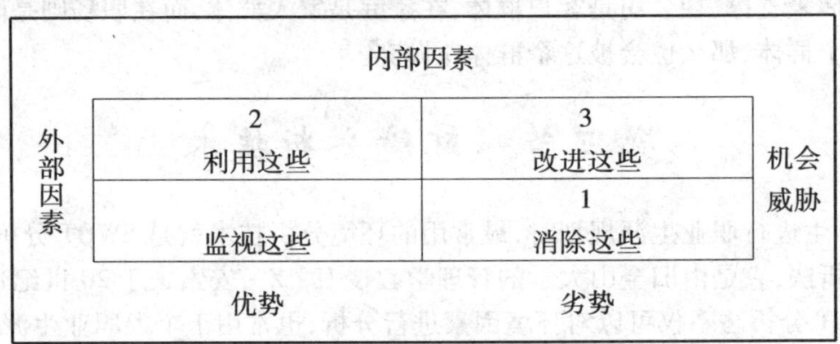

图 6.1　SWOT 分析

三、策略选择

在完成内外因素分析和 SWOT 矩阵分析表的构造后，便可以选择出相应的策略，以发挥优势因素，克服弱势因素，利用机会因素，化解威胁因素。运用系统分析的综合分析方法，将排列的各种环境因素相互匹配起来加以组合，得出一系列适合自己的可选择对策。这些对策包括：

①最小与最小对策（WT 对策），即考虑弱势因素和威胁因素，目的是努力使这些因素都趋于最小。

②最小与最大对策（WO 对策），即着重考虑弱势因素和机会因素，目的是努力使弱势趋于最小，使机会趋于最大。

③最大与最小对策（ST 对策），即着重考虑优势因素和威胁因素，目的是努力使优势因素趋于最大，使威胁因素趋于最小。

④最大与最大对策（SO 对策），即着重考虑优势因素和机会因素，目的在于努力使这两种因素都趋于最大。

【延展阅读】

作为一种重要的环境分析技术 SWOT 常用于分析学校背景因素，下面表 6.1 所列就是台湾一所小学利用 SWOT 技术对该校生态环境背景因素的具体分析实例。

表6.1　一例学校生态环境因素SWOT分析

因　素	优势(S)	劣势(W)	机会点(O)	威胁点(T)
地理环境	•交通便利; •生活便利; •艺文活动活跃	•上下班时间交通拥挤; •无特殊自然景观	•忠孝路拓宽完成,改善交通拥挤状况	•噪声污染严重; •校园空间拥挤
硬件设备	•活动中心能容纳全校学生; •科学教育实验室齐全	•专科教室严重不足	•新建专科大楼之完工启用	•逐年增班,普通教室不足
师资	•各具专长; •经验传承工作落实。	•教职员人数多,事权协调工作难落实。	•改善办公环境,落实教学研究工作	•教师权责法令之不了解; •部分成员成长动力不足
行政人员	•服务热忱; •协调性佳; •工作专注; •分层负责	•业务繁重,影响兼职人员教学工作	•校务工作系统化; •创意规划	•行政整合之不足
学生	•学生素质高者比率高于一般地区; •学生之求知欲望高	•学生程度差异过大; •学生家庭水平悬殊	•学区内新兴小区生活水平之提升; •学校学习环境之改善	•家庭教育之落后与疏忽; •社会风气之转变,影响学生之学习态度

来源　http://www.trd.org.tw/Cpast/9-8/9-8-07.doc.

第七章　职业决策

决定你是什么的，不是你拥有的能力，而是你的选择。

——杨澜[中]

对职业生涯的规划或设计说到底是一份人生的设计，它的对象是大学生的自我，其实现舞台是现实社会。其中，职业决策正确，则一帆风顺，事业有成；反之，则弯路多多，损失多多，乃至苦恼多多。所以，职业决策是职业生涯规划至关重要的一步。

第一节　职业决策概述

一、职业决策的内涵

职业决策也称生涯决策(career decision-making)，这一概念最早源自英国经济学家凯恩思的理论，指一个人选择目标或职业时，会选择使用一种使个人获得最高报酬，而将损失降至最低所用的方法。当个人面对多方面的选择时，每一种选择对其而言都有不同程度的价值，“生涯决策”就是个人在多项选择之间权衡利弊，以达成最大价值的过程。

在我国，学者将本概念译为职业决策(career decision)，它是个复杂的、多维度的概念。《教育大辞典》将职业决策定义为：人们根据自身特点和社会需要作出合理的职业方向的抉择过程，内容包括：个人的价值探讨和澄清、关于自我和环境的使用、谋划和决定过程。

总之，职业决策是一个过程，一种方法，一个策略，也是一种可以学习的技巧。大学生应该学会寻找职业方向，学习必要的方法手段，克服难题，自信地进行职业决策。

二、职业决策的原则

(一)择业的愿望与效果相统一的原则

在很多情况下，人们择业的愿望和最终得到的实际效果总是有一段距离。这段距离也就是理想与实际的差异。人们总是从职业理想开始设计职业目标，然后按照其理想职业进行择业。事实上，不少人从少年时代就开始在各种社会因素的影响下，形成自己的职业理想。例如，有的人梦想长大以后，能成为一名解放军战士，有的人梦想当一名科学家，有的人则希望当一名医生或者教师。但是，在他们就业之后，多数人的实际职业与原来的理想职业有着一定的差距，或者大相径庭。每一个人都是正确愿望与良好教育的统一者。为了使愿望与实际相统一,每个人都要考虑主客观条件,考虑愿望与效果二者的统一,从而使自己的潜能得到充分发挥。

(二)个人素质与社会需要相统一的原则

什么是自身素质与社会需要相适应?一般地讲,就是“人适其职”而又要“职适其人”。择业者在选择职业时,必须认清自己所谋求的职业对素质的要求。正如《人类在自然界的位置》一书中的赫胥黎在给友人的一封信里所指出的那样:“任何科学事业上的成就,都需要有不寻常的才能、勤勉和精力。你若具有上述资质,你在日常商业工作之余,将有足够的闲暇为自己在科学界觅得立足之地。你若不具有那种资质,还是一心经商为宜。天下最不足取的事情,莫过于一个年轻人,如同苏格兰谚语所说的那样,匙子没有做成,倒毁了角,成为在文学或科学领域里滥竽充数的食客。要是去从事其他工作的话,他或许成为社会上有用和有价值的一员。”面对那些素质要求很高的职业,人们大都能够做到“自知之明”,主动放弃对那些不实际的职业目标的追求。但是,绝大多数人面对的都是一般性素质要求的职业,这时则要看他的素质与职业要求的素质是否适合。

(三)职业稳定与调节相统一的原则

职业稳定与职业调节相统一,实现人与职业总体和谐,这是社会稳定和发展的基础。敢于和善于充分利用各种就业渠道,去选择自己最喜爱,并最有能力做好的职业,既是择业者的权利,也是择业者对社会所承担的一份责任。从国家来说,创造就业机会、提供职业岗位、造就宽松的就业环境是其责无旁贷的任务和使命。但就其一个历史时期来讲,就业机会、职业岗位大体上是一个“定数”,职业的稳定性和劳动者在择业时的自身素质,则是一个“变数”,需要随时调节。所以,要实现职业稳定与职业调节相统一,最主要的还是提高劳动者自身的素质。

【延展阅读】

职业决策类型

1. 宿命型

一切都由命运掌握,跟随社会的发展即可了,走到哪里就到哪里了,事情会自然而然地发生,让外部环境决定吧。

2. 直觉型

从内心深处感觉是这样的,就这样决定了,跟着感觉走,相信我自己的直觉。

3. 挣扎型

在众多选择中我该怎么办呀,这社会太复杂,无法选择,在各种选拔中不能自拔,或前怕狼后怕虎,既想实现远大的理想,又不敢面对现实的无奈。

4. 麻木型

不愿作出选择,每天都在一种无职业意识的状态中度过,对外部世界的变化失去敏感,不愿为自己的职业发展多动脑子。

5. 冲动型

不经过策划和准备,直接就冲了出来,很少对未来进行思考和分析,按自己的第一个想法从事。

6. 拖延型

事情总会解决的，现在不用关心，不用谋划，船到桥头自然直了，车到山前必有路呀，到时自然会有解决的办法，不愿对自己承诺，也不会承诺。

7. 顺从型

依附于组织或其他人，你说怎么办就怎么办，我是革命一块砖，你说向哪里搬就往哪里搬吧，让组织或其他人为自己做决定，按照别人的思路发展自己。

8. 控制型

认真分析自己和外部职业社会，综合考虑各方面因素，果断自信地决定自己的职业定位与职业方向，敢于自我承诺、自我挑战，有计划、有策略、有控制地发展自己的职业生涯，合理动态地管理自己的职业发展。

9. 紊乱型

也认真分析过自己和外部职业社会，但职业方向在发展过程中，不断变化和调整，没有真正确定过到底要做什么，一会儿东一会儿西，自己把自己搞迷惘了。

来源　作者：郭志辉(2007-06-18). http://club. learning. sohu. com/r-joblife-148676-0-2-10. html.

三、影响大学生职业决策的因素

(一)个人因素

职业决策时之所以会做出适合与否的判断，就是源于个性化的人，所以个人因素是影响职业决策成功的首要因素，它具体包括四个方面。

1. 职业理想

职业理想决定的是这个职业对实现职业理想是否有最大的支持。职业理想是怎样影响择业的呢？设想一下，如果你想成为一名人力资源总监，你会选择什么职业呢？无疑，招聘专员、培训专员等职业都是很好的选择，因为这可以帮助你实现人力资源总监这一理想。和职业理想(大学生一般尚未具备)相比，大学生通常具备的是生活理想和社会理想。例如，买个三室一厅的房子就是生活理想，而成为一个有成就的人则是社会理想。但是，生活理想、社会理想等理想则只能左右你选择的行业，而职业理想则可以直接影响到你选择一个具体的什么职业。

2. 职业兴趣

职业兴趣决定的是这个职业你是否喜欢。理想在客观上决定了你要做什么(因为你要实现理想)。而兴趣是在主观上决定你喜欢什么，不喜欢什么。也就是理想和兴趣天生不是一致的，当理想和兴趣发生冲突时，要么依兴趣而调整理想，要么依理想而培养兴趣。兴趣是影响人择业最主观的因素，也是判别一个职业是否适合自己的关键因素，所以大学生在择业时一定要充分考虑自己的兴趣。这里要澄清的是，此处所指的兴趣特指职业兴趣(共有十种职业兴趣倾向)，而并非你的生活、娱乐兴趣(可以用爱好来概括)，不是你喜欢听歌、打篮球的兴趣，而是你是否喜欢与人或物打交道的职业兴趣。职业兴趣可以通过职业测评来认知，是转换工作的最大因素，你会因为此而跳槽。

3. 职业能力

能力包括职业能力和非职业能力。职业能力特指影响你做好一份职业,影响你在职业上发展的能力,而非指个人的所有能力。如你能很快地做好九宫格题,这就是你的运算能力,但这个能力不一定能转化为职业能力,只有当这个能力对你所做的工作有影响时,才可以称作职业能力。职业能力是由具体的一个个职业所客观要求的,如果你要做好这项工作,必须具备最起码的职业能力(专项职业能力)。而能力是个人在后天形成的,它有很多项。职业能力的另一个来源是企业通用的商业运作能力,即企业在经营运作中形成一些必要的、基础的职业能力(通用职业能力),如团队协作能力、商务写作能力等。大学生在择业时更多要考虑自己具备的通用职业能力,只有当在多个职业中具体选择职业时,专项职业能力才会排上用场。

4. 职业经历

职业经历指这个职业是否做过。大学生做过哪些工作会在一定程度上影响他的择业。因为实践过、体验过,一方面他会通过实际体验来确定自己是否喜欢、是否能胜任,另一方面他会产生路径依赖,因为熟悉而选择。这就是为什么大学生在毕业时宁可选择与专业对口但自己不喜欢的工作,也不选择自己想做但没有接触过的工作的原因。应该说,职业经历是大学生了解体验职业、验证职业选择的一个很好途径,很可能做过的工作你不喜欢或对职业理想没有支持,那就不能因为做过、熟悉再继续做那份工作了。

(二)外在因素

外在的环境因素能影响职业的发展趋势,影响家庭和谐,也会影响个人生活的舒适度和满意度,这些因素具体如下。

1. 政府导向

社会政策会影响一个行业的兴衰。了解国家提倡、优先发展什么产业、行业是很有必要的,很多行业的未来发展趋势和政府导向是密切相关的。每年的政府工作报告,每个部委的文件,行业协会所倡导的等等都是把握行业发展趋势的途径。尤其要注意政府所支持、倡导的民生、大众产业,在大势所趋的东风下,是会有政策支持的。

2. 社会需求

社会需求是促进一个行业蓬勃发展的持久动力。一般来说,社会的需求是促进行业发展的长远动力,是大学生择业时要考虑的重要外在因素。所以择业时,多分析一下,这个职业(行业)在社会中的作用怎样,对社会生活会有什么样的影响。要注意的是,社会需求总是先于政府导向的,因为总是需求先产生,而后才是政府的倡导。如果一个行业(职业)既有政府的支持,又是社会的需求所在,那么这个行业(职业)的发展趋势一定是很好的。

3. 家庭爱人

家庭和爱人的意见将影响到生活的舒适和情感的和谐。家庭对大学生的影响表现在,一是父母的职业的潜移默化的影响,导致大学生毕业时也会选择或不选择与父母相同的职业,如你的父母都是医生,那么你在上学时就很可能选择医学专业,而毕业时所从事的职业也就是医生,反之亦然。二是父母左右你的职业选择,如父母希望在家乡找工作,或工作地点离自己很近,或去他们认为有发展有出息的工作等。爱人的影响指有未来结婚对象或已经结婚的大学生来说的。如果你决定和他(她)生活在一起,那么就要考虑爱人的意见,包括爱人的职业,爱人所在的城市等。这些问题虽然不是影响大学生择业的关键因素,但是如果考虑不周到、协调不好,那么将直接影响情感关系和你的生活,毕竟事业和家庭是人的两件大事,而从中的取舍就在于你的价值观。

4. 城市环境

城市环境及城市的生活环境将影响到行业发展和个人生活。处于不同区域的城市其城市定位和发展战略是不一样的,这对大学生的影响直接表现为两个方面,一是你所选择的行业,二是你的生活。如北京的文化产业和上海的金融产业,一个城市的行业重视与否、战略不同,直接影响你所在企业,而企业又直接影响着你。这就是城市影响行业发展的道理。另外,城市的文化、品位、城市居民的素质、城市市政环境的建设等都直接影响着你的生活舒适度和满意度。这里尤其要注意公司所在的周边环境,对人的影响也是巨大的,在 CBD 附近上班和在海淀上班所形成的风格是不一样的。考虑城市对大学生择业影响的意义在于,你不能盲目地决定就去大城市工作,而要结合自己所在的行业和自己对生活的要求而综合去选择。

(三)雇主因素

虽然企业给了你工作机会并让你有施展才华的舞台,但也要考虑企业的具体因素,因为这些直接影响你能在这个公司干多久,能和公司一起走多远。

1. 企业文化

企业文化及所决定的工作方式、生活方式将决定你是否能和企业走得更久。一个企业怎样对待新员工,有怎样的企业文化、怎样的思维方式,是否要经常加班,是否干涉你的生活,是否给你培训和成长机会等等,都影响了你对企业的忠诚度和满意度。如果你不能适应同事间防不胜防的人际关系,你不能理解上司和领导对待员工的管理方式,如果你不能接受家族式的关系、官僚式工作方式等,那你很快就会离开这家公司的。所以,大学生在应聘前对公司的企业文化、工作方式及工作方式所影响下的生活方式进行详细了解是十分必要的,否则就会发生主动辞职的行为。

2. 收入空间

薪资福利及职业的潜在收入空间将影响你是否进行职业转换和生活满意度。毕竟,大学生的生活是基本依靠工作收入的,所以薪资收入空间也是一个大学生择业务必要考虑的因素。这里要说明的是,大学生要以岗位的收入空间为择业依据,而不能仅仅以岗位工资作为标准。一个岗位的收入具体来源于岗位本身的工资,公司的福利,岗位的补贴,岗位的灰色收入,岗位在公司的上升空间等,这些因素的综合才是你的收入空间。因为有的公司岗位工资很少,但岗位补贴、公司福利很多,这也是一种薪酬制度。如果这个岗位的收入令你很不满意,你首先想到不是转换岗位就是转换公司,如果公司不提供岗位轮换的机会,那么你很可能就要离开公司,所以大学生在择业时多考虑一下公司的薪酬制度和岗位轮换制度是很有必要的。

第二节 大学生职业决策心理障碍

一、大学生职业决策心理障碍及其表现

心理障碍指心理不健康的现象或倾向。它是心理压力和心理承受力相互作用,使人失去应有的心理平衡的结果。

大学生职业决策过程中的心理障碍主要有三个方面。

(一)自我认知失调

1. 自负心理

有部分毕业生自认为很有才华,各方面条件都不错,应该有个好的归宿,因而傲气十足。一旦产生自负心理,很容易脱离实际,以幻想代替现实,使自己择业目标和现实产生很大反差,如果未能如愿,他们的情绪就会一落千丈,从而产生孤独、失落、烦躁、抑郁的心理。

2. 自卑心理

某些毕业生因自己不是名牌学校毕业、专业不热门、人长相平常,既没有权势关系可利用,又没有金钱支持,总之,别人具有的先天优势自己都没有。自卑感油然而生。在择业中,他们往往缺乏自信和勇气,看不到自己的优势,不敢竞争。过度自卑,使这些毕业生产生精神不振以及沮丧、失望、孤寂等心理。

3. 攀比心理

有这种心理的大学生,在求职活动中往往显得缺乏主见,极易受别人干扰。他们把注意力过多地集中到别人的就业取向中,即使有的单位非常适合自身发展,但因为某个方面比不上同学选择的就业单位,都放弃了。而且这种心理往往会延续到就业后,带着失败者的心态进入社会。

(二)情绪困扰

1. 焦虑心理

由于种种原因,有相当一部分毕业生临近毕业还没有落实就业单位,心理普遍有焦虑感。特别是一些基础学科专业、或学习成绩不佳、学历层次不高的大学生以及女大学生,表现得更为焦虑。他们往往会表现为心神不宁,意志消沉,萎靡不振,严重影响正常的学习和生活,影响顺利就业。

2. 急躁心理

大学生择业中常常出现忧心忡忡、烦躁不安、心理紧张、无所适从等现象。有的恨时间过得太慢,有的怨用人单位选人条件太苛刻。一旦发现职业选择未能如愿,又后悔莫及。

3. 挫折心理

在就业问题上大学生受到挫折,是因为他们的去向和抱负不能为社会和亲友所理解和接受,从而产生了怀才不遇的感觉,感到苦闷、失望、无奈和悲观。如果在挫折中不认真反思,失去理智,无目地一意孤行,就有可能形成人格障碍。

(三)人际交往障碍

1. 依赖心理

有的大学生不能自主地选择就业单位,总想依赖社会关系,依赖学校和老师,甚至依赖父母和亲属为自己找工作,但要做出选择时自己又不能决断,把希望寄托在别人身上,从而失去了职业选择的机会。

2. 羞怯心理

羞怯指有的大学生在求职面试中常常出现面红耳赤、张口结舌、语无伦次,把面试前辛辛苦苦准备的"台词"、腹稿忘得一干二净。有的谨小慎微,生怕一句话说错、一个问题回答不好影响自己的形象。

3. 问题行为

问题行为,即违背社会规范的不良行为。常见的有损坏东西、报复、迁怒于人、拒绝交往或过度消费、酗酒等。

二、大学生择业心理障碍的成因分析

(一)个人因素

强烈的自我实现的需要,是当代大学生择业心理特点形成的内在因素。当代大学生自我实现的需要,主要表现在追求个人发展和追求经济利益两个方面。大学生由于文化层次较高,所以他们都有较高的自我期望。社会心理学认为,期望值越高,心理上的冲突越大。追求个人发展这本身并无过错,应充分肯定,不当之处在于现在大学生追求个人发展大都偏执于自我需要,因此在择业上形成了重视自我发展而忽视国家需要的心理特点。当代大学生敢于追求经济利益。表明他们已经改变了中国知识分子历来忌讳言利的传统习性。但矫枉过正,现在有些人过分强调经济利益,并把金钱作为衡量自我价值实现的主要尺度,因而形成了功利色彩浓重的择业心理。

(二)家庭因素

中国家庭素有伦理主义传统,当代大学生的家庭观念也仍然浓厚。许多毕业生认为择业应该尊重父母的意愿,以报答父母的养育之恩。所以,不少毕业生在择业时很大程度上取决于父母的态度。从另一角度讲,家庭是个人接受社会化教育的第一所学校,也是进行职业目标教育的最初机构。家庭的经济条件,父母对子女受教育的重视程度及父母亲友的择业意愿对青年学生的择业目标都会产生直接影响。由于家庭的影响首先来自于父母,尤其现在的独生子女家庭,家长会不惜一切代价为子女寻找一份在他们眼中不错的职业,而不顾及子女的感受。同时,一些学生也依赖于其家庭(或亲友)的力量来进行择业。这两方面的力量纵横交错,给大学生的择业心理造成了一定的影响。

(三)学校因素

高等学校毕业生就业制度的改革,对当代大学生的择业心理产生着最直接的影响。从微观上看,"双向选择"制度较好地调动了大学生自主择业、自我发展的积极性。但是,从宏观上看,"双向选择"就业制度的实施,还没有很好地解决人才资源合理配置问题。因为在经济利益的驱动下,毕业生将选择有利于自身的职业,而较少考虑国家需要。"双向选择"制度的不完善是毕业生流向不合理的原因之一。

另一方面,当前大学生因就业难而产生心理障碍与很多大学教育教学质量不高有密切联系。"知识不够用"和"能力不足"是导致大学生择业产生自卑和焦虑的主要因素。有的大学生认为自己的文凭与实际知识水平不太一致,学校开设的专业课"不太适应社会的需要,学科知识陈旧,影响我们的择业"。而且,目前大学还缺少对大学生的择业心理健康教育。在大学生择业过程中,存在着需要解决的种种心理障碍问题。如何对待他们的心理健康,心理平衡是非常重要的,尤其是在新就业形势下,竞争激烈,信息量大,学生的观念发生了巨大变化,如何解决这些心理障碍问题更显得迫切。但是,学校在这方面的工作,特别是在择业心理咨询工作方面还很不够,明显滞后于学生择业心理的发展变化。

(四)社会因素

计划经济时代,大学生就业全部由国家根据需要以指令性计划进行分配,哪个地区、哪个单位需要,就由毕业生主管部门分配到哪里。基本不存在待业问题。随着高校毕业生就业制度的改革,大学生就业已从原来"统包统配"的计划分配形式逐步过渡到不包分配、双向选择、自主择业的就业制度。在这种就业制度下,大多数毕业生凭借自己的综合素质和实力,参与市场的竞争,不再依靠行政手段由国家保障就业。近年来,市场机制在毕业生资源配置方面的导向作用愈来愈明显,以学校为基础的毕业生就业市场已成为毕业生择业的主要依托。据有关方面统计资料表明,高校毕业生在求职过程中,由学校提供信息或组织招聘推荐就业的已占毕业生总数的80%。毕业生就业的市场化程度不断提高,市场配置毕业生的基础性作用不断增强,毕业生就业市场的形式不断规范、完善,在市场机制的推动下,公平竞争、优胜劣汰正得到充分体现。待业是大学生就业制度改革后难以避免的客观现象。由于大学生就业制度改革后出现的这些新特点,大学生择业时的心态就变得比计划经济时期要复杂得多,伴随而来的各种择业心理障碍问题也就更多了。

另外,大学毕业生人数激增,增大了择业的竞争力。近些年来,随着高校的不断扩招,毕业生人数急剧上升,而就业总需求则增速缓慢。大学毕业生人数的激增无疑将使已经供大于求的就业市场的供求关系更加失衡,甚至畸形发展,使大学生产生就业危机感。而伴随着我国经济体制改革的深入,国有大中型企业采取减员增效,"下岗分流",各级党政机关及事业单位也实行"精兵简政"使就业形势更加严峻。据劳动与社会保障部统计,在2002年3月底,我国城镇登记失业率已达3.7%,如把农村进城的劳动力也包括在内,则实际隐性失业率达15%。大学毕业生除个别社会稀缺专业外,大多数学生也不得不应对日益严峻的就业形势和挑战。国情问题研究专家,清华大学公共管理学院胡鞍钢教授曾讲过这样一句话:"中国正面临着世界上最大的就业战争。"不容乐观的就业形势就像一朵挥不去的乌云压在高校的上空。

综上所述,当代大学生择业心理障碍的形成是个人、家庭、学校、社会多方面因素作用的结果。通过这些因素的分析对当代大学生作好充分的择业思想准备和心理准备,增强择业意识,掌握择业的一般技巧和方法,提高择业能力等问题是非常重要的,同时对当代大学生克服和防治择业的心理障碍也是十分有效的。

【延展阅读】

要做好择业心理准备 大学生就业注意四个问题

目前职场求职竞争非常激烈,大学生挖空心思、想尽各种办法去求职,但是,许多时候都非常的盲目,其中重要的原因就是对职场认识迷茫,对自身认识不足,没有做好有针对性的准备。招聘会上,东奔西走、四处打探,就像一群自由电子,自由移动、自由奔跑、自由撞击,不知在哪一条路径上,奔向那个属于自己的目标。

毕业生择业的过程,是一个复杂的心理变化过程。在前进的过程中也要受到很大阻力,面对繁杂多变、眼花缭乱的社会,面对着强手如林的职场,面对着残酷严峻的就业竞争。面对着这重重阻力,心理上产生巨大的落差和压力。要想获得择业的成功,没有充分的心理准备,没有良好的竞技状态是不行的。要做好择业的心理准备,排除心理干扰,应着重克服以下几方面的心理障碍。

问题1:盲目自信、胃口高吊导致的巨大落差

有的同学认为自己在择业中具备种种优势:学习成绩优秀、政治条件好、学校牌子亮、专业需求旺、求职门路广,因而盲目自信,择业胃口吊得很高,挑来挑去挑花眼,心里容易产生得意、焦虑、傲慢、浮躁等情绪,在面试中流露出一副咄咄逼人、非我莫属的模样。殊不知,对于急功近利、洋洋得意的人,考官往往很反感。结果往往自己的优势是用人单位所不需要的,而用人单位需要的工作经验等要求又不具备,到头来往往会由于对自己优势估计过高,对自己的劣势估计不足而在择业中受挫。从而大有生不逢时的感觉,心态一落千丈,自己认为名校名系,从小到大都是天之骄子,低就了还不如去死。

案例1:要想做大牌,首先做小卒

李新是一个本科生,大学里学的是令人羡慕的国际贸易,曾梦想做个走遍世界的大牌商人,毕业后认为到北京更有发展,更能"与世界接轨",于是,放弃了父母为其找好的工作,与同学结伴来到北京。北京的工作机会果然多极了,但找工作的人也是多不胜数。刚开始,李新和同学比赛要找到一个更接近理想的单位,一个多月过去了,简历投出20多份,有回音的只有两份,面试后又无音信。面对着强手如林的职场,眼花缭乱的招工单位,李新可真着急了。难道找工作真这么难吗?当初那么令大家羡慕、父母骄傲的专业就这样被冷落了吗?回到家乡,如何面对江东父老?不回家在北京接着漂到什么时候?

专家点评

北京宏威职业顾问首席咨询师郭策分析道,其实问题就出在理想太远大,现实太残酷,理想与现实的差距是一条不可逾越的鸿沟。要想做大牌,首先做小卒。大牌是理想和梦想,离我们有如太空般的遥远,小卒才是目前的合理选择,这是让你先生存下来的现实。认识到自己刚刚毕业,没有商场实战的能力和经验,所以不要太过理想化。否则,就是水中捞月、雾里看花。

企业通常都需要有经验的人、有潜力的人、忠诚的人和敬业的人。对求职者而言,清楚了公司的用人要求,明白了自己存在的不足,扬长避短、趋利避害,设计一个适合自己的求职方案,就一定能够取得成功。未来新的就业模式是一个由三个阶段构成的循环,被总结为"赚钱、充电、憧憬",这个循环将贯穿我们整个职业生涯。如果你找到一份工作,这个循环将从你与新公司的协调开始。

首先，你将才智和精力投入到新公司中；接着你通过不断学习来提高工作能力，直到这个职位不再能满足你；然后你使用更高级的职业技能，以便得到更好的工作，使事业更上一层楼。这样的循环模式让人充满自信，让每个人的事业和人生，可以按照自己设定的目标进行。

问题2：自卑畏怯、信心不足带来的心理障碍

信心不足产生的原因很多，有生理的、环境的、家庭的或社会的等原因，但主要还是心理因素造成的。有的同学大学四年顺利地走过来了，具备了一定的实力和优势，面对激烈的竞争，梦寐以求的企业对自己的简历一点儿回音都没有，也许是发了无数份简历都没有下文。开始觉得自己这也不行，那也不如别人，如果从更深一层来讲，就是不敢面对机遇、迎接挑战。有的同学大学学习不太好，自卑心理使得自己缺乏竞争勇气，缺乏自信心，走进就业市场就心里发怵，参加招聘面试，心里忐忑不安，在求职中总是自己拿不定主意，过分退缩。一旦中途受到挫折，更缺乏心理上的承受能力，甚至觉得自己确实真的不行，也不敢说"行"，总是说"试试看"，显得很没自信。

案例2：充满信心去面试

小佳是个腼腆的女孩，每次去应聘，都是输在面试上，见了面试官，如履薄冰，手脚不知往哪放，头不敢抬，眼睛也不看人，低着头在那等过关，本来平时都回答上来的问题，这时脑子一片空白，还出现所答非所问的现象，回来后又懊恼不已，自惭形秽。越是这样，就越是严重影响下次面试的心态，产生自卑心理，形成恶性循环，慢慢失去了信心。

专家点评

宏威职业顾问首席咨询师郭策表示，小佳的问题是个心理问题，属于自卑畏怯、信心不足、蛇咬怕绳、心态不佳问题。所以第一步要解决她的心态问题，要让她充满信心去参加面试。要有一个好的心态，心态决定思维，思维决定行动，行动改变结果，结果构成命运。

在激烈的择业竞争中，这种心理障碍是走向成功的大敌，必须认真加以克服。经过求职，要勇敢很多，成熟很多。其实，心理上的最大障碍是自己，阻碍成功的最大敌人也是自己。不要一想到自己要在主考官面前说话，就开始想象负面的结果，就会怯场。

最好的办法是把自己的优点集合起来，一一列举，形成一个优势。写下要说的重点，然后场景训练和演绎。所谓的优点是如何运用你的才干、能力、技艺与人格特质，这些优点也就是你能有贡献、能继续成长的要素，这个优势就是你竞争的法宝。当然，自信不是自负、不是自大，也不是自傲，在面试中流露出一副咄咄逼人、非我莫属的模样。但是，我们在阐述自己的优势时，不要不好意思，总觉得说自己的优点是不对的，开不了口、过分谦虚。勇气很重要，要敢于拉下面子，想尽办法去争取。职业的选择往往也是对机遇的一种把握，错过机遇，你将会与成功握手后又告别，最终没有得到。像小佳这样过于自卑的人，在对其训练时，可以先让她矫枉过正，以毒攻毒。先过火点，让她有点自负、自傲，甚至自大，克服自卑，然后，在面试过程中折中回来，就会不偏不倚、恰到好处。

问题3：盲目跟风引发频跳槽

依赖心理在求职择业中又具体表现为两种倾向：一种是依赖大多数的从众心理。自己缺乏独立的见解，不是从自己的实际情况作出切合实际的选择，而是人云亦云，见别人都往大城市、大机关挤，自己也跟着凑热闹，这种心态也是与激烈竞争的社会现实格格不入的。

作为一名大学生，难免想有一番大作为，但是当自己的豪情被人漠视时，也许会无力承受打击。

当断不断、患得患失,人云亦云、盲目跟风,不能正确看待自己,不能面对职场行情,这山望着那山高,这也是导致许多毕业生陷入择业误区的一种心理障碍。

案例3:职场新人“老跳蚤”

崔强是学计算机的,毕业后到一家计算机公司干了三个月,感到公司销售业务量大,技术工作量小,学不到东西,于是跳槽到一家软件公司,以为这下有了学习机会,结果工作拿不下,技术跟不上,非常吃力,质量和进度都不能满足要求,老板很不满意地说:“我这儿是公司,不是培训班。”于是,这次崔强被老板炒掉了。随后,崔强找到一家专搞弱电的公司,公司业务很丰富,电子、通讯、计算机都用得上。但是单调重复的工作、紧张疲惫的加班和公司沉闷压抑的气氛,让崔强暗自又有了想离开的念头。正在此时,IT业大裁员震撼了全球,也震住了崔强,那么多精英都被裁下了,有工作先干着吧。于是,一年中的三次跳槽,暂告一段落,但心中的500强梦依然天天在做。

专家点评:职业选择是机遇的把握

有不少刚毕业的新人自恃能力高,总觉得现在的工作太屈才,刚踏进单位就计划着跳槽。结果跳来跳去,还是原来的山头最高。这个时候就需要保持良好的心态,懂得自己平衡心理。良好的心理状态是至关重要的,抱有一颗平常心,不要一窝蜂去扎堆,要选择与自己匹配的职位,职业的选择往往也是对机遇的一种把握,错过机遇,你将会与成功失之交臂。

其实,找工作就是人岗匹配,适合自己,不能高攀,高攀了很难找到,也不能低就,低就了就会浪费自己的资源,导致心态不好,引发跳槽。职业规划就是找到这个最佳匹配点及未来各阶段的发展平台。每个人都要结合自己内、外优势,市场行情、行业信息、职位状况去具体分析。

相对于社会求职人员来说,大学生群体工作热情高,激情饱满,求知欲和接受新知识的能力都非常强。所以,企业在招聘时一般会根据其职位需要,选择具有一定专业背景知识,具备某些专业特长,思路开阔,善于与人合作的大学生。

一个充满热情的人是很容易受人欢迎的,他的活力和热情是很容易感染别人的,同时这样的人也是老板所喜欢的类型。你从上班第一天开始,锻炼自己各方面的能力,取长补短,为下一份工作积极做好准备。要保持谦虚的心态:虚心、耐心、热心、诚心,这是职场新人必须具备的基本素质。培养扎扎实实的工作作风、敬业精神,企业就会欣赏你,自然你的心态就会变得豁达开朗,也就不会再为付出的跳槽成本而感到压抑。

问题4:追求高薪四处碰壁

在选择企业时,“大、名、公、外”即“大企、名企、公务员、外企”仍是毕业生的首选目标。据宏威职业顾问调查显示,目前毕业生中,多数人更愿意到政府机关工作,占37.5%;选择到私企、外企工作,占32.1%;选择到大型国企工作,占22.9%;选择自己开公司的占7.5%。这就造成了毕业生就业难的现实问题。跟风盲从、扎堆外企、实力不够、硬冲死拼,结果大都碰得头破血流、丢盔卸甲。

案例4:吊在半空只有啃老

张文是个本科生,严格说起来,是个与研究生一步之遥的本科生,考研的时候,专业成绩不错,外语只差1分,本来可以列为3类,可是在二选一的时候,一个排在他后面的人,因为门子硬,将他挤掉,让他领悟到什么是权力。于是,张文下决心考公务员,但是,谈何容易?连考三年,第一年、第二年,明明感到成绩不错,就是没有上线,第三年倒是获得了面试,但是,不过是多当一回分母而已,最终,公务员的梦还是没有实现。可他还是不甘心,不肯脚踏实地去找工作,他认为打工就是地狱,公务员才是天堂,既然与天堂也只差一步,那就不能心甘情愿进入地狱,就这样,将自己吊在半空中,不上不下,天堂不知何年有望,啃老倒是已成现实。

专家点评:理想需要能力来实现

郭策表示,把事情理想化,求高薪资是年轻人择业的盲点。自己的目标还是第一位的,不要盲目跟风。年轻人还是要以提高自身素质为前提,不要盲目追求利益,理想也需要有能力来实现。

很多考生都是将国家公务员考试作为练兵的机会而已。从大学生的角度看,选择外企也是一样,基本上是出于一种思维定式,总觉得外企就意味着丰厚的薪金、舒适的环境和晋升的机会,人际关系似乎也没有国企那么复杂,外企的"造势"能力也比国企强得多。但很多高级管理人员认为在外企工作,无论英语多好,沟通还是会有障碍,无论职位多高都只是工具。而随着国内企业的不断发展,国企既能给员工提供很好的薪金还能提供更大的发展空间。无论是国企还是外企,最重要的是需要对自己有一个职业生涯的规划,还有就是看哪种工作作风更适合自己。

其实,大公司和小公司各有优缺点。大公司能学到较之小公司更规范的操作流程,有更好的福利保障和培训机制,但晋升机会较少,发展也更平稳。大学生刚毕业,选择工作的角度无外乎公司规模、福利待遇、自身发展条件、能够增长技能这几点。作为大学生来说,自己的职业还是一片空白,首先要为自己定下目标,该往什么方向发展,对于选择工作也就是要能实现个人价值和目标或者是能够帮助自己实现个人价值和目标的。刚毕业的大学生不应该把金钱当作好工作的首要标准,要做的是更快地提升自身素质,总结自己的工作经验,对丰富自己工作经历打下良好基础。到了30岁之后,有了一定的工作经验再打破金钱与理想的平衡也不迟。其实没有完美的工作,每个工作都有它好与坏的两面,无论是在大公司还是小公司,问题都会存在。如果觉得适合自己了那就尽量去忽略它的缺点,要学会平衡和知足。

来源 (2006-12-18).中国教育新闻网.

三、大学生择业心理障碍的防治

要使大学毕业生在择业竞争中保持良好的"竞技状态",充分发挥他们的主观能动作用,自如地应付择业中遇到的各种问题,在社会中寻找到属于自己的职业位置,最大限度地实现自我价值,则应积极采取防范措施,克服和排除择业中的种种心理障碍。

(一)培养良好的自我意识

自我意识是大学生的重要心理因素,也是其个性发展和心理成熟程度的体现。要想获得择业的成功,必须寻找到主体内在因素与外在因素这两大分力的均衡点。这首先得以良好的自我意识为基础,即对自己的能力、个性和兴趣爱好、价值取向等有一个清楚、稳定而正确的认识和判断。对自己以及自己与周围世界的关系有一个稳定而准确的估价,使理想的我与现实的我取得一致,达到自我意识的统一。因此,应该消除自我意识中的消极因素。乐观地面对人生道路上的抉择,培养良好的自我意识。具体要正确对待以下三种自我思想和行为:一是自我认识,如:自我观察、自我审视等;二是自我体验,如:自我评价、自我分析等;三是自我控制,如:自我鼓励、自我制约、自我锻炼、自我约束、自我督促等。只有具备了良好的自我意识的人,才能够在生活实践中客观地认识自己,以积极的态度对待自己的长处和不足。显然,培养这种良好的心理素质,对毕业生克服择业心理障碍是极为有效的。

(二)树立自信心

自信心是一个健全人格必须具备的心理素质,它意味着一个人对待生活的信心和勇气,意味着一种事业心和成就感。自信心是大学生择业的动力,成功的保证。为此,必须做到以下四点:一要相信自己的能力。作为一名数年潜心探索,几载苦苦拼搏,学有所成,即将踏上人生旅途的大学毕业生,没有理由低估自己的能力。二是积蓄自信的资本。自信不是盲目的自负、自傲。自信要以坚实的基础、良好的素质作资本,以雄厚的实力作后盾。所以,就要明确社会对大学生的期望和要求,并且按照社会的需要去充实、完善及提高自己。只有具备了足以使自己稳操胜券的真才实学,自然会对自己的选择充满信心。三是发展自己的优势,扬长避短,才能在择业竞争中占据主动。四要正确对待择业挫折。既要勇于取胜,又要善待挫折和失败。

(三)正确把握好职业期望值

能够把握好职业期望值,是关系到择业目标是否实现的关键问题。要使大学生的择业目标得以实现,成为可能,必须正确把握好职业期望值。为此,一要从自身的特点和社会的需要去确定自己的择业期望值,根据自己的职业兴趣、专业特长和实际能力去选择职业。二要防止职业期望值定得过高。过高的职业期望值是无法实现的。在择业过程中,一旦发现理想与现实发生矛盾时,应及时采取"分步达标"和自我调整的方法,调整好职业期望值,达到个人意愿与社会需求两者相吻合,减少不必要的心理压力,避免择业心理障碍的出现。

(四)努力提高心理承受能力

大学生在择业过程中,一定会遇到各种的困难,经受意想不到的考验,甚至会产生一些思想上的压力、情绪上的被动和心理上的不平衡,从而使自己处于被动,产生一些心理障碍。为此,毕业生要平时多注意培养坚强的性格,坚韧的毅力,加强心理素质的锻炼。努力做到遇事不慌、自有主张、豁达开朗、乐对人生。一旦出现择业心理障碍,便要想方设法加以解脱。减轻自身心理压力,从恐慌、烦闷中走出来。有必要的话,不妨向亲朋师友倾诉心事,让埋藏在心中的烦闷得以发泄,广泛地听取亲友师长的建议,随时调整择业角度,适应环境、适应现实,以免自寻苦恼。也可以在娱乐、社交活动中松弛一下紧张的情绪,让自己在群体之中得到解脱。另外,可运用"静心"疗法,用自我控制作为"良药",把自己从非理智状态下解脱出来。让焦急的心情平静下来,克服感情用事,正确估价自己,重新制定行动方案。只有具备了一定的择业心理承受能力,才能沉着果断地应对和处理择业中出现的种种问题,使自己处于主动地位,适应客观形势发展的需要。

(五)不断增强独立生活的能力

双向选择是大学生能否自主自立自强,能否独立走上社会的一次重要体验。为此,大学生必须学会独立生活,增强独立生活的能力。在平时要注意培养自己的果断、坚决的处事能力。注意从小事着手、循序渐进。养成独立生活的良好习惯,做到凡事不依赖他人。只有努力提高自己独立获取知识、独立思考、独立工作等方面的综合能力,善于处理各种人际关系,增强应变能力,才能实现真正意义上的自主择业。

综上所述，当代大学生择业心理障碍的防治除了他们自己应引起重视和努力外，还有待于引起学校领导和其他方方面面的重视。学校有的放矢地开展毕业教育和就业指导，对于当代大学生作好充分的择业思想准备，增强择业意识，掌握未来职业的一般技巧和方法，克服择业心理障碍，提高择业能力等是非常重要和十分有效的。

第三节 大学生职业决策的方法与技术

一、职业生涯决策思考框架

一般来说，职业生涯决策过程可以按照如图7.1所示的框架进行思考。

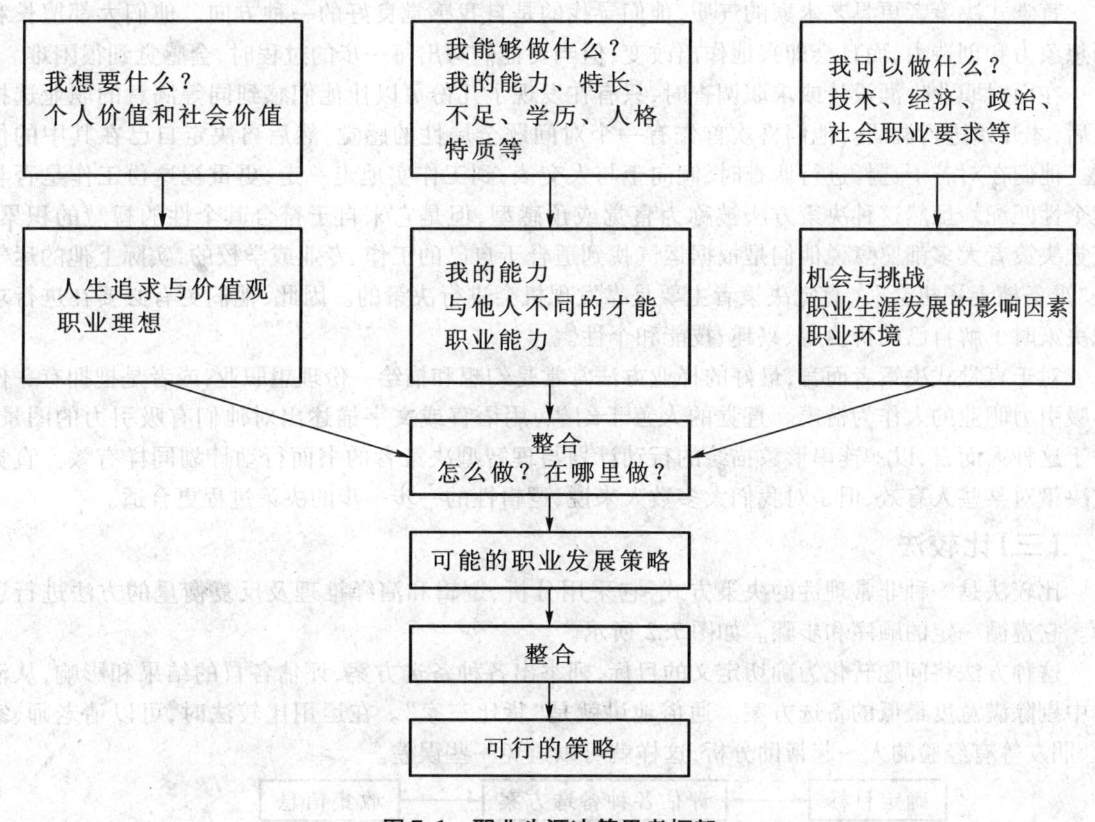

图7.1 职业生涯决策思考框架

二、职业决策方法

职业决策常见的方法主要有经验法、直觉法和比较法。

(一)经验法

所谓经验法就是依据以往的经验辅助你决策的方法。这也是父母常常教子女决策的方法。关心同事、朋友的孩子们的事情,并运用相关经验帮助你分析。相对来说,大学生自己的经验是不足的,老师和家长在这方面确实有很强的分析能力。

这种方法有利有弊。一方面,借鉴先前的经验可以避免走弯路,而且很多时候家长、老师利用经验确实能够很好地预测未来的发展;另一方面,由于某些家长、老师的水平有差别,可能会预测失误,同时职业市场发展非常快,他们的预测有时会跟不上时代的发展。

大家在听取经验的同时,还要冷静分析,最好同时综合运用其他方法、技术,以免造成失误。

(二)直觉法

直觉式决策者更具艺术家的气质,他们寻找的是自我感觉良好的一种方向。他们大都擅长利用想象力和创造力,而且会即兴地作出改变,但当要他们写出每一步的过程时,会感觉到很困难。

在面对职业生涯设计或求职调查时,只有在发现了几份可以让他们感到同等满意的职业选择之后,才开始进行调研。他们喜欢首先有一个对问题全局性的感觉,然后再决定自己在其中的位置。他们在对若干选择进行调查时,倾向于与人交谈,到工作实地走一走,更重视这份工作是否与其个性匹配。虽然这种决策方法被称为直觉或预感型,但是它来自于符合其个性的智慧的积累。直觉决策者大多都愿意说他们是根据运气找到适合于自己的工作、专业或学校的,实际上他的运气是“准备撞上了机会”。直觉决策者主要是靠发现机会进行决策的。因此,他们更有必要在进行求职决策时了解自己的价值观、兴趣、技能和个性。

对于直觉式决策者而言,最好的择业方法常常是幻想和描绘一份理想职业,或者是把拥有一份有吸引力职业的人作为楷模。直觉的人善于幻想,用语言或文字描述出对他们有吸引力的图景。对于这种人而言,以一连串形象描绘的行动计划与理智型决策者的书面行动计划同样有效。直觉式决策对某些人有效,但是对我们大多数人来说,逻辑性的一步一步的决策过程更合适。

(三)比较法

比较法是一种非常理性的决策方式,它采用分析、逻辑和演绎推理及反复衡量的方法进行思考。它遵循一定的顺序和步骤。如图7.2所示。

这种方法将问题转化为确切定义的目标,列举出各种备选方案,评估各自的结果和影响,从清单中剔除满意度最低的备选方案。通俗地讲就是“货比三家”。在运用比较法时,可以请老师、家人、朋友等有经验的人一起帮助分析,这样就可以避免一些误差。

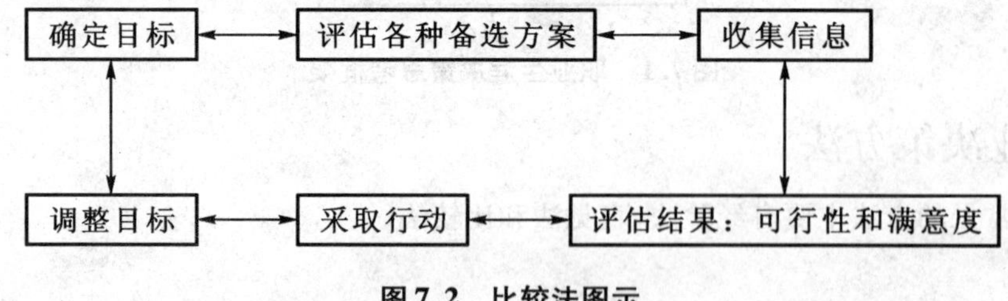

图7.2 比较法图示

三、职业决策技术模型

【延展阅读】

小A,女,21岁,某大学××系大三学生。

她乐观、外向、健谈、热情、喜欢结识新朋友,人缘好,比较敏感,对人和事通常都有细致的洞察力。喜欢独立做决定,很有责任感,擅长写作,学业成绩优秀,多次获得奖学金。最大的生活梦想就是周游世界。最大的职业梦想是成为白领精英。

她做过一些测评,如MBTI的人格类型是ESFJ,霍兰德职业兴趣与能力倾向量表的结果是社会型,价值观量表中显示她看中的是职业中的社会交往,认为工作的目的和价值,在于能和各种人交往,建立比较广泛的社会联系和关系,甚至能和知名人物结识。

因此,她想从事跟人打交道的工作,最好能运用自己的中文写作特长。经过考虑后,她觉得中学教师、行政秘书和人力资源专员这三种工作都可以作为自己的考虑,而她父母的意见是女孩子做中学教师工作稳定,也更有精力照顾家庭,希望她做这种稳定的工作。究竟哪一种职业更适合自己的发展和生活的平衡,她难以做决定。

小A的情况可以利用图7.3进行技术分析后再作出决策。

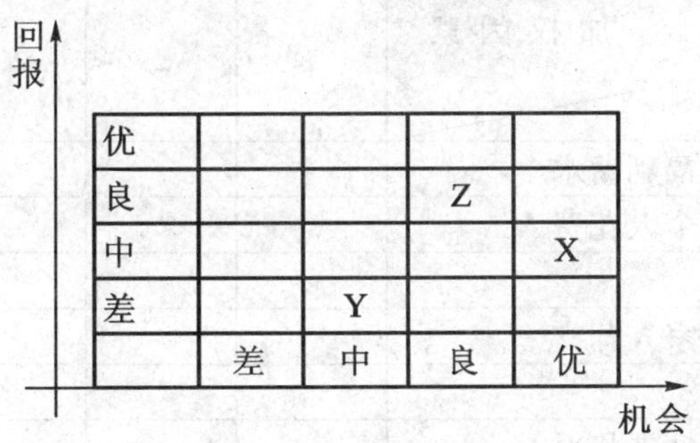

图7.3　卡茨模式

(一)卡茨模式

图7.3中X表示中学教师,Y表示行政文秘,Z表示人力资源专员。

卡茨模式分析步骤如下:

第一步,选择供决策的2~3个职业;

第二步,针对每个职业的回报进行优良中差的评价,包括价值满足程度、兴趣一致程度、擅长技能的施展空间;

第三步,对每个职业的成功机会进行优良中差的衡量,包括工作能力、必须的准备和职业展望;

第四步,将每个职业在"回报"和"机会"两个维度的结果呈现在"决策方块"上;

第五步,回报与机会乘积(用其所在坐标的数值相乘)值最大的职业,就具有最大的期望价值。

(二)平衡单

当个体面对多种选择而无法决定时,平衡单是协助个体理智决策的一种有效方法。平衡单的主要内容包括个体可选择的方案及着重的相应因素、因子的评分和加权等,具体内容见职业生涯平衡单举例。平衡单内的所有评分和权重设定都是由你来设定的,如表 7.1 所列。

平衡单主要关注四个主题:自我物质方面的得失、他人物质方面的得失、自我精神方面的得失、他人精神方面的得失。

平衡单分析步骤如下:

第一步,列出 2~3 个考虑的职业;

第二步,从 4 个考察维度列出你选择职业生涯时应考虑的因素;

第三步,对每个考虑因素设置权重;

第四步,考虑每个职业选择中这些因素的得失程度,从 -5→0→+5 给予其分数;

第五步,依分数累计,得出每一职业选择的总分;

最后一步,排出职业抉择的优先级。

表 7.1 职业决策平衡单

选择项目		选择一		选择二		选择三	
加权因素 考虑分数		+	-	+	-	+	-
个人物质方面的得失	1. 福利薪水						
	2. 个人花费						
	3.						
他人物质方面的得失	1. 家人开支						
	2.						
个人精神方面的得失	1. 精神状况						
	2. 工作压力						
	3. 个人成就感						
	4. 生活满意度						
	5.						
他人精神方面的得失	1. 家人的态度						
	2. 朋友的态度						
	3.						
	4.						
	5.						
合计							
总计							

(三)典型人物分析方法

典型人物分析法就是寻找一个跟自己背景相似的典型人物加以比较分析,树立职业榜样,从而找出自己可能的发展方向。比如一些经典案例、学长学姐的经历都可以。老师们也会在课堂上介绍优秀学生的例子,如果留心思考,会对职业决策有很大的帮助。

第八章　职业生涯目标的确立与实现

选择一个目标并坚持下去——这一步路，就将改变一切。

——斯科特·里德[美]

心理学家洛克的目标设置理论指出，人们只要将目标上升为自觉目标，目标就会对人产生强烈的激励作用，成为完成工作的最直接动机。可见，目标对于职业成败的重要性。职业生涯目标的确立与实现，是职业生涯规划和设计的核心，也是职业生涯规划和设计中最艰难的一步。

第一节　职业生涯目标概述

一、职业生涯目标的含义

职业生涯目标是个体选定的职业领域中未来某时所要达到的具体成就，是人在职业领域理想的具体化，它既代表着个体的理想追求，也指引着个体的行动方向。

大学生职业生涯目标是大学生根据社会期望和自身发展的需要，确立自我奋斗的目标和发展方向。它不仅可以为大学生的自我发展提供导向，也有利于调动大学生的积极性、主动性和创造性，它既是大学生自我发展的出发点和归宿，也是大学生自我发展中的核心问题。

二、职业生涯目标的结构

职业生涯目标是未来某时点要达到的预期成就。时点不同，成就可能就不一样，同时每一时点的成就也可能有不同的内容。

(一)职业生涯目标的时间结构

总的说来，职业生涯目标可以分为两种情况：一是人生目标，这是职业生涯目标的最高点，也是最终职业生涯目标；二是阶段目标，这种目标是在通往人生目标的过程中所设立的，是人生目标的分解。

在人类历史上，大凡成功者，都有明确的人生目标，有了人生目标，人生的航船才有了方向，才不会随波逐流。

阶段职业生涯目标是实现人生目标途中的一盏盏航灯或路标。阶段性职业生涯目标可以定得粗一点，如10年、5年，也可以定得细一点，如1年、半年、几个月、几个星期甚至几天。时间的划分不一定恰好是一个整段时间,如 1 年或半年,也可能是一个阶段目标完成的时间段,如参加两个月的培训,在某岗位上轮岗 8 个月等等。其实,一次职业生涯计划所设计的职业生涯目标既有长期的,也有短期的。根据目标划分的一般标准,10 年以上的目标就被认为是长期目标,5 年以上 10 年以下的目标认为是中期目标,5 年以下的目标认为是短期目标,1 年以内的目标则为年度目标。如图 8.1 所示。

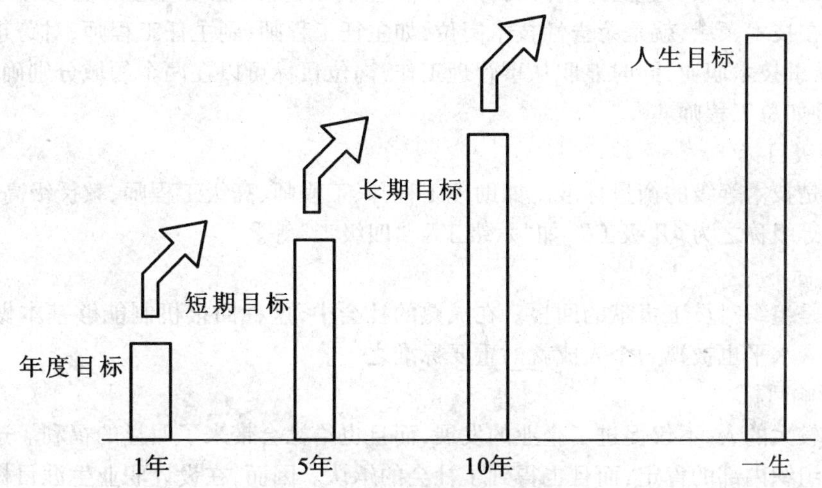

图 8.1　职业生涯目标时间结构

以下是一个职业生涯目标时间结构的例子。

人生目标:成为本企业高级工程师,总工程师,在汽车发动机设计领域成为在国内有一定影响的设计专家,年收入在 10 万元以上。

15 年目标:成为汽车发动机设计专业的高级工程师,在行业内部有一定影响,成为中层技术管理人员。

10 年目标:成为汽车发动机设计专业的高级工程师,独立或领导开发若干有创新的汽车发动机,进入技术管理初级领导岗位。

5 年目标:成为微型汽车专业工程师,侧重发动机研制,能够在课题组中承担重要角色,能独立开发某些部件,显示一定的创新意识和创新能力,赴国外参观学习半年左右。

3 年目标:参加一次为期半年的继续教育,熟悉汽车设计专业的所有业务,参与别人的新产品开发活动,协助资深工程师开发新产品,努力掌握必要的知识和技能。

2 年目标:在生产、销售部门轮岗,熟悉汽车发动机的生产过程,能够解决一些微型发动机生产过程中的技术问题,了解市场上各类汽车,特别是本厂汽车发动机在市场上的反馈信息,能够熟练地向客户介绍本厂产品的性能,特别是发动机的性能。

1 年目标:在开发部门的微型发动机分部的各课题组间轮转,了解产品开发的程序、产品开发过程中的关键问题、产品工艺特点,熟悉基本操作,参加为期一个月的岗前培训和定位活动。

在职业生涯发展中,很多人的职业生涯目标并不是在退休时实现的,而是在退休前若干年就已实现，这时需要确立新的人生目标。也就是说，人生目标也不是固定不变的。

(二)职业生涯目标的内容结构

职业生涯目标的内容也不尽相同，一般可以用下面所列内容的一个或某几个方面来表述。

1. 岗位目标

即在选择的职业领域要达到的岗位目标。在管理领域，就是各级管理岗位，如总经理、副总经理、部门经理；在技术领域，就是荣誉性技术岗位，如主任工程师、副主任工程师；对跨越两种以上的职业选择，如从事技术职业，同时兼职从事管理工作，岗位目标可以在两个领域分别确定，也可以是两者的结合，譬如总工程师。

2. 技术等级目标

职称通常是技术等级的衡量标准。如助理工程师、工程师、高级工程师、教授级高级工程师；技术工人的技术等级称之为“几级工”，如“六级工”、“四级工”等。

3. 收入目标

经济收入是组织对员工贡献的回报。在成熟的社会中，这种回报机制能够基本做到回报率的公平，因此，收入水平也被视为个人成就的重要标准之一。

4. 社会影响目标

一些贡献较大的人，不仅促进了企业的发展，而且也给社会带来了明显的福利。这些人的贡献不仅得到企业组织内部的肯定，而且也得到了社会的承认。因而，在设计职业生涯目标的时候考虑到对社会的贡献和社会的肯定，树立远大理想，对于那些希望自己成为有益于社会的人来说，不失为一个英明的抉择。例如可以把职业生涯目标定为：“本地区劳动模范”、“在本行业有一定知名度”、“成为国内某领域的著名专家”、“成为国际知名专家”等等。

5. 重大成果

重大成果也可以成为职业生涯的目标，例如负责一项大型工程建设，设计出世界一流的汽车发动机，出版一部有全国影响的学术著作等。

6. 其他方面

其他可以作为职业生涯目标的方面包括社会地位、接受培训情况等等。

【延展阅读】

大学生职业生涯目标缺失的表现

目标意识淡薄

许多大学生在进入高校后会产生茫然感、不安全感，多数学生对自身的生涯没有做过过多细致的规划，自身定位不清晰，也没有为自己确立合理目标。面对众多选择必须由自己来做决定的局面不知所措，结果不是被动地等待，就是随波逐流。由于生涯目标意识淡薄导致学习目标难以确立，面对浩若烟海的知识领域，哪些需要获取？哪些需要保存？怎样积累才能方便以后更好地使用？对此种种茫然不知。结果四年下来，仍不知自己做了什么、能做什么、适合做什么的大有人在。

目标定位模糊

从一开始做准备时就有明确的目标，意味着从一开始时就知道自己的目的是什么，这样才能有针对性地将工作集中到一个点上。不同的学生对大学抱有不同的期望，比如对大学生活的向往、想取得一个大学文凭、为就业做准备等，而对于自己适合学什么、做什么没有正确的认识，脑海中经常处于模糊状态。那种看似忙忙碌碌，最后却发现与目标南辕北辙的情况是非常令人沮丧的。这样往往是人不尽才，才不尽用，高不成低不就，给自己造成很大的心理压力，也给高校人才培养带来很大困惑。

目标定向多变

大学生在进行职业目标抉择时，容易受外界因素干扰，对职业选择缺乏坚定的信念，从而导致对职业目标选择的偏移和多变，致使目标和目标之间相互冲突需要协调，这样在生涯目标追求中有时会发生冲突不能有效协调，发展阶段的割裂甚至相互拆台相互抵消。比如说有的学生看起来似乎很有目标意识，今天觉得掌握一门第二外语容易找工作，就去报名学第二外语；明天觉得别人有很多特长，自己没有就也去报名学音乐、书法等等；后天又觉得考研是一条出路，就又去买书考研，如此不断反复，看上去很有主见、生活得很充实，但回头看看却一事无成，不仅专业荒废，其他方向也不能学以致用。

目标准备盲目性

跟着目标走才不会迷路，同样，准备工作也必须要有明确的方向与目标，盲目的准备往往只会是徒劳的。因为知道需要准备，但不知道为什么准备，结果很可能该准备的忘记了，不需要的倒是做了不少，等再想回头补救时已经没有了机会。这是许多效率低下、不懂得有效学习和工作的人最容易出现的错误，他们往往把大量的时间和精力浪费在毫无价值的准备工作当中了。只有目标明确才不会盲目地浪费时间和精力去做那些无谓的准备。

目标追求功利性

任何一个人的职业生涯都必须依附于一定的组织环境条件和资源，都必然受到一定社会、经济、政治、文化和科技环境的影响作用。正是这些因素的影响，使得学生在对出现的职业机会进行评估过程中，产生功利心理，抱有"先占位置，再图发展"的思想。在自我定位和确定自己的职业目标时，不考虑自身的基础知识和职业技能，不认真根据自身和职业情况进行匹配，只注重职业的社会地位和职业薪酬。有的学生想若公务员能顺利考上就从政，不管自己喜欢与否，只看重公务员职位的稳定、社会地位高。若考不上就到企事业从事与所学专业相关的工作。

来源　陈秀珍．大学生职业生涯目标缺失的原因分析[J]．科教文汇，2007(3)：44．

三、大学生确定职业生涯目标的必要性和紧迫性

职业生涯目标应该是经过各方面的权衡比较和长时间思考后确定的。科学表明这种比较、思考的最佳时间应在大学阶段。因为大学生正处于风华正茂的青春年龄，有着意气风发的青春朝气、日渐成熟的心理。大学生能比较充分地思考自己的人生。在这个阶段确定自己的目标是非常必要的，而且现代社会发展速度与社会需求更加要求必须在大学阶段确定好职业生涯目标。

然而从最近几年的就业形势看，大学生并没有完全认识到确定职业生涯目标的重要性，没有进行充分的思考，甚至有的人还忽视了这个问题。所以，在近几年的择业过程中，很多大学生没有达

到理想水平。据中国社会调查所曹青2006年8月的调查分析，现代社会的就业形势很严峻，多数大学生对自己的就业前途感到迷茫，大学生对于毕业后的生活，50%的同学尚无职业生涯目标；41.7%的同学表示目前没考虑太多；只有8.3%的同学对自己的未来有明确的目标并且充满信心。部分已经就业的大学生在第一次的职业选择上也比较盲目，这样就造成了就业率不高、不稳定的局面。中国青年报社会调查中心与一家网站联合开展了一项调查，结果显示，34.7%的受访者在谈到自己的大学生活时都觉得"后悔"。中国社会调查所公布对北京、上海等2000名大学生进行的心理健康调查结果显示，逾九成学生对自己毕业后的生活没有明确目标。

事实证明，如果在校学生缺乏明确的职业生涯目标，这种状况对他们的职业选择必然会产生明显的消极影响。所以，对于大学生而言，大学生活并非单纯的知识吸收，还需要思考自己的未来生活，为自己树立正确的职业生涯目标，并为此自觉加强相关能力的培养。

大学四年生活是"自我定位，规划人生"的过程。要在毕业之前对外界和自身的情况都进行全面、具体的分析，找到自身在社会的切入点，给自己一个准确的定位，选准适合自己的职业方向。否则四年盲目生活，很容易造成必要知识的欠缺与相关能力的匮乏。许多大学生找不到工作就是因为在大学生活中对人生思考空白，对职业生涯目标缺乏规划。

第二节　职业生涯目标的确立

目标是职业生涯发展的方向，是人生事业能否成功的重要条件。因而，确立职业生涯目标对大学生来说具有重要的意义。

一、目标确立的基本步骤

目标确立一般包括以下几步：

第一步　自我分析，认识自我、了解自我，找出自己的特点。

第二步　对内外环境进行分析，确定自己在内外环境中的位置。

第三步　对于参加工作的人，可根据第一步、第二步分析结果选择职业。已参加工作的人，可根据第一步、第二步分析的结果，检讨自己的职业，必要时可重新选择。

第四步　选择自己的生涯路线，决定向哪一方面发展，是从事行政管理工作，还是从事专业技术工作，还是从事其他的工作。

第五步　确定人生目标。把目标具体、详细地写出来。

第六步　制定行动计划。按照目标的要求，制定出详细的行动计划与措施。行动计划包括：十年计划、五年计划、三年计划、明年计划、下月计划、明日计划等。

二、目标确立的基本方法

人生要确立一个什么样的事业目标，这要根据主客观条件和可能加以设计。每个人的条件不同，所以目标也不可能完全相同，但确定目标的方法是相同的。下面将其基本要点做一介绍。

(一)符合社会与组织需求

职业生涯目标如同一种“产品”,这种“产品”有市场才有“生产”的必要。故在确定职业生涯目标时,要考虑到内外环境的需要,特别是要考虑到社会与组织的需要。有需求,才有位置。

(二)适合自身特点

不同的人有不同的特点,这些特点指的是你的优势。将目标建立在个人优势的基础上,就能左右逢源,处于主动有利的地位。我国人才学专家王通讯研究员提醒我们,要选择与自身长处相符或相近的目标。在目标选择时应注意以下两点:

一是人之才能,各不相同。目标之选择不能偏离自身长处、否则便是自己跟自己过不去,自己为自己设置前进道路上的障碍。有的人选择目标违背以上原则,而误入歧途,他们的失误不是单凭自己的爱好,就是盲目追逐世俗的热点。所谓凭自己的爱好,可以进行具体分析。倘若你的所爱正是你的所长,那么不在纠正之列;有的人他所热爱的正是他所短缺的,这就很容易视“所爱”为“所长”,一下子步入误区而不能自拔。

二是才能相近。所谓才能相近,指的是才能之间跨度不大。如写字与绘画、体育表演与杂技表演、写小说与写话剧、党的工作与团的工作、工业管理与商业管理,等等。但是,才能相近,也需要花费相当的气力才能做到相符。自己的才能长处与自己的目标方向一致起来了,才能长驱直入,事半功倍。有的人一辈子在与自己的才能不一致、不相近的岗位上工作,虽说费尽了气力,但是终无所成,不能不算人生的一大悲哀。

(三)高低恰到好处

生涯目标是高一些好呢,还是低一些好?总的来看还是高一点好。俄国的大文豪高尔基说过:“我常常重复这一句话,一个人追求的目标越高,他的才能就发展得越快,对社会就越有益。我确信这也是一个真理。这个真理是由我的全部生活经验,即是我观察、阅读、比较和深思熟虑过的一切确定下来的。”

人的生涯目标,应追求符合实际的远大目标。在与实际相符合的范围内,自我确定的目标越高,其发展前途也越大。“志存高远”,“存”者,存乎于心中也。这是说,当前的行动要立足于现实的大地上,心中要有符合实际的远大抱负。如此,则前途无量。

有了远大的目标,能起到激励作用,能促进学习,改进工作方法,为达到目标而发奋工作。所定目标如果仅限于自己能力范围之内,只求工作轻松省力,回避新的激励,结果就会使人陷于畏缩不前、消极保守的状态。

无论做什么工作,定目标要瞄准“大目标”,要出第一流的成果,当第一流的专家,当出色的领导。既然从事那一种事业,不干则已,干就要干得出色。

当然,目标也不能过高。如果目标过高,则使人悬在幻想的高空,在现实生活中必然一事无成,目标就失去了意义。盲目地过分提高目标中的“勉强度”,也会因好高骛远而招致失败。

值得注意的一点是,目标不是理想、不是希望,而是理想与希望的具体化。理想是对未来事物的想象或希望,是一种崇高的精神境界,而目标是实的,是具体的。目标与理想的关系是目标指向理想,二者虽有关系,但不能相互替代,尤其应注意这一点。

(四)幅度不宜过宽

奋斗目标有高有低,专业面有宽有窄。就行政管理来讲,分高级主管、中级主管,又分生产主管、经营主管、人事主管、财务主管等。就专业技术而言,其范围更大。例如医学专业,是西医还是中医;专科之中的牙科、眼科、耳鼻喉科还是外科、皮肤科等。在目标选择中是宽一点好,还是窄一点好?一般来说,专业面越窄,所需的力量相对越少。也就是说,用相同的力量对不同的工作对象,专业面越窄的,其作用越大,其成功的机会越多。所以,职业生涯目标的专业面不要过宽,最好是选一个窄一点的题目,把全部身心力量投放进去,较易取得成功。

例如,某人想成为一名人事管理专家。此目标的确定就太宽,因为人事管理包括工资、福利、培训、考核等。一个人的精力有限,要想成为人事管理各方面的专家,似乎有点不太现实。如果你想成为一名工资专家,经过几年的努力,就有可能实现。

(五)长短配合恰当

生涯目标是长期的好,还是短期的好?简单地说,应该是长短结合。长期目标为人生指明了方向,可鼓舞斗志,防止短期行为。短期目标是实现长期目标的保证,没有短期目标,也就不会有长期目标。特别是在职业生涯发展过程中,通过短期目标的达成,能体验到达成目标的成就感和乐趣,鼓舞自己为了取得更大的成就,而向更高的目标前进。但是,只有短期目标,看不到远大的理想,也会影响奋斗的激励作用,还会使事业发展摇摆不定,甚至偏离发展方向。

(六)同一时期目标不宜过多

就事业目标而论,同一时期目标不宜过多,而应集中为一个。目标是追求的对象,你见过同时追逐五只兔子的猎手吗?别说五只,就是两只也追不过来,因为那几乎是不可能的事。有的青年年轻气盛,自认为高人一筹,同时设下几个目标。我们的忠告是,那样的话,可能一只兔子也打不着,一个目标也实现不了。

人生目标的追求,也好比人坐凳子一样。一个人同时想坐几个凳子,一会坐坐这个,一会坐坐那个,换来换去,一不小心,没准从凳子中间掉下去,其结果哪个凳子也没坐稳,也就是说一个目标也没实现。由此可见,要实现人生目标,成就一番事业,须把目标集中到一个焦点上。

集中一个目标,并不是说你不能设立多个目标,而是你可以把它们分开设置。具体说,就是一个时期一个目标,拉开时间差距,实现一个目标后,再实现另一个目标。美国的卡尔森之所以能从一个推销员而成为知名的企业家,就是因为他为了保持不断前进的动力,而不断定下更为远大的目标。卡尔森有一个习惯,就是把生意的发展目标写在纸上。当他达到这个目标时就再换一张纸,再制订一项新的目标。他还把目标用广告牌竖立在公司的餐厅门前,使公司从业人员每天都能看得见,他这是在用目标推动企业不断向前发展。

(七)目标行为正当

引向成功的目标,必定是行为正当的目标。事业成功者所要达到的目标,必须是符合党和国家的方针政策,符合道德规范,不损害社会的利益,不会给任何人带来痛苦和损失的。这样的目标才能引导自己走上成功之路。否则,它将引导你走向邪路,走向失败之途。不仅不能成功,还将对国家和社会造成损失,也将毁掉自己的前途。

(八)目标要明确具体

目标就像射击的靶子一样,清清楚楚地摆在那里。干什么,干到什么程度,要有明确具体的要求。比如,从事某一专业,到哪年,学习哪些知识,达到什么程度,都要明确、具体地确定下来。

目标明确不仅指业务发展目标,而且与之相应的其他目标也要明确具体。比如,学习进修目标、思想目标、经济收益目标、身体锻炼目标等。这些目标也要有明确的要求。同时要做到互相配合、共同作用,促进个人的身心、生活和事业的全面发展。

无论是什么目标都应有“度”的要求。所谓“度”,一是时间,二是高度和深度,只有这几个方面完全结合,才能成为明确的目标。比如从事某一管理工作,在什么时间,达到什么能力,达到什么级别等。

(九)目标要留有余地

生涯目标要留有余地,也就是说,在实现目标的安排上,不要过急、过满或过死。如果过急,比如需要五年才能达到的目标,订为三年或两年,就会“欲速则不达”,不是计划落空,就是影响工作质量。如果安排过满,在同一时间里既要做这个,又要做那个,结果会顾此失彼,或造成心里紧张,劳累过度,而无法坚持。如果安排过死,如规定某一时间只能做某事,到时如果遇到某些干扰无法完成,又没有补做的时间,必然会落空。

要留有余地,就要留有机动的时间,即便发生某些意外,也有时间和精力机动处理。实现目标的时间安排要从实际情况出发,不慌不忙,不急不躁。在工作的安排上不要刻板,要灵活机动。在要求不变的情况下,完成的时间和做法可以调剂变换。不同的要求,有些可以提前,有些可以放缓。身体不适,外部干扰过多,可以暂放松些,主客观条件好时,可以多抢几步。只要总的进度不放慢,具体项目和做法尽可能机动调整。

(十)职业生涯目标要与生活目标结合考虑

人生除了事业目标外,还有财富、婚姻、健康等问题。这些问题都直接影响着人生事业的发展和生活质量。所以,财富、婚姻、健康也是人生的重要组成部分,在制定职业生涯目标时应加以考虑。

人生立志创一番事业,物质基础是必要的,没有一定的物质基础,事业也难以得到发展。所以,在制定人生事业目标时,适当地对个人收入问题加以规划,也是无可非议的。其规划的方法是:计划好自己所希望得到的数量,今年、明年、后年希望得到多少,可以把计划记录下来,写成文字,不要含糊不清。根据需求和实际能力,把渴望得到的金钱数量,用数字表达出来。心中只有笼统的金钱概念,希望有“很多钱”,希望“多多益善”,这些抽象的金钱概念,说不定正是造成贫穷的一个重要原因。因为人的大脑潜意识,只会按照具体、明确的目标去行事。

婚姻也是人生中一件大事,处理得好,有助于事业的发展,一生幸福;处理不好,不但影响事业的发展,而且终生痛苦。

人人都希望健康、长寿,事业发展也离不开健康。但是,很多青年不大注意健康,认为年轻人有的是精力和朝气,直到年老力衰之时,则哀叹:“早知今日,当初该加强身体锻炼就好了!”等到发出哀叹时,失去的东西就太多了,付出的代价也太大了。正如有人所说,年轻时用身体换金钱,年老时用金钱买健康。如果渴望这辈子过得幸福,渴望健康长寿,那么希望还是趁早把"健康"二字提到议事日程上来,从现在起,就做好健康长寿计划,注意养成良好的习惯。

最后要注意的是,无论是事业目标,还是健康目标,一旦确定后,就用不着去注意别人的闲言碎语,用不着看别人的脸色行事。要明白:我就是我,我是世上独一无二的人,我的生命掌握在自己手中。计划好我的人生,规划好我的发展,是我的义务、我的责任、我的权利。世上一切伟人与凡夫俗子的最大区别就是:前者懂得事先规划自己的一生,后者则不懂得或不愿意计划自己的人生。

三、职业生涯目标确立举例

职业生涯目标确立,应从一生的发展写起,然后分别订出十年计划,五年、三年、一年计划,以及订出一月、一周、一日的计划。计划订好之后,再从一日、一周、一月计划实行下去,直至实现一年目标、三年目标、五年目标、十年目标。

(一)订出未来发展目标

今生今世,想干什么?想成为什么样的人?想做哪一件或几件大事?想取得什么成就?想发挥自己哪一方面的优势与特长?想成为哪一专业的佼佼者?把这些问题确定后,一个人的人生目标也就确定了。当然目标是建立在自我分析与内外环境分析的基础上,否则目标就失去了意义。

(二)订出今后十年的大计

为什么订十年不订二十年呢?因为二十年太长,容易令人泄气,十年正合适,而且十年工夫足够干成一件大事。今后十年,希望自己成为什么样子?有什么样的事业?将有多少收入?搞哪些家庭固定资产投资?要过上什么样的生活?家庭与健康水平如何?将获得什么样的社会地位?把它们仔细地想清楚,一条一条地计划,记录在案。

(三)订出五年计划

订出五年计划的目的,是将十年大计分阶段实施。并将计划进一步具体、详细,将目标进一步分解。

(四)订出三年计划

俗话说,五年计划看头三年。因此,三年计划的制定,要比五年计划更具体、更详细。

(五)订出明年计划

订出明年的计划,以及实现计划的步骤、方法与时间表。务必具体、切实可行。如果从现在开始制定目标,则应单独订出今年的计划。

(六)下月计划

下月计划应包括下月计划做的工作,应完成的任务,质和量方面的要求,财务上的收支,计划学习的新知识和有关信息,计划结识的新朋友等。

(七)下周计划

重点在于必须具体、详细、数字化、切实可行,而且每周末提前计划好下周的计划。

(八)明日计划

明天计划要做哪几件事？哪几件事是最重要的,非做不可的？把它们挑选出来,取最重要的三至五件事,按事情轻重缓急,按先后顺序排好队,明日按计划去做。

按照事情的轻重缓急去做事,可以避免“拣了芝麻、丢了西瓜”,这对一个人提高办事效率是大有好处的。

【延展阅读】

各类职业生涯目标的设计与协调之宝典

1. 把管理作为职业的生涯目标设计

若你把管理作为职业,由于受到岗位数量的限制,因此,在职业生涯目标设计时,必须比较多地考虑到各管理岗位的需求和供给,也就是说,要充分考虑企业组织变革的因素和竞争对象,从而发现职业生涯机会。

人生目标中管理层次的设定

在管理领域,层次越高,岗位数量越少,总经理宝座更是只有一把,而竞争的人却很多。因此,你必须慎重决定人生目标中的管理层次,你的人生目标最好定在部门经理或副总经理的层次上。而如果你有强烈全面管理愿望,又有全面管理潜力,你就可以考虑把人生目标设定在总经理层次上。

阶段目标中管理岗位的设定

阶段目标设定时,要本着为人生目标的实现创造条件的原则,确定不同时期所在的管理岗位的层次和性质。如,人生目标是分管市场工作的副总经理,那么,阶段目标中的管理岗位,应主要是推销员岗、采购岗、销售主管岗、销售分公司经理岗。

2. 把技术作为职业的生涯目标设计

若你一直是把技术作为职业,设定生涯目标时,比较多的应考虑自身因素,特别是自身的创新意识和创新能力,同时要考虑企业产品结构调整的方向、技术发展走向以及企业关于技术管理的政策,硬件设施条件。对竞争对手的因素考虑较少,因为在通常情况下,高级技术专家岗位限制较少,甚至多多益善。

技术性人生目标的设定

技术性人生目标的设定应着重考虑专业方向和该专业技术未来的发展走势,较多地根据个人因素和企业目标来加以选择,而不需要考虑太多的竞争者因素。

技术性短期目标的设定

技术性短期目标主要考虑技术发展趋势,市场对产品的需求,企业产品结构调整方向,以及企业面临的技术难题。也就是说,你的个人短期目标要主动地与企业的短期技术开发目标结合起来。

营销人员的目标设计与技术人员有许多类似之处,但在进行目标设计时,对企业产品走势和外部市场走势应有较多考虑。

3. 把操作和技能作为职业的生涯目标设计

若你是操作和技能的员工,也就是从事需要技能的生产性活动的人——在我国称为技术工人,设定生涯目标时的情况与技术型类似,只是其职责不是进行产品创新,而是在现有技术条件下,如何提高产品质量和生产效率。

操作性人生目标的设定

操作性人生目标设计时,也要考虑未来技术发展走势,慎重选择成为哪一领域的操作能手。

操作性短期目标的设定

市场的产品需求变化,企业产品结构调整方向,企业产品质量和数量要求的变化,是操作性人员短期目标设计的主要影响因素。

此外,在企业中,还有各类辅助人员、服务人员,他们的工作相对重要性比较低,对其技能要求也比较少,因此,他们的生涯目标内容可以不包括知识、技能等方面的成就,而主要考虑他们在自己服务范围内在服务质量等级、收入等方面的成就。若有潜力,可以尝试向其他职业类型转化,从而设立其他职业目标。

来源 (2007-11-21).灵杰人力资源咨询工作室.

第三节 职业生涯目标的实现

有了计划就要行动,有了目标就要实现。实现就是通过行动把目标变成现实。这是职业生涯规划中最艰难的一个步骤,因为这意味着要停止梦想而切实地开始行动。如果动机不转化成为行动,动机终归是动机,目标也只能停留在梦想阶段。远大理想的实现并不能一蹴而就,正如朗费罗所说的:我们命定的目标和道路,不是享乐,也不是受苦,而是行动,在每个明天,都要比今天前进一步。职业生涯目标的实现主要涉及以下几个问题。

一、确定职业生涯路线

所谓职业生涯发展路线,指向专业技术方向发展,还是向行政管理方向发展。不同的发展路线对从业者的素质要求不同,今后的发展阶梯也不同。

在职业生涯发展路线选择过程中,可以针对下面三个问题询问自己:

我想往哪一路线发展?

我适合往哪一路线发展?

我可以往哪一路线发展?

职业生涯发展路线包括一个个发展阶梯,我们可以由低阶至高阶步步上升。例如,大学教师的职业生涯发展路线通常是:助教—讲师—副教授—教授,而在企业中,财务人员的职业生涯发展路线可以是会计员—主管会计师—财务部经理—公司财务总监。

每个人的基础素质不同,适合的职业生涯发展路线也就不一样,有的人适合搞研究,能够在专攻领域求得突破;有的人适合做管理,可以成为一名优秀的管理人员。

职业生涯发展路线主要有三种,即专业技术型路线、行政管理型路线和自我创业。

(一)专业技术型发展道路

专业技术型发展道路指工程、财会、销售、生产、法律等职能性专业方向。共同特点是:都要求有一定的专门技术性知识与能力,并需要有较好的分析能力,这些技能必须经过长期的培训与锻炼才能具备。如果一个人对专业技术内容及其活动本身感兴趣,并追求这方面提高和成就,喜欢独立思考,而不喜欢从事管理活动,专业技术型发展道路便是它最好的选择。相应的发展阶梯是技术职称的晋升及技术性成就的认可,奖励等级的提高及物质待遇的改善。如果一个人在开始时选择了专业技术方向,但仍然对管理有兴趣,并且希望在管理领域做出一番事业,也完全可以跨越发展。即,一开始从事某种技术性专业,不断积累充实自己的专业知识,打下坚实的技术基础。然后,在适当的时候,转向专业技术部门的管理职位。事实上,现代社会中的很多地方都有这样的客观要求。

(二)行政管理型发展道路

如果一个人很喜欢与人打交道,处理起人际关系问题总是感到得心应手,并且由衷地热爱管理,考虑问题比较理智,善于从宏观角度考虑问题,并善于影响、控制他人,追求权力,那么行政管理型发展道路就是他最恰当的选择。把管理这个职业本身视为自己的目标。相应的发展阶梯一般是从基层职能部门开始,然后向中级部门、高级部门,逐步提升,管理的权限越来越大,承担的责任越来越大。前提条件是个人的才能与业绩不断地积累提高,达到了相应层次职位的要求。行政管理型发展路线对个人素质、人际关系技巧的要求很高。那些既有思维能力又善于处理人际关系的人,总是能够成为任职部门的主管干部,甚至做到组织分管技术工作的副总经理、总监、副院长、副厂长等高层职位;而那些虽然善于处理人际关系,却是欠缺思维分析力,以及感情耐受力较差的人,却只能停留在低层领导岗位上。可见不断地学习使自我提高是多么重要。

(三)自我创业

现在,有很多人选择了自我创业的道路。创业自有快乐,但创业途中的艰难也不是常人能够想象的。客观上,要有良好的机会和适宜的土壤,主观上创业人不仅有强烈的创造与成就愿望,而且心理素质要高,能够承担风险,善于发现开拓新领域、新产品、新思维。

【延展阅读】

职业生涯路线的四种类型

直线型

即一生只从事一种职业,不断学习和提高专业技能,积累经验和资历,只在这个职业的一系列职位中发展,最后获得成功。比如只从事教师职业,先后担任助教、讲师、副教授和教授。这一路线只有一个通道,目标清晰明确。从业者通常做垂直运动,目标就是晋级,这不仅需要个人的努力,更需要组织的栽培。

螺旋型

即在实现目标的过程中从事两种或两种以上的职业,不断学习和提高多种技能,培养灵活的就业能力,不断积累,提升人力资本,在不同职业甚至不同行业中寻求发展。如做外贸、信息收集员后,做某网络公司策划总监,原有的市场经验和信息收集分析的经验都为从事策划奠定了基础。此种路线的通道不明晰,总在追求心理成就感的满足,呈现螺旋型上升,主要靠个人的设计与管理。此种路线方式在我国现期随处可见,主要原因有:体制改变,取消了户籍限制,提供了人员自由流动的可能。人们观念发生变化,由于计划经济条件下那个虽不富有但稳定可靠的企业不见了,长期安全的承诺成为空话,组织保障变成了自我保障,因此提升自己就业能力成为内心强烈需求。就业压力增大,一步到位的就业模式难以实现,人员流动性增大,所以不成熟的从业者在寻寻觅觅中完成职业成熟过程等。

跳跃型

即为一生中职务等级或职称等级不是依级晋升,而是越级晋升。出现越级晋升的原因主要有:组织因规模扩大等原因,人员紧张,岗位出现空缺,任命急需之时;为符合政策规定,破格提拔人员;个人在学术、业务方面刻苦钻研,成果显著,脱颖而出等。此种模式可用较短时间到达较高职业高度,但是需要机遇或个人特别的努力,并非普遍的。

双重型

指有两个可以相互跨越的职业生涯发展途径,可自行决定其实现目标的路线。该路线让管理层级和技术等级在各个水平上有可以比价的报酬、责任和影响力。相对的是单线型路线,指只能有一个职业生涯发展路线,或是管理型的,或是技术型的。一般技术型人员发展机会相当有限,在职业地位、薪资、发展机会等各方面都不敌管理型人员。走双重型路线的大多为专业技术人员,他们可以从一条技术路线和两条管理路线中选择一条自己最适合的,减少改变职业路线的成本。

来源　吴益妃. 大学生职业生涯规划研究[D]. 上海:上海大学,2006.

二、选择职业生涯运动形式

职业生涯目标运动形式多种多样,但概括起来主要有三种:向上运动形式、横向运动形式和中心运动形式。

(一)向上运动形式

向上运动形式是沿着组织的等级,跨越职位等级边界向上运动,即通过职位升迁而向权力中心移动,其职业地位、报酬、责任及技能要求都会随之有所提高。在组织中工作的多数人在其职业道路上沿着一个等级维度移动,就是说,他们获得若干次的提升,达到了他们所属的职业或组织中的一定层面。如由部门副经理上升到部门经理。

在传统的职业模式中,这种运动形式较为常见。一个人的职业一生很少发生变动,即使有变化也是在组织内部,通常与一位雇主保持长期的雇佣关系。职业发展路径和阶段可以看得见、摸得着,比较标准化,可以预期。组织是线性的等级结构,较高的等级意味着较大的权力、责任和较高的薪金。职业发展的主动权在组织手中,职业生涯管理的责任主要由组织承担,人们更注重工作的安全感。组织成员往往先从基层做起,经过多年的经验积累逐步沿着特定的线性等级向上升迁,等级越高,获得的权力也越大,同时承担的责任也大,相应的报酬也更高。

(二)横向运动形式

横向运动形式指跨越职能边界的横向运动。通过部门间或不同单位间的调动而积累个人的技能和经历,发展潜力,为进一步精通某一专业,提升更高岗位打下较宽广的基础,其地位和报酬与原来的工作大致相同,但承担了新的责任。例如,由市场营销部门转到人力资源部门等。施恩认为这些人沿着一种职能或技术维度移动,描绘了他们的特长或才干和技能的结合。那些很早进入一种专门领域,在那儿呆下去的人相对很少沿着这种维度移动,而另一些不断地转换区域的人,则沿着这种维度流动多次。

在新的组织环境中,由于上升的空间受到限制,雇员们更加频繁的在组织的不同部门间流动、在不同组织和不同专业间流动,流动模式更加多样化,不稳定的因素也越来越多。一份调查结果显示:在找到第一份工作后,50% 的大学生选择在一年内更换工作,两年内大学生的流失率接近75% 。3% 的大学生"先就业后择业",第一份工作仅仅是由学校到社会的跳板。而随着职业变动频率的增加以及流动方式的变化,终身依附一个组织的固定职业不断削减,独立的、不依赖于任何组织的自由职业不断产生。例如,个人培训师、咨询顾问、个体医生、家教等等。知识性和服务性职业所涉及的活动是很难像传统的工厂和办公室的工作那样职责界定明确的。

(三)中心运动形式

中心运动形式是通过赋予员工更大的权利和责任而向权力中心运动的形式。员工虽然没有改变岗位,甚至经济待遇也没有改变,但赋予工作更多的权利和责任,增加了工作的挑战性,员工掌握更多的资源,有更多的决策权、更高的工作意义、更强的成就感。一般说,按等级向上的运动与进入核心的中心运动多少是相关的。不过,一个人完全有可能停留在一个给定等级上,由于他或她拥有经验而更接近核心,被包容,受到更多的信任。也有可能向上移动,仍置身外围的,恰如常言所说的"明升暗降"。也可以说,这是另一形式的横向运动,对于许多无法再往上升的人来说,这种成长仍有可能,并且具有非同一般的意义。

传统的职业生涯成功的标准是沿着金字塔式的组织结构向上爬,担任更高的职位,承担更多的责任,获得更多的物质财富。但是人们越来越感到这种职业生涯目标的实现,不仅受个人自身努力的影响,还受到组织发展的制约。为了应对激烈的竞争,组织常常采用结构扁平化和降低劳动力成本的策略,致使组织能够提供给雇员的实现职业成功的资源越来越少。很多人过早进入了职业高原区而无法向上升迁,这给越来越多的人带来了职业上的挫败感,加大了人们的职业压力。在这种情况下,职场上成长起来的新一代,职业成功的标准发生了很大的变化,他们更多的强调职业生涯的目标是心理成就感,他们对地位并不十分看重,但希望工作丰富化,具有灵活性,并渴望从工作中获得乐趣。与传统职业生涯目标相比,心理成就感更大程度上由自我主观感觉认定,而不仅仅指组织对个人如晋升、加薪等的认可。这些因素使得中心运动的方式逐渐增多。

三、职业生涯目标的分解

职业生涯的实现可以用一系列的阶段来表示。为了顺利进入每一个新阶段,应根据新阶段的特点制定分目标。目标分解就是根据观念、知识、能力差距,将职业生涯长期的远大目标分解为有时间规定的长、中、短期分目标,直至将目标分解为某确定日期可以采取的具体步骤。

实现一个远大的目标很少能够一气呵成,必须分解成若干个易于达到的阶段性目标。目标分解是将目标清晰化,具体化的过程,是将目标量化成可操作的实施方案的有效手段。目标分解帮助我们在现实环境和美好愿望之间建立起可以拾阶而上的途径。目标分解从最远、最高的目标开始,一直分解最近的目标。在现实中,我们做事之所以会半途而废,这其中的原因,往往不是因为难度较大,而是觉得成功离我们较远,确切地说,我们不是因为失败而放弃,而是因为倦怠而失败。

(一)目标分解的两种途径

目标分解可以按两种途径来进行:一是按时间分解,二是按性质分解。

1. 按时间分解:可分解为最终目标、长期目标、中期目标、短期目标

按时间分解是最常用的目标分解方法,也很容易掌握。首先,应该区分最终目标与阶段目标。选择职业路线,并确定总体目标。这个总体目标是我们的最终目标、人生目标。最终目标取决于一个人的价值观、知识储备、能力水平,是对自身条件、社会环境、组织环境等主客观因素进行大量分析之后得到的结果。心理越成熟的人,越早地确定下自己的最终目标,并朝着这个目标前进。总体目标不清晰,就别提分解更具体的长期、中期、短期目标了。最终目标只有与自己的价值观相符,才是有效的,并且最终目标一经确立就不要再频繁更改。其次,把最终目标分解为若干个长期目标,每一阶段都有一个具体的目的。其实,按时间分解的方式在职业生涯目标确立时已经涉及到了。

2. 按性质分解:可分解为外职业生涯目标、内职业生涯目标

美国职业心理学家施恩教授最早把职业生涯分为外职业生涯和内职业生涯。他认为外职业生涯指经历一种职业(由教育开始、经工作期、直到退休)的通路,包括职业的各个阶段:招聘、培训、提拔、解雇、奖罚、退休等。内职业生涯更多的注重于所取得的成功或满足的主观感情以及工作事务与家庭义务、个人消闲等其他需要的平衡。

(1)外职业生涯

外职业生涯是从事职业时的工作单位、工作地点、工作内容、工作职务、工作环境、工资待遇等因素的组合及其变化过程。外职业生涯的构成因素通常是由别人给予的,也容易被别人收回。外职业生涯因素的取得往往与自己的付出不符,尤其是在职业生涯初期。有的人一生疲于追求外职业生涯的成功,但内心极为痛苦,因为他们往往不了解,外职业生涯发展是以内职业发展为基础的。

(2)内职业生涯

内职业生涯是从事一项职业时所具备的知识、观念、心理素质、能力、内心感受等因素的组合及其变化过程。内职业生涯各项因素要靠自己的主观努力才能实现,别人帮助只是一个助力。而且,内职业生涯的构成因素一旦取得,就成为别人拿不走、收不回的个人财富。内职业生涯的发展是外职业生涯发展的前提,内职业生涯发展了,外职业生涯自然提升。因此,我们应当充分重视内职业生涯的发展,认清它在个人职业生涯乃至整个人生发展中的关键性作用。在职业生涯的各个阶段,我们都应该重视内职业生涯的发展。尤其是在职业生涯早期和中前期,我们一定要把对内职业生涯各因素的追求看得比外职业生涯更重要。

(二)职业生涯目标的进一步分解

根据内、外职业生涯的内容,我们可以把长期目标、中期目标和短期目标进一步分解出各自具体的外职业生涯目标和内职业生涯目标。

1. 外职业生涯目标

①职务目标。职务目标应当具体明确。

②工作内容目标。在现实生活中,能够爬到高层职位的毕竟是少数。位置越高,留给我们可以选择的机会也就越少,而且,能不能晋升,很大程度上并不取决于我们自己。所以,不要只盯着职务目标的晋升,而应该把外职业生涯目标规划的重心移到工作内容目标上来。

③经济目标。我们从事一项工作,获得经济收入是一大目的,毕竟我们谁也离不开生存的物质基础。在职业生涯规划中列入收入期望无可非议。但是要注意的是切合实际和自己的能力素质,然后大胆地规划一个具体的数目,不要含糊不清,或者压根就不敢写。

④工作地点目标和工作环境目标。如果个人对工作地点和工作环境有特殊要求就要在规划中列出这两项内容。

2. 内职业生涯目标

只追求外职业生涯目标会让人遭遇很强的挫折感,怀疑上级对自己不公,上班太远太累,辛苦半天没拿多少钱,评优晋级没份越想越难受,越想越没干劲,每天都生活在抑郁之中。其实,还有一笔重要的财富不容忽略——丰富的知识经验积累,观念、能力的提高以及由此带来的快乐感,成就感。内职业生涯修炼到位了,不愁机会不来找你。所以,在分解和组合自己的职业生涯目标时,外职业生涯目标与内职业生涯目标应该是同时进行的,而且内职业生涯目标是尤其应该重点把握的内容。

(1)工作能力目标

工作能力是对处理职业生涯中各种工作问题的能力的统称。如策划能力、管理能力、研究创新能力、与领导无障碍沟通的能力、与同事协调合作的能力等。

职业生涯发展并非一个直线上升的过程,简单地把职业生涯发展定义于职务和职称的晋升只能让自己堕入心灵煎熬的痛苦中。衡量一个人的职业生涯成功与否,不在于他是否赚到很多钱,当上很高的官这些外在表征,而在于他工作的过程中,是否创造完成了富有实际意义的成绩。很多时候,我们的职业生涯发展是个横向伸展的过程,可能是工作内容范围的扩大,可能是专业领域的进深,这都需要我们不断地提高个人的工作能力,否则,你的职业生涯将真的停滞不前。

从另一个角度来说,必要的工作能力积累是达到职务目标和收入目标的前提。所以,我们在制定个人职业生涯规划时,工作能力目标应当优先于职务目标。职务能够获得晋升,很大程度上取决于我们自己,但在工作中能否增长知识、提高能力、提高工作效率却是我们可以独立把握的。现在,一些组织的管理者在人事管理中,已经把工作能力提高作为改善员工待遇的重要指标。工作能力目标应当切合实际,具有挑战性,并与该阶段的职务职称目标所要求具备的条件相应。

(2)工作成果目标

在很多组织里,工作成果都是进行绩效考核的一个重要指标,扎实的工作成果带给我们极大的荣誉感和成就感,也铺砌了通往晋升之途的阶梯。

(3)提高心理素质目标

心理素质在当今社会越来越受到人们的重视,如果心理素质高,在职业生涯途中,有人成功达到目标,有人半空而坠,区别其实不在机遇和外部条件,每个人的职业生涯发展过程中都会遇到这样那样的困难,只有心理素质合格的人才能正视现实,努力去克服困难,冲向卓越。而心理素质差的人只会怨天尤人、自暴自弃。为了个人的职业生涯规划蓝图能够化为现实,千万别忘记不断提高自己的心理素质。提高心理素质目标包括经受挫折、包容他议，也包括在暂时的成功面前保持清醒冷静。

(4)观念目标

观念是对人对事的态度、价值观。留意过吗？今天是个强调观念的社会，外面各种各样的新观念层出不穷，我们能跟上吗？认同吗？很多跨国大企业甚至形成了自己的观念文化，这些观念影响着我们的行动，也影响着组织、领导、同事、客户对我们的态度。随时更新自己的观念，让自己总是站在前沿地带，也是我们规划个人职业生涯的重要一步。

四、职业生涯目标组合

目标组合是处理不同目标相互关系的有效措施。如果只看到目标之间的排斥性，就只能在不同目标之间做出排他性选择：而如果能看到目标之间的因果关系与互补性，就能够积极进行不同目标的组合。

目标组合有三种方法：时间组合、功能组合和全方位组合。

(一)时间组合

职业生涯目标在时间上的组合可以分为并进和连续两种情况。

1. 并　进

所谓职业生涯目标的并进，指同时着手实现两个平行的工作目标或建立和实现与目前工作内容不相关的预备职业生涯目标。有时候，外部环境给予我们的机会很多，这让我们面临多个选择，于是会出现两个或多个不同方向的职业生涯目标。只要处理得好，在一定时期内，是可以做到鱼与熊掌兼得的，当然，前提条件是有足够的精力和能力来应对，对普通年轻人，仍然应该在一段时间内只定一个大目标。

这里所说的“同时着手实现两个平行的工作目标”是短期内进行的不同性质的工作，一般多为中、高级管理层“双肩挑”的情况。

而建立和实现与目前工作内容不相关的预备职业生涯目标，多发生在中、青年人身上，意在居安思危、未雨绸缪。例如，学校团支部书记为了今后获得更大的发展空间，在作好本职工作的同时，进修 MBA 课程。并进的目标有利于我们开启潜能，在同样的时间内迎接更大的挑战，浓缩生命，发挥更大的价值。

2. 连　续

连续是用时间坐标做纽结，将各个目标前后连接起来，实现一个目标再进行下一个。一般来说，较短期目标是实现较长期目标的支持条件。目标的期限性是相对的，随着时间的推移，长期目标成为中期目标，中期目标成为短期目标，短期目标成为近期目标。

只有完成好每一个近期目标和短期目标，最终目标才有可能实现。

职业生涯目标分为最终目标和阶段目标(长期目标、中期目标、短期目标、近期目标)，各个阶段目标的设定大体与最终目标一致，并互相关联。这里应该明确，阶段目标是在一段特定的时间内要达到的结果。如果将职业生涯的阶段目标转变为职业生涯最终目标，只需将各个阶段目标连接起来，加上一个时间表，再加上一个衡量目标达成结果的评估方式。

(二)功能组合

很多职业生涯目标在功能上存在因果关系或互补关系。

1. 因果关系

有些目标之间存在着明显的因果关系,如前面提到的工作能力目标与职务目标和收入目标,前者是因,后者为果,表现为:工作能力提高——职务提升——收入增加。通常情况下,内职业生涯目标是原因,外职业生涯目标是结果。

2. 互补关系

一个管理人员希望在成为一个优秀的进口部经理的同时取得 MBA 证书,这两个目标之间存在着直接的互补作用。实际管理可以为 MBA 学习提供实践的经验体会;而 MBA 学习又为实际的理论学习提供理论支持和方法指导。同样的,高校教师往往同时肩负着基础教学和科研两项任务,教学基础为进行科研工作提供了理论基础和方法指导,科研实践又促进了教学内容的丰富更新和质量的提高。

3. 全方位组合

全方位组合已超越出职业的范畴,它涵盖了人生全部活动。全方位组合指职业生涯、家庭和个人事务的均衡发展,相互促进。事业不是生活的全部,任何一个人都不能离开家庭和休闲娱乐,完美的职业生涯规划不应把生活中的其他内容排斥在外。目标组合可以超越狭隘的职业生涯范围,将全部的人生活动联系协调起来。

第九章 就业能力的提升

才华是刀刃，辛苦是磨刀石，很锋利的刀刃，若日久不用磨，也会生锈，成为废物。

——老舍[中]

就业能力是一种与职业相关的综合能力，是具有适应性和灵活性，并涉及能力本身，包括态度、个性等的一种可变化的核心技能群。大学生要想在市场中成功就业，就必须具备就业能力，提升就业能力是大学生职业辅导的重要内容。

第一节 大学生就业能力概述

一、大学生就业能力的定义

就业能力是在学习基础上发展起来的与职业相关并嵌入个体身心的一种综合能力。大学生的就业能力是指大学毕业生在学校期间通过自己对专业以及相关知识的学习、积累和对自身潜能的开发达到能够实现自己就业目标和理想，从而满足社会的需求，在社会活动中体现自身价值的综合性的心理特征。只有加强大学生就业能力的培养，才能提高大学生在就业市场中的竞争力，全面提高大学生的就业质量，满足社会发展的需求。

二、大学生就业能力的实质

要准确把握就业能力的实质，应该从以下几方面加以认识和理解。

1. 就业能力是个体的能力

就业能力是关于个体的能力，是个体表现在寻找、保持和变化工作岗位过程中的能力，同时在一定意义上也包含着个体进行自我就业的能力。这里涉及的个体主要包括三种：其一，尚未找到工作的个体，包括高校毕业生和其他新进入劳动力市场的个体，也包括已经失业但正寻找工作的个体；其二，目前已经获得工作的个体，对他们而言，就业能力还有保持目前工作，并且在此基础上不断进步和发展的意义；其三，在自我雇用、创业成为一种趋势的背景下，就业能力也涉及自我创业的个体。

2. 就业能力是各种有益于就业的能力群

总的来说，就业能力是与就业相关的综合能力，但这种能力不是独立于个体拥有的其他能力以外的一种特殊能力，而是个体现有多种能力集合而成的能力，它指向个体更有效地就业和在岗位上发展。

3. 就业能力是动态发展的能力

就业能力涉及寻找工作岗位、保有岗位以及在现有岗位上得到晋升与发展等三个阶段。不同阶段对个体的就业能力有不同要求,也要求个体不断地拓展和提升自身所拥有的就业能力。

三、大学生就业能力的内容

大学生就业能力主要可分为基础性能力、适应性能力和改造性能力。

(一)基础性能力

基础性能力是为了就业应当具备的基本能力,它包括大学生在校期间所学的专业知识能力和外语、计算机的应用能力。

具备扎实的专业基础理论知识是学生进入就业市场必备的基本技能。但随着经济全球化的发展,英语和计算机的应用能力也成为大学生参与就业的必备技能之一。大部分用人单位在招聘过程中对学生的英语和计算机水平都有明确的要求;还有部分地区把学生的英语和计算机水平作为人才引进时进行考核测评的重要依据。而大学生为了更好地掌握专业知识、正确运用知识,也必须努力学习英语和计算机知识,学会利用网络获取各类有用的信息,不断提升自己的综合素质,更好地为社会服务。

(二)适应性能力

适应性能力是大学生在获取工作后如何去保持工作的一种综合性能力,它包括思维能力、语言表达能力、实际操作能力、适应社会能力、人际交往能力。

1. 思维能力

思维能力是人对事物的分析、综合、抽象和概括的能力。思维能力对于人的学习、生活、事业的成功非常重要。依靠思维能力,我们才能总结、概括前人的经验,才能揭示事物的本质,发现事物的运动规律,才能把握、预测未来事物发展的方向。思维能力是大学生就业要求的必备素质,也是就业能力结构的核心,是各种能力中最重要的一种能力。一个人的思维能力取决于他的智力水平,但在更大程度上取决于他的思维方式。思维方式的正确与否决定一个人事业的成败。因此,大学生应当重视培养自己科学的思维方式。

2. 语言表达能力

语言表达能力是运用语言或文字阐述自己的观点、意见或抒发思想的能力。它包括口头表达能力、文字表达能力、数字表达能力、图示表达能力等几种形式。语言表达能力是学生成功就业的基础和关键。根据不完全统计在现有的各类大学毕业生中有近两成的学生表达能力还可以,近八成的学生的表达能力欠佳,如果不具备基本的语言表达能力就不具备基本的就业竞争能力,因此,加强大学生表达能力的培养就成为高校培养大学生综合素质的主要方面。

3. 实际操作能力

实际操作能力也就是动手能力,可理解为一种实践的技能,也是知识转化为物质力量的关键。无论在学校中专业知识掌握得如何,如果在工作中不能把它转化为实际的技能,不能带来实际的工作业绩,那最终将被社会淘汰。因此大学生在学校期间,就应该有意识地培养自己的实际操作能力,通过社会实践、各类社团活动和毕业设计等方面来锻炼自己的动手能力。

4. 适应社会能力

适应社会能力是人的一种综合的心理特性,是人适应周围环境的能力。大学毕业生在跨出校门之前大都有自己的远大理想和抱负,但他们真正在生活的激流中奋勇前进时,往往会发现现实生活常常不尽如人意,发现自己对现实生活的不适应。此时,大学生应当看到自己与社会要求不相适应的地方,需要不断调整自己,更好地适应社会的要求,更早地达到适应的境界。了解自己的适应能力,并有意识地在学习、生活实践中,培养自己的适应能力,对个人的职业选择和事业、生活的成功都具有重要意义。所以学生在学校中要锻炼自己,开阔视野,为将来的工作打下坚实的基础和锻炼良好的适应各种情况的能力。

5. 人际交往能力

人际交往能力是人们社会生活的基本能力,也是一种状况适应能力,即一种愉快地调整与周围环境关系的能力。在信息化、商品化、社会化的经济领域中,人际交往已成为人们现代生活的重要内容。能否正确处理、协调好职业生活中人与人的各种关系,不仅影响一个人对环境的适应状况,而且影响着他的工作的效能、心理的健康、生活的愉快和事业的成功。美国教育家戴尔·卡耐基经过大量调查得出这样结论:一个人事业上的成功,一方面要靠他的专业技术,另一方面要靠人际关系、处世技巧。现代成功学认为,一个成功的人是40%的智商和60%的情商,而良好的人际交往能力是情商的主要体现。人们常说大学是社会的一个窗口,如果大学生不经过相关的训练,不具备一定的人际交往能力,当面对比学校复杂得多的人际关系时就会束手无策,必将影响自己的工作效率。因此,大学毕业生自觉地培养良好的人际交往能力非常重要。

以上五个能力也可以称为大学毕业生就业的被动性能力,但是这些能力是可以在一定的环境中加以培养、锻炼和提高的。

(三)改造性能力

改造性能力是大学毕业生通过发挥自己的主观能动性,在具备适应性能力的基础上不断提升工作的综合性能力,它包括组织管理能力、创新能力、决策能力。

1. 组织管理能力

组织管理能力是在组织群体活动时,能向一个共同目标奋斗,按照明确的计划,充分发挥个人的积极性,协调地进行工作,并达到预期目的的能力。在现代社会中,对人才的一个基本要求就是要具备一定的组织管理能力。不是每个大学生毕业后都会从事管理工作,但每个人在将来的工作中都不同程度地需要组织管理才能,组织管理能力不仅领导干部、管理人员应当具备,其他专业人员也应具备。近年来,毕业生中的党员、学生干部普遍受到用人单位的欢迎,其重要原因就是用人单位看重毕业生的组织管理能力。

2. 创新能力

创新能力是各种智力因素和能力因素在新的层面上融为一体、相互制约所形成的一种合力,它是在多种能力发展的基础上,利用已知信息,创造新颖独特具有社会价值的新理论、新思维、新产品的能力。创新能力和我们平常所说的智力并不一样,智力偏向于正确的认识,创新能力倾向于人们发现或提出新问题、新思想、新方法、新技术和创造新事物的能力。创新能力包含多方面内容,如强烈的好奇心、细微的观察力、深刻的洞察力、大胆设想、勇于探索的精神以及提出问题、研究问题、解决问题的能力等。“创新”是当今时代的特征和一个国家社会经济发展的基本要求,没有创新就没有发展,没有创新也就无法生存。对大学生而言,如果没有一定的创新能力,安于现状,不思进取,就无法面对将来激烈的市场竞争。因此,大学生在学习专业的同时,要有意识地培养和强化自己的开拓创新能力,以应对将来社会和职场的各种挑战。

3. 决策能力

决策能力就是对未来行为目标的决断和选择的能力。人的一生往往会碰到各种需要自己当机立断、痛下决心的事情。对于即将毕业的大学生来说,面临就业,何去何从,最终要靠自己拿主意。在未来的工作中,各种问题以及他们的变化进展都需要自己迅速做出反应,及时处理。因此,训练和培养自己的决策能力是十分重要的。

以上三个能力也可以称为大学生的主动性能力。

适应性能力是大学生就业能力的基础,只有在充分发挥被动性能力的基础上才能充分行使主动性能力。换句话说,只有适应社会才能改造社会。总之,对于大学生的就业能力来说,基础性能力是前提,只有具备了基础性能力才能有就业的可能性,才能促进大学生适应性能力和改造性能力的发展和提高;只有真正理解和认识大学生就业能力的概念,才能促进我们对大学生进行正确有效的就业指导;只有提升了就业能力才能找到理想的生存环境,达到服务社会和实现自身价值的统一。

【延展阅读】

测试:看你的求职能力

请在下列选项中选择与你在求职时发生过的情形最相近的答案,或按假如你遇到相应情形时可能发生的情况来选择。可要认真的做啊,关键是对自己负责,找出自己的不足并及时改善。

1. 你不愿意和不认识的人沟通,以获取更多自己所感兴趣职业的相关信息。

1 不是;2 基本不是;3 不确定;4 基本是;5 是。

2. 即便某个老板并不缺人,你也会主动向他打听,是否有其他公司需要雇人。

1 不是;2 基本不是;3 不确定;4 基本是;5 是。

3. 除非你知道该公司缺人,否则你不会毛遂自荐。

1 不是;2 基本不是;3 不确定;4 基本是;5 是。

4. 你不愿意直接向用人单位应征工作,而宁可通过中介公司介绍。

1 不是;2 基本不是;3 不确定;4 基本是;5 是。

5. 知道有某个职位空缺时,通常不会主动去打听有关的详情,除非有认识的人。

1 不是;2 基本不是;3 不确定;4 基本是;5 是。

6. 面试前,你会与该公司的职员联系,或调查用人单位的一些情况,以求获得更多有关公司状况的信息。

1 不是;2 基本不是;3 不确定;4 基本是;5 是。

7. 你相信有经验的职业咨询人员，认为通过他们会更清楚自己适合什么样的工作。

1 不是；2 基本不是；3 不确定；4 基本是；5 是。

8. 如果秘书告诉你老板太忙暂时无法和你面谈，你会放弃与该雇主继续联络。

1 不是；2 基本不是；3 不确定；4 基本是；5 是。

9. 你认为自己符合条件，而人事部门却拒绝给你面试机会时，你会直接与老板联络。

1 不是；2 基本不是；3 不确定；4 基本是；5 是。

10. 当面试官请你陈述自己的工作经验时，你只会陈述曾经实际支付过薪水的工作。

1 不是；2 基本不是；3 不确定；4 基本是；5 是。

11. 你会刻意忽视自己的资历条件，这样雇主才不会认为你以高就低。

1 不是；2 基本不是；3 不确定；4 基本是；5 是。

12. 面试时，你很少主动提问题。

1 不是；2 基本不是；3 不确定；4 基本是；5 是。

13. 你尽量避免用电话与雇主联系，因为你担心他们可能太忙，没时间和你谈。

1 不是；2 基本不是；3 不确定；4 基本是；5 是。

14. 你认为得到一个理想的工作，需要很好的运气。

1 不是；2 基本不是；3 不确定；4 基本是；5 是。

15. 你宁可直接与将来的顶头上司联络，而不是只与公司的人事部接洽。

1 不是；2 基本不是；3 不确定；4 基本是；5 是。

16. 你不太愿意请教授或上司帮你写推荐信。

1 不是；2 基本不是；3 不确定；4 基本是；5 是。

17. 除非自己的资格条件符合应聘资格，否则你不会去应聘这个工作。

1 不是；2 基本不是；3 不确定；4 基本是；5 是。

18. 如果第一次面试表现不太理想，你会要求安排第二次面谈。

1 不是；2 基本不是；3 不确定；4 基本是；5 是。

19. 即使你没有被录用，你也会打电话给该雇主询问自己该如何改进，以便将来能获得同样性质的工作。

1 不是；2 基本不是；3 不确定；4 基本是；5 是。

20. 向朋友询问招聘信息会使你感到不自在。

1 不是；2 基本不是；3 不确定；4 基本是；5 是。

21. 在决定要从事什么职业之前，你会先看看还有哪些工作机会。

1 不是；2 基本不是；3 不确定；4 基本是；5 是。

22. 面试官对你说"有职位空缺时，我会与您联络的"时，你认为其实根本就没有机会了。

1 不是；2 基本不是；3 不确定；4 基本是；5 是。

23. 你清楚所应聘的职位能给你带来什么，并且知道在这里所能积累的东西对下一步职业发展会有帮助。

1 不是；2 基本不是；3 不确定；4 基本是；5 是。

24. 在找工作迟迟没什么结果时或就业市场不景气时,你希望抓住任何所能找到的工作。

1 不是;2 基本不是;3 不确定;4 基本是;5 是。

计分标准:您的得分 = 102 + 第 2、6、7、9、15、19、23 题分值—其余每题的分值总和(选项前面的数字代表该选项的分值)。

好了,看看您的求职能力如何。

91 分以上,恭喜你! 你是个很有信心,目标感很强的人,你懂得利用任何有用的资源为自己服务,有时甚至看来不可能的事而你却常常能办到。在求职技巧方面已经很好了。即使暂时求职不顺,那也是技巧之外的原因。

90 ~ 61 分,你的求职能力一般。常常会有一些本来很合适自己的工作却总是失之交臂。赶快对应以上题中各个方面找出主要的原因所在,以求有针对性的改进。

60 分以下,你的求职能力很差,信心不足。通常这些人职业状况也不会很好。反省与提升是你最须做的两件事。特别是职业定位是不是清晰? 职业目标是不是很明确? 求职技巧方面急需做些培训提升。

来源　(2008-02-02). 新华网.

四、培养大学生就业能力的重要性

培养大学生的就业能力既关系到学生个体的发展,也直接涉及到高校的生存和发展,更是高等教育改革和发展的内在要求,与社会的繁荣稳定和实现中华民族伟大复兴的目标是息息相关的。

第一,大学生就业能力是实现大学生理想和自我价值的载体。

大学生就业能力的高低直接决定大学生能否就业和就业质量,大学生只有练就过硬的就业能力,才能达到服务社会和实现自我的统一。如果大学生不能就业,就谈不上自我价值的实现,更不用说报效祖国,反而会成为社会的负担。

第二,大学生的就业能力是高校人才培养质量的重要体现。

高校必须为社会经济发展和地方建设服务,当前各级高等教育主管部门已经将毕业生就业率作为衡量高校质量的重要指标,成为高校规模和发展的重要杠杆,因此从某种角度说,大学生就业能力培养也决定了高校的生存与发展。

第三,大学生就业能力的培养直接关系到构建社会主义和谐目标的实现。

大学生应该是时代精神的体现者,优秀文化的传承者,和谐社会的建设者。大学生的就业工作是民心工程,是稳定工程,是政治任务。党中央、国务院高度重视高校毕业生的就业工作,要求各级党委和政府要把毕业生就业工作作为“一把手工程”,抓在手中,落到实处。

第二节　大学生就业能力的现状与提升

一、大学生就业能力现状

《东方时空》一期题为《2006 大学生就业能力调查》的特别节目做了两项调查:①雇主最重视

面试者的什么东西？调查结果如下：实践能力26%、专业知识24%、谈吐表达22%、个性特征16%、形象气质12%。②在实习期内企业家最关注应聘者哪些能力？调查结果如下：学习能力51%、团队合作能力42%、执行能力36%、创新精神24%。调查表明，毕业生的学习能力、实践能力、专业能力等最受企业的重视。当前部分大学生就业能力不足，恰恰体现在这几种能力上。

（一）职业目标不明

职业目标指一个人根据自身情况，以及面临的机遇和制约因素，通过职业生涯规划，确立自己的职业发展方向与目标。目前一些高校的学生当初报考学校和专业都是家长的意志，自己没有什么想法。尽管已有不少高校专门设立了就业指导中心，但因忙于应付大量的与就业有关的事务性工作，难以有固定的时间和精力开展大学生职业生涯指导工作，更谈不上对大学生开展有针对性的、个性化的职业生涯指导。由此导致部分大学生缺乏必要的职业生涯规划知识，职业方向与目标不明确。

（二）学习能力不强

学习能力实际上是学习新知识的能力，是一种适应能力，是形成其他能力的基础。一位著名国企老总在谈到这个问题时说："工作经验并不是最重要的，我们对学业成绩也同样看重，并且我们会更多地关注大学生的学习能力"。企业看重大学生的学习能力，而不是一时的经验，因为会学习的人不仅能很快适应工作岗位，胜任工作，而且具有未来的发展潜力。

（三）实践能力低下

实践能力主要指毕业生操作能力和动手能力，也包括分析问题和解决问题的能力。当前，用人单位在进行人才招聘时优先考虑应聘者的条件是否具有一定的实践能力和技能。很多企业希望招聘的大学生一毕业能够马上胜任工作。但是工作经验和实践能力的缺乏一直是大学毕业生对用人单位招聘时倍感心虚的软肋。由于我国高校教学模式相对滞后，一贯重理论教育，轻实际操作能力培养；一贯重应试能力的培养，轻整体素质的塑造；加之校企之间缺乏合作，无法给学生提供足够的岗位实习锻炼机会，造成了一些大学生"会说不会做"，眼高手低，实践能力低下。

（四）专业能力不足

近年来，我国的新兴职业普遍人才紧缺，如智能开发师、注册城市规划师等均出现人才供不应求的现象，毕业生还没毕业就被招揽一空。与此同时，原先热门行业逐渐变冷，基础财会、计算机操作、文秘等一些专业均出现人数相对过剩的现象。专业能力不足的另一方面是大学生只"学"不"用"，或重"学"轻"用"，理论与实际脱节，这也是导致大学生专业能力不足的另一个因素。

（五）品格养成欠缺

品格养成指毕业生的个人素养，如诚信、职业、道德、责任心、毅力、团队精神、沟通协调能力等，它是大学生就业能力构成不可忽视的重要因素。现今一些大学生知识、技能和工作业绩都很优秀，但是在与人相处方面，特别是在团队协作方面很欠缺，过分考虑自己的得失，很少从集体利益出发。有些大学生缺乏与人沟通的基本知识和礼貌，还有一些大学生在求职过程中，脚踩几条船，随意毁约，不讲职业道德，给用人单位造成了极不好的影响，没有把实实在在的能力和人品作为坚实的台阶，以至于一些大学生跌倒在用人单位考察毕业生品德素养这些看似平常的问题上。

(六)创业意识淡薄

创业意识指对创业者起创业动力作用的个性意识倾向，它包括创业的需要、动机、兴趣、理想等要素。由于主客观条件的限制，很多高校还没有充分认识到学生自主创业的重要性、必要性和紧迫性，尚未将创业教育纳入学校教育教学的总体规划，导致学生较少接受创业教育，缺乏创业意识。习惯思维告诉他们，毕业之后去找一家单位谋求发展，在单位里一步步升迁，自己开公司去创业那是以后的事，甚至觉得去创业是没本事、没出息、没单位接收的表现。

【延展阅读】

就业能力缺失案例一：自以为是症

学管理但老板不让我管事

症状："我学企业管理的，虽然是个本科生，但我相信自己可以胜任，我天生就非常自信。而且他们是个刚刚成立的新企业，正准备补充各种各样的人才，这也给我申请有关的管理职位提供了可能。而且他们说了让毛遂自荐，为什么我就不能尝试呢？但结果是他们没有让我做内勤总监的职位，他们宁愿让这个职位空缺，也不愿意让我尝试。他们给我的理由是，我缺乏管理经验，老板对于让我管理公司内勤完全没有信心。而我认为这个企业老板没有魄力，干了不到两个月，没有要他一分钱，我就辞职了，他们不留我，自有留我处。"小康是北京一著名高校本科毕业生，用她自己的话说，当时毕业时为了能把户口落在北京，忍气吞声地选择了中关村一家规模非常小的民营企业工作，做最基础的行政工作。

小康说，自己当初学管理就是想有一天能做到管理的位子上，可实际上在那个公司，自己做的就是高中生都能做的业务，这和她的理想相差甚远。到现在为止，她基本上是每年都要换个工作，因为她总在抱怨没有老板愿意给她管理职位，哪怕是个中层管理职位的机会。

诊断：职业专家分析，从企业现实来看，专门学管理专业的却很少能最后做到管理的位置上。很多企业都愿意选拔在企业有积淀的人才做其管理职位。因为这些人通常对企业知根知底，非常熟悉企业的运作流程、接受企业文化熏陶时间长，老板也很了解这些人的实际工作能力。所以，老板愿意给这些人一个职业发展、提升的空间与平台。

职业专家认为，现在人才可以自由流动，这给招聘企业提供更多可以选择的机会。当市场上供选择的"产品"丰富了时，谁都愿意掏合理的钱，买有价值的货。现在企业招聘也是这样的心态。就是招聘的企业都希望通过比较、筛选来招聘到对他们最有用、最好用、最省成本的人才。而不是眉毛胡子一把抓。

对策：①还是踏实从企业最基本的职位做起，这是企业员工成长为企业领导者的最有效出路。②管理者就是领导者，如果你没有一定的管理人才的素质，你恐怕就不能胜任这个角色。国内一个有关管理人才的调查报告显示，企业需要两种管理人才，一种是有自己要加盟的行业的工作背景，二是对他们个人需要有很强的决策力和执行力，如果你目前欠缺这些，就还需要好好沉淀。

就业能力缺失案例二:方向缺失症

光华毕业生免费陪人聊天

症状:上周五有媒体报道说,某大学光华管理学院金融专业去年的毕业生高健因为找不到工作,开始自谋出路,在学校做广告,免费陪人聊天。他希望通过这样的方式来起步,以咨询作为将来的发展方向,自己做自己的老板,开创自己的事业。

谈到自己找不到工作的原因,高健分析说,一是因为自己当时在学校的成绩不是很好。二是因为自己的性格过于内向,在学校期间,基本不和老师交流,遇到问题也就是让同学帮助一下。在他看来,自己在招聘面试的过程中很"老实地交代"了自己的学习成绩,但这反倒让他失去了很多可能不错的工作机会。而且经过一年找工作的经历,他原来内向的性格已经有所改变。他认为,自己之所以敢于选择"陪人聊天"的行业起家创业,是由于自己懂得一些基本的心理学知识,也愿意把自己求职失败的经历告诉他人,让其他人从中有所借鉴,对他们的求职有所帮助。另外,他坚信咨询行业是个很有前途的行业。

据高健自己说,目前,他每月的生活费还在靠父母接济。

诊断:智联招聘职业专家认为,如果从目前大学生的就业现状分析来看,高健毕业一年没有成功就业这根本不足为奇。因为很多大学生都存在着与他相同的问题。但他之所以受关注可能是因为他毕业于北大光华。其实,现在这种双向选择就业的方式,学生能否就业,在什么样性质的公司就业,已经跟他毕业于哪个学校没有多大关系了。企业现在选人也更务实,他们只选对的,选合适的。

前一段时间,有机构做了个关于海归人才就业的调查报告,结果发现71%的海归人才回国后,平均需要花费6个月的时间才能找到一份工作。"海归的就业都这样了,那国内学校毕业的人,一年内找不到工作这很正常。"该专家表示。

另外,目前高健"陪人聊天"根本不算是创业,创业需要考虑目标客户、市场定位、资金、商业模式等多方面因素,而他现在所做的这种完全免费的服务,充其量也就是增加了自己的阅历。

对策:①继续找工作,把找工作当做自己目前最大的工作来做。②找工作之前,要仔细分析企业,不能再盲目从之。③拓宽就业思路。自己究竟想干什么,要有个清楚的想法,不要一条道走到黑。你学金融的可以到企业做财务,不见得非要进银行业。④机遇到处都有,要放下名校学生的架子,给自己一个合理的职业定位。

来源 关注大学生就业案例解析:6种非典型求职症诊断,北京娱乐信报.2006-10-30.

二、大学生就业能力的提升

高校毕业生是当今社会重要的人力资源,在人才市场上已经成为一支重要的生力军。随着高校大规模的连年扩招,在校大学生人数急剧增加,毕业生人数也越来越多。据统计,2000~2006年我国高校毕业生人数分别为107、115、145、212、280、338和413万。在毕业生数量日益增多的同时,大学生就业难问题也越来越受到人们关注,而如何提升大学生自身的就业能力则是破解大学生就业难的关键所在。

(一)职业生涯规划:提升就业能力的基础

就很多毕业生而言,与其说是“就业困难”,不如说是“就业迷茫”,不知道自己应该从事什么样的工作。很多学生在初入大学时持有“大一大二先轻松一下,大三大四再努力也不迟”的心态,对自己的未来发展缺乏科学的规划,这往往成为他们面对就业压力时感到手足无措的一个重要原因。一次对205位北京市人文经济类综合性重点大学大学生的调查显示,其中的62.2%的对自己未来的发展和职业生涯没有规划,32.8%不明确,只有4.9%有明确的设计。

大学作为大学生职业生涯规划的第一站,起着至关重要的作用。首先,要树立正确的职业理想。大学生一旦确定自己理想的职业,就会依据职业目标规划自己的学习和实践,并为获得理想的职业积极准备相关事宜。其次,正确进行自我分析和职业分析。自我分析即通过科学认知的方法和手段,对自己的兴趣、气质、性格和能力等进行全面分析,认识自己的优势与特长、劣势与不足。职业分析是指在进行职业生涯规划时,充分考虑职业的区域性、行业性和岗位性等特性,比如职业所在的行业现状和发展前景,职业岗位对求职者的自身素质和能力的要求等。第三,构建合理的知识结构。要根据职业和社会发展的具体要求,将已有知识科学地重组,建构合理的知识结构,最大限度地发挥知识的整体效能。第四,培养职业需要的实践能力。除了构建合理的知识结构外,还需具备从事本行业岗位的基本能力和专业能力。大学生只有将合理的知识结构和适应社会需要的各种能力统一起来,才能立于不败之地。

从具体实施来看,职业生涯规划应从大一做起,并根据自己的长期目标,在不同阶段采取不同的行动计划。比如,一年级为试探期,这一时期要初步了解职业,特别是自己未来希望从事的职业或与自己所学专业对口的职业,但由于学习任务繁重,不宜过多参加实践活动;二年级为定向期,要通过参加各种社会活动,锻炼自己的实际工作能力,最好能在课余时间寻求与自己未来职业或本专业有关的工作进行社会实践,以检验自己的知识和技能,并根据个人兴趣与能力修订和调整职业生涯规划设计;三年级为冲刺期,在加强专业学习、寻求工作和准备考研的同时,把目标锁定在与实现自己的目标有关的各种信息上;四年级为分化期,大部分学生对自己的出路都应该有了明确的目标,这时可对前三年的准备做一个总结:检验已确立的职业目标是否明确,准备是否充分,对存在的问题进行必要的修补。

(二)社会适应能力:提升就业能力的关键

学校和社会是有差距的,其运行规则和社会的运行规则有很大不同。这种环境的隔离,往往使得“象牙塔”里的大学生对社会的看法趋于简单化、片面化和理想化。一些企业对应届毕业生表示出冷淡,其中一个重要原因就是刚毕业的大学生缺乏工作经历与生活经验,角色转换慢,适应过程长。他们在挑选和录用大学毕业生时,同等条件下,往往优先考虑那些曾经参加过社会实践,具有一定组织管理能力的毕业生。这就需要大学生在就业前就注重培养自身适应社会、融入社会的能力。

借助社会实践平台,可以提高大学生的组织管理能力、心理承受能力、人际交往能力和应变能力等。此外,还可以使他们了解到就业环境、政策和形势等,有利于他们找到与自己的知识水平、性格特征和能力素质等相匹配的职业。

适者生存,生存是为了发展。对社会和环境的适应应该是积极主动的,而不是消极的等待和却步。大学生只有具备较强的社会适应能力,走入社会后才能缩短自己的适应期,充分发挥自己的聪明才智。因此,在不影响专业知识学习的基础上,大胆走向社会、参与包括兼职在内的社会活动是大学生提升自身就业能力和尽快适应社会的有效途径。

(三)良好的心理素质:提升就业能力的根本

近年来,在我们大学生身边经常发生一些令人难以置信的事情:马家爵一怒之下砍死自己的室友,起因竟是打牌这样的小事,几句争执、一场误解便上演了一出震惊全国的恶性杀人案件。大学生自杀、虐待动物事件也时有发生。这不得不引起我们的警惕:大学生的心理健康需要关注!在现实生活中,面对升学的压力和父母的期望,无数学子承受着巨大的心理压力,却没有得到社会的重视,因此才有了"马家爵","涌现"出为数众多的高分低能者。大学生不仅承担着建设祖国的重任,更是社会的中流砥柱,他们的素质体现着一个社会综合素质的高低。而当代大学生在求学期间,只注重专业知识、忽视心理素质的情况,使一些人在面对困惑或逆境时,总是表现出一脸的茫然,影响到自己的择业选择。尤其在求职过程中,有些学生一旦遭遇失败,便一蹶不振,这也是大学生就业难的原因之一。因此,大学生在求学过程中应注意提高心理素质,尤其是在日常生活中注意锻炼自己坚忍不拔的性格;在求职中,充分了解就业信息,沉着、冷静应对所遇到的困难,用积极的心态扫除成功路上的障碍,直到达到胜利的彼岸。

(四)正确的择业心态:提升就业能力的保证

"大学生就业现状及发展2006年度调查报告"中在对"解决当前大学生就业难的方法"的认识上,毕业生和企业的选择截然不同。毕业生更关注于从知识层面提高自己,认为"提高技能"和"提高职业素质"是最主要的。在企业界看来,首要的却是"学生调整就业心态","学生提高职业素质"和"提高学生技能"反倒退居其次。因此,为了提高大学生就业率,应当培养良好的择业心态,树立与市场经济相适应的现代就业观。

首先,要积极、主动寻求就业,而不能被动地"等、靠、要"。很多毕业生把希望寄托在社会关系资源上,出现了求职"全家总动员"的现象。一些毕业生则期求依靠学校解决就业问题。事实上,在市场经济条件下,我国已经实现用工制度的双向选择,大学生主动"推销"自己是一个非常重要的实现就业的途径,因为能否胜任工作还是要靠自己的能力说话。

其次,要破除传统就业观念,实现多元化就业。大学生在择业时往往承受着来自社会和家庭中传统观念和传统心理的压力,仍然把留在大城市、端上"铁饭碗"作为首要选择,也有不少大学生倾向于选择外企、合资企业等薪酬较高的职业,但很少有人选择西部和基层,这就使就业成了过"独木桥"。其实,很多岗位还是非常需要大学生的。比如,近年来,一批新型适应非正规就业方式的职业正在不断涌现,自由演艺人员、软件开发人员、翻译人员、美工设计者和自由撰稿人等自由职业岗位在社会上走红,对于缓解大学生就业压力起到了积极的作用。可见,只要大学生能转变观念、面对现实,就不难找到能够发挥自己特长的工作。

第三,避免盲目追求,正确认识自我。我国的高等教育正处于从"精英教育"向"大众教育"转变的过渡期,一些当代大学生缺乏应有的危机意识,"眼高手低",盲目追求就业中的高层次、高薪酬,在择业类型和择业区域上出现“扎堆”现象,造成了供求脱节,这也是造成大学生就业难的原因之一。据调查,我国2006年对大学生的需求量大幅度下降,2006年全国共有413万名高校毕业生涌向就业市场,较去年增加22%。这一增一减更成为大学生就业难的重要原因。在这种情况下,大学毕业生只有改变以前的“精英就业”观念,树立“人职匹配”的“大众化”就业观,才有可能实现就业。

【延展阅读】

大学生增强就业能力的四种途径

参加职业资格考试掌握求职第二块“敲门砖”

参加职业资格考试是现在大学生比较热衷的“充电”方式之一。有很多学生把职业资格认证视为大学毕业证之后的第二块“敲门砖”。所以各种各样的考试报名、辅导信息充斥校内的海报栏,有公务员考试辅导、教师资格认证考试培训班、报关员资格考试辅导班、会计职称考试、雅思英语辅导班等等,而且每种考试的报名费、辅导费,动辄近千元。然而为给自己找到更好的出路,很多学生抱着“这山不亮那山亮”的态度,报考很多培训辅导班,毕业时拿了很多证书,却没有用处。专家建议,大学生不要盲目去参加各种职业认证考试,要有计划,结合自己的专业和目标职业发展考取相关职业资格证书。

大一报考网络大学毕业增加就业砝码

很多大一新生在入学时就有了很强的忧患意识,希望在本专业之外掌握更多技能学习、更多知识,以提升自身的就业力。随着网络的普及,网络大学在短短的6年时间,在学人数已经达到了250万人,网络教育时间、地点的灵活性成为大学生掌握更多知识的很好的方式。大一新生选择就读网络大学,利用课余时间攻读完相关课程。到毕业还可以拿到两个都是国家承认的毕业证书。一位就读北京外国语大学网络教育学院(www.beiwaionline.com)的大学生表示:“自己学的是管理专业,但现在单位面试先不提专业知识如何,初试都要先过英语关。而且以后工作中肯定要用到商务英语,如及早掌握,毕业时可以找到更符合自己期望的企业,所以在北外网院选择了商务英语。就读网络大学既不耽误上学的功课还可以学到自己欠缺的知识,真可谓是一举两得。”专家表示,网络大学要求学生有较强的学习能力和自制能力,大家在选择时要因人而异。同时应该选择应用范围广的专业,如英语、管理等。

课余时间打工积累工作经验

众多用人单位在招聘员工时,常常会要求“有从事某某工作经验两年(或三年)以上”。这道门槛对于应届毕业生来说,是无法逾越的。所以在校大学生应及早做准备,利用课余时间打工积累工作经验,这也是提高自己竞争能力的一种手段。但有部分大学生一味的只追求工作经验,不光是课余时间出去打工,甚至在上课的时间,逃课去兼职。不但落下了功课,而且由于考勤不全导致考试不能通过。专家建议,学生还是以学习为主,自己的兼职时间和学业课程安排一定不能起冲突,要分清主次,在不耽误自己学业的前提下进行社会实践。

进行职前培训掌握求职技巧

很多学生的基本功很扎实,但就是过不了面试的“临门一脚”,因此大学生在平时应加强求职技巧方面的知识积累。目前学校就业指导中心和一些职前培训机构都可提供如面试技巧、职位描述、行业知识等培训，培训费用只有二三百元。

随着高等教育大众化的到来，高端岗位的就业压力也随之增大。大学生必须多方面提高自己的竞争能力。希望每一位学生都能根据自身的条件和优势，找到适合自己的“充电”方式，再利用这个优势在市场竞争中找到适合自己的位置。

来源　(2006-05-12). http://www.jobs.cn/newsInfo/2006-5-12/20065121010245_1.htm.

第十章 求职准备与策略

机会总是偏爱那些有准备的人!

——戴尔·卡耐基[美]

求职是人生的自我选择、自我"推销",也是对个人能力及素质的考验,需要积极的策略应对才能心想事成,如愿以偿。从就业信息的获得、简历和求职信的撰写、面试的礼仪和语言到求职心理的调试、就业协议书的签订,每一步都需要精心的准备和设计,机遇最偏爱有准备的头脑。

第一节 就业信息的获得

就业信息是与就业有关的所有信息的统称。按其真伪,可分为真实信息和虚假信息;按其作用,则可分为有效信息、低效信息和无效信息。真实的信息不一定是有效的。信息的有效性是因人而异的。按内容,就业信息又可分为背景信息和岗位信息。背景信息是指有关就业的背景资料、政策规定、就业形势等;而岗位信息则是指与岗位直接相关的岗位需求、应聘条件、福利待遇等方面的信息,如用人单位或人才中介机构发布的招聘信息。

一、就业信息的内容

(一)就业政策信息

就业政策是国家或地方政府关于就业方面的制度和规定,它可以细分为国家就业政策和地方就业政策。

国家就业政策。国家根据一定时期社会生产力的发展和社会对人才需求情况而制定的就业行为准则,包括就业体制、程序、时间等。如国家对不同培养方式的大学生的就业政策;不同地区来源大学生的就业政策;特殊情况的大学生的就业政策;有关大学生的就业的鼓励政策,关于大学生就业的制约政策等等。

地方就业政策。各地根据本地区经济发展的需要,在国家宏观政策范围内制定的适合本地区需要的就业行为准则。如吸引本地区急需人才的优惠政策,对外地大学生源流入本地区的政策及相关的人事代理、户籍制度等等。

大学生在择业时,要通过各种渠道和方法了解就业政策,在国家就业政策规定的范围内择业。如果对就业政策缺乏足够的了解,就容易导致就业的随意性和盲目性。轻者给自己造成不必要的麻烦，重者可能错过良好的就业机会。

（二）就业形势信息

大学生应了解社会对人才的需求形势，而一定阶段的社会发展决定了这种对专业技术人员数量、规格和质量的要求。目前，我国正处在经济快速增长时期，各行各业普遍需要大量的人才，大学生就业一般具有广阔的前景，这是社会的总体需求形势。

当然，人才需求也具有不平衡性，边远地区、艰苦行业，基层单位和乡镇企业等需要大量大学生，而大城市大中型企业、机关和科研院所则人才济济，即使有需求，要求也很高。大学生择业要看到这种需求的差别，把握正确的择业方向，不能单把眼光盯在条件优越而人才竞争激烈的地区和单位，而应把目光投向虽然目前条件较差，工作较艰苦，但人才缺乏，求贤若渴，亟待发展的地区和单位。

（三）人才需求信息

人才需求信息指各地区、各部门、各行业对大学生人才需求的数量和要求等。掌握这类信息，一方面可以坚定择业信心，另一方面有助于择业时选定地区、部门和行业。

二、就业信息的搜集

（一）就业信息的搜集原则

搜集就业信息是择业的基础。就业信息越广泛，择业的视野就越宽阔；就业信息质量越高，择业的把握就越大。

因此，必须利用各种渠道、各种手段，广泛地、全面地、准确地收集就业信息，为择业做好充分的准备。

1. 准确性、真实性原则

本原则要求信息所反映的情况必须真实、可信。就业信息是否准确，是择业人员做出决断的关键环节。信息不准，会给择业工作带来决策上的失误。

2. 适用性、针对性原则

随着人才市场的发展，就业信息愈来愈丰富。如果在信息搜集中不注意适用性，那么就可能在众多的就业信息中把握不住方向，从而捕捉不到真实的、有价值的信息。这就要求毕业生在搜集就业信息的时候，必须对自己有一个充分的认识，然后根据自己的专长、特长、能力、性格、气质等各方面的因素去搜集有关的就业信息，避免因收集范围过大而浪费不必要的人力和时间，事倍功半。

3. 系统性、连续性的原则

就业信息的搜集要求具有系统性、连续性。大学生平时获得的就业信息是零碎的，不连贯的，这就要求大学生善于将各种相关的信息积累起来，然后经过加工、提炼，形成一种能客观、系统地反映当前就业市场、就业政策、就业动向的就业信息，从而为自己的择业提供更可靠的依据。

4. 计划性、条理性原则

作为信息搜集者，首先要制定信息搜集计划，明确信息搜集的目的。只有明确了目的，才能发挥信息搜集的主动性。要明确自己所需的就业信息的内容范围，做到有的放矢，同时要选择信息搜集的方法和渠道。方法是达到目的的手段,方法正确,就可以在信息搜集中少走弯路,收到事半功倍的效果。在方法选择上,要做到与就业信息内容一致。有些信息是必须通过亲身调查获得的,有些信息则可以通过查阅资料、文献获得。总之,在搜索信息过程中力求方法与内容相衔接。

(二)搜集就业信息的途径

1. 高校就业指导中心就业信息网发布的信息

国家有关就业的方针和政策、用人单位的需求信息、招聘活动信息、就业指导等一系列最新信息能在第一时间通过校园就业网或公共栏准确、及时、可信地公布,是目前毕业生就业最主要的信息源。通过学校就业指导机构获得的信息有以下几个特点。首先是针对性强。一般用人单位是在了解了该校的专业设置、生源情况、教学质量等信息后,才向学校发出需求信息的,这些信息是完全针对该校应届毕业生的。其次是可靠性高。为了对广大毕业生负责,学校就业指导机构对就业信息要经过事先审核才予发布,以保证信息的可靠性。再次是成功率大。学校提供的用人单位的信息一般只对本校毕业生发布,相对竞争范围较小,就业成功机率较大。

2. 通过各种类型的供需见面会获得信息

“找工作,去市场”,现在已是众多求职者的首选。毕业生既可以参加各地人才交流中心举办的招聘会,也可以通过网上人才市场求职。在求职过程中,毕业生可以将自己的求职简历直接交给用人单位或挂在人才网站上,这样用人单位有可能主动找到你。通过人才市场求职,要尽量选择为毕业生举办的招聘专场,在这类招聘会上,毕业生才是用人单位招聘的主体。

毕业生就业市场是专门为毕业生和用人单位的“双向选择”提供服务的,它包括就业的有形市场和无形市场,有形市场主要是指由社会或学校举办的各种类型的招聘会,毕业生可以充分了解用人单位的需求信息。无形市场是指社会或学校利用网络技术为学生提供更多的信息服务。它与各大型企事业单位及其他用人单位实行信息联网,各大型企、事业单位和国家重点建设项目所需人才将输入互联网,并为各高校和毕业生提供查询服务。毕业生到该市场查询到的本专业的需求信息也是比较准确可靠的。

3. 招聘广告

有些用人单位在招聘时,会在报纸、网络等媒体上公布招聘信息。如果是本地公司,最好能上门拜访,一方面了解自己应聘的可能性,另一方面了解公司的实力。对于外地公司,如果是知名企业,可以根据要求直接将自己的应聘材料寄过去;如果是不知名的企业必须慎重,不能仅凭广告而轻信对方的承诺,以免上当。可以借助互联网等手段,验证用人单位的真实性与可靠性。

4. 通过参观、实习、社会实践等活动获取就业信息

毕业实习是学生踏入社会的前奏曲,是参加工作的预演,所以每个人必须充分认识到这是一份非常难得也是有价值的经历。实习单位一般都是对口单位。通过实习,毕业生对单位的了解或单位对毕业生的了解都会比别的需求信息更有效。这类获取信息的方式应该是贯穿学生在校期间的始终。一方面能使学生将知识与实践相结合,另一方面用人单位与学生之间也能有一定的相互了解与磨合。通过实习学生也对自己的职业发展方向有更明确的认识。如果说实习单位招聘进人,很可能实习生就是其要考虑的第一个目标对象,每年都有一些毕业生通过实习落实就业单位。

5. 通过社会关系网获得信息

个人的接触总是有限的，拓宽社交范围会得到许多有价值的信息。亲朋好友及家人通称为“人脉”，是最直接的社交范围。大学生就业，不仅要靠自己的人力资本（即自身所掌握的专业知识，还要充分动用自己的社会资本（即社会关系））。动用社会资本并不等同于“走后门”，它也能从一个侧面反映出一个人的人际关系和谐情况。在国外，通过“关系”而获得工作的人所占比例很高，介绍人往往是以个人的性格魅力为被举荐者提供信用担保。通过这种渠道获取的信息，往往签约迅速，成功率较高。

一般可提供信息的主要有以下几类人。

(1) 家长亲友

家长亲友提供的职业信息主要来源于其个人的社会关系，相对固定，有一定的局限性，一般不反映职业市场的实际供求状况。

(2) 学校的教师或导师

学校里有不少教师与校外的研究所、企业、公司合作开发科研项目，你也可以通过专业教师获得有关这些企业的用人信息，从而不断补充自己的信息库。教师、导师提供的职业信息往往专业针对性强，比较看重毕业生的学业成绩、在校表现及其资质、能力、特长。

(3) 自己的校友

应尽可能多地认识一些自己的“学兄”、“学姐”，打听一下是否可以在他们单位为你探查就业的可能性；或者是否愿意透露一些有关公司内部工作机会的情况，也许它并不意味着你肯定能找到一份工作，但至少能使你得到一些有关该企业的信息，从而对其有更深的了解。

6. 通过媒体舆论获得信息

媒体舆论包括报纸、杂志、广播、电视等各种新闻媒介，随着经济的快速发展和劳动用工制度改革，各种媒体舆论对就业方面较为关注，各种信息公布、宣传的比较多。特别是每年毕业前夕，就业方面的信息既快又多且广。毕业生要认真搜集这方面的信息。

7. 通过计算机网络获得信息

随着信息时代的到来，计算机网络的应用已经越来越普遍。毕业生一方面可以从网上获取就业信息，另一方面还可以通过网络发布个人求职信息，“网上求职”已经成为毕业生求职的一种常用手段。毕业生可发个人简历到因特网上，或制作一个宣传个人的主页常驻网上，这等于把推销自己的广告撒向了全球，从而大大提高了就业的机会。

【延展阅读】

对搜集就业信息有帮助的一些网站

1. 清华大学就业信息网 http://career. tsinghua. edu. cn/jyw/index. jsp。
2. 人民大学就业信息网 http://career. ruc. edu. cn/home/index. asp。
3. 中国农业大学就业信息网 http://scc. cau. edu. cn/Zp/zph. aspx。
4. 中国农业大学经济管理学院就业信息网 http://202. 205. 92. 242/web/main. asp。
5. 中国高校毕业生就业服务信息网 http://www. myjob. edu. cn。

6. 人事部人才市场公共信息网 http://www.chrm.gov.cn。
7. 人才职业网 http://www.rencaijob.com。
8. 北京高校毕业生就业信息网 http://www.bjbys.net.cn。
9. 上海高校毕业生就业信息网 http://www.firstjob.com.cn。
10. 高校毕业生就业网站导航 http://www.gradnet.com.cn。
11. 智联招聘 http://www.zhaopin.com。
12. 中国企业人才网 http://www.job100.com。
13. 厦门大学毕业生就业指导中心 http://210.34.22.200/jyzd/default.asp。
14. 北京林业大学就业服务中心 http://job.bjfu.edu.cn/2005/yxfzr/default.asp。
15. 北京林业大学经济管理学院网页就业工作栏 http://em.bjfu.edu.cn。
16. 上海招聘热线 http://www.shzp.com.cn。
17. 北京市人事局毕业生就业网 http://www.bjbys.com。

来源 (2005-05-11). http://em.bjfu.edu.cn/Article/ShowArticle.asp? ArticleID=572.

三、处理就业信息的基本程序

(一)筛 选

求职者收集到一定的就业信息后,须根据自身的求职需要对其进行一定的筛选,即要做好去伪存真、去粗存精的工作。筛选时应重点考察信息的真实性、时效性和价值性这三个方面。

首先要对就业信息的真实性予以考察分析,将那些不太真实的信息筛选掉。一般来说,来自于各级毕业生就业指导中心的就业信息和由各级教委或其他相关部门主办的毕业生供需见面会提供的信息,均是比较可靠的。而那些来自于报刊杂志或互联网上的信息其可信度相对要低一些。

其次要仔细判断就业信息的时效性。有的就业信息的确是真实的,但有可能是几周前、甚至几个月前的信息,这类信息的时效性就比较差,有可能当你知道这一信息时,用人单位已经招聘好了所需人员。

最后要认真分析就业信息的价值性。对于那些真实度高、时效性强的就业信息,毕业生要认真分析它们对于自己所具有的不同价值。比如某些岗位信息符合自己的职业定向、爱好兴趣、发展要求等,那么这类信息就比较有价值,反之,就是没什么价值的就业信息。

(二)求 证

对于那些已经筛选过的信息,毕业生还要做一些求证工作,以验证自己对于这些就业信息真实度、时效性和价值性的初步推断。比如可以通过电话咨询、网上查询、实地访问等方式了解用人单位各方面的情况,还可以通过对该单位比较熟悉的亲朋好友或学长校友等了解有关情况,以此来修正和补充有关就业信息。

(三)归 类

就业信息虽经筛选和求证,但仍纷繁复杂,毕业生不管是查询还是利用这些就业信息,还是不太方便,因此还需要对所有信息加以归类。求职者可根据就业信息的不同属性分门别类地加以整理，如按政策、形势、岗位信息等分别整理，这样既能防止就业信息有所遗漏，又能方便对就业信息的检索查阅。而对于直接与就业有关的岗位信息，则可以根据自己的就业意向，按其行业、薪资、前景、兴趣、离家远近等进行归类整理，必要时可赋予各岗位信息不同的分值，最好能做成相应的数据表格，然后进行比较，最后做出决定。

（四）行　动

上述三方面的工作都是为求职就业做准备的，接下来就要开始最重要的行动了。行动有很多种，比如给用人单位人事部门打电话、寄自荐信、参加有关供需见面会、托亲朋好友介绍或直接到用人单位毛遂自荐等。

第二节　简历与求职信的书写

一、简历的内容与格式

简历是求职时给人的第一印象，第一印象的好坏直接影响到求职是否能够成功。简历应全面、完整，以使提供职位者对求职者有比较全面的印象。

（一）简历的内容

一般来讲，简历内容应包括：本人基本情况、学习经历、实践、工作经历、能力、性格评价、求职意向、联系方式等基本要素。

1. 本人基本情况

包括姓名、年龄（出生年月）、性别、籍贯、民族、学历、学位、政治面貌、学校、专业、身高、毕业时间等等。

2. 学习经历

主要是个人从高中至就业前所获最高学历的经历，应该前后年月相接。主要列出大学阶段的主修、辅修与选修课科目及成绩，尤其是要体现与所谋求的职位有关的教育科目、专业知识，使毕业生的学历、知识结构与用人单位的招聘条件吻合。

3. 实践、工作经历

主要突出大学阶段所担任的社会工作、职务，在各种实习中承担的工作。对于参加过工作的研究生，要突出自己在原先岗位上的业绩。

4. 能力、性格评价

这一项介绍要恰如其分，尽可能使毕业生的专长、兴趣、性格与所谋求的职业特点、要求相吻合。“学习经历”和“实践、工作经历”一起表明个人的能力、性格。因此，前后一定要相互照应。

5. 求职意向

简短清晰，要表达本人对哪些岗位、行业感兴趣及相关要求，切实表明对工作的期望。

6. 联系方式

一定要清楚地写明本人地址、区号、电话号码和 E－mail 地址等。

7. 求职信

通常建议使用电脑打印的文稿，如果毕业生字写得不错，可手书一篇工整漂亮、简短的求职信，效果会更好。

8. 备 注

其他重要或需特殊注明的经历、事项等。附上有关证明文件，必要时加上中外文对照。

(二)简历的格式

1. 填表式

这种格式和过去履历表格式差异不大，只是项目增多，突出求职性。有三种情况：其一是用人单位事先印制好，特供招聘人才使用，求职者按要求填好即可。其二是求职者单位统一设计特供本校毕业生求职应聘或推荐人才使用，配有漂亮的封面、封底设计，这种格式具有个人推销自己和单位推荐二重性。其三是求职者自行设计好表格填写，然后投放人才市场、用人单位。有时后二者并用，毕业生一方面依靠学校推荐，另一方面又自己寻找人才市场、用人单位。但这种“填表式”简历，不管是哪种情况，还是起不到醒目夺人，一目了然的效果。甚至有的用人单位、人才市场看腻了眼花缭乱的表格，会扔进垃圾堆的。

2. 文字表达式

这一形式有两种情况：其一是分条列项叙述式。其二是作文叙述式，按自然段排列或一段成文，没有主次。前者虽然分项列出叙述，但还是不太能引起招聘单位注意，表现还是平庸。后者文字一片，即使文字功底很好，表述再清楚明白，还是引不起招聘单位的细心慎审，使阅读简历者产生厌倦情绪，导致你的简历漂流于茫茫的求职者之间淹溺。

3. 创新式

这一种格式是由简历的投递者根据自己和招聘单位的需要而制作。

其一是简历的内容写作形式的创新，突出项目，把项目溢出文字内容之外，这一形式虽然是文字表述，但形式发生了变化，较为醒目，这一内容写作形式上的创新，它可以通过项目标题突出文字之外，项目字体或重点内容字体变化、主次排列项目，吸引简历的阅读者和用人单位，引起他们的关注。

其二是文字造型、封面封底、色彩修饰、折叠方式的创新。

其三是求职简历格式创新，还在于项目设置与选择的创造性、新颖性、突出性。如为某企业公关获利或扭亏为盈，就可以独立设项，通过字体变化、突出“公关获利”字样，再如“参加社区教育”、“在校期间科研成果”等。

“创新式”简历贵在“新”，从简历的格式、版面能起到醒目夺人的效果。但需强调的是，切忌流于形式，过分华而不实。因为，形式是为内容服务的，内容是依附形式出新的。

二、简历的写法

作为求职者向用人单位介绍其基本情况、学习经历和工作经历的文书，写作简历时必须注意以下几点：

（一）简历贵简，不要啰嗦

如写基本情况，就写成“××，男（或女），××市人，××年×月生，××年～××年就读于××大学××系××专业，××年毕业，××学士。”接下来就写你的学业情况、突出的成绩和工作能力。简历的繁简因个人经历不同而异，但一般以一页打印纸为宜。如果是整套规范的求职材料，则以写满设置的表格为准。

（二）要朴实，不要浮华；要诚实，不要虚假；要突出共性，不要彰显个性

在文字上，少用形容词和长句子。与其在文字上追求浮华以吸引招聘者，不如把你的文字写通顺，让它无懈可击。文如其人，用人单位会通过简历揣摩你的道德修养和学识水平。此外，如果写得一手好字，你的简历和求职信可以使用手书。在内容上，要诚实，假的就是假的，就算作假高手都有可能留下漏洞，假简历不被识破的可能性很小，何况作假与大学生通常要求相违背。从写作角度讲，要突出共性，不要彰显个性。有人认为只有彰显个性，才能吸引用人单位，其实不然。用人单位招聘的，恰恰是那种具有好员工所共有的特点的求职者，很少用人单位青睐个性张扬的职员。

（三）不要遗漏重要资讯

联系方式是很重要的，不要遗漏。联系方式以电话为最重要，其次是电子信箱，最次才是常驻地址。一般来说，招聘单位会选择快捷方式与你联系的。电话要留自己的，以免别人接电话时不知道是哪里、给用人单位造成不好印象。如果你有一个很出色的个人主页，可以在简历煞尾处写上一句：“更多情况请登陆我的主页”，并写出主页地址。你的有些经历是重要的，如，你的教育实习获优秀等级，或者你的毕业论文是学院级优秀论文，这是很重要的资讯应该写上。你实习是在哪个公司，实习内容及评价，也许是用人单位最想知道的，也要写上。你当过干部吗？可以顺带一笔。

（四）不要写进不该写的内容

作为一个大学生，你中学甚至小学在哪里上，学习成绩如何，是否是因为发挥不好没有考进重点大学等内容，用人单位是不关心的，最好不要写，或者一笔带过。你也许觉得自己天资聪颖，应届毕业就金榜题名，但你的年龄已经告诉这个信息了，不要再写。你只是很随意地带一笔，用人单位却有可能认为你在卖弄。所以这个内容不要写。另一个不要写身材和长相，这是个敏感问题，不论你在这方面的自然条件如何，都不要写。就算你很美，但美是没有客观标准的，你写出“长相较好”，人家对你的期望值就很高了，这样反而容易在面试时给人也不过尔尔的感觉。其实你的照片已经在附加的资料中了，不说为好，身高也不要说，现在聪明的就业指导中心已经把身高甚至体重做成表格放在基本情况栏了，有数字为证。不是什么干部都宜写进去。如果你当过寝室长，也不写为好，因为你写进去，用人单位不了解我们的寝室长是一个多么重要的职位。他会认为这是微不足道的，你写出来反而显得没有更重要的业绩能写了。如果不涉及这个内容，用人单位倒以为你是疏忽了。如果跳过几次槽，或者被用人单位辞退了，也要在简历中谨慎书写。必须把原因写好，最好不要表示出自己能力不行或看不起原来公司的意思。可以写客观原因，如公司业务转向或者倒闭，或者因为家里有重要事情主动辞职回家一段时间，或者辞职进修去了。再一个是婚否问题，可以据实写。如果有婚史，不要轻易写出来，不管离婚是因为对方多么不好，人们还是容易视离婚者为失败者，不如写“单身”好了。如果你已有确定的朋友，只差举行婚礼了，你写“已婚”无妨。

(五)电子简历

电子邮件的简历,应该认真写一个文本格式的简历作为附件发给用人单位。不要使用 word 文档,因为很多单位都喜欢用文本存档,编辑起来方便。电子邮件要写一个醒目的标题,如"应聘销售部经理,个人简历",不要只用"简历"二字,以免被忽视。电子邮件的交流比传统的文书随意便捷得多,但还是应该当说才说,不当说的不说,除非本来就是不抱很大希望。比如工资要求,还是不问为好。人家要你表态,也要灵活说话,不要让自己没有退路。这一条适合传统的纸媒简历和求职信。电子简历由于使用附件发送,就要求在简历之外,还要写一封信。现在,写作界有许多人在关注电子信函的写作问题,为此写了很多文章。其实,电子信函只是形式变了,信函还是信函,格式与纸媒信函无异。如果说有不同,就是,电子信函内容一般较简洁,并可以灵活地选择信函背景、附加 flash 和其他附件。而求职信以庄重为要,这些花哨的东西派不上用场。

【延展阅读】

标准简历(简历模板)

个人概况:

求职意向:________________

姓名:________________性别:________

出生年月:______年____月____日所在地区:________

学历:________________专业:________________

婚姻状况:________________目前年薪:________________

联系方式:

住宅电话:公司电话:________________

手机:________________

个人主页:

通讯地址:____

邮政编码:____

教育背景:

最高学历:________________最高学历学校:________________

专业:________时间:________年____月至______年____月

第二学历:________________第二学历学校:________________

专业:________________时间:______年____月至______年____月

教育情况描述:(此处可注明:所修课程、在学校所参加的组织活动、担任职务、获奖情况、发表的文章等,请根据个人情况酌情增减)

____

____

____

外语能力：

外语一：基本技能：______________

通过标准测试：______________

外语二：基本技能：______________

通过标准测试：______________

其他：

工作经历：

______年____月——______年____月________公司________部门________工作

______年____月——______年____月________公司________部门________工作

（此处应为整篇简历的核心内容，应聘者可以着重叙述此项，并根据个人工作情况不同而重点突出说明工作具体内容与经历，尤其是与求职目标相关的工作经历。一定要说出最主要、最有说服力的工作经历和最具证明性的为公司获取的利润和相关成绩；说明的语气要坚定、积极、有力。具体的工作、能力等证明材料等。写工作经验时，一般是先写近期的，然后按照年代的顺序依次写出。最近的工作经验是很重要的。在每一项工作经历中先写工作日期，接着是工作单位和职务。在这个部分需要注意的一点是，陈述了个人的资格和能力经历之后，不要太提及个人的需求、理想等。）

个人能力：

（如电脑能力、组织协调能力或其他）

____

个人爱好：

（突出自己的个性，工作态度或他人对自己的评价等）

____

其他说明：

（如获奖情况等）

来源　天极网下载频道. http://www.mydown.com.

三、求职信的写法

求职信也叫自荐书，是为了求得某一职位而向用人单位发出的专门信函。求职信区别于求职简历，它是使用书信格式写的职业申请书，主要目的是向对方表明你对用人单位正在招聘或可能招聘的某个职位感兴趣，陈述你的工作经历和经验，表述你适合某个职位的理由。一般说，求职信包含在求职简历之中，它有很强的针对性和目的性。求职信写作的要点如下。

（一）严谨的格式

求职信必须具有私人信函的所有要素，同时，还可以为求职信设一个标题。一般标题可以是“求职信”三个字。有时也可写成“应聘××职位的函”这是公函式样。求职信要写成上行书信，比一般私人书信要更注意礼节，在格式上、措辞上、语法上、书法上都不能出现错误。尤其要注意求职信的提称知照语、正文的问候语、信末颂候语、启告语（具名语）和封面启封语，不要出现错误。打印的求职信要有亲笔落款，以示对对方的敬重。打印求职信要用A4白纸4号（或小3号、3号）宋体(或仿宋体)打印,专信专打,不要复印。装信时信纸文字朝里上下对折,再左右对折或三折,以长宽小于信封10mm左右为宜,千万不要折花样。信函篇幅应控制在两张纸以内,以一张纸为好。

(二)平实的文风

求职信要给人以诚恳、真实、温馨的感觉。首先是要平实,然后才讲究文采。文采是一个模糊概念,不能量化,关键是适度。如果你有很好的文笔,驾驭文字的能力很强,你不妨露一手,否则,以平实为好,以免弄巧成拙。在简历写作中我们已经说过,如少用形容词和长句子,不要使用华丽的辞藻,不要在求职信中表决心。

(三)重点突出

一个人的人品很重要,但人品是表白不出来的,因此,求职信最重要的内容是你的资质。比如,过硬的专业知识,取得的各种执业证照,文字能力、外语水平、操作能力、组织能力。这些都是有据可查的,只要写出证据就可以了。如通过了公共英语六级;在哪个报刊发表了什么标题的哪几篇文章,字数多少;有律师证吗,有注册会计师证吗等?在求职信内容取舍上,要有针对性。要研究用人单位的工作性质和文化背景,例如向一所历史悠久的公立学校写求职信与向一所新兴的私立学校写求职信,内容应有所不同。求一个文员职位和求一个销售经理的职位,求职信的侧重点也应有所不同。有的老板看重文采,有的老板注重员工的道德修养,有的老板希望找一个听话的员工,有的老板则需要一个能独当一面的帮手,要注意分析揣摩。如果揣摩不透,就写一封平实的信,实事求是,以不变应万变。

(四)层次清楚

通常情况下,求职信正文分为概述、详述和总结三个部分。

①概述部分即开始部分,包括姓名,年龄,学历,婚姻状况,健康情况,联系地址,求职目标等。有时得到职位信息的途径也要写出来,作为正文的引子。求职目标要结合自己的实际情况去选择,应该考虑的因素有:专业特长、兴趣、待遇、能力、学历、年龄、性别、性格、爱好等,其中兴趣与待遇最为重要。对于特别热门、应聘人特别多的职业,选择要谨慎行事。

②详述部分即中间部分,主要陈述个人的求职资格和所具备的能力。专业情况包括自己所学的专业和业余所学的专业及特长,具体所学的课程等;自己所受教育的阶段,教育背景的陈述,要突出与招聘工作密切相关的内容。工作经历要突出与求职目标相关的经历。一定要说出最主要、最有说服力的资历、能力和工作经历。说明的语气要肯定、积极、有力。写工作经验时,主要是突出近期的,按照年代的顺序依次写出。在每一项工作经历中先写工作日期,接着是单位和职务。在这个部分需要注意的一点是,陈述个人的资格和能力经历之后,不要太提及个人的需求、理想等。中间部分要把能证明资历、能力以及工作经历的材料列举出来,让阅信人觉得所言是实,印证随信的附件。例如学历证明、学术论文、获奖证书、专业技术职业证书、专家教授推荐信等。

③总结部分即结尾部分,表明自己希望加入单位的诚意,礼貌地提出希望参加面试的请求。标明你联系的最佳方式和预约面试的可能时间范围。结尾亦可以礼节性的感谢对方花时间浏览简历并对你关注。

【延展阅读】

自荐信

尊敬的领导：

您好！

我是××大学××系的一名学生，即将面临毕业。

××大学是我国××人才的重点培养基地，具有悠久的历史和优良的传统，并且素以治学严谨、育人有方而著称；××大学××系则是全国××学科基地之一。在这样的学习环境下，无论是在知识能力，还是在个人素质修养方面，我都受益匪浅。

四年来，在师友的严格教益及个人的努力下，我具备了扎实的专业基础知识，系统地掌握了××、××等有关理论；熟悉涉外工作常用礼仪；具备较好的英语听、说、读、写、译等能力；能熟练操作计算机办公软件。同时，我利用课余时间广泛地涉猎了大量书籍，不但充实了自己，也培养了自己多方面的技能。更重要的是，严谨的学风和端正的学习态度塑造了我朴实、稳重、创新的性格特点。

此外，我还积极地参加各种社会活动，抓住每一个机会，锻炼自己。大学四年，我深深地感受到，与优秀学生共事，使我在竞争中获益；向实际困难挑战，让我在挫折中成长。祖辈们教我勤奋、尽责、善良、正直；××大学培养了我实事求是、开拓进取的作风。我热爱贵单位所从事的事业，殷切地期望能够在您的领导下，为这一光荣的事业添砖加瓦，并且在实践中不断学习、进步。

收笔之际，郑重地提一个小小的要求：无论您是否选择我，尊敬的领导，希望您能够接受我诚恳的谢意！

祝愿贵单位事业蒸蒸日上！

×××

××××年××月

来源　(2006-09-19). http://www.xiaokui.com/jianli/11/200609192033.html.

第三节　面试技巧

一、面试的类型

（一）根据具体形式不同分类

1. 个别面试

在这种形式下，一个应招者与一个面试人员面对面地交谈，有利于双方建立较为亲密的关系，加深相互了解。而且，个别测验可以使用多种工具，并可以给予特别的注意。但由于只有一个面试人员，所以决策时难免有失偏颇。

2. 小组面试

通常是由二三人组成面试小组，对各个应招者分别进行面试。面试小组可由人事部门及其他专业部门的人员组成,从多种角度对应招者进行考察。小组面试允许每位主试者从不同侧面提出问题,类似记者在新闻发布会上的提问。因此与个别面试相比,小组面试能获得更深入更有意义的回答,相对来说,能提高判断的准确性,克服个人偏见。同时,这种面试会给被试者以额外的压力。

3. 集体面试

通常由面试小组(由二三人组成)同时对几个应招者(最好是五到六人)同时进行面试。在面试人员的引导下,完成一些测试和练习。在这个过程中,对应试者的逻辑思维能力、解决实际问题的能力、人际交往能力、领导能力等进行测试,以做出用人决策。

(二)根据提问种类不同分类

1. 非结构化面试

在这种面试中,面试者会提出探索、无限制的问题。这种面试是综合性的,面试者鼓励求职者多谈,一般比结构化面试耗时要多,且因不同候选人而获得不同的信息。

2. 结构化面试

结构化面试是由一系列连续向申请某个职位的求职者提出的与工作相关的问题构成。使用结构化面试由于减少了非结构化面试的主观性,从而提高了面试的可靠性和准确性。为获得公正且客观评价候选人的信息,面试者必须遵循一个结构化、系统化的面试程序;但是,如果面试人草率地提出每个问题,那么结构化的优势将大大削弱,这种方法很容易使气氛过于正式,因而严重影响候选人回答问题的能力和愿望。

二、面试前的准备

(一)全面了解、分析用人单位和应聘岗位的情况,做到有的放矢

了解的途径一般有详细分析招聘简章,通过用人单位的自我介绍和实地考察等多种途径,主要看该单位的过去、现在和将来的发展前景,考察该单位社会信誉程度、生产资金的实力、产品市场的前景,等等,要注意接触和倾听基层一线职工的意见和评价,以佐证其介绍的真实可靠性。

掌握求职信息是进行职业选择这个双向过程的首要前提。现今就业信息渠道畅通发达,网络、新闻媒体、人才市场等中介机构都是重要的信息源。就业选择和就业方式也多种多样,除了全职,还可以选择兼职、自由职业。还可以主动利用社会关系网络寻求就业信息和机会。因此,学习运用信息时代的就业手段十分重要。

面对海量就业信息,还需要很好地选择加工,善于区分出有用的信息,同时还要增强法律意识和安全意识,识别招聘骗局和欺诈或各种虚假信息。

(二)选择适合自己专业及个人条件的职业

就业信息的选择加工过程是将职业与自我进行匹配的过程,要看职业要求与自己的专业以及个人条件等是否相符合。

例如,“专业对口”往往是用人单位与求职者尤其是应届毕业生双向选择中的共同标准。专业对口使个人更容易发挥专业特长,避免自己专业资源的浪费。当然这也不是绝对的,现在很多成功人士都是“半道出家”从事某项职业的,专业与个人的职业潜质并不等价。对照应聘单位的情况,

全面客观、公正地测评自己，选择适合自己的部门和工种岗位，明确各岗位的要求，做到知己知彼。

(三)做好面试材料及有关面试内容知识的复习准备

有关面试的证件材料包括身份证、学历证、专业职称资格证、求职简历、自荐与申请等。有关面试的知识，不同行业有不同的要求，除了专业知识外，还包括相关学科及社会知识，应有针对性地准备，同时日常要注意知识的积累和总结。

(四)精神心理形象准备

总的要求要有良好的心理素质、精神状态和适合自己身份气质特点并符合应聘条件的职业形象。具体讲面试前要调节好心态，要自信、乐观、镇静，千万不要尚未面试而一味考虑本次面试对自己的重要性和利益关系，焦虑、胆怯、害怕，患得患失易引起精神紧张，使综合能力不能正常表现和发挥，常常导致失败。面试前要注意适当多休息，保证健康的身体，饱满的热情，充沛的精力和良好的精神状态，切忌疲劳、困顿、焦虑，给人一种萎靡不振的感觉。面试时个人的形象气质也比较重要，因为它是呈现给用人单位的第一印象，基本要求是衣着打扮要整洁、大方、得体，既符合应聘的职业形象要求，又能体现自身的形象气质特点。按时到达面试地点，也是保证做好准备面试和如约面试的一个重要环节。

三、面试语言的技巧

求职过程中，语言交流是一个非常重要的环节，这个环节的关键是招聘单位与毕业生通过交谈考察毕业生的综合素质、性格、爱好、志向、语言组织能力和表达能力等，对面试成功起到了重要作用。

(一)把握交谈机会，不要沉默不语

在交谈中，最愉快的是双方畅所欲言。毕业生应抓住该机会，消除顾虑和紧张，努力营造一种良好的谈话氛围，充分展示和表现自己。你应该了解所应聘的职位的工作职责及理想的人选应具备什么样的资格，这样就占据了主动，可以根据应聘单位的需要来描述过去的成就。在面试时可以用提问题来证实了解到的信息，如果对方的回答让你意识到了解的信息有误，那么应该明白必须对谈话内容进行及时的调整，对于整个面试来说，通过面试回答证实你获得的信息是相当关键的。如果感觉实在无话可说，也可以利用机会提点问题，但问题要有一定的水平，向用人单位表现你的见解。

(二)要能机智应变，不要呆板教条

面试时，招聘者提问方式也各不相同，毕业生要随机应变，灵活应对。有的招聘者喜欢一本正经地提问，对主题无关话题不问，希望回答问题要简单干脆。毕业生就要信心十足，简明扼要、直接、清楚地回答问题，切忌含糊、犹豫和东拉西扯。有的招聘者讲话客气，面试的问题条理性较强，毕业生就要表现出热情、友善，多用“我们”而少用“我”，切忌贬低别人抬高自己。有的招聘者喜欢自己先述说较多的内容，中间冷不防提出一两个问题，毕业生与这样的招聘者交流时，要表现出对他的谈话感兴趣，并恰到好处地做到一唱一和，还有的招聘者用理智和道德来面试，经常提出人生观、价值观、形势等方面问题，毕业生在回答他们的提问时，要思路明确，理论联系实际，合乎社会规

律和道德要求。总之,在交谈中,用人单位所谈的不一定都与专业有关,这时,你应小心对答,千万不要匆忙回答。对没有准备的问题,也不要呆板地说:“我不知道”,这将反映出你知识面窄,应变能力差。而应采用试着请对方多谈一些这方面的事情,以转移话题。

(三)要自信展示自己,不要随便附和

在众多的面试求职者面前,个别毕业生会有自卑感,总感到“矮人一头”,实际上,这种想法是没有必要的。首先要认识到,在激烈的人才市场上,敢于竞争就能掌握主动权,缺乏自信,唯唯诺诺的人,即使“内秀”,也往往成为失败者。其次要看到,每位毕业生都有自身的优势和特长。当面试有几位主考人员时,由于各主考官情趣爱好和思想倾向的差异,所以在展示自己说话时应有新有旧,有深有浅,有俗有雅,有远有近,说话的中心是什么,围绕该中心先讲什么,后讲什么,怎样讲才能把自己的情况完美地表现出来,恰中用人单位之意,都需要精心设计。切忌自卖自夸,自吹自擂。不要为了赢得用人单位好感,显示自己博学多才,过分表现自己,打断主考官的讲话或是一个话题滔滔不绝讲个没完。这样主考官会认为你是个华而不实,只会空谈的人,也不要在交谈中对用人单位所谈问题一味地随声附和,使人感到没有见解,没有独立的个性,是个唯唯诺诺的人。最后,在交谈的适当情况下偶尔表明一下不同意见,效果会出奇的好。

(四)要努力谦虚平和,不要与人争论

谦虚是人的美德。在面试时,理应表现出求职者的谦虚、诚恳。有的毕业生过于自信,摆出凌架于他人之上的架势,傲气十足,神气十足,认为自己是英才,别人是阿斗。面试时,听人讲话,要聚精会神,不可漫不经心,在听人讲话过程中,要通过点头、微笑、手势、体态等不同的方式做出积极反应。在自我介绍时,应当留有余地,一般不宜用“很、最、极”等表示极端的词来夸耀自己的成绩和长处,应用客观的语言来叙述,切忌自我夸奖和赞成。在面试时可能碰到主考官在某一方面不如求职者,尤其是当你的特长比较突出时,千万不要妄自尊大。在面试过程中,对有些问题,双方有不同的看法是正常的。但要委婉避开谈另外的问题。千万不要与主考官激烈争论,因为哪个单位都不想要“刺头”。

【延展阅读】

巧解面试过程中的“缺点”难题

面试考察中,有些求职者,尤其是女性,被别人提到自身的缺点,或是不愿触及的问题时,常会不由自主地摆出防御姿态,甚至反击对方。这是不对的,别忘了,你只是一个候选人,自以为是振振有词地驳倒主考官,只会使你误入过分自信的陷阱,招致“狂妄自大”的评价。如何化解面试中的“缺点”难题呢?

坦然承认　博得认同

如果自己有缺点,最好的办法就是坦然地承认它。为自己的缺点找足理由也无济于事,重要的是如何使对方在感情上认同你谈及自身缺点的态度。“你为什么留级过一年?”主考官这样问,你该怎么回答呢?可以这样回答:“我也觉得留级一年很不应该,当时我担任社团的负责人,全身投入到社团活动上,反而忽略了自己当学生的本分,等我察觉到这个错误时,我已经留级了。虽然我

花在社团的心血,也带给我不少的收获,可是每想到自己因此而留级,就觉得很可耻,我一直都为此事耿耿于怀,更不愿重蹈覆辙。"要很诚实地承认自己的缺点。通常主考官会因此认为你是个知错就改的人,而且会因此认同你的处境,心存好感地继续听你说下去。

消除误会 缩短距离

有的"缺点"并不是缺点,而是一般意义的误会造成的,这时,你应及时澄清,缩短与对方心理上造成的差距。一个求职青年出身是高干家庭,他到一个普通公司去求职面试,在介绍自己时说:"我的父亲是高干,但他对我的要求很严格,家中虽有保姆,但洗我自己的衣服等活,从来不让保姆给我做,而让我亲自动手做,由于我是在这个环境长大的,什么事情都自己做,也从不依赖父亲的职权,所以,到你们公司,你们受的苦,我都能吃……"这位求职者抓住自己的家庭出身高干,容易引起人们产生不能吃苦的看法的关键点,从自己的父亲对自己的严格要求入手,谈到自己对家庭出身的看法和对生活所采取的态度,以便让对方了解自己吃过苦,能吃苦的品质,和用人单位的观点相一致。这样一来,就缩小了与用人单位的距离,使他们觉得你在各方面都和自己一样。

明谈缺点 实论优点

有的考官常常对那些表现令人满意的考生提出令人尴尬的问题:"从事某项工作你有什么主要缺点或不足?"有的考生连连摇头,回答说没有,甚至有人反问:"您说呢?您给我指出来好吗?"等等。有的考生不假思索,脱口而出:"我的缺点就是特散漫,不愿意受纪律约束。"或从事某项工作的其他致命缺点,令人啼笑皆非。这样的考生人家敢要吗?而有的人回答却令考官赞叹不已,他们既不掩饰回避也非直截了当,而是联系大学生的共同弱点(缺乏实践经验、社会阅历较浅等),结合本专业的发展趋势(知识结构不甚合理、专业知识不足以应对新的挑战等)及个性中的缺憾(如过分追求完美,可能开拓精神不够,或过于追求工作效率,小心谨慎不足,等等),讲讲自己正在克服和能够改正的弱点。谈理想与现实中的差距,讲那些表面是缺点但对某项工作有益的个性,相当于说:"我很丑可是我很温柔","我很笨,但是我更忠于职守",等等,既体现了谦逊好学的美德,也正面回答了这一难题。心理研究表明,人际交往存在三种状态,一种是权威式、一种是理智式、一种是冲动式。在面试中更需要理智式的交往,而理智来自于充分准备,深思熟虑,而不是幼稚冲动。

一个人有缺点并不可怕,可怕的是不敢承认它、改正它,反而强词夺理。从辩证的角度看,缺点与优点是相互转化的,前提是正确地认识缺点,实实在在地改正缺点。"横看成岭侧成峰"。对缺点本身来讲,有些"缺点"对某些工作来说恰恰是优点;对有缺点的人来说,无论是消除误会,还是坦然承认,都会使消极评价转化为积极评价。

来源 (2008-02-18). http://www.ic01.com/fuwu/article/shownews.asp? aid=4337&anum=1.

四、面试礼仪的技巧

随着就业竞争的加剧,使得毕业生在面试短暂的时间中充分展示自己,给面试考官留下良好的第一印象,显得越来越重要了。毕业生求职时,什么样的"包装"最为有效呢?

(一)着装大方得体

面试时着装搭配很重要,直接影响用人单位对你的总体感受。服饰要给人以整洁、大方的感觉,穿着应以庄重一点为好,不要追求时髦,乱穿乱戴。尤其是女性,如果衣着过于华丽,描眉擦粉,项链、耳环、戒指都戴上，特别是毕业生过于成人化、世俗化，自以为美，往往会事与愿违。衣服不洗不熨，易给人一种精神不振，邋遢的感觉。女同学装束以朴实、庄重而不失学生活泼装束为好；男同学则应以整洁，干练为好，并注意提前理好发型。同时，装束打扮一定要与谋求的职位相称，并且准备好与职位相吻合的"道具"。身上穿的、手上戴的均能反映出对求职申请的职位的理解程度。若应聘银行、政府部门，穿着偏向传统正规，应聘公关、时尚杂志等职位，则可适当在服装上加流行元素，显示出自己对时尚信息的捕捉能力。试想若你应聘经理秘书，而秘书下雨天穿着高统套鞋去应聘恐怕同所申请的职位相差甚远。所以得体的装束可给人留下良好的第一印象，也是获得面试成功的关键。

（二）言谈举止文明

毕业生在面试过程中表现出的形体语言是面试成败的关键。如果对方约自己面谈，一定要感谢对方给自己这样一个机会，如果是自己约对方面谈，一定要表示歉意："对不起，打扰您了"，等等。面谈时恰当的眼神能体现出智慧、自信以及对应聘单位的向往和热情。要真诚礼貌地注视对方，表示对他的话感兴趣，决不要东张西望，心不在焉，或下意识地不停地看手表，否则，显得不尊重对方。与对方谈话要反应适度，要呼应，他说幽默话时，你的笑声会增添他的兴致。他说话严肃认真时，你屏住呼吸强化了气氛，这种反应要自然坦率，不能故意做作或大惊小怪地做出表情。切忌面试时过于紧张，手脚不知所措，或侃侃而谈，手舞足蹈，不要有太多的小动作，抓耳挠腮，耸肩，这些都是不成熟的表现。

（三）讲信用守时间

要按时到面试地点，千万不能迟到。最好提前 10 分钟到达面谈地点，以表示求职的诚意给对方信任感，自古以来"不守时者绝不可靠"的观念已深入人心。如果让用人单位等几十分钟，后果可想而知。另外，缺席也是"自绝粮路"最快捷的方式，如果你真的因病或其他突发事故无法面试，应事先告知对方，请他们及时调整时间或另行安排你的面试。同时，还要遵守面谈定的时间长度。有时招聘者主动提出只能谈多长时间，这需要你主动问可以谈多长时间，而谈话时一定要把握好时间长度，以体现你的办事效率。

五、面试中经常提及的问题及应答技巧

（一）你为何想要这份工作

这时求职者面试前对单位和岗位的了解就起了很关键的作用，求职者可以根据对岗位的了解，一要谈本人已具备应聘岗位所需的专业知识和技能，二要谈应聘的岗位符合自己的志向和兴趣。要从用人单位的性质、工作意义、发展前景和本人能为单位做贡献、想发挥自己的聪明才智等方面回答问题。要具体说出应聘岗位对你的吸引力以及自己加入后的抱负是什么，让对方相信求职者的诚意。

（二）你主要的优缺点是什么

这个问题问得很直接，也有一定的隐含性。对方既想了解求职者的优缺点，也想看看求职者对自己能否作出客观、正确的评价。

（三）谈谈你经历中最值得自豪的事情

招聘方是想通过了解求职者以往的业绩，判断其事业心、责任感和敬业精神等。求职者可以通过回顾自己过去所经历的一件事或参加的一项活动，重点介绍自己在活动中所扮演的角色、承担的责任、付出的辛劳和取得的收获等。通过事例说明自己很刻苦、有毅力，事业心和责任感很强，是个具有协调性的人，重团队精神。

（四）你应聘的岗位已有合适人选了，是否愿意接受其他职位

每个公司都有自己的用人政策，他们的工作安排未必会与求职者本人的愿望完全一致。另外，单位的发展也需要所有员工具有良好的工作适应性，如果公司对于求职者的使用与本人愿望不一致时，应强调无论干什么事都会努力去干。在此之后，可委婉地将个人意愿再表达一次，这样可以体现你的真诚性、纪律性与适应性。

（五）和其他应聘者相比，你觉得自己有什么优势吗

如果你的交谈中含有诋毁别人的成分，那么你不但不能充分展示自己的长处，还很有可能被淘汰出局，这正是此问题的难度所在。回答本问题的诀窍是仅回答问题而不要接受主考官要你突出自己显得自己高人一等的要求，你可以借此题目继续将自己与工作有关的特长、品质描述一遍。

（六）除了本单位外你还应聘了哪些单位

这是对应聘者求职志向的一个了解。应聘者要想成功，就不能说一些与该岗位各方面都无关系的单位名称，不然容易让用人单位产生无法信任的感觉。应聘者应该说出与该岗位比较接近的单位名称来，最好能简单说明一下没有在其他单位就职的原因，如其他的单位与该单位相比还有一定的差距，贵单位更适合自己发展，本人也更愿意在贵单位干一番事业等。

（七）假如你未被录用，你会怎么想

这类问题用来考查求职者的自信心和意志力，通过求职者的表情和回答问题的态度，看求职者对自己是否有信心，能否为自己争取机会。

（八）你如何规划未来的事业

应聘者应先说明要发展或进取的专业方向，再表明脚踏实地的工作态度，不可表露出不安分，想考研或者当跳板之类的想法。最好还能结合对岗位的了解谈一谈上岗后的工作思路。

第十一章　求职心理调适与就业权益

狼的许多难以置信的做法也值得借鉴。不打无准备之仗，踩点、埋伏、攻击、打围、堵截，组织严密，很有章法。好像在实践孙子兵法，'多算胜，少算不胜'。

——张瑞敏[中]

第一节　求职心理调适

毕业求职是人生的一个重要十字路口，是学生思想负担和心理压力最重，思想最容易出现混乱和矛盾的时期。尽管毕业生就业期间的心理压力，不可笼统视为坏事，因为人如果没有一定的紧张和压力，心智就不可能得到充分发挥。但是，心理压力超过了心理承受能力，便往往会出现心理障碍，干扰正常的活动和生活，这就需要及时的疏导与调适。

一、求职面试时的心理障碍

在面试过程中，应试者处于一种接受提问与考察，同时又要自我表现的角色。这种角色往往让应试者出现两种极端倾向：或者因过于拘谨而表现不足，或者因表现过分而卖弄做作。这两种倾向都会影响面试成绩。

参加求职面试者的心理障碍可以归纳为以下几个方面。

（一）自卑心理

自卑是一种消极的心理现象，是个人对自己评价偏低的一种心理倾向。自卑感严重的人，往往处世消极，工作不思进取。这种心理对于参加面试的应试者来说，危害非常巨大。战胜自卑，是近至面试成功、远至人生积极进取的重要一环。克服自卑心理是一个艰难的过程，如果说有什么妙方的话，那么自信心是至关重要的。"精诚所至，金石为开"，一个人只要全力以赴，就能马到成功。但是，从心理学的观点来看，除了努力之外，最重要的是，自己必须认为自己"必然可以做到"，才能真正达到目的。

（二）期望过高

有些应试者看社会过于理想化，不能正确估价自己与周围条件，常常对自己期望过高。在面试过程中，这类应试者表现出居功自傲、盛气凌人、目空一切、舍我其谁的态势。他们一般个性鲜明，或某方面有专长，或过去多受奖励。但期望值过高、过于自负的应试者往往事与愿违。克服期望过高的办法是，有意识地参与社会生活，拉近自己与现实生活的距离，提高自己的自我评价能力与适应社会的能力。

(三)求全心理

一方面,应试者希望自己选择的工作单位待遇高,福利好,工作舒服;另一方面,又希望能专业对口,能发挥自己的特长,能得到领导的重用。这种求全心理在初出茅庐的大学毕业生身上体现得较为明显。

(四)趋同心理

指应试者一味迎合、顺从主考官的倾向。具体表现为对考官言听计从,甚至言行举止都愿与主考官保持一致。趋同心理的根源在于缺乏应有的个性品质。如缺乏自信、盲从模仿,无主见等。

(五)表现心理

指应试者主动展示自我的倾向。表现心理强的应试者可能主动与考官握手,回答问题时可能抢答,自我表白,言语过多等。应试者的适度表现是正常的,但过分表现就可能给主考官留下相反的印象。此类应试者多属外向型性格。

(六)畏惧心理

指应试者因处于被评价地位而产生的害怕主考官的倾向。具体表现为紧张、不安、惊慌、怯场等现象。应试者的畏惧心理随年龄和经历的增长而减弱。

(七)负重心理

指应试者因对面试期望过高而产生的心理负担过重的倾向。具体表现为心理压力大,急躁、焦虑、思想不集中,甚至出现晕场现象。

(八)戒备心理

指应试者与主考官之间因彼此陌生而出现的心理上的距离感,具体表现为应试者过于拘谨、防范、疏远、不愿说心里话等。

(九)掩饰心理

指应试者企图掩盖自身缺陷的倾向。表现在回答问题上,支吾搪塞、答非所问;表现在言行举止上,神色不安,抓耳挠腮,避开主考官视线等。此类应试者或者虚荣心较强,或者有自己不喜欢或他人不喜欢的缺陷和弱点。

(十)怀疑心理

指应试者对面试过于敏感和多虑倾向。表现为对考官的警惕性,对面试过程的敷衍态度以及对面试得分过于关注。其原因主要是对面试本身的公正性持怀疑态度,或是个性原因,如对自身能力缺乏信心,性格内向,顾虑多疑等。

要想取得面试的成功,必须有效克服上述不良的心理反应,保持沉稳的心态、平静的心情和积极自信的态度。

二、大学生求职受挫后的心理反应

(一)自卑懊恼

通常情况下是大学生由于自身的生理、性别、专业、家庭和本人的能力素质上的原因导致求职受挫的。自卑是失去心理平衡后的消极的心理状态,常常交织着依赖、怯懦、后悔等心理。不少大学生在求职受挫后,便悲观失望、自卑畏怯,有的甚至失去自信心,自暴自弃,缺乏正确的自我认识和评价。求职受挫后的自卑感常造成大学生对自己能力的怀疑,结果把自己大部分时间花在了后悔和埋怨上面从而错过一次又一次的择业机会。

(二)自我实现产生矛盾

部分大学生由于社会和家庭的原因,或是在各种压力下放弃了自己向往的职业,导致自己的理想被压抑暂时不能实现而产生各种心理冲突。在国内一项毕业生的抽样调查中,82.2% 的学生认为应该通过自己努力并争取得到别人的帮助以实现自己的理想和追求(事业成功,生活满意)。但是,在发挥个人潜能与优厚的工资待遇、良好的生活环境相冲突时,仅有 43.5% 的学生选择有利于个人潜力发挥的岗位,55.1% 的学生认为自己毕业时将是一名优秀或比较优秀的毕业生,但是却有 80.8% 的学生认为学校里只有少数人努力学习。

(三)自我同一性失调

在求职受挫后,不少大学生在对自己的知识结构、能力素质、特长以及适合职业的判断上紊乱不清,面对求职就业茫然无绪、犹豫不决,情绪波动甚至自我否认。此时的大学生自我目标的追求受他人和同伴群体的制约,盲目从众和攀比,有时急功近利,有时又患得患失。研究表明,55.1% 左右的学生在大学生活的大部分时间内感到无聊,27.4% 左右的学生在求职受挫后对自己的专业产生质疑或认为自己学非所好。

(四)偏执心态

由于就业过程中存在的某些不公平现象,如性别差异产生的不同求职效果以及人际关系和家庭背景差异带来的不平等求职条件,使不少大学生对此抱怨连天,把求职失败归为无权无势、生不逢时,产生愤世嫉俗的心理,缺乏必要的理解、耐心和发展的观点,表现过于偏执。调查显示,大约 67.4% 的学生希望自己"说老实话,做老实人",约 51.1% 的学生对"唯利是图,钱权交易"深恶痛绝,但是约有 68.8% 的学生会在有关系可利用时积极加以利用。

三、求职心理的调适

毕业生在求职过程中,应该充分认识自我心理调适的作用,提高自我调适的自觉性,积极自我心理调适,从而使自己保持一种稳定安祥、乐观进取的良好心态。

自我心理调适可以通过以下几种方法得以实现。

(一)理性情绪法

美国临床心理学家艾里斯创立的"理性——情绪疗法"认为,情绪困扰并不一定由诱发事件直接引起，常常是由经历者对事件的非理性解释和评价引起，如果改变非理性观念，调整了对诱发事件的认识和评价，领悟到理性观念，情绪困扰就消除了。例如有的学生在择业中受到挫折便消沉苦闷、怨天尤人，其原因在于他原本认为“择业应当是顺利和理想的”，正是因为这样的心理定势，才导致了不良情绪，如果将这些想法加以纠正，不良情绪就得到了克服。大学生在择业中处于消极情绪状态时，要善于从中分析、抽取非理性的观念，综合、概括出理性的看法，并对比两种观念下个人的内心感受，使自己走出非理性的误区。

（二）合理宣泄法

大学生择业中处于焦虑、抑郁等消极情绪状态时，不能一味地把不良心情藏在心底，而应进行适当的宣泄。比较好的办法是向知心朋友、老师倾诉，把心中的不快说出来，甚至可以大哭一场，使紧张的情绪得以缓解或消除。另外，也可以通过参加一些大运动量的户外活动，如打球、爬山等，宣泄不良情绪。宣泄情绪要注意场合、身份、气氛，宣泄要适度，没有破坏性。

（三）自我慰藉法

自我慰藉就是自我安慰。毕业生择业中遇到困难和挫折，在经过最大努力仍无法改变状况时，要说服自己，适当让步，将不成功归因于客观条件和客观现实，同时要勇于承认并接受现实。这样，就能缓解因心理矛盾而引起的悲观失望等不良情绪，重新找回自信，树立继续努力的信心。

（四）情绪转移法

在情绪低落时，可以采取移情的办法，把自己的精力和注意力转移到其他活动中去。例如，学习一些新知识或技能，或是参加一些自己有兴趣的活动，把不愉快的情绪抛在脑后，使自己没有时间和可能沉浸在不良情绪中，以求得心理的平衡。

（五）自我激励法

毕业生在择业面试中常常出现胆怯、信心不足等现象，可以通过积极的自我暗示、自我激励进行调节，增强自信心。例如，运用内部语言或书面语言来调节情绪，在心里默念“我会发挥得很好”、“我一定能成功”等语句，或者写在纸上，或者找个旷野大声地喊出。这些对走出自卑、消除怯懦有一定的作用。

（六）松弛练习法

松弛练习法是一种通过练习学会在心理和躯体上放松的方法，常用的有肌肉松弛训练、意念放松训练等放松练习方法。放松练习可以帮助人减轻和消除各种不良身心反应，如焦虑、恐惧、紧张、失眠等症状。大学生在择业中遇到的心理问题，可在专业人员的指导下通过放松练习来解决。

自我调适的方法还有很多，如环境调节法，自我静思法，广交朋友法，松弛练习法，幽默疗法等，这些都是应变的一些方法。但最主要的是毕业生要树立正确的择业观，对择业要充满信心，要注意磨练自己的意志，培养乐观豁达的态度，不要惧怕困难，挫折，要始终保持积极向上的精神状态和健康的心理。

【延展阅读】

求职应试的三种心理控制

转化控制

所谓转化控制是充分利用兴奋与抑制的诱导规律，使一时产生的消极情绪体验被某种强烈的兴奋所代替而受到抑制甚至完全消失。比如说，求职面试前，求职者由于把面谈看得过于重要，因而对应试的结果忧心忡忡，心理负担过重，心绪跌宕，甚至脑子一片空白，兴奋点集中于应试成败得失这一点上。对于这种情形，求职者要有足够的自控力，应有这样的心理状态：与其考完了后悔，不如临场尽量一搏。这种心理转换的结果，是原有兴奋点的转移，紧张情绪的松弛，积极进取心理的状态扩张，从而得到转化控制的效果。

冷化控制

所谓冷化控制是使强烈爆发出来的消极情绪处在消极性抑制状态下，然后达到控制自己消极情绪的目的。冷化控制是冷静地将消极情绪以渐缓的抑制方式自我控制在最短时限内的方法。冷化控制必须有较高的文化水平，有坚强的意志。冷化控制还可以用机械的方法自控，如咬紧嘴唇，手捏肌肤等，这种动觉刺激在大脑皮层能引起强烈的兴奋，从而得到冷化自己情绪的目的。

环境控制

环境控制是利用环境来控制自己的情绪。心理研究表明，环境的条件好坏、变迁等因素对人的情绪转换起着一定的诱导作用。比如对某一环境是否熟悉，是否有过体验，对人的心理稳定性有直接影响。熟悉的环境、多次重复过的环境体验，可以增强人的自信及稳定。因此，求职者根据这一规律，在面试时可以预先和提前到达应试场所，熟悉环境，增强信心，增强对消极心理的抗力。

这三种控制方式是相互联系的，应将它们有机地结合起来，灵活运用。除此之外，还有许多克服消极情绪的具体策略，如进行积极的自我暗示，掌握说话节奏，调整呼吸主动承认紧张等。

来源　谷桂远．求职应试的三种心理控制[J]．心理与健康，2004(9)．

四、培养良好的心理素质

(一)敢于承受挫折和压力

1．重视自己，接纳自己

如果不能接受自己，就不能真正地发展自己。

2．要有一个正确的行为模式

集中精力去干你手头的事并尽力干出最好的结果。当在这个问题上无进展时，要有一种补偿能力，开辟新的领域。当你处在下滑阶段时，一定要稳住。一个人受挫之后，通常情绪恶劣，产生烦恼和失望，容易意气用事，导致意识模糊，从而受到新的挫折，这是一个恶性循环。所以受挫时一定要保持沉着和理智，即“平常心”。因为有竞争就有胜败，无论如何都要输得起。

(二)积极主动，展示自己

每一个大学毕业生都希望自己找到理想的工作以及在未来的工作中有好的表现。看到身边的同学找到好工作或有好的发展非常羡慕,但是羡慕归羡慕,多数大学生不知道周围的同学是如何做到这一点的。找到理想的工作以及在工作中有好的表现当然有很多原因,如:有精湛的知识技能,有独到的能力,与岗位很匹配等等。但是,还有一个很重要的原因,就是那些大学生大多能积极主动地展示自己,而不是坐等。一些大学生在找工作时,盲目地发出很多简历,然后等待面试通知。虽然这是找工作最通行的方法,但是如果能更积极主动一些,结果可能会更好。一些大学生在择业及工作后,常常很被动,不善于表现自己,更不能积极主动地参与各种活动,往往使自己才能不外现。积极主动地推销自己、展示自己在更大程度上能为自己赢得机会。

除了上面谈到的积极主动地为自己寻找机会之外,在面试中、工作中都可以积极主动地表现自己,从而为自己赢得机会。如,在面试时,如果用人单位组织应聘者参加活动,要积极参与,坐在显眼的地方,而不是往后面躲。在工作中,自己发现的一些问题,自己对改进工作的一些看法,以及自己关于职业生涯的规划等,都可以找适当的机会向自己的上司说明,以便于上司更多地了解自己,为自己赢得机会。虽然踏踏实实地工作是良好的职业道德风尚,但是认真踏实地工作和积极主动并不矛盾,只有认真工作而又有主动性的人才能在工作中获得更好的发展。

(三)宽容豁达

1. 要善于接纳他人

人们到了新的环境通常有两种表现,一是能较快地接纳他人,尽快熟悉周围的环境,与他人合作以解决一些问题,这些人基本上都能较好地适应周围的环境。二是用审视的目光看待周围的人,对人抱着排斥的态度,生怕别人对自己不利。

2. 要善于原谅他人的过失

每个人都有错的时候,如果能原谅他人的错误,重新接纳他人,而不是对他人的过失耿耿于怀,则可以形成宽容豁达的心理品质。

3. 不以自己为中心

一个宽容豁达的人应该注意关注他人的感受,不应给他人带来麻烦和烦恼,而不是以自己为中心,无视他人的存在,轻易地对他人作出否定的评价。

4. 经常帮助他人

一个宽容豁达的人应该是一个善良的人,善于为他人提供方便,并经常帮助他人。当他人遇到困难的时候,应该雪中送炭,而不是落井下石。一些大学生在同学遇到困难的时候,不是伸出援助之手,而是冷眼旁观,甚至是幸灾乐祸,这怎么能够培养宽容豁达的品质呢?这些人不论是在大学的校园里还是在工作中,势必成为一个不受欢迎的人,一个不能与人协作共事的人,即使找到一份好工作,也不会有很好的发展。

5. 不能盲目自大

一个懂得谦虚的人,才能不以自己为中心,不对周围的人看不起,才能虚心地与他人合作,并接纳他人。正所谓"人外有人,山外有山",只有一个虚怀若谷的人才能不断进取,不断完善自己,从而在激烈的竞争中立稳脚跟。

(四)克服不良心理品质

1. 淡化名利,以平和的心态求职

在毕业求职的过程中一些大学生往往急功近利,追逐待遇好、薪酬高的单位,而不看重长期效益,这样对自己的发展没有长远打算的做法,将对自己的职业生涯规划带来不利影响。求职时应将眼光放远一点,应致身于有发展的单位,使视野、机遇、前景都有更大空间,随其成长而成长,随其发展而发展,从而实现个人价值。

2. 独立自主,不靠关系

无论是亲戚还是朋友在现今的社会都只是一种资源,他们能为你做的仅仅是提供一些必要的信息和重要的线索,让你少走一些弯路,而求职的关键还在于自己的真才实学。从这个意义上讲,资源就意味着信息、意味着机会。人力资源配置的市场化,求职者的个人能力及综合素质,才是决定录用与否的关键因素,依靠关系找工作已成为历史。

3. 重视潜力,不追热门

近几年,随着知识经济的进一步发展,一些新兴的知识性行业成为热门行业,如 IT 行业、电子行业等。这些行业的薪金远远超过其他行业,因此成了一些大学毕业生竞相追逐的求职行业。但是,这些行业内部竞争非常激烈,技术更新非常快。其中一些求职者对其行业内的工作难度、工作压力估计不足,以致进去之后无法承受过大的工作压力而跳槽。

4. 细心谨慎,避免受骗

在毕业求职的过程中,一些大学生常常因不够细心谨慎而上当受骗。一些用人单位为了达到招聘的目的,将单位的情况美化,夸大工作待遇及工作环境,于是不少大学生受其所惑,欣然前往应聘,结果草率签下协议。其中有些单位,为了防止大学生知道真相后毁约,将违约金定得很高,甚至在签协议时还收取一定押金,致使大学生很难毁约,有苦难言。

(五)保护自己的小环境

美国国家科学委员会一份关于大学生教育问题的调查报告指出:人际交往能力和专业成绩相比,如果前者不是更加重要的话,至少是同等重要。日本大型企业在录用大学毕业生时,注重独立人格甚于学习成绩。良好的人际关系包括沟通能力、合作能力和主动关心别人的意识。关心集体、关心他人从某种意义上讲是更好的关心自己。一个孤芳自赏的人不可能成为现实生活中的成功者。大学生应着力培养班级内、寝室内良好的人际关系。

第二节 就业权益保护

一、大学生就业权益受到侵害的常见表现

随着近几年的扩招,大学生的就业成为困扰社会的难题。面对社会和就业的巨大压力,当前,我国政府和许多高校为了促进大学生就业出台了一些政策,想了很多办法,高校毕业生就业率也在逐年提高。然而由于体制、观念、市场机制等方面的原因,在大学生就业市场中,大学生就业权益受到侵害的现象非常普遍。

(一)形形色色的就业歧视现象已成蔓延之势

如女大学生在就业过程中受到的性别歧视,非本地生源受到的地域性歧视,因某些实际并不影响就业的疾病,如浙江招考公务员淘汰乙肝病毒携带者引发纠纷。还有身材相貌歧视、经验歧视、学历歧视和血型歧视,等等。

(二)所在高校为提高就业率不顾学生利益

某些高校不为毕业生在择业期内保管其档案、户口甚至违背毕业生意愿强迫其就业,不能及时、公开、公平地了解就业信息等,都导致大学毕业生处于被动地位,其合法权益屡受侵害,就业质量不高。

(三)招聘单位和职业介绍中介的陷阱层出不穷

如以招聘之名盗取个人信息,如利用大学毕业生提交的身份证复印件开银行账户进行非法勾当,将大学生当做“替罪羊”。招聘单位通过向应聘大学生收取风险抵押金、培训费、建档费等各种不合理费用骗取钱财。职业介绍机构提供虚假信息,假招聘,侵吞中介费及中介机构与用人单位联手坑骗求职者。以招聘之名诱人犯罪,招聘时以高薪为诱饵,进入单位后却违背承诺。试用期陷阱,通过延长试用期盘剥廉价劳动力,签订“一边倒合同”来侵害毕业生的权益,等等。

二、就业协议书与劳动合同

目前全国各地的高等学校一般都规定,毕业生在就业时要签订《全国普通高等学校毕业生就业协议书》。就业协议是明确毕业生、用人单位和学校在毕业生就业过程中三方权利和义务的书面形式。我国《劳动法》第16条规定:劳动者与用人单位建立劳动关系应当订立劳动合同,劳动合同是劳动者与用人单位确立劳动关系、明确双方权利和义务的协议。那么,就业协议与劳动合同之间有何区别呢?

(一)法律依据不同

就业协议的依据是1989年教育部颁布的《高等学校毕业生分配制度改革方案》和1997年原国家教委制定的《普通高等学校毕业生就业工作暂行规定》,劳动合同则依据于1995年实施的《劳动法》。前者属于部颁规章,后者属于国家基本法律,部门规章的法律效力低于国家基本法律。

(二)订立主体不同

就业协议是毕业生在校时,与用人单位、学校三方协商签订的,是编制毕业生就业计划和进行毕业生派遣的依据,学校可视为是协议的鉴证方。劳动合同是毕业生与用人单位双方之间明确劳动关系中权利和义务的协议,学校不是劳动合同的主体,也不是劳动合同的鉴证方。

(三)签订时间不同

一般而论,就业协议签订在前,劳动合同订立在后。就业协议的效力开始于签订之日,终止于学生到工作岗位报到之时,这是不能由当事人约定的。而劳动合同一般是毕业生到用人单位报到后才签订并生效的,其期限长短可由当事人双方约定。

(四)内容不同

就业协议书一般由国家教育部或各省、自治区、直辖市就业主管部门统一印制,是一种规范格式的简单协议。毕业生就业协议的内容主要是毕业生如实介绍自身情况,并表示愿意到用人单位就业,用人单位表示愿意接收毕业生,学校同意推荐毕业生并列入就业计划进行派遣,一般不涉及毕业生到用人单位报到后所享有的权利和义务。劳动合同的内容包括合同期限、工作内容、劳动保护和劳动条件、劳动报酬、劳动纪律、合同终止的条件、违反合同的责任等七项法定必须具备的条款和有关保守商业秘密、试用期、禁止同业竞争等约定条款,其内容更为具体,劳动权利和义务更为明确。

(五)发生纠纷的处理部门不同

就业协议发生问题需要处理时,一般先由毕业生和用人单位协商,如果取得一致意见则报送毕业生所属的学校主管部门,由其审查认可后,报上级主管部门批准,予以调整。劳动合同发生争议,则申请劳动争议仲裁委员会仲裁,对仲裁不服的,可以向人民法院起诉。

三、就业协议书的签订

从一般意义上讲,如果完成了要约和承诺两个步骤,订立的合同即可成立。而就业协议一经毕业生和用人单位签字盖章即生效。从这个意义上来看,学校鉴证与否并不影响就业协议的成立和生效。而根据现行就业规范的有关规定,就业协议在双方签字后的10个工作日之内送学校鉴证登记,学校鉴证登记后列入就业方案。因此,如何从法律角度理解就业协议生效与学校鉴证的关系就显得尤为重要。有的毕业生认为学校鉴证不是协议生效条件,故无需将就业协议送学校鉴证。我们认为合同生效不是具有当然的可履行性,根据现有的就业规范,毕业生履行就业协议必须通过持有报到证到用人单位报到的方式实现,而打印报到证的依据是就业方案,而就业方案编制的前提是就业协议,学校鉴证是衔接就业方案和就业协议的必经程序。因此未经学校鉴证的就业协议尽管已生效,但实际上并无可履行性,学校鉴证是协议真正得以履行的必经程序。

就业协议一经成立,即具有法律约束力。因而毕业生在签订就业协议时应注意以下几个问题,以切实维护自身在就业过程中的合法权益。

(一)查明用人单位的主体资格

案例:毕业生张某在人才市场与一家投资咨询公司达成就业意向后当场订立就业协议,并约定了较高数额的就业违约金。后来张某到该公司实地一查看，才知该公司的实际情况与在人才市场向他介绍的情况存在着天壤之别，于是提出解除协议，用人单位要求张某承担高额的违约金。

由于就业市场的招聘单位类型多样，应该说绝大多数用人单位诚实守信，具有从事经营或管理活动的能力，有录用毕业生的自主权，但也有个别鱼目混珠的情况。毕业生查明用人单位的主体资格，应从两方面着手：一是了解用人单位是否具有招聘毕业生的资格，如可在就业市场询问用人单位的信息登记号。二是了解用人单位在就业市场介绍的情况是否与该单位的实际情况相符，这要求毕业生不仅仅要了解单位的宣传材料，还需要到单位进行实地考察。只有全面了解用人单位的基本情况，才能作出正确的判断，以避免浪费其他的就业机会。

（二）协议中有关条款的内容必须明确

案例：毕业生王某与一家用人单位签订就业协议，用人单位口头答应每月薪资为4000元，单位代缴相关"四金"但该内容并未在就业协议中注明，王某上班后用人单位提出4000元薪资已包含"四金"单位不再代缴，于是双方发生争议。

毕业生与用人单位订立就业协议时，应尽可能采用就业主管部门制定的示范条款，涉及福利待遇、工作期限、违约责任等内容应明确，否则日后一旦发生纠纷，可能由于事先约定不明确，不利于自身合法权益的维护。如确有必要对条款作变更，亦应在内容上明晰，不要产生歧义。如无附加条款应将就业协议中的空白部分划去，注明以下空白。由于就业协议签订在前，有关的劳动合同（或聘用合同）订立在后，应尽可能将劳动合同（或聘用合同）的主要内容体现在就业协议所约定的条款中，注意两者的衔接。

（三）按规定的程序订立协议

案例：毕业生林某与一家化工企业经面试达成就业意向，双方同意订立就业协议。林某为图方便，要求学校先在空白的就业协议上加盖鉴证意见书，然后自己也在协议书上签字，手持协议到用人单位签约。一到该企业，企业人事部以单位内勤请假在家为由，要求林某将学校已鉴证、其本人已签名的空白就业协议留在该企业，要林某第二天来取。待第二天林某去取就业协议时，他目瞪口呆，原来该单位在就业协议中增加了若干不利于林某的条款。而此时学校、单位、林某均已在协议上签名或盖章。

一般而言，订立就业协议的程序是：毕业生向学校领取就业协议后，与用人单位签订协议，然后将就业协议送交学校就业工作部门鉴证，学校鉴证是就业协议订立的最后环节。但有些毕业生往往为图方便，本人在就业协议书上签字后，要求学校先鉴证，再交用人单位签约。而个别用人单位利用最后签约的时机，在就业协议书上另增有损毕业生权益的其他条款后再签字盖章，待毕业生和学校知晓时，因协议已生效，一旦发生纠纷只能由毕业生承担不利的法律后果。

（四）对就业协议的解除条件可作事先约定

案例：毕业生丁某想继续升学深造，于是在毕业当年报考了研究生。1月份参加研究生考试后，结果要到4月份出来，因此丁某又不敢放弃找单位的机会。2月下旬一家律师事务所来学校招聘，丁某参加面试并被录用，丁某如实告诉单位自己考研的情况，用人单位表示理解，于是双方在就业协议中约定：如丁某考上研究生，该协议解除。后丁某为某大学录取为研究生，他与事务所的就业协议按约解除。

就业协议一经订立,就对当事人具有约束力,一方不得随意解除,否则应承担违约责任。毕业生如对用人单位的情况不是很了解或感到不是很如愿,又担心就业市场的变化,一旦放弃签约后再选择其他单位可能更困难,或本人在考研、准备出国过程中难以取舍。在这种情形下,毕业生可与用人单位在就业协议中就解除条件作约定。若约定条件一旦成就,毕业生可依约定解除协议,而无须承担违约责任。

四、劳动合同的签订

大学生毕业走出校园就业时,签订劳动合同是必不可少的。签订劳动合同时,应该注意以下几个问题。

一是签订合同前,应该将《劳动法》中有关劳动合同条款的主要内容了解清楚,防止签订劳动合同时有些重要条款被疏漏。

《劳动法》第十九条规定,劳动合同应以书面形式订立,并具备以下条款:①劳动合同的期限;②工作内容;③劳动保护和劳动条件;④劳动报酬;⑤.劳动纪律;⑥劳动合同终止的条件;⑦违反劳动合同的责任;⑧劳动者与用人单位特别约定的条款。对劳动合同的条款了解得越多越好。了解得越多,签订劳动合同时出现片面性的可能就越小。

二是格式条款的劳动合同,更要认真阅读理解,防止存在一些对自己不利或无理的条款。

一些大型的用人单位,招聘员工时,经常使用早已拟定好的格式劳动合同书,只要求劳动者在格式条款的劳动合同书上签字就行。对于用人单位提供的格式条款的劳动合同,大学生千万不能认为大家都一样地签,让签就签吧,而是要仔细阅读条款的内容。对自己不认同的条款,可以要求重新协商;对自己不明白的条款,可以要求用人单位解释;自己有特别要求的,可以要求补充进去,以防止日后发生纠纷时对自己不利。

三是对合同书中的内容要全面掌握,了解合同书中是否有违反劳动法的规定。

如试用期的问题、休假的问题、人身伤害的问题、劳动保护问题、加班待遇问题、探亲报销问题等,往往是就业者与用人单位经常发生纠纷的起因,而且也容易被人忽视。往往是这些问题没约定好,为后来发生纠纷埋下了隐患,就业者一定要与用人单位协商好这些问题。

除注意上面三个问题之外,就业者还应该注意不要签订下列几种于己不利的合同。

一是不要签订口头的劳动合同。因为合同法规定:劳动合同一定要以书面形式。口头形式在发生纠纷时难于取证,不利于保护自己的合法权益。

二是不要签订单方合同。所谓单方合同就是由用人单位提供的只是强调自己的权利,加重劳动者责任的劳动合同。因为劳动合同是劳动者与用人单位协调一致的合同,双方既有权利,又有义务,如果用人单位在格式合同中只提到自己的权利或只提到劳动者的义务,这样的单方合同不签为好。

三是不要签订两张皮的合同。所谓两张皮的合同指一张合同是应付劳动部门检查的,是无作用的合同,另一张合同才是双方正式签订的合同。这样的合同往往会侵犯就业者的权益,发生纠纷时也对自己不利。

四是不要不签合同就上班。许多毕业生认为签了合同反倒约束了自己，不利于自己跳槽，于是干脆不签劳动合同就上班。其实，没有劳动合同上班，到时损害的往往是劳动者的合法权益。因为，没有合同，发生纠纷时举证就很难了。

最后，要了解如果发生了纠纷应如何解决。许多同学认为发生了纠纷就去打官司，至于去哪里打官司，他们往往又不知道。其实，比较简单方便的办法是先与用人单位协商，或找用人单位的劳动争议调解委员会进行调解，或是向劳动和社会保障部门投诉，或是通过劳动部门仲裁争议委员会申请仲裁。最后，对仲裁不服再通过诉讼途径解决。没有申请仲裁的争议，人民法院是不受理的。另外，还要注意申请仲裁的时效是从纠纷发生之日起60天内提出，如果错过了时效，仲裁将不被受理，也不利于纠纷的解决。

总之，同学们毕业走进社会，参加工作，是人生的一个重大转折。就业时，签订好劳动合同，方方面面都清楚无误，是一个有素质的劳动者必须具备的，也是法制社会对我们提出的要求。

【延展阅读】

社会保险

什么是社会保险？

社保：养老、医疗、失业、工伤、生育

关键词：广覆盖、低保障、保而不包

社会保险是国家通过立法的形式，由社会集中建立基金，以使劳动者在年老、患病、工伤、失业、生育等丧失劳动能力的情况下能够获得国家和社会补偿和帮助的一种社会保障制度。

我们以前所说的“三险”和现在所说的“四险”、“五险”就是对社保的一个概括。“三险”即“养老、医疗、失业”三项保险，“四险”即“养老、医疗、失业、工伤”四项，“五险”即“四险”加上生育险。

简单地说，社会保险是国家给劳动者的一种保障，保障劳动者在不能劳动时有一些生活保障，在什么时候不能工作劳动呢？老了的时候，患病的时候，失业的时候，工作中受到人身伤害、女性生育的时候。这些保障是一个人生存的基本保障，是“广覆盖、低保障”的。前总理朱镕基在十五大中针对社保医疗发表讲话时曾说过：“基本医疗保障只能是低水平的，‘保’而不‘包’，‘保’即有一个基本的保障，超出部分主要应通过商业保险解决。”

社保的特性：法定性、保障性、互济性

社会保险是国家根据宪法所制定的基本社会政策，社会保险具有法定性、保障性、互济性、福利性、社会性。社会保险不以盈利为目的。可以这么来理解，社保是国家强制性地要你为自己的将来作一定的准备，以维持基本的生活保障。

目前我国的社会保险是通过国家、企业、个人三方或企业和个人双方来共同承担的，在正规的签订劳动合同的企业中的职工，每个月你的工资中有一部分是被扣缴社保的。

来源　灯影横斜（2006-05-21）. http://blog. tianya. cn/blogger/post_show. asp？BlogID = 366118&PostID = 5337094.

五、大学生就业违约与违约责任

(一)大学生就业违约的基本样态

1. 过早签约导致的违约

受就业压力的影响,许多大学生求职心切,大四下学期伊始就开始忙于求职事宜,有的很快就与有关用人单位达成初步意向,待学校《就业协议书》发下来,经用人单位通知,马上签订协议。事后,一旦更理想的用人单位出现便后悔不已。为了自己更好的未来,只好选择违约。有的学生抱着“垫底”的想法,先确定一个用人单位垫底,但是他(她)们绝不满足于此,仍然奔走于各种招聘现场,一旦找到更理想的单位则毫不犹豫地抛弃前者,构成违约。这样的“毁约心态”已经在部分求职毕业生里蔓延开来,他(她)们把毁约当作一个程序来操作,并且仔细地衡量其风险和成本。

2. “一女多嫁”造成的违约

有的学生使用用人单位的就业合同或各地方的就业协议书与多个用人单位重复签约,同时,为规避学校追究,他(她)们签约后不及时将所签协议交给学校,在毕业时才选择一个上交,从而构成了对其他用人单位的违约。

3. 草率签约导致的违约

在毕业求职中,大学生往往将自荐书和简历漫天撒网,接到用人单位的签约通知,便匆忙签约。有的学生签约时对双方的权利和义务不明确,对就业协议书的基本内容不了解,甚至连看也不看就签上自己的名字寄给用人单位,任由用人单位在协议书上“填空”,当毕业生觉得自己“中套”了,只好选择违约。

4. 用人单位欺诈导致的违约

有的用人单位在招聘时虚假宣传,签订《就业协议书》时又不将有关承诺写进去,大学生报到时发现受骗又不愿意“屈就”的,只能选择违约。也有的用人单位搞虚假招聘或招聘诈骗,他们参与招聘会要么是为了广告宣传,要么是碍于主办方的情面。他们往往开列出诱人的待遇,同时附加苛刻的招聘条件,万一真正有真才实学的人前来应聘签约,他们又在签订正式劳动合同时提出种种刁蛮条件,迫使应聘者不得不退避三舍,从而构成被迫违约。

5. 其他原因导致的违约

如家庭发生意外情况、联系出国成功、考研录取、参军等,致使所签协议不能履行,构成违约。

(二)违约责任

1. 违约责任的概念

违约责任是合同当事人不履行合同义务或者履行合同义务不符合约定时,依法产生的法律责任。在现在合同法上,违约责任仅指违约方向守约方承担的财产责任,与行政责任和刑事责任完全分离,属于民事责任的一种。

2. 违约责任承担方式

《合同法》第107条规定:“当事人一方不履行合同义务或者履行合同义务不符合约定的,应当承担继续履行、采取补救措施或者赔偿损失等违约责任。”从合同领域的实践经验来看,常见的违约责任承担方式应包括：

(1)继续履行

又称强制履行，是在违约方不履行合同时，由法院强制违约方继续履行合同债务的违约责任方式。但强制履行的前提是：①存在违约行为；②必须有守约方请求违约方继续履行合同债务的行为；③必须是违约方能够继续履行合同。在预期违约的范畴里，预期违约的强制履行责任不会像损害赔偿那样普遍运用，原因是它会受到许多因素的限制，比如履行已事实上不可能，或者由于债务的特殊性质决定了不能够适用强制履行责任。但这并不等于说完全不可能存在强制履行的情形。存在的问题是，如果运用强制履行责任，那么这种责任方式是否在合同约定的履行期届满前就可以采用，还是要等到约定的履行期届满时才能够运用。由于法律并没有作出明确的规定，这一问题实际上最终要由法院依职权进行裁量，有两种基本的可能，一是预期强制履行，一是如期强制履行。

(2)损害赔偿

"损害赔偿"，是违约人补偿、赔偿守约人因违约所遭受的损失的责任承担方式，它是一种最重要最常见的违约补救方法。损害赔偿具有典型的补偿性，它以违约行为造成对方财产损失的事实为基础。没有损害事实就谈不上损害赔偿。这是损害赔偿不同于违约金的根本所在。赔偿损失也有一定的限制，即损害赔偿额应相当于因违约所造成的损失，包括合同履行后可以获得的利益，但不得超过违反合同一方订立合同时预见到或应当预见到的因违反合同可能造成的损失，即合理预见规则。损害赔偿直接关系到当事人双方的物质利益分配，体现着违约责任的作用，是一种较普遍的责任方式。

在预期违约的范畴里，作为预期违约责任的损害赔偿，其突出的特点在于它在实际履行期到来前即可获得，这亦是预期违约制度积极主动性的一个表现，适应了现代商品流转迅速、简洁的要求。

需要指出此处之损害赔偿应受减轻损失规则的限制。在英美法系，存在着"减轻损失"(mitigation)这一限制违约损害赔偿的规则，该规则包括两项内容：其一，受害方不应以不合理的行为来增加自己的损失；其二，受害方不能就其本可采取合理步骤予以避免的损害获得赔偿。我国《民法通则》第114条规定了"当事人一方因另一方违反合同受到损失的，应当及时采取措施防止损失的扩大；没有及时采取措施致使损失扩大的，无权就扩大的损失要求赔偿。"这虽是针对实际违约的规定，但由于实际违约与预期违约在质的方面具有同一性，因而，在我国的预期违约制度中，亦应强调受害人有减轻损失的义务。我国《合同法》将预期违约责任引入合同违约责任体系当中，成为我国违约形态体系和内容的一个重要部分。对于督促当事人履行合同、减少损害、保护当事人的利益有着重要的作用。

(3)采取补救措施

采取补救措施，是在合同的履行中出现了质量问题的情况下，债务人为了减少合同因质量不符合合同约定的要求导致的损失，以采取必要的措施为恢复合同的全面履行创造条件，为对方实现合同权利而完成必要的工作。可见，采取补救措施也是合同履行的过程。要注意以下几点：

①采取补救措施，是合同当事人的义务以及合同义务的延续，也是符合合同约定质量完善过程，是《合同法》规定的公平原则的体现，属于合同当事人的义务。

②补救措施是履行合同的一个方面。由于"合同的履行是当事人全面完成合同义务的整个行

为过程”,当事人在这一过程中应当尽早发现对方不能履约或不能完全履行合同义务的情况,以便采取相应的补救措施,避免使自己陷入被动和不利,防止损失的发生或扩大。

③救济措施不同。对于明示预期违约,受害方要么不接受对方预期违约表示,等对方实际履约。若届时对方不实际履约,再按实际违约要求对方承担责任,要么接受对方预期违约表示,立即解除合同并可要求对方赔偿损失。在默示预期违约下,受害方则是通知对方,要求其在一个合理的期限内提供履约担保,在合理的情况下中止履行合同。

(4)支付违约金

违约金是合同当事人在合同中约定的,在合同债务人不履行或不适当履行合同义务时,向对方当事人支付的一定数额的金钱。当事人可以在合同中约定违约金,未约定则不产生违约金责任,且违约金的约定不应过高或者过低。

(5)定金罚则

当事人可以约定定金,定金按担保法规定执行,但如果同时约定定金和违约金,当事人可选择适用其一。

除此之外,《合同法》第117条和第118条还规定了免责事由,免责事由只有一个——不可抗力。只有发生了不可抗力,才可部分或全部免除当事人的违约责任,并且这种免责是有条件的,即发生了不可抗力的一方必须及时通知对方,采取措施减少损失的扩大,并在合理期限提供证明,否则将不能免责。

第十二章 职业适应与发展

智慧的本质就是适应。

——让·皮亚杰[瑞士]

就业,对于一个人的专门学习生活来说,可以说是个终结;但是对于青年人独立的人生来说,还仅仅是个开始,以后的职业生活道路更长。顺利完成角色转换,尽快成为职业人,尽早树立职业心,是大学生就业后适应职业社会的三个重要任务,也是大学生职业辅导的一个重要内容。

第一节 角色认知与角色转换

人生就像一个大舞台,我们在这个舞台上各自扮演着不同的角色。而每个人在不同阶段所扮演的角色也不尽相同。那么到底什么是角色?认识角色对我们进入社会又有什么样的影响呢?

一、角色概述

(一)社会角色概念

"角色"本是戏剧中的名词,指演员扮演的剧中人物。20世纪20至30年代一些学者将它引入社会学,进而发展为社会学的基本理论之一。

所谓社会角色指与人们的某种社会地位、身份相一致的一整套权利、义务的规范与行为模式,它是人们对具有特定身份的人的行为期望,并构成社会群体或组织的基础。具体说来,社会角色包括以下四方面涵义:

①角色是社会地位的外在表现;

②角色是人们的一整套权利、义务的规范和行为模式;

③角色是人们对于处在特定地位上的人们行为的期待;

④角色是社会群体或社会组织的基础。

因此,每个人在各自社会位置上履行自己角色的过程,也正是整体社会发挥其社会职能的过程。如果用戏剧来比拟现实生活,则人们所处的客观环境就像"场景",由社会要求、规范和期望构成的社会环境则是"剧本"。同时,现实生活的"导演"是社会的管理者,如领导、教师、家长、教练等;"同伴演员"是其他对应角色的占有者,如军官对士兵,教师对学生,家长对子女等;生活中的"观众",则由与行为者存在相互影响的真实的或想象的其他人构成的。实际生活中的客观环境与社会制约,也可以像一出戏中的场景和剧本一样,对行为者具有一定的强迫性规范作用。只不过与戏剧剧本相比,社会剧本对角色的限定较小,从而使实际生活中个人有更大的角色创造的余地。

(二)社会角色的扮演

只要是社会成员,都会承担某种社会角色。当一个人具备了充当某种角色的条件,去担任这一角色,并按这一角色所要求的行为规范去活动时,这就是社会角色的扮演。例如一个人进入学校接受教育,并按学校的规章制度活动,这时他所扮演的就是“学生”这样一个社会角色。

然而,在社会舞台上,人们并不能随心所欲地扮演任何角色。这与戏剧中一位演员要担当某个角色,首先需经导演及有关人员认可和确定是一样的。一个人在社会舞台上担任角色也先要有一个确定的过程,被称为“角色认同”,即证明一个人的实际地位、身份能力及其他条件与他所承担的角色是一致的、等同的。对于每一个个人来说,社会角色的确定也就是要回答:“我是谁?”的问题。在回答“我是谁”的过程中,确定自己的实际地位、与别人的关系,从而充当起某种角色。

人们在确定了所要担当的角色后,直接面临的一个问题就是怎样把这个角色表现出来。首先,与舞台上的表演需要装饰一样,社会角色的表现也需要布景与道具,所不同的是社会舞台上所需要的是真正的实物。一般说来,布景或道具的作用有二:一是象征性的,二是实用性的。其次,一个角色的更为直接的表现是他自己的仪表、风度。一般说来,一个人的衣着、打扮、仪容、外表往往会给人们留下深刻印象,并能引起人们对其内在品质的联想。此外,在角色的表现上,应注意台前与台后之分。所谓台前的表现,指人们正在充当这些角色时的表演;所谓台后的表现,指在表演某种角色以前的准备活动。在人们的生活中,这两种行为是有区别的。

角色扮演不仅表现在上述静态的几个方面,而且也表现为一个动态的过程。在这个过程中,角色扮演通常要经历三个阶段:对角色的期望、对角色的领悟和对角色的实践。

即将完全走上社会的大学毕业生在扮演社会角色中,也同样要经历“角色认同——角色表现”这样一个过程。现实社会复杂多样,大学毕业生将要扮演的社会角色也与以往角色有着很大不同。因此要想顺利走上社会,他们首先面临的问题是要确定自己即将扮演的是什么社会角色。要能清楚明白地告诉自己:“我是谁?我该怎样做”。然后,通过自己不断地领悟以及与现实的不断磨合,最终实现角色的成功扮演。

二、大学生在职场中的主要角色

在社会中,角色不是孤立存在的,而是与其他角色联系在一起。这样一组相互联系、相互依存、相互补充的角色就是所谓角色集。角色集表明,任何一个人都不可能仅仅承担某一种社会角色,而总是承担着多种社会角色,而这多种角色又总是与更多的社会角色相联系。

毕业以后,大学生们将开始他们的职业生涯,在职场中书写自己的人生。这时的大学生会处在一个新的角色集里,会承担一些重要的社会角色。

从每个人在社会中的地位和在人际关系中的位置看,大学生将在职场中分别扮演以下角色:

(一)员工/雇员/职业人——与工作本身的关系

不论你即将从事的是文员还是软件工程师,对于你所在的公司或企业以及你的工作来说,你是某个组织的其中一分子,是一份工作的执行者,是公司的员工和雇员。这样一个角色意味着你首先需要具体了解如何做一个称职的员工,需要先熟悉公司或企业的规章制度、适应它的组织文化和工作氛围、了解自己的职责,等等,并逐步在工作中认真遵守和执行。

(二)下属——与上司的关系

进入职场,只要你不是选择自主创业就一定会成为某人的下属,那个领导你的人就是你的上司。要担当下属这样一个角色,需要一点智慧和技巧。因为下属与上司,这是一种较为复杂的人际关系:工作中,你与你的上司是一种领导与被领导的关系;私下里,你们可能会是很好的朋友。也可能是互相欣赏的对象,亦可能是彼此仇视的敌人。如何做个领导赏识的好下属,如何与顶头上司搞好关系,这都是踏入职场的大学生们将要面对的问题。

(三)学生/新人/学习者/练习者——与新环境的关系

虽然有着十几年当学生的经历,但在校的"学生角色"与进入社会的"学生角色"有着本质的不同。在校的学生角色是与教师相对应的,教师对你进行教育是天职和责任。而进入社会后,没有人对你承担这样的责任。这种学生角色,是由于经验的差异、能力的差异、进入职场的时间先后等自然形成的,是人际关系和职场政治的自然体现。因此,在职场中你仍然要扮演学生角色,但是,不会再有一个真正意义上的"教师角色"出现,这就意味着你需要不断摸索和尝试。

(四)朋友/同盟/敌人/竞争对手——与同事的关系

朋友、对手亦或是敌人,这样的角色在你十几年的学生生涯里并没少扮演。但职场上的同事关系比起同学关系来更加微妙,也更加复杂。如果处理妥当可以让你工作起来如鱼得水、游刃有余;如果处理不当,则可能让你倍感压力,乃至自动出局。这样一个社会角色虽不好扮演,但也不可避免。正确认识它,掌握技巧和方法,你就会扮演好一个人人称赞的好同事。

【延展阅读】

从学生到职业人的角色转换

从学生到职业人这是一种社会角色的重要转变。

一个人从三岁上幼儿园,到六七岁上小学,直到二十一二岁大学毕业,参加工作。将近二十年的学生身份形成了"要"的心态,向父母要,向老师要,向学校要,向社会要。一切都是"要",想"要"一切。

比如:高考期间有些城市出租车免费接送考生,而没有免费接送考生的城市,就会有考生抱怨"凭什么我们城市没有免费的出租车接送。"这就是典型的在"要",很自然地带着这种"要"的心态提出要求,要不到就抱怨。

当把这种"要"的心态带到求职之时,就会要工作、要职位、要环境、要轻松的事、要各种福利待遇,要不到宁可就先不工作,继续由父母供养。有的人因为要不到而逃避,去考研,继续保持"要"的心态,加强"要"的资本。

学习生涯一路走来,到大学毕业时已是全家人的骄傲,社会的骄子。但大学毕业证书并不等于职业能力证书,二十年来所学到的知识并不能直接变成创造财富的能力。实际上,大学毕业证书只等于社会大学的入门证。

进入社会以后,必须迅速培养"给"的心态。做了二十多年社会财富和家庭财富的消费者、享用者,要尽快成为社会财富的创造者和供给者。

个人与家庭的关系

20世纪八十年代后出生的人,大多数是独生子女,即便不是独生子女,也很少有人经历生活痛苦的磨练。社会为他们创造了优越的条件,家庭几乎倾尽所能,供其上学。几十年来,成为家庭宠爱和照顾的中心。而进入社会后,则要变成为家庭其他成员尽一份责任的人,开始回报父母、赡养老人,如果结婚生育,还要担负做妻子/丈夫、父亲/母亲责任。这是一种从家庭宠儿到家庭各种事务、经济压力和多种责任的承担者的转变。

在家里,大多情况下家人会照顾你的情绪;而在职场上,别人很可能不在意你的情绪,但要求你必须拿出良好的工作结果。

当领到每一笔工资时,要想到孝敬父母。也许有人会说:"我爸妈不缺钱。"或许你的父母真不缺钱,但父母很在意你对养育之恩的回报之心。如果对养育自己的父母都不感恩,又怎能培养对企业、对国家的忠诚心呢?

个人与组织的关系

在学校里你理所当然是被培养的对象,因为在学校里你是消费者和学习者,你的学习成绩体现着老师的业绩和学校的荣耀。而进入社会后,在组织里你必须成为创造价值的贡献者,你只有在为组织做出贡献后,组织觉得你是值得培养的人,才会把你当做培养对象。你在组织里拿到的报酬也必须是你创造价值的一部分,而且只能是一小部分。一个组织的生存、发展和壮大,靠的是组织成员创造价值、积累价值。

当你是学生时,所有的学习都是按照教学大纲安排的,而教学大纲又是学校和老师拟定的,你不需要操心教学计划,只需要按时上课、完成作业、考好成绩,每年还可以享受两次长长的假期。而在组织中,不是所有的工作都已经安排得按部就班,需要你去主动工作、创新工作。

在学校里,考不好成绩不会给班级和学校造成经济损失,还会有补考的机会。而在组织中,如果做不好工作,有可能会造成重大损失,甚至没有挽回的机会。

在学校里,由于自己的考试成绩优秀就可能获得奖学金。而在组织中,就必须为他人或为组织创造价值这样才能获得报酬,而且必须是创造超额价值,才能获得奖金。

在学校里,如果你和同学不能相处融洽,你仍然可以当一个不合群的"小鸭",保持自己的个性,孤芳自赏。而在组织中,如果你不能和同事搞好关系,有一天被组织认为不能进行团队合作时,就必然成为出局的人。

在学校里,老师往往是你尊敬和崇拜的对象。而在组织中,你的上级也许不是你尊敬和崇拜的对象,但你必须服从他的领导和管理。

在学校里,如果你不喜欢一个老师,你可以不去听他的课,可以期盼着下学期换一个老师。而在组织中,你必须适应上级的管理风格,学习上级的优点,因为上级是没有任期期限的。

在学校里,如果你迟到、旷课只是耽误你自己的学习;而在组织中,如果你迟到、旷工,耽误的是整个团队的业绩。

典型案例

一个刚大学毕业的学生,由于经验不足,能力欠缺,在工作中出现了失误,受到上级的严厉批评,他很不开心,没心思工作。

有人问他:“你为什么不开心?”

答:“经理骂我了。”

又问:“你是不是工作没做好?”

答:“即便工作没做好,他也不应该对我这样态度恶劣,我长这么大,我爸、我妈都没对我大声喊过!”

问:“那你希望怎么样?”

答:“我希望我下次再犯错时,他的态度能好点儿!”

这位大学生说的话意味着:

①我出错是难免的;

②我以后还会出错;

③我再出错时,要改的是经理,不是我。他应该提高管理艺术。

试问如果这位大学生有这样的想法,下次再做同样的工作、重复同样的错误,上级对他的态度会好一些,还是会更严厉一些呢?

职场人士正确的说法应该是:“我今天工作出错了,上级严厉地批评我,我很不开心。但是我下次一定把事情做好,让他说不着。”

个人与社会的关系

大学生是社会的骄子,是全社会培养的对象,享受着各种免费或优惠的待遇。如果你有困难就可能成为助学帮困的对象。但走出校门进入社会后,你是和谐社会的建设者,必须成为社会财富的创造者。

学生时代因为父母的付出,你可以从家里“要”到;因为老师的付出,你可以从学校里“要”到;因为社会的付出、国家的付出,你可在社会中“要”到。

但如果要转变成职业人,你必须先“给”,否则你什么也“要”不到。职业人与学生的心态有着重大不同,将“要”的心态变成“给”的心态,是成为职业人的关键。

因此,从学生转变为职业人的核心是从“要”到“给”。

典型案例

有一个医学院的校花,长期担任班长、团支部书记,学习成绩优秀。毕业后分到市重点医院做内科医生,受到领导的关注,同事的青睐,上门求医的患者更是对她毕恭毕敬。然而,这位美女医生却厌烦了在诊室的工作,看到医药代表工作时间自由,工作方法灵活,挣钱更多,就决定下海。当了一周医药代表后,一天回到医药公司办公室,伏桌哭泣。经理关切地问:“怎么了?”她非常委屈的说:“那些药剂科的人,他们,他们,他们竟然……”经理开始担心,着急地问:“他们怎么样了?是不是欺负你了?”美女泪流满面,非常痛心地说:“他们竟然不理我!”经理舒了一口气,想引导她战胜困难:“他们不理你,你打算怎么办?”美女坚定地说:“他们不理我,我就再也不理他们!”经理心里凉了:你再不理他们了,可这药谁卖呢?“要不你还是别难为自己了,回到医院当医生吧!”美女嚎啕大哭，经理吓了一跳，关切地问："还有谁惹你生气了？"美女凤目圆睁："你！"经理不解："我劝你别干了，是为你好呀。"美女愤怒地说："要是不干，也得我先说！凭什么你先说出来？"经理连忙说："好、好，我收回刚才的话，请你先说。"美女大声说："我不干了，我立刻辞职！"经理点头表示同意，心里说："你快走吧，我的姑奶奶！"

案例分析

美女医生没有意识到，自己集喜欢、怜爱、恭维于一身，是因为自己是父母疼爱的女儿、是社会重视的大学生、是常人喜欢的漂亮女人、是患者求助的医生，而从医生到药品推销员，是职业上的转变，从人求于我到我求于人，从坐在屋里等客户到登门拜访客户，工作性质完全不同，最需要提升的是情绪智力和商务谈判技能。这位学生参加工作以及职业改变之后，心灵并没有成长，还是一个小孩子的心态，抱怨别人、抱怨环境。如果不及时调整心态，将会在职业、婚姻上受到更大挫折。

心灵成长的标志是不再抱怨环境，不抱怨父母、不抱怨领导、不抱怨同事、不抱怨客户，也不抱怨自己，对自己的职业生涯、情感生涯和健康生涯负起责任。为自己、为家庭、为企业、为社会创造物质财富和精神财富。

来源　作者：steven.（2007-06-05）. http://www.52qsh.com/bbs.

三、大学生角色转换常见问题与调适

（一）大学生角色转变中的角色失调

一个人对于他所承担的角色，扮演得优与劣，水平高与低，很大程度上与角色距离有关。角色距离就是一个人自身的素质、能力、水平与他所要扮演的角色之间的差异现象。由于一个人扮演的社会角色不完全就是他本人，他与所要扮演的角色之间总会有差异，所以角色距离是普遍存在的。

大学生由学校步入社会，经历的是一种角色的转变过程。在十多年学生角色的影响下，扮演起新的社会角色必然有着诸多不适应性，产生角色距离的可能性更大。而当这种距离达到一定程度就会出现角色失调现象。

所谓角色失调指在角色扮演中发生了矛盾，遇到了障碍甚至遭到失败。常见的角色失调有：角色冲突、角色不清、角色中断和角色失败。

1. 角色冲突

角色冲突即在角色之间或内部发生矛盾或对立，从而妨碍角色扮演的顺利进行。角色冲突有两类，一类是在角色的不同承担者之间的冲突，它常是由角色利益上的对立、角色期望的差别以及偏离角色规范等原因引起的。像初入职场的大学毕业生处理不好与领导、同事的关系而产生各种矛盾就是一例。

另一类是在角色承担者自身内产生的冲突。这又有几种不同情况：一种是当一个人所承担的多种社会角色同时对他提出要求，使他难以胜任并在时间与精力上出现紧张感，亦称"角色紧张"。刚开始工作的大学生，要同时扮演员工、下属、同事等一系列需要自己独当一面的角色，从小依赖惯了的他们可能就会有不适应。另一种是当一个人所承担的几种角色间出现了行为规范互不相容的情况时，也会发生角色冲突。比如有的大学生走上工作岗位后，不能正确处理恋爱与事业的关系。工作上不思进取，花费过多的时间和精力谈情说爱，影响正常工作。

2. 角色不清

社会大众或角色扮演者对于该角色的行为规范认识不清楚。在社会与文化急剧变迁时期，很多社会角色的行为规范都超出了过去人们习以为常的范围。在变迁中，当一种新角色初次出现，社会还没来得及对其权利义务做出规定，也会造成角色不清。比如有的大学生在校时懒散拖拉惯了，开始上班后没有意识到角色已经转变，仍按以前的作风行事，不遵守职工应有的行为规范，结果导致自己被处罚。这里，该大学生就是因为对员工这样一个社会角色的行为规范认识不清，出现了角色不清的问题。

3. 角色中断

指处在某一角色地位的人，由于主观或客观原因不能将该角色扮演到底而出现的中途间断的现象。它的发生可能是由于人们在承担角色的前一阶段时没有为后一阶段所要履行的角色义务作好充分准备；或者是因为角色前一阶段的一套行为规范与后一阶段所要求的行为规范直接冲突。现在大学生待业现象已较多，这固然与当前就业形势严峻有一定联系，但也有不少情况是一部分大学生不能成功转变自身角色，小事不愿干，大事又干不了，结果只有选择逃避，回到依靠父母生活的角色中，导致角色中断，不能继续承担起独立的社会角色。

4. 角色失败

角色失败亦称角色崩溃。这是一种最严重的角色失调现象，它指角色承担者被证明已不可能继续承担或履行该角色的权利和义务，不得不中途退出舞台，放弃原来角色的一种现象。这是指外化的角色要求与内在的角色承担者特质之间的不匹配。

5. 无法适应由组织中的核心人物到边缘人物

这一点在一些优秀大学生身上体现得尤为明显。他们在校时往往身居要职，赢得老师的赞扬和同学的羡慕。而刚进入职场，他们并不能被立即委以重任，而是要从基层做起。缺少过去的光环和注目，使得不少优秀大学生初入职场时产生边缘人的感觉。体现在工作中就是容易消极怠工或流露出对单位的不满。

（二）大学生角色转变中的心理障碍

大学生从学校走向社会，将进行的是一个艰苦的角色转变过程，由于受到自身因素和客观环境因素的双重影响，在角色转变中常产生一些心理障碍，从而导致角色失调的出现。大学生角色转变中常见的心理障碍主要有以下几点。

1. 心理期望值过高，与现实有落差，产生失落感

刚刚进入职场的大学生，每个人都有很高的理想抱负，期望一开始就脱颖而出，但真正开始工作后，由于种种原因，部分毕业生认为自己所落实的工作岗位不够理想，与原来设想中的岗位相差甚远，不甘于平庸，却又无法改变现状，因而容易产生失落心理。

2. 不适应新的环境而产生畏难心理

有的大学生在进入新的工作单位后，缩手缩脚，不敢大胆开展工作，究其原因，很大程度上是因为面对新的环境，不知道如何着手开展工作，另一方面是因为现在的大学生多是独生子女，从小到大的人生轨迹均由父母设计，独立处理问题的经验较少，又担心自己做错了事，会造成不好的印象，因而难以进入状态，总觉得不适应，这样往往就产生了急躁、畏难心理。

3. 自以为是,过高估计自己而表现出自傲心理

有些大学生自视甚高,认为自己接受过高等教育,肚子里装了很多高层知识,在工作中不去认真地了解、熟悉工作单位的情况,却常常对一些管理方式随意发表高论,或者轻视实践,不愿意到基层去锻炼,认为自己从事低层工作是大材小用,这种心理产生的后果就是眼高手低,在实际工作中表现为大事做不了,小事又不做,从而很难完成角色转换。

(三)角色转换问题的调适

大学生应从以下几个方面来积极调整心态,尽快度过毕业后的心理断乳期,完成职业适应。

1. 充满信心,愿意改变

毕业生从小学、中学到大学都是在拼搏中走过来的,步入社会,更需要有年轻人的朝气与自信。要相信任何困难都不可怕,命运最终掌握在自己手中。

2. 保持良好的心态

由学校转向社会的过程中,难免会出现某些心理上的波动,或因环境陌生而孤独,或因条件艰苦而失落,或因单位人才济济而畏惧等等,这些是正常的,不必大惊小怪。重要的是保持心理的平衡,莫让不良的情绪左右自己。

3. 认清自己的角色,了解具体角色的特点和要求

毕业生去单位报到后,就会被人事部门安排到某部门某岗位去工作,成为社会特定组织中的一员,肩负起众多角色中某一角色的职责来。大学生上岗伊始,一定要充分认清自己的角色位置,明确自己的工作内容、工作特点、工作方法、社会对这一角色的期望等等。只有如此才能明确在工作中怎么去做、做些什么、怎样做好等等。一般用人单位会通过举办岗前培训班的方式来对新员工进行培训。除此以外,你还可以通过主动地与主管领导交谈,向老员工请教,阅读有关规定、岗位职责规范等,尽快熟悉自己的角色。

4. 安心本职,甘于吃苦

安心本职是角色转换的基础。许多大学生在工作几个月后还静不下心来,这对角色的转换非常不利。既来之,则安之,毕业生应尽快从大学生活的沉湎中解脱出来,尽快全身心地投入新的工作,安心工作,才能成就一番事业。甘于吃苦是角色转换的重要条件。只有甘于吃苦,才能很快适应工作,及时进入角色。

5. 要勤学好问

大学生走上社会,绝非意味着学习的结束,而是新的学习任务的开始。来到一个新单位,你会发现,在大学里学过的许多知识一时用不上,而工作所需要的知识又学得不够深入甚至完全没有学过。所以,工作中的竞争在很大程度上是继续学习以尽快胜任工作的动力,谁善于学习,谁就将在激烈的竞争中取得主动权。走上工作岗位的学习,一个很突出的特点是一边干一边学,在干中学。因此,善于学习首先要做到善于思考,不断提出问题,不断解决问题,不断总结提高。要想在工作中得到迅速提高,除了加强自己的学习之外,还要虚心好问。你的上司和你的同事,都有着丰富的实践经验和专业知识,遇到困难及时向他们虚心请教,是帮你获得成功的一条捷径。同时,养成虚心好问的品质,也会给人留下良好的第一印象,任何一个领导和同事都会喜欢勤学好问的年轻人。

6. 积极参与工作

克服不良情绪的影响，重要的是使自己尽快进入"角色"，熟悉本职工作的过程，正是激发工作兴趣的过程。只有积极参与工作，才能逐步培养你对所从事工作的爱心。同时，要尽快熟悉你周围的人。人熟为宝，感情只有在相互交往中产生。如何尽快与同事熟悉起来，使你由一名"局外人"变成新集体里和谐、融洽的一员，这是一门不可忽视的学问。

7. 要学会忍耐

社会要比学校复杂许多，走上工作岗位，你可能会遇上固执刻薄的上司，可能碰上不通情理的同事，也可能在生活条件、工作环境上遇到一些不舒心的事情。遇到这种情况，要学会忍耐，冷静处置，以柔克刚，切不可暴跳如雷、火冒三丈。

第二节　尽快成为职业人

一、认识新环境

大学生从学校走入职场，接触的是一个崭新的环境。要尽快承担起职业人角色的扮演，首先就应了解你所进入的新环境。

通常一个环境是由硬件和软件两部分组成。硬件环境包括该企业的组织机构、人员构成、物质设施等方面。认识硬件环境主要通过自己留心观察，以及向领导和同事询问。而软件环境则是指一个企业的文化。所谓企业文化是指"在一个组织中形成的、能够指导其成员行为的共享的信念和价值系统。"每个企业都有自己的企业文化，包括企业理念、价值观、规章制度和不成文的规定等。这种企业文化对一个企业来说意义重大，因为它是影响组织成员做什么和怎样做的重要因素。它在形成态度、增强信念、指引行为、建立业绩预期以及促发绩效实现的动机方面都有极大的潜力。所以，要想真正成为该企业中的一员，了解企业文化是关键。而不同的企业，其企业文化也不相同，有的崇尚张扬，有的崇尚沉稳，有的要求员工按部就班，有的需要员工积极活跃……这些不仅表现在具体的工作方式、领导思维上，还表现在员工们的服饰文化、人际交往等方面。例如，你进入一家公司，发现办公人员全部穿的是正装，那你就该明白自己的衣着标准了。总之，企业文化蕴含在企业里的方方面面，需要员工留心观察，慢慢体会，在实际工作中了解企业的"生存法则"，掌握企业文化的灵魂，以便及早融入进去。

二、树立良好的第一印象

通常第一印象十分重要，第一印象好，人们与之交往的热情就高，易于打开工作局面，反之，会阻碍工作的正常进行。初入职场的大学生们应该学会合理利用第一印象的前摄作用和晕轮效应，努力形成良好的定势作用，为自己将来的工作打开新局面。

要树立良好的第一印象，以下几点不容忽视。

(一) 穿着整洁

中国有句谚语："人靠衣服马靠鞍"，还有一句："人要衣装，佛靠金装"。衣着对一个人的外表影响非常大，大多数人对另一个人的认识，可以说是从其衣着开始的。这并不是片面地以貌取人，而是穿衣戴帽往往能体现一个人的品味和素质，甚至是一种对别人的尊重。所以初到工作岗位，一定要讲究仪表和服饰，注意衣着、打扮同自己的身份相符，同工作单位的习惯相一致。比如对办公室人士来说，最好穿得正统、庄重一些。而在广告设计公司的人员则可以穿得比较个性化，但是衣着整洁、得体，保持干净是一贯的要求。

（二）举止得体

初到工作岗位，一定要注意举止文明，彬彬有礼，不可不拘小节。上班第一天应该落落大方向所有同事进行简要的自我介绍，好让同事们尽快对自己有所认识、了解。如果单位领导主动把你介绍给每位同事，则应含笑点头，可加上“初次见面，以后工作请多关照”之类的答辞。冒失莽撞和木讷呆板这两种倾向都是应当避免的。

（三）守时守信

遵守时间、讲究信用是人的美好品德的表现，也是人际交往中的一种原则。大学生初到工作岗位，应严格遵守单位的规章制度，早到晚走，不随意因私事请假。要按时完成自己的任务，与人交往不失约，不食言，如此会有助于树立在别人眼中的好印象。

（四）主动勤快

任何一个刚到单位的人，都会感到不知从何处着手，这时候要做个有心人，从打扫卫生、整理报纸文件、接听电话做起，积极主动为其他同事做些辅助性工作，既给人留下勤快的印象，又易于融入同事圈中，得到大家的提携和帮助。

（五）虚心求教

刚到单位，所有的工作对初来乍到的大学生来说都是陌生的，很多事情都不知如何办理，因此应态度真诚地多向同事请教。要有一种从零做起的心态，放下架子，尊重同事，不论对方年龄大小，只要比你先进公司，就是你的老师。

（六）真诚待人

俗话说得好：只有真心才能换来真情。在与同事相处中，应当以诚相见，真诚待人，既不要傲慢无礼，也不要自惭形秽。而应保持一种平等待人的作风，对别人的人格表示足够的尊重，对别人的困难表示由衷的关心并及时给予帮助。

总之，刚参加工作的大学生应注意树立以下几种形象：勤奋、认真、负责、谦虚、诚实、守信、守纪、向上、表里如一、能胜任工作等。树立良好的第一印象，有助于大学生初到单位站稳脚跟，有助于与同事融为一体，有助于工作的起步和发展。要树立良好的工作形象，必须从身边的一点一滴做起。要从大处着眼，小处着手，要有持之以恒的精神，不能一时好、一时坏。另外更重要的是，建立良好的第一印象只是职业生涯开始的第一步，还需要长期坚持不懈的努力，以自己良好的表现、出色的成绩去建立更深层次的长期印象。

三、建立良好的组织关系

所谓组织乃是由个人所组成的群体，在协商一致的努力下，共同致力于目标的实现。因此，大学生在进入一个组织之后，将要与该组织内的各个成员建立一种关系：与上级的关系、与同事的关系、与客户的关系等。能否处理好这些组织关系，会对大学生能否顺利融入工作环境，以及今后工作的开展产生重要影响。

（一）与你的上司建立良好的合作关系

上下级之间的关系，在工作上是管理与被管理的关系。在职场生涯中，毕业生要学会尊重与服从领导。受雇于他人，为他人工作的人假如总是与上司的意见相左，他的工作就不可能顺利做好。上司之所以是上司一定会有他的优势，他必须为他的所有命令承担责任，因此你要相信他的命令有一定的理由。

因为领导往往并不了解你的才能，开始不会委以重任，只会让你做些比较琐碎的杂事、小事。除了力争在最短的时间内尽善尽美地把它完成，你别无选择。这是取得领导信任的最有效的途径。不要自视清高，以为大材小用；或者几天没达到自己的目标，就开始怀疑是不是选错了单位。应该摆正心态，从小事做起。并在适当的场合自然地表现自己，赢得领导的最佳印象。比如说开会时不妨做到能让领导很容易就能看到的地方，如果让大家发言，就勇敢地把自己平时积累的几条合理化建议井井有条地讲出来，你的表现自然会让可能一直没太在意你的领导刮目相看。但注意别显出急不可耐的样子，更不可夸夸其谈，喧宾夺主，否则，还不如做个认真的听众。

下级与上级的沟通过程中，毕业生一定要“积极、主动”，这是一个基本的做事法则，不应当因为害羞或胆怯而延误工作，“早请示，晚汇报”适合于任何企业与时代。毕业生应当养成非常好的职业习惯：工作每进行到一个阶段，都需要向领导汇报；在遇到问题或有不同见解时，都应当主动与领导沟通和探讨，以免延误工作；对于领导交代的任务你应当快速反应并完成。

每个人都有自己的行为风格与个性，这会充分体现在他的工作风格上。注意领导的类型，你将会更好地预测他的情绪，理解他的价值观，并按他的期望去做事，应该有针对性的沟通。例如，面对一个关注细节、重视条理与规范的领导，应该有充分的思想准备去接受他对于你在汇报方案中的所有细节的质问与探讨；而面对一个思维活跃、重视整体的领导，也应当有充分的准备，因为你要不停地应付他们各种突如其来的创意，他们很少会告诉你该如何具体去做。

（二）与你的同事建立和谐共处的关系

在职业生活环境中，职位的升迁，工资、奖金的发放，住房的分配等等，都与个人利益相关，这些都使得同事之间的关系比较微妙和复杂。而且，大学生是新人，刚进入一个由老职员形成的圈子里，难免会产生陌生感。这时，大学生首先要从主观上多做努力，培养出自己的“归属感”。如对同事要坦诚相待、一视同仁，要不卑不亢，既不自惭形秽，自己看不起自己，也不傲慢无礼，自以为是。在思想上、感情上、行动上要想集体之所想，主动热情地为同事排忧解难。要善于主动和同事打成一片，多参加一些集体活动，这样不仅能使你了解到公众场合难以获得的信息，还使你更自然地与同事们融为一体。不以个人好恶去亲近一部分人，疏远一部分人，不拉帮结伙，不参与派别之争。与同事发生矛盾，最好当面交谈解决，不留下后遗症。在原则问题上不应一味退让，非原则问题则应尽量宽容、忍让。还要善于发现、虚心学习同事们的长处，并用自己的所知、所会、所长给同事们以帮助，适时地赞扬同事们的优点并检查自己的不足，这样就可以缩短和同事之间的心理距离，达到认同的目的。

(三)注意组织关系中的"四忌"

一忌过于热情。刚进入一个单位工作,又是同事中最年轻的,做任何事都应积极主动,不管分内事与分外事都要任劳任怨,尽力多干。当身边的同事遇到困难时,要热情真诚地给予帮助,这些都是正确的。但凡事都要把握一个度,"热"得过头了,也会适得其反。不能所有事情,无论与自己本职工作有无关系都鞍前马后忙个不停,人前人后绕个没完。事实上,并不是每个同事都喜欢你如此,也不是每件事情都需要你如此。

二忌溜须拍马。大学毕业生刚参加工作,向有实际工作经验的同事、领导虚心学习和请教都是很必要的,在工作中要像尊重学校老师那样尊重他们。但不是一说话就夸大其词,一张嘴就把人捧上天,把什么人都看成大人物甚至违心地把他们身上的缺点也说成优点,这样容易给人留下溜须拍马的印象。

三忌胆怯。刚参加工作,拘谨些是难免的,但也不能妄自菲薄。在实际工作中,即使是正确的意见也不敢坚持己见,一味听从别人的安排。工作稍有困难就缩手缩脚,不敢大胆开展工作。在与领导、同事交往过程中总是一付唯唯诺诺的样子,这会给人留下无能的印象。

四忌择人而待。来到一个新环境,同事之间无论职位高低都应平等相待,不能有亲有疏,厚此薄彼。在人际交往中,不能对领导是一种态度,对同事是另一种态度,对其他一般群众又是一种态度。这种择人而待的"势利眼"在单位里是最令人讨厌的。

【延展阅读】

职业人必备素质

1. 商务礼仪

这将最直接地体现一个人的职业素养,简要概括为举止得体、仪表大方、谈吐温文尔雅。

2. 时间观念

一个没有时间观念的人会让人没有信任感,须注重以下几个方面:

遵守上班时间、会议时间、同外公司的人约定的时间。上班应比公司所规定的时间早到五分钟左右,利用这短短的几分钟,使自己的心情稳定下来,准备迎接一天工作的挑战。下班前注意整理桌面、重要文件归档、确认第二天工作。另外,如果是最后一个离开办公室,应检查电灯、空调、电源、钥匙后方可离开。

无法准时上班时,若是在前一天就知道,应该事先向上司说明,以取得谅解;若遇不可预知的意外情况,最好在上班之前就打电话给上司或同事知道。

3. 角色认知

对上司的决策不应盲从。如有不同意见,应坦诚申明自己的观点、见解。即使不被采纳,也不可指责和抵触,而是适应与合作,不折不扣地执行。

4. 懂得复命

完成上级布置的工作任务后应向上级反馈工作结果,而不应被动地等待上司的过问。

5. 有效沟通

懂得面对不同的沟通对象，选择合适的沟通方式，并懂得沟通的基本要素：表述、倾听、反馈。

6. 情绪控制

运用对事不对人的原则处理工作中的冲突，并善于将工作与生活分开，不将生活中的负面情绪带到工作中。同时，也不要因为工作压力影响了生活质量。

7. 成本意识

为了公司利益，做事考虑工作效率和降低成本。比如运用“8/2”法则，抓住重点事件投入资源。

8. 同事交往，简化关系，避免是非

将同事关系定位为工作伙伴，不以私人感情影响工作关系。

9. 职业道德

注重职业形象、行业声誉，“规规矩矩做事，堂堂正正做人”避免“职业腐败”——采购员索要回扣，无视产品质量；销售员私自跑单，中饱私囊；仓管员顺手牵羊；行政管理谋取小恩小惠。

来源　(2007-06-16). http://www.366t.com/Html/Job/Renji/0761609584978548.htm.

四、调整自己的态度和行为

在职场中，你的态度和行为也是影响你发展的重要因素。既然已开始扮演职业人这样的角色，就需要适时调整自己的态度和行为，以适应角色的需要。

(一)态度上——要开放、敢于尝试、谦虚务实

首先，在态度方面，大学生们要树立一种开放的态度。所谓开放的态度是指一种包容心。即你要能听进别人的意见，要学会从别人的角度去思考问题。因为在现代企业中，更多讲究的是团队合作，讲究集思广益，这样就会有很多不同的意见产生，如果你无法容纳别人的观点，那么你将无法与别人共事。当然这里说的容纳并不是要一味抛弃自己的观点去接受别人的，而是要求大学生们在考虑问题时要注意多角度、多方面。切忌一意孤行。

其次，在态度方面，大学生们要有一种尝试的态度。即对待新事物不要害怕，要敢于大胆尝试。有的大学生在进入新的工作单位后，缩手缩脚，不敢大胆开展工作，因为他们担心自己做错了事，会给人留下不好的印象。其实，这种想法是不对的，人总是在不断犯错误中成长起来的，没有人不会犯错误，除非他不做任何事。如果因为怕犯错就不愿尝试，那么一个新手永远也成长不起来。

最后，在态度上，大学生们更要有一种谦虚务实的态度。事实表明，一个人在学校里学习的知识毕竟是有限的，大部分知识和能力必须在工作实践中锻炼和学习。尽管大学毕业生在校期间已经学到了一定的知识，但在陌生的职业面前，也只是一个“小学生”，一切都要从头学起。所以这时，大学生只有放下架子，虚心学习，才能逐渐完善自我，尽快实现角色的转换。

(二)行为上——要三多一少

首先，大学毕业生在工作中应做到三多：多看、多听、多想。因为初入职场，大学生们对很多问题都是第一次碰到。这时就需要大学生在工作中要善于观察、勤于思考、积极询问，并运用自己所学的

知识努力探索其中的规律,掌握其中的诀窍,从而形成自己的见解,逐步具备独立开展工作的能力。

其次,大学生在工作时尽量少言。这是因为大学生毕竟是新人,对很多东西都有不明白的地方。这时大学生主要应该做的是多向老员工请教,并认真听取他们的意见。而不是一味不懂装懂地进行自夸。否则,只会引起别人的反感。还有些大学生眼高手低,经常是嘴上夸夸其谈,而手上毫无成果。这样的人也只会遭到大家的轻蔑和嘲笑。

第三节　树立职业心

一、何为职业心

很多时候,思想决定一切。所思所想会影响到一个人行动的目标和方向。在职场中,要想成就一番事业,没有一颗职业心是不行的。大学毕业生从踏入职场的那刻起就应树立自己的职业意识,为自己的职业人生确定明确的目标。

那么什么是职业心呢? 所谓职业心,可以看作是职业人对自己正在从事的职业的一种深层次的理解和期待。它是职业对人素质的要求以及人所具备的能满足职业要求的各种素质的总和。具体来说,职业心应包括专业知识、职业道德和职业价值内涵三方面。

(一)专业知识

是具备职业心最基本的要求,也是一个合格职业人应具备的最基本素质。像一名网络工程师,如果他不懂电脑、不懂网络、不懂编程,那他就无法胜任自己的工作,这样又何以能说他具备当软件工程师的职业心呢。

(二)职业道德

是从事某项职业的人们在长期的工作实践中所形成的有关该职业的行为规范和道德准则。比如从事新闻工作,就要求新闻工作者应真实、全面、及时、准确、客观、公正地报道事实;再比如从事服务行业工作,其职业道德是要全心全意、真诚地为客户服务。因为有了职业道德的规范和约束,一个职业才能保持它特有的风格和标准。

(三)职业价值

价值观是一种内心尺度,它渗透于整个人性当中,支配着人的行为、态度、观念、信念、理想等,而职业价值则会影响从事该职业的人在工作中形成本职业特有的观念、态度和信念。它是决定其他一切活动的基础,是最深层次的东西。比如,从事财务这一行,严谨细致就是它的核心价值内涵,如果你做事一贯丢三落四、不拘小节,那只能说你没能把握财务这一行的价值内涵,你还不具备完全的职业心。

【延展阅读】

测试职业人的职场情商

职场上,很多问题都不一定有绝对的解决方法,处在不同的境地和不同的同事之间,面对同样的问题,职业人可能会有多种的反应,而如何适应环境的变化,妥当地处理问题,也就是体现你职场情商的时候了。以下是在职业咨询当中,咨询师测试职场情商的一道问题。

如果你遭到上司不正确的批评,你会怎么处理?

1. 保持冷静,不说什么,避免与上司发生冲突,让事实说话。

2. 保持镇静,当即说“对不起! 是我的错!”之类的话,避免与上司发生正面冲突,事后再跟上司说清楚。

3. 直截了当地说:“我没有错。”

4. 等上司讲完后,冷静地提出恰当的问题,引导对方逐渐认识到我没有错。

许多人容易犯的错误就是,不等对方说完,直截了当地说:“我没有错。”也有人会选择保持沉默,避免冲突,但有时候事实并不会自己出来说话。

不少人会认为第 2 个是最好的选择:避免了冲突,保全了上司的面子,又可以澄清事实。但有不好的地方,就是没有保护自己的面子和尊严,给别人留下不够光明磊落的形象。

这个选择会比较适合应对大多数东方上司,因为东方人最讲面子,尤其是中国上司在下属面前最讲面子。而对于比较开明的上司,或者是喜欢直截了当的欧美籍上司,第 4 条也许是最好的选择。

因为第 4 个选择是自己既保持了冷静,避免情绪化冲突,澄清了事实,也保护了自己的面子和尊严以及正直的形象。但这个选择也有不好的地方,就是对上司的面子照顾不够。

来源 喜满你.(2005-07-29).中国金融网 http://www.zgjrw.com.

二、如何树立职业心

建立自己的职业心,大学毕业生需要从以下几个方面做出努力。

(一)坚持学习,不断完善自我

大学毕业生已经具备了获得职业技能的基础条件,即比较扎实的基础知识和专业知识。但是社会角色的适应过程是一个自我不断学习、不断完善的循序渐进的过程。初到工作岗位,自身的知识量不一定足够大,知识结构并不一定合理。因此,大学生要根据职业的特点、性质、工作程序及相互关系,不断学习新知识,增强自身素质和能力,提高工作技能和业务水平。研究数据显示,在大学期间所掌握的知识,30%左右是在工作中能用得上的,70%左右属于备用的知识。诺贝尔经济学奖得主赫克曼曾指出:“学校教育最多只能占一个人一生的三分之一,而其他的三分之二教育,一方面与早期的家庭教育有关,另一方面非常重要的是来源于工作地点的培训和不断地学习。”因此,大学生在工作岗位上所用的知识大部分需要随时学习和充实。随着知识经济时代的到来,知识更新步伐的加快,毕业生必须不断地更新知识,开阔视野,完善拓宽知识结构,以适应新的形势。

(二)立足工作岗位,树立新的意识。

刚刚毕业的大学生在走上工作岗位后应当树立以下几个方面的意识:

1. 独立意识

学生角色的经济不独立性和社会责任的不完全性,决定了大学生的依恋性。走上工作岗位后,大学生已经成为社会认可的具有独立资格的真正意义的社会人,在生活上要自理,尤其是在工作上要独当一面,承担一定的社会责任。

2. 主人翁意识

大学毕业生在工作中,多数要参与生产、管理和决策等实践活动,对所在的单位和部门承担更多的社会责任和义务。一个人工作成绩的好坏,不仅和自己的前途有着密切的关系,而且和单位及部门的兴衰荣辱休戚相关。因此,大学生要敢担大任,同时对自己的失误不隐瞒、不推托,勇于承担责任。以主人翁的姿态为自身发展、单位发展和国家兴旺贡献自己的力量,立足本职,做好工作。

3. 团队意识

人是社会的人,社会的发展与进步离不开人们的密切合作。但由于学生角色中心任务的特殊性,学校环境的相对封闭性,使得一些大学生的协作精神和团队意识远远不能满足职业的要求。实践证明,在人的社会联系高度紧密的今天,一项大型工程的开展,一项科研项目的完成,一个生产过程的组织和管理,单靠某个人的力量是显然不够的。必须是几个、几十个甚至是成百上千个人共同劳动,互相配合,互相协作才能完成的。这就要求每个成员都要有相互协作的团队意识,从整体利益出发,个人利益服从整体利益,顾全大局。并建立和谐的人际关系,创设一个友好的合作氛围。

(三)正确对待工作中遇到的困难和挫折

不管从事何种工作,遭受挫折总是难免的。心理学家认为:挫折是个人从事有目的的活动时,由于受到障碍和干扰,其需要不能得到满足时的一种消极的情绪状态。受挫后人会容易出现紧张、焦虑、苦闷的心理状态,心理失去平衡。其实,人的一生总是不断遇到挫折:学走路跌跤、考试成绩下降、高考失利、就业不顺、工作不好等等,遇到挫折并不可怕,可怕的是如何对待它。有的人遭受挫折后垂头丧气、郁郁寡欢;有的人受挫折后随意发火、怨天尤人;还有的人万念俱灰、轻生厌世。所有这些都是不能正确对待挫折的表现。正确的态度应是:受挫后采取积极的心理自我防卫,谋求心理平衡。比如将内心愤懑的消极情绪转化为发愤图强、力争上进的积极情绪,“化悲愤为力量”,使心理得到升华;或加倍努力工作,去实现目标;或改换工作方法另行尝试;或进行工作补偿,以期达到“失之东隅,收之桑榆”的效果。

具体说来,大学毕业生在刚进入工作单位后常遇到如下一些挫折。

1. 受到冷遇

可能由于老员工一般已形成了自己的人际圈,他们一时还无法完全接纳新来的同事,也可能因为大学毕业生缺乏实际工作经验,领导在安排任务时总是会把重任交给有经验的老职员去做,留给新人的只是一些琐碎的小事。在这时,作为职场新人的大学毕业生们总会觉得自己受到了冷遇,不再像以前有如“众星捧月”般的感觉。

其实这种现象很普遍,如果处理得当,你很快就能融入新环境中,顺利开展工作;反之,如果你什么努力都不做,只是一味埋怨领导和同事,那最终的结果只能是你被淘汰出局。

因此,大学毕业生在工作时受到了冷遇要学会清醒分析,正确对待。

首先要从主观上找原因。有的大学生自以为满腹经纶,好高骛远,小事不愿做,大事做不了,使领导难以安排合适的工作;有的大学生对工作单位不满意,看不惯,总是妄加评论,空发感慨,造成不良影响;还有的大学生工作责任心不强,干事马马虎虎,敷衍了事,不能完成领导交给的任务,给单位造成不必要的损失。如果大学毕业生是因为上述原因导致受到冷遇,那就应该认真改正自己的言行,以期改变留给用人单位的不良印象。

其次,大学毕业生要从冷遇的困境中挣脱出来,还要加强性格修养与锻炼。毕业生到了工作单位,不可能孤立地生活,不可能不与人交往,现代社会没有“世外桃源”,所以要注意搞好人际关系,从性格上来讲,要豁达大度、宽宏大量、谦和热情、正直诚恳,不能心胸狭窄、猜忌多疑。

2. 受到批评

在工作中只要犯了错就会受到批评,因为谁都可能犯错误,所以谁都可能挨批。但在对待批评的态度上,人们的表现不一。有的人勇于承认自己的错误,并诚恳地接受批评,总结教训并及时加以改正;有的人受到批评则丧失信心,精神不振,甚至自暴自弃;还有的人一遇批评就火冒三丈,认为谁批评他就是谁的不对。

在对待批评的问题上,大学毕业生一定要摆正态度,放下自己“天之骄子”的架子,应像个小学生一样有错即改,并认真分析出错的原因,以防下次再犯同样的错误。

不过,光有正确的态度还不行,在接受批评时还应掌握一些正确的方法,才能收到良好的效果。

第一种,静静聆听,尽可能地让批评者把意见表达完。如果还未听清自己的错误所在,最好的方法是追问一句:“你能说得具体点吗?”这样你可以方便找出受批评的原因,分析批评是否有道理。

第二种,坦承接受。如果你知道自己错了,就勇敢地说一声:“是我错了,你批评得及时,以后我一定改正。”

第三种,当批评者自恃有理,态度蛮横时,你不妨说一句:“我好好想想,我们明天再谈好吗?”这样可以控制自己的情绪,以免引起冲突。

第四种,婉言拒绝。如果批评者对事实原委不够了解,批评没有道理或纯属误会,那你可以做些解释,以便让对方了解事实的真相。“你误会了,事情是这样的……”语言委婉一点,对双方都有好处。

总之,面对善意的批评,不能反击。如果反击肯定会造成尴尬的局面,伤害感情,不要找借口推脱责任,也不要默不做声。这两种态度无异于“消极抵抗”,而且也不利于批评者指出你的错误所在。无论你采取什么方法,都要认真诚恳,心平气和。油腔滑调、一味敷衍只会引起反感。即使你接受了批评,批评者还需要看你的实际行动,态度再好,没有改进,也只能落得个“言行不一”的坏名声。如果批评者没有道理,你也不应“耿耿于怀”,更不可“借机报复”。要知道,当面给你提出批评意见的人多半是出于好心,希望你进步,即使是一场误会,谈开了也就没事了,睚眦必报,会损害你的人格。

第十三章　创业指导

每种首创事业的成功，最要紧的还是所有当事人的基本训练。

——马明西利比亚克[俄]

二十一世纪是以创造、创新、创业为特征的世纪。创业是大学生就业的一种重要形式。对大学生创业进行指导，使其了解基本的创业知识，锤炼自身的创业素质，并做好创业计划的设计，既是社会和经济结构调整时期人才需求变化的需要，也是以人为本，构建和谐社会的需要。

第一节　创业知识的获得

一、创业的内涵

(一)创业定义的多样性

围绕"什么是创业"这个问题，国内外学者持有不同的见解。综合起来看，大致可以分为以下三种，即价值说、功利说和实体说。

价值说认为，创业活动的创造性体现在价值的创造上。创业即创造者通过发展和识别机会，组织各种资源提供产品和服务，以创造价值的过程。创业包括创业者、商业机会、组织和资源等要素。重点是强调实现潜在价值。

功利说认为，创业就是创造财富和积累财富的过程，创业活动具有开拓性、功利性和自主性等功能。

实体说认为，创业需要一个承担创业的实体，而通常这个实体就是企业，创业者依据所在国家或者地区的法律法规进行登记注册是创业活动的一个重要标注。

(二)创业的基本内涵

"创业"在《辞海》中给出的定义为"创立基业"，即开拓、草创业绩和成就，恰与"守成"一词相对应。一般认为，创业的基本内涵是指创立基业和创办事业，也就是自主地开拓创造性业绩与成就。

创业有广义和狭义之分，广义创业概念包括从一个有问题的企业开始创建出一个重焕生机的企业。狭义的创业是指创业者的生产经营活动，主要是开创个体和家庭的小业，理解为"创建一个新企业的过程"。无论是广义的还是狭义的，都离不开企业。创业所有的活动内容，如投资、支配、组织、管理、事业选择和实际运营也都离不开哲学思想的指导，管理哲学是创业学的重要理论基础，它有助于理解创业的实质、把握企业的体系以及系统的理解创业活动。

（三）创业的特征

创业是发现机会、获取资源创造某种有价值的新事物的过程，它包括以下几方面基本特征。

1. 创业是创造的过程

创造某种有价值的新事物，不仅对企业家，而且对其开发的产品、服务的某些目标对象都是有价值的。

2. 创业必须承担风险

创业风险包括市场风险、技术风险、财务风险、管理风险、精神风险、社会风险等，从某种意义上讲，创业就是风险投资。

3. 创业以获得报酬为目的

对于企业家来说，获得利润是永远的动力，当然，对于创业者来说，获得独立自主和个人满足也是必要和重要的。

4. 创业是一个决策过程

创业现象的发生，首先基于风险和机会认知，进而形成创业行为和组织创业精神，创业者面临一个不断判断、选择的过程。

【延展阅读】

决定创业命运的五句话

1. 优秀是一种习惯

如果说优秀是一种习惯，那么懒惰也是一种习惯。我们的一言一行都是日积月累养成的习惯。从现在起就要把优秀变成一种习惯，使我们的优秀行为习以为常，变成我们的第二天性。让我们习惯性地去创造性思考，习惯性地去认真做事情，习惯性地对别人友好，习惯性地欣赏大自然。

2. 生命是一种过程

事情的结果尽管重要，但是做事情的过程更加重要，因为结果好了我们会更加快乐，但过程使我们的生命充实。人的生命最后的结果一定是死亡，我们不能因此说我们的生命没有意义。世界上很少有永恒。

3. 两点之间最短的距离并不一定是直线

在人与人的关系以及做事情的过程中，我们很难直截了当就把事情做好。我们有时需要等待，有时需要合作，有时需要技巧。我们做事情会碰到很多困难和障碍，有时候我们可以选择有困难绕过去，有障碍绕过去，也许这样做事情更加顺利。

4. 只有知道如何停止的人才知道如何加快速度

我在滑雪的时候，最大的体会就是停不下来。我刚开始学滑雪时没有请教练，看着别人滑雪，觉得很容易，不就是从山顶滑到山下吗？于是我穿上滑雪板，哧溜一下就滑下去了，结果我从山顶滚到山下，摔了很多个跟斗。我发现根本就不知道怎么停止、怎么保持平衡。最后我反复练习怎么在雪地上、斜坡上停下来。练了一个星期,我终于学会了在任何坡上停止、滑行、再停止。这个时候我就发现自己会滑雪了,就敢从山顶高速地往山坡下冲。因为我知道只要我想停,一转身就能停下来。只有知道如何停止的人,才知道如何高速前进。

5. 放弃是一种智慧,缺陷是一种恩惠

当你拥有六个苹果的时候,千万不要把它们都吃掉,因为你把六个苹果全都吃掉,你也只吃到了六个苹果,只吃到了一种味道,那就是苹果的味道。如果你把六个苹果中的五个拿出来给别人吃,尽管表面上你丢了五个苹果,但实际上你却得到了其他五个人的友情和好感。人一定要学会用你拥有的东西去换取对你来说更加重要和丰富的东西。所以说,放弃是一种智慧。

做人最大的乐趣在于通过奋斗去获得我们想要的东西,所以有缺点意味着我们可以进一步完美,有匮乏之处意味着我们可以进一步努力。如果我们每天早上醒过来,感到自己今天缺点儿什么,感到自己还需要更加完美,感到自己还有追求,那是一件多么值得高兴的事情啊!

来源 (2008-01-29).中国创业致富网 http://www.28.com/A/2008-1-29/46.shtml.

二、创业应具备的知识结构

决定创业,是个人职业生涯中的一个重要转折点。大学生初次走进市场的浪潮中,是否能够成为弄潮的能手,关键还在于大学生自己所具备的知识和能力。作为创业者,应该具有扎实的专业知识,相关的商业知识,一定的管理知识,相关的法律知识。

(一)管理知识

一个初创的企业要想早日走上正轨并做大做强,或早或晚都要过"组织架构设计"这道关。组织架构设计中最根本的问题就是决策权限的分配。简单地说,就是首先要解决"谁说了算"的问题。这个问题解决不好,将会给企业的运作带来严重影响。大学生初创企业中有不少是由几个要好同学、朋友共同创办的,还有的带有家族企业色彩,这里就有一个"听谁的?怎么听?"的问题。决策权限分配更准确地说是解决"什么事情谁说了算"的问题。只是简单地规定"谁听谁的"无法应付日益复杂的经营管理问题,也解决不了创业团队中的意见分歧,究竟哥们儿、姐们儿之间,谁该听谁的呢?没有一个有效的决策权限分配系统,上级不能有效地管理下级,这类企业在规模尚小时问题还不大,达到一定规模后效率则变得极其低下,甚至会危及企业的生存。因此,粗线条的东西必须逐渐细化。"什么事情谁说了算"需要详细分解,操作起来复杂而又具体,有必要用书面的正式文件明确地规定下来。经验表明,制订《分权手册》是个不错的选择。

组织架构设计对于企业经营管理的重要性,正如木桶上的一块木板,虽然不是唯一重要或者最重要的,却是不可或缺的。根据管理学原理,组织架构设计主要包括三个关键方面,即:决策机制、激励机制、评估机制。三者相互联系,互为依存。决策机制需要有相应的激励机制和评估机制加以配合,以有效鼓励拥有决策权的人做出有利于企业的决策,有利于监督和评估决策质量和决策效果。反过来,有了员工激励机制,也要给他们相应的参与决策、参与管理和监督的权利,以便员工按权限采取行动,并有相应的业绩评估体系来为自己的行动作参考。决策权限分配、员工激励机制和业绩评估体系三者相互协调,是理想的组织架构设计,是初创企业在设计组织架构时值得参考的重要原则。

此外，在几人合股的企业中，若开始没有界定清楚彼此的权利与义务关系，很容易引起经营过程中的争执，严重的还会反目成仇。因此在合资创业前，最好议定《合资协议书》，大家共同讨论出创业经营的目标与范围，管理制度的细节，执行业务股东的酬劳计算、利润如何分配或亏损如何补偿，以及万一企业停止营业时财产如何处理等原则，避免日后纷争。

(二)营销知识

营销管理是分析、规划、执行和控制各种方案，以便与目标市场的顾客建立和保持互惠交易以实现组织的目标。营销管理的实质是要制定一套开发客户、提供服务、到收款及售后服务的企业运作流程。例如，如何选择成本最低、成效又最高的行销方法；如何找到可靠且成本低廉的供货商；如何提供成本最低却又能符合需求的产品与服务；怎样的收款流程最顺畅，以及如何降低呆账率化解风险等。创业者可先试着找出同业中谁最赚钱，仔细观察其运作方式，然后根据自己企业的情况去调整这套运作模式，建立属于自己的营运制度。

在许多经营管理书籍中，都会提到企业的优势、弱势、机会、威胁的分析，这套方法其实也有助于创业者分析自己公司的经营环境。例如，除了了解该行业相关的法律法规之外，对于潜在客户在哪里、竞争对手是谁、对方的切入角度或竞争手法是什么，这个产业的服务或产品市价，一般毛利率是多少等。创业者应想办法理出个头绪，然后才能制定出奇制胜的行销策略。为拟定行销策略，创业者也须了解自己公司的市场定位，同业者常用的销售方式及各种可供选择和借鉴的行销方式。运用行销方式的巧妙各有不同，创业者应随时思考各种行销方式，找出拓展商机的可能性。要打胜仗，要靠良好的纪律，以及创新的战略战术，创业也是如此。创业者若能建立完善的人事、财务等内部制度，观察环境趋势随时调整行销与市场策略，稳扎稳打克服大小疑难障碍，相信终有机会一尝创业的甜美果实。

(三)资本和财务知识

技术和创新只有与商业和资本结合，完成研发和商品化，产生盈利，才能获得成功，也才能获得经济利益的回报。企业无论在哪个阶段都会遇到缺少资金的艰难境地。即便是对于创业精神最充沛、政府管制最少、风险资本供应最充分的国外创业者也是如此。因此，启动资金和后续资金的充沛与否已成为创业者成败的关键因素，大学生要想创业就必须具备一定的资本常识。为了筹集到创业所需要的足够资金，在公司创办之初，就要选择技术含量高、市场急需而且前景好、利润高的项目，这样才能引进资本，获得公司的启动资金。

企业正式运作后，要了解公司是否上轨道，“让财务报表说话”是最好的方式。不少大学生创业者由于缺乏起码的财务管理知识，因而从企业初创阶段就没有养成良好的财务管理习惯，既不了解自己一个月到底净赚多少，实际毛利率有多高，也没有充分考虑预留周转金，因而由于一笔款项周转不灵而导致创业失败的例子屡见不鲜。为此，创业初期除了启动资金外，预留一定的流动资金、发展基金是非常必要的。

此外，创业者充分了解经营状况，最好要掌握一些账目管理的基本知识，详实纪录收入支出、进货销货以及成本核算等。坚持下来，有利于创业者对于未来可能的利润和收支平衡点做到心中有数，并对降低生产成本、报税、调整经营方向等起到参考作用。

三、创业知识的获得途径

一般来说,大学生创业知识的获得可以通过以下途径。

(一)大学课堂、大学图书馆与大学社团

创业者通过课堂学习能拥有过硬的专业知识,在创业过程中将受益无穷。大学图书馆通常能找到创业指导方面的报刊和图书,广泛阅读能增加对创业市场的认识;大学社团活动能锻炼各种综合能力,这是创业者积累经验必不可少的实践过程。

(二)媒体资讯

一是纸质媒体,人才类、经济类媒体是首要选择。例如比较专业的《21世纪人才报》、《21世纪经济报道》、《IT经理人世界》。

二是网络媒体,管理类、人才类、专业创业类网站是必要选择。例如《中国营销传播网》、《中华英才网》、《中华创业网》等。此外,从各地创业中心、创新服务中心、大学生科技园、留学生创业园、科技信息中心、知名的民营企业的网站等都可以学到创业知识。

(三)与商界人士广泛交流

商业活动无处不在。可以在生活的周围,找有创业经验的亲朋好友交流。在他们那里,将得到最直接的创业技巧与经验,更多的时候这比看书本的收获更多。甚至还可以通过电子邮件和电话拜访崇拜的商界人士,或咨询与你的创业项目有密切联系的商业团体,你的谦逊总能得到他们的支持。

(四)曲线创业

先就业、再创业是时下很多学生的选择。毕业后,由于自己各方面阅历和经验都不够,能够到实体单位锻炼几年,积累了一定的知识和经验再创业也不迟。

先就业再创业的学生跳槽后,所从事的创业项目通常也是在过去的工作中密切接触的。而在准备创业的过程中,可以利用与专业人士交流的机会获得更多的来自市场的创业知识。

(五)创业实践

真正的创业实践开始于创业意识萌发之时。大学生的创业实践是学习创业知识的最好途径。

间接的创业实践学习主要可借助学校举办的某些课程的角色性、情景性模拟参与来完成。例如积极参加校内外举办的各类大学生创业大赛、工业设计大赛等,对知名企业家成长经历、知名企业经营案例开展系统研究等也属间接学习范畴。

直接的创业实践学习主要可通过课余、假期在外的兼职打工、试办公司、试申请专利、试办著作权登记、试办商标申请等事项来完成;也可通过举办创意项目活动、创建电子商务网站、谋划书刊出版事宜等多种方式来完成。

总之,创业知识广泛存在于大学生的学习、生活的视野之中,只要善于学习,总能找到施展才华的途径,但在信息泛滥的社会里,“去粗取精,去伪存真”也是很重要的。善于学习和总结永远是赢者的座右铭。

第二节 创业素质的准备

创业素质是个体或团体的创业者所具备的创造新的就业岗位所必备的知识、能力和素养。它是人在后天接受教育和环境影响下形成和发展的，在社会实践活动中表现出来的比较稳定的个性特征。创业素质是一个复杂的系统，它由创业意识、创业精神、创业心理品质和创业能力四个部分所组成，立志创业的大学生应做好这四个方面的准备。

一、创业意识

创业意识是创业主体自觉进行创业实践活动的心理倾向，它包括六大因素，即创业需要、创业动机、创业兴趣、创业理想、创业信念和创业世界观。创业意识是创业素质结构中的物质基础和先天条件，是探索与构建创业教育运行机制的必要前提。

(一)创业需要

需要是有机体内部的一种不平衡状态，它表现在有机体内部环境和生活条件一种稳定的要求，并成为有机体活动的源泉。因而创业需要是产生创业动机的基础。

(二)创业动机

动机是由一种目标和对象所引导、激发和维持个体的活动，并使活动朝向某一目标的内部心理过程或内部动力，它具有激活、指向、维持和调整等功能。

(三)创业兴趣

兴趣是推动人们认识事物、探求真理的重要动机。创业兴趣是从事创业实践活动的心理倾向。

(四)创业理想

创业理想是创业活动的未来奋斗目标的持久向往和追求。创业理想与创业信念紧密地相连，是信念指向的未来形象。

(五)创业信念

创业信念是创业活动和实践过程中所形成的某种正确的观点、思想或知识，并以此调节控制自己行动的价值倾向性。

(六)创业世界观

创业世界观是创业者按客观事物对其自身及社会的意义及重要性进行评价和选择的原则、信念和标准。创业世界观决定着创业者创业动机的性质、方向和强度。

以上六种创业意识，在个体的发展过程以及在创业过程中起着重要的作用，其中创业动机是形成和促进创业行为的内驱力，是创业行为的基础和前提；创业信念是关于创业的认知和情感的升华，是认识转化为行动的中介，它通过对个体创业需要的调控来实现对创业动机行为的影响。而创业者只有具备强烈的创业动机、坚定的创业信念及正确的创业世界观才有可能创业成功。它是个体在其人生中能否真正创业，能否在机遇与困境中发挥个人的聪明才智的前提。换言之，只有具有了创业意识的人,才能做到创业而非盲目或悲观地接受外界的给予。

【延展阅读】

中国创业者十大素质

1. 欲　望

将“欲望”列在创业者必备素质的第一位,你可能多少感到意外。佛经上有一句话,叫做“无欲则刚”,意思是说,一个人如果没有什么欲望的话,他就什么都不怕,什么都不必怕了。然而和尚在寺院里修炼一辈子,末了没有一个不想上西天的;道士整日闭关打坐,末了没有一个不想白日飞升的。可见虽然“无欲则刚”,但要真正做到“无欲”是一件多么困难的事。

“欲”,实际就是一种生活目标,一种人生理想。创业者的欲望与普通人的欲望的不同之处在于,他们的欲望往往超出他们的现实,需要突破他们现在的立足点,打破眼前的樊笼,才能够实现。所以,创业者的欲望往往伴随着行动力和牺牲精神。这不是普通人能够做得到的。因为欲望,而不甘心,而创业,而行动,而成功,这是大多数白手起家的创业者走过的共同道路。

一个真正的创业者一定是有强烈的欲望者。他们想拥有财富,想出人头地,想获得社会地位,想得到别人的尊重。有人一谈起这些东西就觉得很庸俗,甚至一些成功者亦不愿提起这样的话题,特别是一涉及钱,便变得很敏感、很禁忌,其实大可不必。禁“欲”的时代早已结束,你完全可以轰轰烈烈、堂堂正正地去追求自己的所欲所愿。

2. 忍　耐

“艰难困苦,玉汝于成”这句成语能很贴切地说明创业的不易。不易在哪里呢? 要忍受肉体上和精神上的折磨。肉体上的折磨还好办一些,挺一挺就过去了,但要忍耐精神上的折磨,却不是一件容易的事情。

老话说“吃得菜根,百事可做”。对创业来说,肉体上的折磨算不得什么,精神上的折磨才是致命的,如果有心自己创业,一定要先在心里问一问自己,面对从肉体到精神上的全面折磨,你有没有那种宠辱不惊的“定力”与“精神”。如果没有,那么一定要谨慎行事。对有些人来说,给别人打工是一个更合适的选择。

对一般人来说,忍耐是一种美德,对创业者来说,忍耐是必须具备的品格。

3. 眼　界

广博的见识,开阔的眼界,可以很有效地拉近自己与成功的距离,使创业活动少走弯路。

如果你是一个创业者,那么开阔的眼界意味着你不但在创业伊始可以有比别人更好的起步,有时候它甚至可以挽救你和你的企业的命运。眼界的作用,不仅表现在创业者的创业之初,它会贯穿于创业者的整个创业历程始终。“一个人的心胸有多广,他的世界就会有多大”,我们也可以说:“一个创业者的眼界有多宽,他的事业就会有多大。”见钱眼开,莫如说眼开见钱,眼界开阔才能看见更多的钱,从而赚到更多的钱。

4. 明　势

明势的意思分两层,作为一个创业者,一要明“势”,二要明“事”。

我们先来说明势。势,就是趋向。做过期货的人都知道,要想赢利,关键在于做对方向,这个方向就是势。比方说,大势向空,你偏做多;或者大势利多,你偏做空。这样的话,你不赔钱谁赔钱!反过来的话,你就是想不赚钱都难。

势分大势、中势、小势。创业的人,一定要跟对形势,要研究政策。这是大势。中势指的就是市场机会。市场上现在时兴什么,流行什么,人们现在喜欢什么,不喜欢什么,可能就标明了你创业的方向。小势就是个人的能力、性格、特长。

明势的另一层含义,就是明事。"世事洞明皆学问,人情练达即文章",创业者一定要懂得人情事理。

5. 敏　感

创业者的敏感,是对外界变化的敏感,尤其是对商业机会的快速反应。一些人的商业敏感来自耳朵,一些人的商业敏感来自眼睛,还有一些人的商业敏感来自自己的两条腿。有些人的商业感觉是天生的,更多人的商业感觉则依靠后天培养。如果你有心做一个商人,就应该像训练猎犬一样训练自己的商业感觉。良好的商业感觉,是创业者成功的最好保证。

6. 人　脉

创业不是引"无源之水"、"无本之木"。每一个人创业,都必然有其凭依的条件,也就是有其拥有的资源。一个创业者的素质如何,看一看其建立和拓展资源的能力就可以了解。创业者资源,可分为外部资源和内部资源两种。内部资源主要是创业者个人的能力,其所占有的生产资料及知识技能等等。创业者外部资源中,最重要的一点是人脉资源。一个创业者如果不能在最短时间之内建立最广泛的人际网络,即使其初期能够依靠领先技术或者自身素质,比如吃苦耐劳或精打细算,获得某种程度上的成功,他的创业过程也会非常艰难。创业者人际资源,按其重要性来看,第一是同学资源,第二是职业资源,第三是朋友资源。

7. 谋　略

商场如战场,一个有勇无谋的人,早晚会成为别人的盘中餐。创业是一个斗体力的活动,更是一个斗心智的活动。创业者的智谋,将在很大程度上决定其创业成败。尤其是在目前产品日益同质化、市场有限、竞争激烈的情况下,创业者不但要能够守正,更要有能力出奇。对于创业者来说,智慧是不分等级的,它没有好坏、高明不高明之分,只有好用不好用、适用不适用的区别。当年谢圣明带着一帮人,在农村的猪圈、厕所上大刷红桃K广告时,遭到了多少人的嘲笑。但是,如今在猪圈上刷广告的谢圣明已经成为了亿万富翁,而当年那些讪笑他的很多人,当年怎样贫穷,如今依然怎样贫穷。我们总结创业者智慧,那就是不拘一格,出奇制胜。作为创业者,你的思维是否至今依然因循守旧?

8. 胆　量

什么样的人最适合创业?答案是:赌徒。道理很简单,创业本身就是一项冒险活动。赌徒最有胆量,敢下注,想赢也敢输,所以,他们最适合创业。科学研究发现,赌徒的心理承受能力远远强过普通人,而创业正是需要非常强大的心理承受能力的一项活动。很多创业者在创业的道路上,都有过"惊险一跳"的经历。跳得好,可能功成名就,白日飞升;跳不好,就只好"凤凰涅槃"了。说白了,不过是一个合适的产品,加上一个天性敢赌的领导,加上一些合适的营销手段,才有了一桩成功的案例。创业需要胆量,需要冒险。冒险精神是创业家精神的一个重要组成部分,但创业毕竟不是赌博。创业家的冒险,迥异于冒进。有这样一个故事:一个人问一个哲学家,什么叫冒险,什么叫冒进。哲学家说,比如有一个山洞,山洞里有一桶金子,你进去把金子拿了出来。假如那山洞是一个狼洞,你这就是冒险;假如那山洞是一个老虎洞,你这就是冒进。这个人表示懂了。哲学家又说,假如那山洞里有的只是一捆劈柴,那么,即使那是一个狗洞,你也是冒进。这个故事有什么寓意?它说明了冒险是这样一种东西:你经过努力有可能得到,而且值得你得到。否则,就只是冒进,失去生命都不值得。创业者一定要分清冒险与冒进的关系,要分清什么是勇敢,什么是无知。无知的冒进只会使事情变得更糟,使你的行为变得毫无意义,并且惹人耻笑。

9. 与他人分享的愿望

作为创业者,一定要懂得与他人分享。一个不懂得与他人分享的创业者,不可能将事业做大。美国心理学家马斯洛的需要层次理论说,人按不同层次共有五种需要:第一是生存需要,第二是安全需要,第三是社交需要,第四是尊重需要,第五是自我实现需要。这五种需要具体到企业环境里,具体到公司员工身上,就是需要老板与员工共同分享。当老板舍得付出,舍得与员工分享时,员工的生存需要、安全需要、尊重需要就从老板这里得到了满足。员工出于感激,同时也因为害怕失去眼前所获得的一切,就会产生"自我实现的需要",通过自我实现,为老板做更多的事,赚更多的钱,做更大的贡献,回报老板。这样就构成了一个企业的正向循环、良性循环。这应该是马斯洛理论在企业层面的恰当解释。分享不是慷慨,对创业者来说,分享是明智。

10. 自我反省的能力

反省其实是一种学习能力。创业既然是一个不断摸索的过程,创业者就难免在此过程中不断地犯错误。反省,正是认识错误、改正错误的前提。对创业者来说,反省的过程,就是学习的过程。有没有自我反省的能力,具不具备自我反省的精神,决定了创业者是否能认识到自己所犯的错误,是否能改正所犯的错误,是否能够不断地学到新东西。作为一个创业者,遭遇挫折和低谷是常有的事,在这种时候,反省能力和自我反省精神能够很好地帮助你度过难关。

来源　(2003-10-09). http://www.southcn.com/finance/caijingshiping/200310090796.htm.

二、创业精神

所谓创业精神,主要指通过兴办实业,追求物质、精神财富增长,推动社会进步的思想意识。创业精神体现于整个创新过程中,从提供新产品、新服务的机会被确认直至最后产生新财富。江泽民同志早在20世纪90年代初就提出了64字的创业精神,即"解放思想,实事求是;积极探索,勇于创新;艰苦奋斗,知难而进;学习外国,自强不息;谦虚谨慎,不骄不躁;同心同德,顾全大局;勤俭节约,清正廉洁;励精图治,无私奉献。"培养大学生的创业精神就是要提升大学生的精神境界,使之具有站在时代前列的胆识和能力,用青春、知识、智慧去开创一番事业,为国家和人民建功立业。

(一)艰苦奋斗、自强不息

艰苦奋斗、自强不息是大学生创业精神的最基本内容,更是创业成功的重要因素。要"干常人不想干的活,吃常人不肯吃的苦",通过百折不挠的奋斗取得丰硕成果。

(二)抢抓机遇、拼搏进取

创业意味着"开始做"或"首次做",能不能抓住机遇,是创业活动是否成功的关键所在。机遇总是与风险并存,面对机遇,勇于"打头阵",争坐"头班车",要有只争朝夕和拼搏进取的意识。

(三)团结协作、同心同德

创业离不开团结和谐的创业环境,只有大家齐心,加强协作,创业活动才有前进和发展的动力和希望。

(四)诚实守信、以义取利

人无信不立,业无信不兴,社会无信不稳。诚信是市场经济健康运行的基石。诚信不仅事关一个人的形象和信誉,而且关系到一个企业的兴衰。在创业过程中,必须牢牢把握诚实守信这一道德底线,勿背信弃义、唯利是图。唯有处处守信,才能事事便利;唯有诚实为本,才能成就大业。

(五)追求卓越、永不止步

始终持有积极的人生态度,永不满足,力求完美。当今时代,不进则退,慢进也是退。要破除小进则满、小富即安的思想,树立"干大事、创大业、争一流"的志向,敢与高者攀,敢跟强者争,敢同勇者比,敢和快者赛。

三、创业品质

创业品质,即创业的心理品质,它是对创业者的创业实践过程中的心理和行为起调节作用的个性心理特征。

(一)坚定的创业信念

首先,要有创业成功的自信。对创业者来说,信心就是创业的动力。要对自己有信心,对未来有信心,要坚信成败并非命中注定,而是全靠自己努力,更要坚信自己有能力战胜困难。只要相信有什么结果,就可能有什么作为,一个人如果连自己都不相信能创业成功,他是不可能去争取和追求的。

其次,要有创业的责任感。现代大学生应担当创业重任,上为国家做贡献,下为自己谋出路。

再次,要有逆境中创业的心理准备。虽然身处逆境,却能拼力抗争,不断追求。这样,才有可能创业成功

(二)积极的创业心态

积极的创业心态能激发潜能,拓展潜能和实现潜能,进而帮助他获得事业上的成就和巨大的财富。积极的创业心态应包括:一是拥有巨大的创业热情;二是要清除内心障碍;三是要努力变不可能为可能。

(三)顽强的创业意志

创业意志指个体能百折不挠地把创业行动坚持到底以达到目的的心理品质。创业意志品质包括:一是创业目的明确;二是坚决果断;三是具有恒心和毅力。创业者需要具备百折不挠、坚持不懈的毅力。能够根据市场的需要和变化,确定正确而且令人奋进的目标,并能战胜逆境实现目标。创业者必须有一颗永远持之以恒的进取心,三心二意,知难而退,或虎头蛇尾,见异思迁,终将一事无成。

（四）鲜明的创业个性

大凡创业成功者，一般都有鲜明独特的个性品质，一是敢冒风险。创业的价值就在于创造出自己独特的东西，敢于走前人和别人没有走过的路。敢冒风险是理智基础上的大胆决断，是自信前提下的果敢超越，是新目标面前的不断追求。二是痴迷。对目标如痴如醉，全身心融进创业行动之中。三是勇气。创业者要有视挫败为成功基石的勇气。成功需要经验积累，创业的过程就是在不断的失败中跌打滚爬。只有在失败中不断积累经验财富，不断前行，才有可能到达成功彼岸。美国3M公司有一句关于创业的至理名言：为了发现王子，你必须与无数只青蛙接吻。对于创业家来说，必须有勇气直面困境，敢于与困难“接吻”。

（五）独立的创业品质

创业者要具备独立思考、判断、行动的心理品质。创业既为社会积累物质财富和精神财富，又是谋生和立业的手段。创业者首先要走出依附于他人的生活圈子，走上独立的生活道路。因此，独立性是创业者最基本的个性品质。这种品质主要体现在：一是自主抉择，即在选择人生道路，选择创业目标时，有自己的见解和主张；二是自主行为，即在行动上很少受他人影响和支配，能按自己的主张将决策贯彻到底；三是行为独创，即能够开拓创新，不因循守旧，步人后尘。

四、创业能力

能力是人们顺利完成某种活动所必需的个性心理特征。能力包括一般能力和特殊能力。一般能力即智力，是指以思维能力为核心，包括观察力、记忆力、想象力和注意力等多种能力要素的有机结合。特殊能力也叫专业能力，如写作能力、绘画能力、市场营销能力等均属特殊能力。经营管理能力属于专业能力，是保证创业获得成功的主要因素，包括：开拓进取能力、善于学习能力、团结协作能力、创新的能力、把握商机的能力等。

（一）开拓进取能力

永不满足，不断突破自我是创业者最基本的也是最核心的人格素质。强烈的进取心，既是创业能力、经营能力形成的基础，也是现代企业家综合素质构成的基本要素。远大空调有限公司总裁张跃曾说，“我把多年来的经历和感悟归纳起来，得出一个结论，就是企业家素质应该包含以下内容：一高、二强、三多、四稳。一高是境界高；二强指欲望强、耐力强；三多是多才、多艺、多兴趣；四稳是原则稳固、方向稳当、作风稳健、情绪稳定。”具有极强的生存意识，胸怀必胜的信念，敢拼敢搏，奋勇向前，从而创造出自己所期望的价值，是创业者最为可贵的品质与能力。

（二）善于学习能力

知识经济时代，科学技术突飞猛进，企业环境复杂多变。在这样一个日新月异、难以把握的时代，创业者要想把工作做好，就必须有好学的精神，善于学习。学习经营管理知识、学习科学技术知识，学习社会学、心理学、经济学等一系列相关学科。同时，还要善于从自己及别人的成功和失败中吸取经验教训。这样，才能跟得上时代的步伐，以系统的思路、全新的理念去经营好企业。

（三）团结协作能力

当前市场竞争激烈，自主创业“万事开头难”，要处理的事情面广量多，压力大，靠一个人的力量很难有效地处理各类问题。因此,大学生创业可以联络几个有共同理想的同学、师兄师姐,形成一股合力,共同面对挑战。优势互补的团队是自主创业的基础。有了优势互补的创业团队,既能有效进行技术创新与经济管理,又能保证创业团队形成最大的合力,从而在市场竞争中取胜,达到企业所追求的目标,推动企业向前发展,取得创业成功。

另外,员工的职业素养和向心力如何,也是企业成长的关键。有的大学生创业者常常抱怨自己创业团队的员工流动性高、学习意愿不强、工作态度不积极等,这其中很有可能是管理出了问题。要避免这些状况,即使只是三五人组成的小公司,老板都应将员工的招募、训练与管理视为最重要的任务,而员工应征进来后,老板也应至少花 1 ~2 个星期进行训练,从旁辅导再逐渐放手让员工走上岗位,进入一线。同时也可制定一套工作章程,确定员工的权利义务,将福利、升迁、分红、奖惩制度等说明清楚,有助于降低员工流动率,并提升公司对客户的服务品质。

(四)创新能力

创新是知识经济时代保证企业可持续发展的源泉之一。创业者只有保持不断创新才能使企业在未来市场竞争中占有一席之地。这种创新包括以下几点:

①能及时适应市场变化,调整经营方向,不断推出能满足消费者潜在需求的新产品、新服务项目,使企业在竞争中处于领先地位。

②能动员全体员工积极创新,做员工创新的倡导者、激励者、协调者和组织者。

③能将观念创新和理论创新体现在企业组织及管理领域内,以形成一种创新的组织文化,推动企业的全面创新。

(五)把握商机能力

什么是商机?能够满足一种需要或是能够增加满足的需要都可能是商机,它只会在某一个特定的阶段出现,稍纵即逝。问题是如何把握商机?把握商机需要独具慧眼,即看到事物表象之下潜在的需求或市场。

创意也能带来商机。创意就是跟需求有关的想法。真正的创意已经不简单是一个对产品本身的创意,而是渗透在满足需求的各个环节,包括产品的产生、行销及产品的完善。创意其实是一种敏锐的感知力和判断力。创意怎样产生?最直接的方式是缺点列举法和联想法。

把握商机贵在争分夺秒。拿破仑有句名言:“我的军队之所以打胜仗,就是因为比敌人早到 5 分钟。”打仗是这样,商战也如此。创业中抢得先机,获胜的筹码就会增加很多。

第三节　创业计划书的制定

创业计划书是将有关创业的想法,借由白纸黑字最后落实的载体。创业计划书的质量,往往会直接影响创业发起人能否找到合作伙伴、获得资金及其他政策的支持。创业计划书就有如一部功能超强的电脑,它可以帮助创业者记录许多创业的内容、创业的构想,能帮创业者规划成功的蓝图,而整个营运计划如果详实清楚,对创业者或参与创业的伙伴而言,也许更能达成共识、集中力量,这无异是帮助了创业者向成功迈进。

一、创业计划书的格式

创业计划书的格式大概可以分为一般型及格式型两种。

所谓一般型格式就是指平常企业或一般民间制作营运计划书时所提出的纲要。这些纲要或许会因为创业活动的内容而稍有转变,但大致的纲要重点都会包含:①择要;②基本数据;③产业(大环境)状况与未来;④经营计划;⑤优势分析;⑥风险评估;⑦财务预估;⑧总结等几大项目。

至于所谓的格式型则多有其特定用途且样式较富变化,不论是申办贷款、研究计划、申请补助或特别标案规格等。虽然每种格式会因受理单位及活动的内容而不尽相同,但透过表格问答方式来规范送件数据内容的标准化却是格式型计划书的共通特征。

一般在计划书中包括以下要素。

创业的种类:包括创办事业的名称、事业组织形态、创业的项目或主要产品名称等,这是创业最基本的内容。

资金规划:资金指创业的基金来源,应包括个人与他人出资金额比例、银行贷款等,这会影响整个事业的股份与红利分配多寡。另外,整个创业计划的资金总额的分配比例,也应当清清楚楚地记载,如果希望以创业计划书来申请贷款,应同时说明贷款的具体用途。

阶段目标:阶段目标指创业后的短期目的、中期目的与长期目的,主要是让创业者明了自己事业发展的可能性与各个阶段的目标。

财务预估:详述预估的收入与预估的支出,乃至应该列述事业成立后前三年或前五年内,每一年预估的营业收入与支出费用的明细表,这些预估数字的主要目标是让创业者明确计算利润,并明了何时能达到收支平衡。

行销策略:行销时要了解服务市场或产品市场在哪里,销售方式及竞争条件如何等,其主要目的是找出目标市场的定位。

可能风险评估:这一项目指的是在创业过程中,创业者可能遭受的挫折,例如:景气变动、竞争对手太强、客源流失等,这些风险对创业者而言是非常重要的,因为它可能会导致创业失败。因而,可能风险评估是创业计划书中不可缺少的一项。

其他:包括创业的动机、股东名册、预定员工人数、企业组织、管理制度以及未来展望等。

总之,创业计划书的组成部份,应至少包涵:①二至三页的计划摘要;②营运计划书本体及相关附件;③简报文件格式的计划书;④问题集等四种文件。

【延展阅读】

创业计划书编写提纲

(一)创业者和创业计划

①创业者简介,重点介绍创业者的业务专长和已取得的业绩。

②创业机会概述,应对产品(服务)和市场机会进行简要描述。

③创业目标

(二)市场分析

①市场现状综述，应详细描述顾客、市场的现实需求，市场的容量和成长潜力，市场的细分及其特征。

②市场发展趋势，应详细分析市场发展趋势，各影响因素及其对市场的具体影响。

③竞争分析，要详细分析所有现实和可能的竞争对手的情况，包括他们的产品、销售额、市场份额、经济实力以及各自优势与劣势。

④市场定位，应详细说明本产品(服务)的目标顾客、目标市场和市场竞争力，可能的市场地位和市场份额。(以上应说明资料来源与选择的预测办法)

(三)产品(服务)

①产品(服务)介绍，主要包括产品(服务)的技术原理、技术水平、新颖性和独特性，主要用途和应用范围，经济寿命和所处阶段，未来发展预测。

②产品(服务)的市场保护措施。

③产品(服务)研发计划。

④产品(服务)生产计划(以上应注明资料及信息来源)。

(四)市场营销

①营销方式和渠道。

②营销队伍。

③促销计划。

④价格策略。

(五)财务计划

财务计划主要是对创业前三年的财务情况进行预测、分析。

①资金需求和使用。

②预计销售收入和经济效益。

③财务分析，包括对投资额、经营成本和销售收入发生变动的影响分析。

(六)风险与对策

①技术风险。

②市场风险。

③管理风险。

④环境风险。

(七)创业团队

①主要成员，重点介绍成员经历和背景，能力与专长，拟任职务(注意分工和互补)。

②组织结构，包括企业的组织结构图、部门的功能、作用与职责，部门的负责人及主要成员。

③欠缺与对策。

(八)发展预测新兴创业计划项目可行性研究报告编写提纲

1. 总　论

①项目名称。

②主要内容说明。本项目创新内容、技术水平、技术指标、用途及应用范围。

③目的、意义说明。本项目提出的背景、目的及是否符合国家和地方产业政策要求以及社会经济意义。

④国内外现状及发展趋势。说明与本项目研究开发内容相关的国内外现状及发展趋势。(要求注明主要资料及信息来源)

2. 项目技术可行性分析

(1)项目的技术创新性论述

①项目产品(服务)的主要技术内容及基础原理。

②项目产品(服务)的技术创新点论述。

详细说明本项目的技术创新点、创新程度、创新难度,以及需进一步解决的问题,并附上权威机构出示的查新报告或其他相关证明材料。

③项目产品(服务)的主要技术性能指标与国内外同类产品先进技术指标的比较(可用表格方式说明)。

(2)技术成熟性和项目产品可靠性论述

①技术成熟阶段的论述,有关部门对本项目技术成果的技术鉴定情况。

②本项目产品(服务)的技术检测、分析化验的情况。

③该技术进行生产条件下小批量、小规模试生产的情况,包括生产质量的稳定性、成品率。

④本项目产品(服务)在实际使用条件下的可靠性、耐久性、安全性的考核情况等。

3. 项目产品(服务)市场预测

①项目产品(服务)的主要用途,产品(服务)的经济寿命,目前处于寿命期的阶段,开发新用途的可能性。

②市场调查。说明现阶段市场容量、市场供应能力,国内外同类产品的水平、价格、市场竞争力情况。

③市场预测。说明未来市场容量、市场供应能力、产品的技术水平、价格等方面的发展趋势。(以上应注明主要资料、信息来源及选用的预测办法)

4. 项目实施方案

①技术方案。

②生产方案。

③营销计划。

④特殊行业许可证报批情况。

⑤项目总体发展论述。

5. 项目投资估算与资金筹措

①投资估算。

②资金筹措。

③资金使用计划。

6. 经济、社会效益分析

①生产成本与销售收入估算。

②财务分析预测。

分析内容包括:项目完成后的项目产品年净利润、年纳税总额、投资利润率、财务内部收益率、投资回收期。

③社会效益分析。

④项目的风险性及不确定性分析。对项目的风险性及不确定因素进行识别,包括技术风险、人员风险、市场风险、政策风险等。进行盈亏平衡分析和敏感性分析,进而分析不确定因素对项目经济评价指标的影响,分析项目的抗风险能力。

7. 项目承担人情况

①创业申请人及主要创业人员的姓名、性别、年龄、文化程度、技术职称及在项目中承担的主要研究开发任务。

②主要研究开发人员的研究领域及研究成果简介。

③创业申请人与主要研究开发人员的合作形式、经济和技术关系。

8. 关于知识产权权益情况的说明

根据具体情况制订知识产权权益细则。

9. 附件

附件包括可以说明项目情况的证明文件(技术报告、设计文件、查新报告、鉴定证书、检测报告、专利证书、奖励证明等复印件)。

来源 (2007-07-02). http://www.eyingxiao.com/eyingxiao/cyzn/2007-7/2/111155134.html.

二、创业计划书的特征

创业计划书是创业的纲领性文件,其基本特征如下。

(一)开拓性

创业计划书最鲜明的特点是具有创新性。这种创新性是通过其开拓性反映出来的。就一般情况而言,不仅要求你提出的是新项目、新技术、新材料、新的营销模式,更重要的是要把你的新东西通过一种开拓性的商业模式把它变成现实。这种新项目、新内容、新的营销思路和运作思路的整合,才是创业计划书开拓性的最本质的特征,也是创业计划书不同于一般的项目建议书的根本之处。

(二)客观性

创业计划书的客观性是创业计划书的又一个十分重要的特点。这种客观性突出表现在创业者提出的创业设想和创业商业模式,是建立在大量的、充分的市场调研和客观分析的基础之上的,不是拍脑门拍出来的。这种来自实践、来自一线的大量鲜活信息和素材是创业计划书生命力的体现,是使其具有实战性和可操作性的基础。

(三)哲理性

创业计划书的哲理性是其不同于一般商业文件的一个十分显著的特点。这种哲理性要求我们要把严密的逻辑思维融汇在客观事实中体现和表达出来。通过项目的市场调研、市场分析、市场开发及生产安排、组织、运作，以及全程的接口管理、过程管理和严密的组织，把提出和设计好的商业模式付诸实施，把预想的效益变成切实的商业利润。因此，创业计划书的每一部分都是为着这个整体目标服务的。每一部分又是这个整体目标的一种论据，一种支撑。

（四）实战性

创业计划书的实战性指创业计划书具有可操作性。写在计划书上的商业模式不仅是可以运作的，而且是必须运作进行实战的。因为只有在实战中，你的创业计划书中预测的价值才能实现，才能把预测价值变成现实价值。美国一位著名风险投资家曾说过，“风险企业邀人投资或加盟，就像向离过婚的女人求婚，而不像和女孩子初恋。双方各有打算，仅靠空口许诺是无济于事的”。

这种实战性尽管没有设计出每一个运作细节，但是项目运作的整体思路和战略设想应该是清晰的。实战的过程中尽管可能做出若干调整，但项目的鲜明商业特点和可操作性是不能、也不会变化的。

（五）增值性

创业计划书是一种与国际接轨的商业文件，有着十分鲜明的商业增值特点。这种商业特点可以从很多方面表现出来，最主要的有三点：

其一，就是创业计划书的创新性必须能找到创收点，只有具有明确的创收点，才能体现出创业项目的高回报性，没有创收点的创业计划书是没有商业价值的。

其二，创业计划书具有鲜明的证据链条。组成这个证据链条的大量的、有说服力的数据是经过测算或计算而成的，而不是由概念和推理的逻辑思维组成的。好的商业计划书应该而且能够从理论和实践的结合上说明问题，讲清创意。

其三，创业计划书体现的是明显的商业价值观。写在纸面的真正可行的系统思维，是从对商业价值观的塑造开始的。因此，应该有投资分析、创收分析、盈利分析和回报分析。使投资人能清晰、明了地看清其投资后的商业价值。

三、创业计划书的构思与起草

（一）构思、设计、准备阶段

在构思、设计、准备阶段应该完成以下三项内容。

1. 制定创业计划书的编写计划

制定创业计划书的编写计划，是编写创业计划书的第一步。任何一项系统性的协作过程都需要计划，创业计划书的编写过程也一样。创业计划书的编写计划应该包括以下内容：

①确定创业计划书的目的与宗旨；

②确定创业计划书的篇幅与总体框架；

③确定创业计划书编写组的人员构成；

④确定创业计划书编写的日程安排。

2. 组建创业计划书编写小组

创业计划书编写小组的负责人一般是创业者本人，根据编写小组的构成落实具体成员，并明确具体职能和考核标准，规定工作量和工作进度。

3. 收集企业内部和外部的资料

在组建创业计划书编写小组的基础上，要根据创业计划书的需要，收集编写创业计划书过程中可能用到的必要企业内、外部资料，包括创业企业所在行业的发展报告、产品市场的调查报告、测试报告、竞争对手的有关信息及企业内部的组织机构设置方案，过去的报表，等等。

（二）动手起草阶段

在动手起草阶段应该完成以下几项工作。

1. 草拟执行纲要

执行纲要是创业计划书中最重要的组成部分之一，是创业计划书的读者最先看到的部分，也是风险投资商决定是否阅读创业计划书正文的依据。因此，执行纲要编写的如何，对整个创业计划书乃至创业者创业思路的落实都将产生十分重要的影响。因此，执行纲要应该由创业者本人或者由创业者授权的能够领会创业者思想的人编写。只有这样，才能保证纲要可以准确反映创建创业的整体思路和构想，并对整个创业计划书的编写提供有力的指导。

2. 草拟创业计划书概要

在草拟创业计划书概要时，主要阐述评估基本现状，设计并阐述战略理念。也就是说创业者应该客观地评估企业现状，设计并阐述创业企业的战略理念。

3. 草拟初步创业计划书

在草拟初步创业计划书时，应该加入新的议题和要素，主要侧重于对市场与竞争、销售与促销的分析。这一部分是创业计划书中篇幅最多的部分，也是比较难写的一部分。

4. 草拟创业计划书完成稿

在草拟初步创业计划书的基础上，再加入新的议题和要素，使创业计划书趋于完善。加入的要素有：组织结构管理、技术与工艺、财务计划、投资方案以及风险分析等。这一部分的写作，条理性较强，且可供借鉴的成熟的规范较多。因此，在这一部分的写作中应该体现出专业水平。

5. 最终的执行纲要

在创业计划书完成稿的基础上，对执行纲要进行反复修改，使执行纲要的内容更具概括性，以利于与风险投资机构、银行及其他投资者沟通。纲要的篇幅不能超过两页，要让读者在3～5分钟内浏览完毕，并完全理解其中内容。

（三）修改完善阶段

在这一阶段应该完成以下几项工作。

1. 创业计划书的定稿

一旦创业计划书的草稿成文，并获得通过，就应立即交给公司的专业顾问。律师、会计师或者咨询师都有与投资者、银行和证券交易所打交道的经验，他们非常清楚创业计划书中包含的内容应该如何陈述，他们也许还会就使用哪类语言更合适提供建议。例如，表述投资者预期获得的回报，若采用绝对肯定的表述——按投资者的投资数额每年收到至少100%的回报，一旦这一预计没有实现，将给创业者带来极端不良的后果。

创业计划书的草稿成文以后，可以交给关系较好的银行或风险基金供应商讨论，他们可进行专业指点。

创业计划书的第一稿由企业层和专业顾问看过之后，下一步就要设法使它成为一个易于阅读的文件，使潜在的投资人能对它感兴趣。这需要经过专业性的检查，并对其进行加工，包括：词汇的选用、单词的拼写、语法的结构，思路清晰、上下文衔接、观点明确，剔除多余和重复的内容以及创业计划书的整体组织等。此时，创业计划书正文基本完成。

2. 补充材料

完成了创业计划书正文的写作之后，应该在此基础上加入必要的补充材料，大体内容有市场调查报告、企业产品说明、有关的新闻报道、企业平面示意图以及主要管理者的简历等几个方面。

3. 包装创业计划书并装订成册

除了清晰、简明的书写外，创业计划书的装订、打印以及组织方式等都会向读者传递某种信息。

以上是创业计划书的三个阶段，但由于创业计划书的所属领域以及创业计划书编写目的不同，创业计划书的编制方法和步骤也会不同；在实际编写过程中，三个阶段之间的分界并不是那么清晰，很多情况下是交叉进行的，创业者以及创业计划书编写小组的成员应该根据创业计划的具体情况，采用灵活的方式来解决具体问题。

四、创业计划书的编写要点

（一）创业计划书的编写原则

只有在编写小组全体成员以及创业者本人对创业计划书的编写原则有一个明确了解后，才能编写出具有说服力和操作性很强的创业计划书。因此创业者以及创业计划书编写小组的全体成员应该在整个编写过程中牢记以下两个方面的原则。

1. 始终围绕顾客价值和投资回报两个中心

创业者以及编写小组的成员都应该把创业计划书中体现顾客价值和投资回报作为编写计划书的基本原则来对待。创业计划书的一个显著特点就是其对外宣传性，而顾客价值以及企业的投资回报是企业未来发展的基础和重要衡量指标。因此，创业计划书的编写应该始终围绕顾客价值以及企业未来的投资回报这两个中心来进行。

2. 以读者最关心的问题作为落脚点

为了使读者能够在尽可能短的时间内领会计划书内容，创业计划书的内容应该从目标读者最为关心的问题入手。同时，创业计划书应该具有简明、清晰的表达方式。

（二）编写技巧

创业计划书的编写应把握以下五个技巧。

1. 确定总体方法

全面考虑各方面影响因素，做好创业计划书编写的前期准备工作，制定创业计划书的计划，使创业计划书的编写过程得以顺利开展。

2. 根据需要进行设问

以提问的方式使问题具体化。在具体编写计划书并阐述某一议题时，应该以设问的方式使问题具体化。所提问题的答案依不同企业的具体情况而不同。

3. 始终瞄准最终产品和服务

评估最终产品增加的价值。企业的最终产品和服务价值是企业价值的基础,企业生产过程其实就是价值的创造过程,在计划书编写过程中应该牢记此项目标,并经常进行价值评估。

4. 尽早获得协助

组成创业计划工作小组,小组成员之间经常互相交流写作技能以及关于创业计划的企业背景资料。同时,应该与外部顾问进行密切联系,在编写过程中遇到困难应及时请求帮助与指导。

5. 不断检查修正

在修改创业计划书的过程中,应该认真征求创业计划小组以外人士及专业顾问的意见,以增强计划书的规范性和可读性。

第十四章　职业咨询

落红不是无情物，化作春泥更护花。

——龚自珍[中]

职业咨询是职业辅导的重要组成部分，与职业辅导其他形式相比，职业咨询更趋于个别化，更能够满足学生个别的需要。大学生的职业咨询，是对大学生施加的直接或间接的帮助，是提高大学生的自我认识和自助能力，促进大学生职业发展与全面发展的重要途径。

第一节　职业咨询概述

一、职业咨询的涵义

职业咨询指一个人在职业生涯中碰到一些自己不能解答或解决的问题时，个体寻求职业机构或专业人员帮助，解决问题的过程。

二、职业咨询与心理咨询的关系

(一)区　别

1. 涵义不同

职业咨询(career counse ling)，主要指针对咨询对象(来访者、咨客)在职业选择、职业适应、职业发展等方面遇到的问题，以平等交往、商讨的方式，运用心理学、管理学(人力资源管理)、社会学(职业社会学)的理论和心理咨询的方式、方法，启发、帮助、引导咨询对象正确认识社会需求、正确认识自己、从心理和行为上更好地完成学习、工作与生活角色转变的过程。职业咨询的业务范围包含职业规划(针对员工)、职业指导(针对一般就业者)和就业指导(针对大中专学生)，职业咨询师经常借助职业心理测评(人才测评、职业测评)来帮助来询者自我探索。

心理咨询(psychological counseling)则是咨询心理学的实际业务之一，它是来访者(client)根据自身存在心理障碍，通过语言交流，向有专业素养的心理专家(counselor)进行诉说、询问与商讨，在其支持和帮助下，通过共同的讨论找出引起心理问题的原因，分析问题的症结所在，进而寻求摆脱困境与解决问题的条件和对策，使来访者恢复心理平衡，提高对环境适应能力的过程。心理咨询就其本质而言是一个“助人自助”的过程。

2. 称谓与学科基础不同

有人提出职业咨询应当包含在心理咨询之中,职业咨询只是心理咨询的实际业务之一,职业咨询应当叫做职业心理咨询。但如果分析一下两者的学科基础,就不难发现两者并非一回事。职业咨询师除了必须具备一定的心理学知识与心理咨询技能外,还需要懂得人力资源管理学、微观经济学、职业社会学、法学等知识。另外,在高等学校从事职业咨询服务,还需要了解高等教育学。虽然职业咨询与心理咨询两者均需要心理学背景,但心理咨询师显然需要更复杂更深厚的心理学背景。职业咨询往往是一个即时或阶段性的助人过程,而心理咨询则是一个长期乃至漫长的助人过程,有效的心理咨询几乎没有一次能够结束的。面对有人格障碍的求助者,心理咨询师往往需要付出持续的、艰辛的努力。

3. 理论基础、咨询的内容与方法不同

职业咨询的主要理论基础有:帕森斯(Frank Parsons)的特质因素论、达维斯和洛夫奎斯特(Dawis Lofquist)的工作适应理论、罗伊(Roe)的亲职影响理论、鲍丁(Bordin)等人的心理动力理论、霍兰德(Hol land)的类型理论、泰德曼(Tiedeman)的生涯决定理论、格特弗兰德森(Gotthedson)的职业抱负理论、克鲁姆伯尔茨(Krumboltz)的社会学习理论、克内菲尔坎姆(Knefelkamp)和斯列皮兹(Slipitza)的认知发展理论、舒伯(Super)的生涯发展五阶段理论等等。职业咨询理论可以划分为职业选择理论、职业与生涯发展理论两大类。而心理咨询主要以精神分析心理学、行为主义心理学、格式塔心理学、人本主义心理学、认知与信息加工心理学、生理心理学等作为理论基础,并设有专门的心理咨询理论。

职业咨询的主要内容包括:职业准备咨询(知识、技能、信息、资料、心理等方面的准备)、职业选择咨询(个人的兴趣、期望与社会需求、发展的统一;个人素质和职业、职位特质的匹配;确立适度的职业发展抱负水准即职业定位)、职业适应咨询(如何实现职业理想、兴趣、能力、性格、价值观与职业需求尽可能和谐一致)、职业发展咨询(创业、敬业、勤业、立业以及职业流动)等等。而心理咨询针对的内容主要是适应障碍、行为障碍、人格与性心理障碍、情绪情感障碍、神经官能症等等。

职业咨询常用的方法与技术有:个人SWOT分析法、生涯幻想技术、模拟个案研究法、情境模拟法、职业家族树分析等等;而心理咨询实际上借助于心理治疗的方法,只不过层面比较浅一些,主要有:精神分析法(包括自由联想、催眠、释梦、意识化)、理性情绪疗法、行为主义的方法(如系统脱敏、厌恶疗法、暴露疗法、放松训练等)、来访者中心疗法、森田疗法、生理心理学的方法(如药物治疗、电疗)等等。此外,职业咨询的咨询对象数量大,比例高;咨询对象的顾虑少,阻抗小;咨询过程见效相对快。而心理咨询的咨询对象数量小,比例低;咨询对象的顾虑多,阻抗大;咨询过程见效慢。理论上讲,心理咨询有发展模式、障碍模式、医学模式三种,但日常所说的心理咨询主要指障碍咨询模式。

【延展阅读】

美国的职业咨询

当代美国的大学,普遍设有职业咨询机构。其主要任务除了对其毕业生进行具体的求职择业咨询外,还负责引导和帮助新入学的学生选择具体的专业,向在校生介绍有关职业,指导他们选修课程,给他们介绍临时性的工作,了解学生的职业意愿和身心状况,预测职业发展和变化趋势,与用人单位建立长期稳定的联系等。他们通过开设有关课程、职业咨询、请用人单位有关人员介绍情况、向学生提供职业信息和组织学生利用各种活动等途径开展职业咨询。

美国中等学校也普遍设立了职业指导机构,并配备专职的咨询工作者和职业咨询教师。其任务可归纳为七个方面:一是定向。登记与安排新生,帮助新生规划发展方向。二是管理学生资料。通过教师及行政人员,搜集学生的有关资料,分档整理,为学生升学就业提供依据。三是咨询。就学生的升学就业问题、学习问题、心理问题进行咨询。四是提供信息。包括有关职业、社区工作分配方法的信息,以及大学招生、申报规定方面的信息。五是安置。安排学生从事半日或较长时间的临时性工作,推荐毕业生就业。六是追踪研究。对毕业生进行追踪调查,作为调整新生指导计划的依据。七是其他方面的服务。

美国学校职业咨询有两个显著特点。

一是强调学生的个人需要和自我发展。

把职业选择看成是个人的基本权利,崇尚职业选择的充分自由和竞争,鼓励通过个人的选择,达到自我实现的目标。通过职业咨询,与学生直接沟通思想、交流感情,了解学生的需要和问题;也可以通过咨询,为学生提供职业信息和就业市场的需求动态。在美国,职业咨询常常借助心理测试手段,帮助学生认识自我。

二是强调职业指导是一个系统过程。

在美国,起初把职业咨询的重点放在学生的职业选择和教育定向上,致力于帮助学生找到和个人特点相匹配的职业或教育途径;随着职业咨询理论和实践的发展,学校的职业咨询工作转为促进学生职业意识和职业行为的发展。使职业咨询成为贯穿在学校各年级的一个系统过程。美国社会现在已形成了一个比较完整的职业咨询系统,除了大学、中学等教育系统的职业咨询机构外,还有劳工部和教育部所设立的专门机构、各州的劳工局和就业委员会、社会职业介绍机构和职业咨询社会团体等,构成了较完备的职业咨询网络。

来源　(2006-06). http://www. tlstudio. net/pub/careerplan/theory/2007a/7433. htm.

(二)联　系

1. 咨询目标与基本过程相似

职业咨询的目标主要有:帮助和引导咨询对象进行自我探索,正确认识自己;了解工作世界,正确认识职业社会;消除职业选择与职业发展困惑,协助来询者进行生涯决策;促进工作(job)向职业(vocation)转变、职业向事业(career)发展。而心理咨询的主要目标为减轻来访者的压力和焦虑,适应某种环境变化,协助来访者看到自己的适应模式,引导他们为自己的消极行为负责,并发现其他选择的可能性,协助来访者重新选择,并且乐于负责,接纳自己与他人,帮助来访者认识自己的心理问题的实质并分析原因,鼓励来访者自己解决心理问题,最终帮助来访者成为一个快乐的、成功的人。

职业咨询的基本过程有:建立咨询关系,正式或非正式评估,确定生涯发展问题,商定咨询目标,收集资料,分析讨论解决问题的途径与方法,结果与跟进。而心理咨询的基本过程则为:建立良好的咨询关系,收集资料,探讨来访者求助的问题的实质;深入探讨来访者的心理与行为问题,发掘问题的根源,减轻来访者的心理压力;共同商议行动方案并鼓励当事人自主解决问题,结束咨询并回访。初次心理咨询有五个基本环节:建立咨询关系;帮助来访者确定问题的性质;帮助来访者解决心理问题;结束咨访关系;整理会谈记录。

从表面看,职业咨询与心理咨询的过程与环节似乎描述得不一样,其实从本质上看,都是三个环节:是什么? 为什么? 怎么办? 而贯穿咨询过程始终的也都是必须建立并保持良好的咨访关系,良好关系本身就具备影响与治疗的功能。

2. 主要原则与服务方式基本相同

职业咨询与心理咨询的共同原则包括:保密原则、自愿原则、限定时间与感情原则、真诚原则、无条件尊重原则、不替来访者作重大人生决定原则、价值中立原则等等。

两者的服务方式从服务对象的数量看,包括个别咨询、小组咨询和团体咨询三种;从服务途径看,包括面询、电话咨询、书信咨询、电子邮件咨询、手机短信咨询、互联网视频咨询。不同的咨询方式都可能使用心理测验,只是测验内容不一样,职业咨询大量使用职业兴趣(如 HVPI)、能力、性格测验(如 MBTI),而心理咨询则大量使用心理健康评估量表(如 SCL-90、MMPI)。

3. 谈话技术基本相同

不管是在心理咨询还是在职业咨询中,谈话是主要的手段。在咨询会谈中,两者都会使用倾听技术、重复技术、询问技术、解释技术、内容反映技术、情感反映技术、通情达理技术、影响技术、结构化技术等等。在身体姿势与面部表情的运用、咨询环境的设定与布置上,职业咨询与心理咨询也几乎相同。

总之,在学校情景中,心理咨询与职业咨询既不是包含关系,也不是平行关系,更不是同一关系,而是交叉关系,但目前在中国,尤其是高校内,职业咨询一般还是被当作心理咨询的一部分而存在的。

三、大学生职业咨询的重要意义

心理学研究表明,青年期是人的一生中苦闷烦恼最多、体验最深刻的时期。而当代大学生正处在剧烈变革的社会环境中,面临的挑战很多,心理上存在的压力也比以往任何一个时期都要大。这些压力部分来自社会的责任,部分来自父母的期望,部分来自激烈的竞争,部分来自社会多元价值体系的冲突。在这些压力的作用下,部分大学生就会感到压抑、紧张、能力不足,从而有可能引起其一系列的生理和心理上的不良反应,导致其心理平衡失调,甚至出现心理障碍。同时,大学生的心理压力也随着我国高等学校毕业生分配制度从“统包统分”走向“供需见面,双向选择”,进而“自主择业”日益增多。

受社会大环境的影响,目前许多大学生在择业时也存在着诸多误区,例如:择业期望值过高、择业趋向商业化气息严重等。对毕业生的调查显示:毕业生择业“到城市去,到公司去,到挣钱最多的地方去”占了很大的比例。他们一方面追求个人价值最大限度的实现,突出自我,另一方面求舒服安逸,避艰苦风险,择业心态两极分化现象严重。另外,也有很多大学生不了解自身的现状,不能给自己准确的定位,求职时带有很大的盲目性。所以,为了满足大学生的现实需要,并促进其健康成长,同时也是为了维护和促进校园、乃至社会的稳定与发展,提高高等学校在社会主义市场经济中的生存和竞争能力,我们必须高度重视大学生在求职择业中的心理问题。

大学生职业咨询与生涯辅导由此应运而生,成为高等学校开展大学生心理健康教育不可或缺的内容。通过大学生职业咨询,可以缓解大学生的就业压力,解决大学生就业时遇到的种种困惑,帮助大学生重新梳理认识自我,准确地给自己定位,使有差异的个体在不同的地方发挥个人的最大价值;可以培养大学生在择业和未来的社会竞争中必须具备的五种能力,即团队工作和人际关系协调的能力、自我学习和发展的能力、情绪控制的能力、分析问题和解决问题的能力、应变的能力等等。因而,职业咨询对大学生来说,具有重要的意义。

第二节 大学生职业咨询的主要内容

随着我国社会经济现代化的发展和就业制度的改革,大学生对职业的认识和选择职业的观念也逐渐发生重大的变化。高等学校如何结合大学生的实际科学地开展职业咨询和择业辅导,使大学生把职业选择与个人的人生发展联系起来,这是当前高校职业教育的一个重要课题。就目前而言,高校的职业咨询应该包含以下的内容。

一、职业生涯指导

职业生涯是从职业能力的获得、职业兴趣的培养、选择职业、就职,直至最后完全退出职业劳动这样一个完整的职业发展过程。大学生职业生涯指导是通过提供职业咨询与指导服务,帮助大学生正确地认识自身的条件与相关环境,科学地规划学习、生活、工作和职业选择,达到人与职业的优化结合。在知识经济时代和竞争异常激烈的社会中,就业市场呈现多元化发展格局,大学教育不应仅仅局限于教育学生学习专业理论知识,还要引导学生进行职业生涯规划。大学生的职业生涯设计由审视自我、确立目标、生涯设计、生涯评估等环节组成,职业咨询可以从大学生职业个性、兴趣的心理测试入手,指导学生结合具体情况对自己将来有一个大体的规划,并且以此为目标不断塑造自己的品质特征,不断培养专业奉献精神,向更高目标奋进,向高级人才方向发展。

【延展阅读】

“海归”优势何在

Dr. Lee 一走进成功职业指导中心的会客室,就开始大倒苦水,一口气抱怨了45分钟。

Dr. Lee 是个“海归”,在美国拿了绿卡。学成回国后,被高薪聘至一家国家级的科研所。他的业务能力非常强,所长更对他委以重任,让他当业务副所长,并且派了两个博士作他的助手,全权负责一个重点科研项目。一时之间,春风得意,意气风发,Dr. Lee 准备大显身手了。

可是好景不长,他发现所里的设备比较落后,大部分资料已经过时,那两个博士也是笨得要命,他既要从国外找资料、搞开发,又要马不停蹄地找资金、补充项目资金的不足,领导也不配合,不给他优惠的条件。渐渐地,他发现人们对他的态度变了,开始时很敬重,现在却对他变得很冷漠。上任都已经一年多了,项目仍然没有实质性的进展,他也开始怀疑自己的能力,心理压力很大,跟同事之间的冲突也是家常便饭。

Dr. Lee 在说话时不时夹杂着一些英文单词，而且动辄“我在硅谷的时候”，“他们这帮中国人”。起初人们觉得他刚从美国回来，不觉得什么，但是有了矛盾之后，连这也成了被攻击的理由，说他假洋鬼子啦、做作啦、留洋几年连中国话都不会讲了，说什么的都有。给他造成了很大的心理压力。他又是个很敏感的人，最受不了别人的非议。这使他在开展工作的时候也感到困难重重，步履维艰。

Dr. Lee 觉得很委屈，放着洋房、汽车、高薪不要，我义无返顾、满腔热情地报效祖国，没日没夜地工作，怎么换来的会是这种结果。他觉得谁都在跟自己过不去，人们总是在针对他，嫉妒他的才华，所以处处给自己找麻烦，让自己不能成功。左邻右舍，都是“东邪西毒”。他感到很困惑，也很郁闷：我一想到要面对这些，就感到害怕，我真的不知道该怎么办才好，我是不是该回到美国去，或是换一家单位？

在听了 Dr. Lee 的长篇抱怨后，职业规划师帮助他分析了目前的现状，指出了他之所以陷入困境的症结所在。职业规划师又为他做了职业定位分析，发现他不适合搞管理，他个性太强，又不善于处理繁杂的人际关系，可是他的确是一个出色的技术人才，职业顾问针对他的个人现状，提出了三条建议，Dr. Lee 觉得茅塞顿开，欣然接受。

几天前，Dr. Lee 打来电话说，他回去以后就跟所长谈过了，所长调整了他的职务，让他做所里的总工，主抓项目的研发工作，现在一直很忙，正在上马一项国家级的科研开发项目，所以过了两个多月才想起给职业顾问打电话。Dr. Lee 现在心情很好，不用分心去应付“办公室政治”，跟同事的关系也好了，又重新赢得了大家的尊重，工作上也很顺手，大家可以共同攻克课题中的难关，有了一种从未体验过的“东成西就”的感觉。

来源 (2005-04-12). http://article. zhaopin. com/pub/view. jsp? id -29556.

二、择业心理辅导

择业心理辅导是运用心理咨询的技术和手段，为大学生提供职业常识、自我认知、择业决策、就业准备、面试技巧和事业发展等方面的知识，启发大学生自助的过程。

在职业咨询的过程中，根据不同性质的问题，可以采取不同形式的心理辅导方式：

一是问题解决式择业心理辅导。

当事人因缺乏有关个人的或环境的信息而产生问题，咨询人员通过提供有关信息，澄清问题，协助当事人处理特定的事情或作出决定。

二是能力培养式择业心理辅导。

这种心理辅导不仅在于解决当事人的具体问题，还要注意培养当事人的决策能力和其他适应能力，为大学生未来自行解决职业问题创造条件。通过较长时间的心理训练和解决问题的能力训练，使他们能运用学到的方法适应未来职业生涯的需要。

三是职业发展式心理辅导。

根据美国弗兰克·帕森斯的特性——因素匹配理论，不同职业需要配备不同特性的人员，个人特性与工作要求之间配合的越紧密，职业成功的可能性越大。个人可以在了解自己的特点和职业要求的基础上，借助职业指导者的帮助，选择一项既适合自己特点又有可能获得的职业。咨询人员除注重各种决策技巧和适应能力的培养外，还结合心理测量软件"职业能力倾向"进行测试，对大学生的职业兴趣、职业价值观、职业人格进行心理分析，增进当事人的自我了解，将职业选择与个人发展结合起来，帮助大学生对自己的职业发展定位作出一个正确的判断。

四是自我发展式心理辅导。

这种心理辅导方法重视个人内在品质的发展与完善，不是告诉他们应该怎么做，而是培养当事人能动的自我价值观，让大学生通过发展完整的职业自我概念来达到主动地开创自我发展前景的目标。

【延展阅读】

当代大学生择业心理失衡案例

无庸讳言，当代大学生面临的就业压力，是10年前所不可比拟的。就业制度的改革，使得大学生要在机遇与挑战中求"生存"。异常激烈的角逐，给他们带来了巨大的心理压力，如不及时调节，则会导致心理失衡，有碍求职工作的顺利进行。

案例1：自愧不如

某用人单位到学校来招毕业生时，小李去面试，可没有几分钟就被淘汰下来了。据了解，小李是因为得知一起来应聘的有武大和华师的"高手"，深信自己无用武之地，一时间信心全无，甚至想打退堂鼓，结果很快就被淘汰下来了。

自信心不足，自愧不如，是自卑的心理表现。这是一种消极的求职心态。在这种消极心态的影响下，许多大学生像小李一样已经不战而败。事实上，自卑感是青年心理上的一种失调。心理学家认为，自卑属于性格上的缺陷，表现为对自己的能力和品质作出过低的评价。由于青年对与别人的关系和别人对自己的关系和别人对自己的评价非常敏感，因而自尊心很容易受到伤害，尤其是对有竞争性的活动，怕受到挫折被嘲笑而往往采取"退避三舍"的态度。而求职并非一般性的竞争活动。如果在有限的机会面前，畏缩退让，精神不振，只会让本该属于自己的工作白白丢掉。

面试通常是用人单位的第一个考试，而这恰恰就是自卑者的难关。如何克服这一难关呢？吉尔福德研究指出：人们可以通过在头脑中设置自己已经取得的胜利画面，而使自己的心智达到最佳状态。因而，自卑者可以在求职前进行积极地自我暗示，持着"你行我也行"的信念，努力克服自卑心态。在与用人单位交谈时，尽量表现出自己擅长的一面，充分显示自己的一技之长，从而体验"我能胜任"的愉悦感。

案例2：自视过高

小张是一名成绩十分优秀的学生。在求职期间，很多用人单位都抢着要她。但小张偏偏就有自视过高的缺点，对那些令其他同学羡慕不已的单位不屑一顾，所以迟迟都不愿与之签约。最后当她有危机感时，以前的那些用人单位都拒之于千里之外。

过分的优越感和自负感都属于高自我价值感。这种高自我价值感与自卑对立，但二者都是对自我的非客观评价。小张就是一位典型的高自我价值者。虽然她是一名优秀的学生，可自负感和超优越感使她头脑发热，无法正视自己与用人单位，结果错失良机。其实，高自我价值感是优秀生中一种较为普遍的心理。他们自信，有活力，并非坏事，但是在求职期间，人才济济一堂，职位供不应求,用人单位的选择也决不会是唯一的,而且他们对这种缺乏自知之明、自视清高的毕业生是最有戒心的。因而需要毕业生正确地看待自己,权衡利弊,勿失良机。

高自我价值感者在求职期间应保持一种谦虚平和的心态,多与周围的同学交流,多听听别人的想法和意见,这样可以有效防止想法的极端性。在与用人单位交流的时候,要尊重对方,客观评价自己的实力,正确处理双方关系。必要时,还应该向家人和老师征求意见,以便明智地作出决定。

案例3:犹豫不决

小邓还算是一名比较幸运的同学。他初次参加人才交流会就被一家用人单位看中了。可因为时间尚早,如果草率决定,可能会遇到更好的选择。可同时又担心会错过机会,所以他一直都犹豫不决,苦不堪言。

从学校到社会是人生一个重要的转折点。每一个同学都希望能找到最适合自己的位置。而择业时的双向选择便为学生带来了一定的自主性和灵活性,但同时也增加了他们选择的复杂性。因而,在面临选择时,犹豫不决的心理是可以理解的。但过分的优柔寡断则会使一些大学生产生困惑与迷茫,以至白白失去择业良机。

毕业生在择业时要想不失良机,当机立断,就需要相当的观测力和判断力才能实现。在向用人单位推销自己的时候,不仅要了解自己的实力,还要看清楚对方的意图和价值感,最重要的是要能正确判断他对你的看法。只要判断正确,处理得当,即使是某些对己不利的情况,也可以转变为有利条件,这样才能做到"知己知彼,百战百胜"。

案例4:依赖心理

小黄是生长在大都市的独生子。出生"豪门"的她从来都是一帆风顺的,就连毕业前都比别人轻松。她说:"我参加过几场人才交流会,可杳无音信,心里真是挺难受。我想现在竞争压力实在是太大了,再努力也是白费,还不如交给我爸。"

在求职期间,过分的依赖他人属于思想上缺乏独立的表现。小黄从小养尊处优,习惯性地依赖他人,以至求职压力一大,便马上把找工作的事推给了父母。这实际上也是自我挫败的行为表现。大学生择业时,一般要经历新鲜兴奋——观察思考——协调发展这样一个变化过程。这就需要他们具备独立的思考能力和判断能力。可是有些学生缺乏独立性而显得软弱无能,根本无法适应自身与新环境之间的摩擦和碰撞,最终只会被环境所淘汰。

要克服依赖思想,关键就是要加强自我意识。心理学家艾里克森曾指出:自我是自主的、有力量的实体,自我能决定个性的"命运",参与决定个性行为的方向。自我不仅保证个人适应环境,健康成长,而且是个人自我意识和统一性的源泉。加强自我意识首先就是要树立独自处理事情的信心和决心,要明确自己的目标,即自己最想从事的职业,然后再多看看有关应聘技巧方面的书籍,增强自信度和踏实感。遇到困难时,也要与人交流,可以采纳别人的建议,但最终的决定权还是要掌握在自己手中。

案例5:不善沟通

小陈一直都找不到单位,原因就在于他极不善于和用人单位进行沟通,总觉得与对方格格不入。比如,有一次招聘单位到学校与其见面,一位同志在交谈中向小陈递了一支香烟,小陈连忙说:"不抽,我没有这种坏习惯。"这一举动把招聘单位的领导搞得十分尴尬,而在坐的都啼笑皆非。

小陈的失败就在于他和社会角色之间存在着较大的心理距离。学校是个较为单纯的环境，而社会环境就相对复杂得多。通常习惯了一种单一生活的人很难在短时间内转换自己的角色意识，于是就很容易产生学生行为习惯与社会角色要求之间的矛盾。这主要还是由于学生对外部环境效应不敏感造成的。有些学生平常总习惯于将自己封闭在校园内，两耳不闻窗外事，与社会保持隔离状态。久而久之，就会与社会上的人和事之间存在着一种心理距离。这种心理距离就是你求职时的大障碍。

大学生在与用人单位进行交流时，就应该善于与之沟通，要从对方的角度来考虑问题。投其所好也是一种心理战术，这往往是你在择业时迈向成功的第一步。良好的沟通需要得体恰当的言谈，这就要求毕业生要善于控制自己的学生腔，多留心一些常用的学习工作用语、办公室用语等礼貌语言。培养自己幽默、积极向上的语言风格，尽可能地在交流中将自己的闪光点展现无余。

来源 孙嫘. 心理世界,2002(2).

三、就业观指导

大学生的就业观念是影响其就业选择的关键。虽然我国高等学校毕业生就业制度的改革已经进行了二十多年，高等教育大众化的时代已经到来，政府统包统分的制度也已基本改变，但是部分大学生(包括家长)在观念上还停留在计划经济和精英化教育的时代，不能正确认识自己，期望值过高。要使大学生的就业观念得到转变，高校职能部门、思想政治工作者和广大的教师要将就业形势、就业政策的宣传解释作为一项经常性的工作，与大学生的人生观、价值观、世界观的教育联系起来，切实转变大学毕业必须留在大城市，工作单位应当是党政机关、大企业、大单位、高工资、好待遇的就业观念。当前，还必须努力转变重“就业”轻“创业”的现象，高校的职业咨询要在大学生的创业精神和创业能力的培养上有所突破，通过对大学生的创业指导教育，使大学毕业生能够实现自主创业、自谋发展。

【延展阅读】

“80后”喊出别样就业观

近几年，随着一批批生于上世纪80年代的年轻人相继走上社会，“80后”渐渐成为一支职场上的生力军。

可爱、率真、独立，抑或浮躁、张狂、叛逆……被贴上这些时代标签的“80后”人群，其中不少人正用他们特有的话语，表达着别样的就业心态，也勾画着有别于他们父辈的职场人生。

择业：“我选择，我喜欢”

“朝九晚五，收入不少，社会地位还算高。”“冬天有暖气，夏天有空调，一天三顿饱，每天洗个热水澡。”这些曾被一些中年人挂在嘴边的顺口溜，不少“80后”并不赞同，他们最终敲定工作的理由，往往更随性、更简单。

“专业是选择工作的筹码，而不是枷锁。”法学硕士生小郑说。小郑以高分通过了司法考试，在旁人看来，她从事法律工作，当个法官或者律师，似乎是顺理成章的一条路。但小郑却放弃了一家律师事务所的录用书，毅然选择到一家外企从事市场推广工作。她说，做自己感兴趣的工作，即使

“背叛一下专业”，也“值得去过把瘾”，同时，自己的法学知识背景是大多数同行不具备的，这是她独有的优势。

“我最大的财富是年轻。”《时代报》记者尹玫原本是黑龙江一所高校的教师。能够顺利在高校任教，已经让身边不少同学羡慕不已，但是试用期刚满，尹玫就决定辞职，到上海打拼。她说：“在一个太稳定的环境中，容易丧失斗志。所以我宁可放弃原来的工作，重新开始。虽然现在的工作非常奔波，但是我看到了不一样的世界，生活更丰富多彩了。”

因为喜欢，因为兴趣，因为梦想，因为新鲜……在一些“80后”眼中，选择工作，除了这些之外，不需要太多理由，一句“我选择，我喜欢”就足够了。

“或许我的冒险换来的是一段失败的经历，或许我的选择还没有建立在清晰定位的基础上。但是，社会的评价，怎么能比自己内心的评价还重要呢？“小郑说。

执业：“快乐崇拜，自由至上”

“快乐的心情”，“自由的空间”，这是不少“80后”对心目中理想工作的形容词。他们认为，工作是不是有乐趣，与老板和同事相处是不是愉快，是评价一份工作好坏的重要指标。

外企职员小杨说：“上班忙碌一些没问题，我最在乎的是，同事之间相处得是不是愉快。”她说，几名年轻人加班到晚上8点，然后一起出去吃饭，聊聊身边的新鲜事，发发牢骚，排遣郁闷情绪，但是只要大家在一起，就能忘掉一天的疲惫。

“我最害怕和老板打交道。”在一家咨询公司当职员的小钟说，“和老板相处的时候，他会试着一点一点把我们的棱棱角角磨掉，把我们打造成那些上世纪六七十年代人们眼中所谓的‘成熟’，挺不自在的。”

渴盼“宽松自由空间”，这样的想法在“80后”人群中比较普遍。“公司要尊重年轻人自由发表观点的权利。我们有质疑的权利，公司就应当给予我们质疑的途径。比如，公司设立了内部网络论坛，还有老板信箱，说是让员工畅所欲言，为公司提出意见和建议。但是，论坛却采用实名制，这就让我觉得非常‘假’。”在一家外企上班的小程说。

“快乐不快乐，很大程度上是因为工作环境。”在接受记者采访时，不少“80后”这样说。他们眼中的理想职场，人际关系很简单，人们可以平等地交流，年轻人可以被尊重、被关注。

都市生活节奏快、压力大，然而，在紧张的工作中，“80后”依然坚守自己“快乐”和“自由”的领地。外在环境带来的心理感受，甚至决定了他们是否愿意继续这份工作，而“不开心”则成了很多“80后”选择跳槽的理由。

再择业：急性子的“职场蚱蜢”

尽管跳槽不是“80后”的专利，但在他们父辈眼中，“缺乏忠诚度”似乎是“80后”职场新人的一个通病。他们的观念不再是父辈的“从一而终”，有些甚至成了“职场蚱蜢”，三个月一换也不足为怪。

国内一家网站日前就“80后”工作满意度展开了调查，结果表明，68.3%的被调查者对目前的工作状态不满意，22.6%的人觉得还可凑合，仅有10.1%的人比较满意。他们对现状不满的理由，主要有薪酬低、压力大、人际关系复杂、上升空间小等原因。

接受调查的网友小王刚刚换了工作，他说，在一个地方工作久了，发现从事千篇一律的工作实在太枯燥,厌倦原来的工作环境时,就想找一份能够使自己获得提高,并有更好发展前景的工作,换一个新环境重新开始。而此前这份工作,小王才做了不到半年。

上海大学社会学教授顾骏认为,“80后”对工作的态度比以往年龄段的人显得“轻松”,对于职业和人生问题的处理似乎也更“随心所欲”。当前,在流水线式的工作状态下,有的劳动者的确感受不到自我实现的愉悦,从这一点上看,“80后”能够勇敢跳出,这种职业态度有值得肯定的部分。

但顾骏同时指出,一些年轻人频频跳槽,也暴露出浮躁的倾向。有的人急于获得眼前利益,总想着多些多些再多些,快些快些再快些。为了追多求快,就急着升待遇,急着换岗位。而在这些急躁的追逐中,忠诚、坚守、长远利益就被抛到了一边。

顾骏说,一些“80后”的“职场蚱蜢”需要认识到,今天的潇洒一“跳”,应当建立在未来的幸福之上,如果始终对职业没有认同感,只是一时性起就轻率地跳槽,那么,这样的行为就会让自己在今后付出不小的代价。

来源 (2008-02-15).东北网.

四、毕业生就业咨询

毕业生就业咨询主要包括以下方面。

第一,建立“以人为本”的就业理念。

在择业指导过程中,注重对学生进行个性化的就业辅导,把学生个人的全面发展作为工作重点,以一种长远发展的眼光来指导学生的就业,使学生能够终身受益。

第二,开展形式多样的就业指导培训,来帮助学生树立正确的职业价值观。

指导学生通过自己的双向选择走上一条既符合社会发展需要,又适合自己发展的成功之路;通过职业的培训和指导,帮助他们了解职业状况,掌握求职技巧,确定择业方向,增强择业能力。

第三,举办各种各样就业实习活动,帮助学生正确认识自我,客观地评价自我,协助学生走进社会、了解工作环境、发掘职业潜能,提高就业竞争能力。

【延展阅读】

就业案例:政策清晰有备无患

2006届毕业生小张在寒假参加A市的毕业生供需见面洽谈会,当时有一家国有企业在会场招聘应届毕业生,小张觉得单位处在沿海开放城市,工作环境、工资待遇、发展前景等方面都很有吸引力,而自己也比较符合单位的招聘条件,经过初试和复试,小张与单位正式签订了就业协议。小张回想起这段经历,脸上还不时浮现出自豪的笑容,能在大学生就业形势如此严峻的情况下找到这么中意的工作,自己算是一个十分幸运的人了。

前几天,小张却愁容满面地回到了学校,向大学生就业指导中心的老师咨询毕业生解约的相关问题。老师问他:“小张,你签的单位在你的班里算是很好的了,怎么还没有报到就要解除协议呢?是不是和单位之间有什么不愉快?”小张说:“其实,我和单位之间并没有出现什么不愉快,彼此都挺满意的,只是刚接到了单位人力资源部打来的电话,说由于在招聘的时候没有注意到市人事局关于2006年接收应届高校毕业生的通知对本年度毕业生引进的相关规定,参照我个人的条件,单位无法为我办理人事关系接收手续。”小张接着向老师详细说明了情况：在寒假期间和单位签订就业协议时双方都没有注意到市人事局关于人才引进的相关政策，当单位到A市人事局准备为小张办理人事关系接收手续时才发现小张不符合接收条件，原因是A市人事局出台了新的接收高校应届毕业生的政策。新政策规定，外地生源应届高校毕业生到A市工作，需要毕业证、学位证、计算机等级证书“三证”齐全才能办理接收手续。小张目前还没有考取计算机等级证书，又是外地生源，所以A市人事局无法为小张办理人事关系接收审批手续。小张只好与原单位解除就业协议，重新寻找新的工作。前几天小张向大学生就业指导中心提交了省外就业协议书，他已经和深圳的一家企业签订了就业协议，而且已经完成了人事关系转接的审批手续。回想起这一波三折的就业经历，小张感慨地说：“磨刀不误砍柴工，大学生在找工作之前一定要了解清楚各种就业政策，这样才能少走弯路。”

案例点评：这是一个供需双方都不熟悉就业政策而导致签约就业失败的案例。这个案例中，一方面用人单位的人事部门在招聘毕业生之前没有详细了解当地接收毕业生的政策，另一方面毕业生在求职的过程中也犯了不了解政策、盲目求职的错误。毕业生是求职成功后的直接受益者，在求职前很有必要对各地的就业政策有一个比较详细的了解，尤其是对新出台的政策要十分留意。大学生就业指导中心提醒广大毕业生，像北京、天津、上海、南京、厦门、深圳等城市都有各自的人才准入制度和审批手续，广大毕业生在求职之前一定要详细了解。

来源　(2006-04-11). K11就业信息网.

第三节　大学生职业咨询的过程和技术

职业咨询是整个职业辅导的重要部分，与职业教育相比较，职业咨询更趋于个别化，更能够满足学生个别的需要，所以在实施上也更为复杂与专业，更需要掌握一定的专业方法与技术，要合乎心理咨询的原则进行。学校开展的职业咨询，是学校内为满足学生的个体需要，对学生给予直接或间接的帮助，以提高学生的自我认识和自助能力，从而促进职业发展与全面发展。

一、职业咨询的一般原理

职业咨询在心理咨询的范围内，属于一种特殊的服务项目。职业咨询的特点包括：①咨询过程大多以语言方式进行沟通；②咨询员和咨询对象之间具有动态的交互关系，双方以平等的立场，进行持续的沟通，在这一过程中双方共同参与，发展良好的咨询关系；③咨询技术的运用必须考虑咨询对象的期望与咨询的目标，因此，咨询员必须保持弹性咨询处理；④职业咨询的最终目标是必须促进咨询对象的自我了解与行动计划。

二、职业咨询的一般过程

职业咨询员在咨询中，往往反映出个人的风格、信念、认知形态、理论依据以及人际互动的取向。每一位咨询者处理问题的方式，常会因不同的问题和个人的专业理念、训练背景的不同而有所差异。职业咨询是一种互动的过程，也是咨询对象和咨询员双向沟通的过程，所以职业咨询的过程在不同的案例上是不同的。

一般地说,职业咨询的过程大约可分为:建立关系、资料搜集和分析、寻找可能答案、方案的执行、评估结果及结案等五个过程。

(一)建立关系

初步接触和寒暄后,咨询者便会与咨询对象开始建立适宜的关系及期望。咨询者必须和咨询对象作充分的沟通,理清咨询对象的需要,并清楚地表明可提供的资源及有哪些协助。通常情况下,咨询员与咨询对象要建立良好的关系,必须彼此共同设定目标与期望,充分表达开放与弹性的尊重态度。

(二)收集和分析资料

在这个阶段,重点放在界定问题和了解症结上,同时要发展出适当的目标、计划和理想中的结果。为了帮助这个阶段的推行,往往必须使用面谈、心理测量或者文件档案记录等技术与工具。职业咨询家施恩指出:资料的收集是一种介入的形式,人们常常会因为加入某一团体或离开某一团体,而改变态度并有不同的行为反应。另外,在正式讨论之前,先与个别人员私下讨论,常可发掘出较敏感、较非正式的特殊问题。

(三)找寻可能答案

在此时常使用的方法就是脑力激荡,而且咨询者必须重新审视问题,确立目标,如此咨询员与咨询对象的想法及结论才能切合问题的核心。在决定这些方案的可行性方面,最好是相关人员共同来寻找出适合的方案。

(四)方案的执行

在实行方案的阶段,基本上要让所有参与的人了解自己的责任、职务、资源和时间进度计划。施恩建议在正式实施之前,要提供理念使参与者有完整的心理准备和增加关系性及敏感度,仿佛是将所有目标和进度明列成表。当然,实施后的结果报告也是同样重要的。

对于方案结果的反馈十分重要,因为评估结果和实行方案并非绝对分立的两件事,时时作一下评估,可以使方案实施得更为完善。如果在反馈讯息中显示出方案有所缺失,便可修正方案的计划与做法,以使方案更加适宜和完整。

(五)评估结果和结案

评估不一定要到终了才进行,而应随时在执行方案的过程中进行。评估活动可以获得有系统的,并且是连续性的反馈资料,使咨询专家和咨询员可决定合适的执行过程,并能很快地认清问题的动向。

此外,在评估工作开始推进时,表示咨询的工作可以逐渐告一段落。有些训练计划的目的就在培训一些组织内的咨询人才,使得往后有任何问题都可以利用组织内人力独立解决。当然,如果评估的结果不符合理想,那么再一次的设计计划,重新实施是很重要的。或者为了组织系统的需要,再次扩大训练计划也是常见的情形。在这个模式中,咨询员和咨询对象的接触并非立即中止,而是在彼此协商同意的情况下,逐渐减少互动依赖关系,并依据结果评估的反馈资料来调整退出的速率。当然,如果需要的话,咨询员可以随时再提供协助。

【延展阅读】

在校大学生职业规划咨询实录

小米是大二学生,学习机械设计的他一度非常萎靡不振,不爱学习、不爱说话、不爱娱乐,在同学和老师眼里他似乎成了问题学生。在大家真诚的劝说和帮助下,小米主动找到了学校负责职业生涯规划的专家,经过专家的耐心引导,小米敞开了关闭已久的心扉,对自己作了一番深刻的内省,并在教师的指导下,为自己作了合适的职业规划。以下是咨询实录。

个人分析——小米目前的困扰

学习方面:学习态度没有端正,英语基础差,又缺乏认真学习,坚持的信念、恒心和毅力。英语水平跟同学有太大的差距。很多科目缺乏兴趣,上课经常睡觉,作业不会做。

生活方面:课余时间多,但是经常沉迷于上网和打游戏,课外活动很少参加。

感情方面:与其他宿舍的同学交流比较少。

经济方面:家中经济状况不好,压力大。

优势:能够很好地集中精力、关注焦点;社会工作认真、负责、努力;有良好的协作技巧,能和别人建立起和谐友好的关系。

不足:难于坚决地维护自己的需要和利益,不愿意尝试、接受新的和未经考验的观点和想法。大多情况下只关注细节和眼前之事,对整体和将来不够重视。

人格类型经测评得出小米的人格类型在四个方面的偏好分别是:内向、感觉、情感、判断。

内向:关注外部环境的变化对自己的影响,将心理能量和注意力聚集于内部世界,注重自己的内心体验。例如:独立思考,看书,避免成为注意的中心,听的比说的多。

感觉:关注由感觉器官获取的具体信息,例如:关注细节、喜欢描述、喜欢使用和琢磨已知的技能。

情感:以自己和他人的感受为重,将价值观作为判定标准。例如:有同情心、善良、和睦、善解人意,考虑行为对他人情感的影响。

判断:喜欢作计划和决定,愿意进行管理和控制,希望生活井然有序。例如:重视结果(重点在于完成任务)、按部就班、有条理、尊重时间期限、喜欢做决定。

大家评价

老师:肯钻研思考,详细周密,稳重沉着;不喜交际,懒惰,不积极,不愿挑战新的东西,是个慢性子。

社团成员:有实干精神,能吃苦耐劳,为人厚道老实,容易相处,平时比较注重找机会进行自我锻炼,做事主动但缺乏一定的主见。

朋友:善良诚实,待人诚恳,用心待人或事,要多与人沟通,扩大交际圈,增强社交能力。

同学:勤奋肯吃苦,有坚强的意识和执行力,对朋友真诚讲义气,但比较小气。

环境分析

我国目前政治稳定,经济持续发展。在全球经济一体化环境中扮演着重要角色。中国加入

WTO 后,使我国汽车产业面对战略的选择。此时,封闭式发展中国汽车产业的历史条件已经不复存在。但任何一个国家都不会有全方位的比较优势,在现阶段,制造业恰恰是中国的优势所在,并有无比巨大的潜力。

大学目标

大学二年级下学期围绕职业目标选择提高自我基本素质,打好各项专业知识基础;大学三年级要提高全面素质和能力,拿下英语四级和计算机国家一级证书;尽量找一些实习机会,从实习中获取经验。大学四年级要提高求职技巧并进行职业技能的培养,要充分了解社会及用人单位的需求,为求职就业作好充分的准备。

职业路径

①从现在开始关注汽车行业的发展。

②2009—2012 年,熟悉适应期。利用 3 年左右的时间,经过不断的尝试努力,初步找到适合自身发展的工作环境、岗位。如在大公司做汽车技术人员。

③2012—2015 年,去小的公司做技术总监,吸取经验。

④2015—2025 年,进一步学习、提高各种知识和技能,到大公司做技术总监。

职业生涯规划调整

在职业生涯发展变化与社会需求的变化中,与时俱进,灵活调整,不断修正、优化职业生涯规划,主动适应各种变化,积极发展职业生涯规划。

职业生涯规划是一个动态的过程,必须根据实施结果的情况以及变化进行及时的评估与修正。

励志语

计划固然好,但更重要的在于具体实践并取得成效。任何目标,只说不做到头来都是一场空。然而,现实是未知多变的,定出的目标计划随时都可能遭遇问题,要求有清醒的头脑。其实,每个人心中都有一座山峰,雕刻着理想、信念、追求、抱负;每个人心中都有一片森林,承载着收获、芬芳、失意、磨砺。一个人,若要获得成功,必须拿出勇气,付出努力。成功,不相信眼泪;成功不相信幻影,未来,要靠自己去打拼!

来源 (2007-09-20).中国教育新闻网 - 中国教育报.

三、职业咨询的特殊技术

和其他类型的咨询一样,职业咨询须有良好的咨询关系、积极倾听、尊重咨询对象、真诚接纳、同理心等。职业咨询作为心理咨询的一部分,共享心理咨询的理论与技术,但职业咨询又有其特殊性,有的技术在职业咨询中运用较多,咨询人员可以依据咨询对象的问题和需要,选择采取一些特殊的咨询技术。以下介绍一些常被职业咨询采用,并有实证资料支持,具有良好效果的特殊技术。

(一)幻想技术

咨询员与咨询对象就所收集到的资料分析之后,常发现资料所能提供的讯息是有限的,所以在职业咨询的实务上,常将“幻想”技术用于解决职业选择的困扰上。

1.“幻想”的内容

摩根(Morgan)和斯科霍尔特(Skovholt)举出一些“幻想”的方法。

①荣誉庆典的幻想:幻想自己正接受一个特殊荣誉的庆祝酒会,而这项荣誉是因咨询对象拥有的特殊能力所获得。这一类的幻想是为了帮助咨询对象的目标具体化,并思考自己的动机。

②异性角色的幻想:幻想自己正在担当通常是由异性担任的工作。

③异族的幻想:本活动促使封闭的咨询对象开放心态,幻想自己由小到大一直是在异族中长大。

④职业中改变的幻想:帮助在许多职业改变的可能性上的探讨,并刺激思考。

⑤退休的幻想:青年人、老年人均可使用,此活动要求咨询对象回顾性地去幻想他的工作职业、兴趣、能力、价值,来决定职业的安排。

2. 幻想技术的实施过程

幻想的技术可在个别咨询的情境下进行,也可在团体咨询的情境下进行,幻想的主题基本上可由咨询员和咨询对象共同决定;而有效的幻想技术需咨询员做适当的引导,其进行的过程如下:

①咨询员以口头(或使用录音带)方式温和柔顺地引导咨询对象调整自己的姿势,放松身体,使咨询对象身心情绪松弛。

②咨询员以低柔的声调,缓慢的语句,引导咨询对象进入想象的世界。在引导的过程中,避免用可能限制咨询对象思考的话语,尽可能给咨询对象保留最大的活动思考空间,使其自由扩展思考方向与内容,愈分歧愈丰富的想象,愈能产生有价值的幻想体验。

③咨询员可引用其他语句引导咨询对象进入不同的情境。

④幻想活动结束后,咨询员与咨询对象或团体成员共同分享整个幻想过程与感受,并讨论幻想经验与个人职业发展的关联。

"幻想"技术在职业咨询上,可协助咨询对象探索不同的可能性,并从中预先体验各种选择的可能后果,有助于职业探索和对职业决策的评估。

(二)模拟个案研究

在咨询情境中要求咨询对象投入某种情境,认同其中某一角色,了解、体会、思索解决问题。模拟个案研究要求咨询对象以个案研究方式,针对某一咨询对象的情况,分析其问题背景,并为其考虑各种可能解决的途径,其过程犹如身历其境,但能从客观的立场学习整个解决问题与作决策的过程,因此效果非常显著。

模拟个案研究进行过程如下:

①咨询员介绍问题解决与决策技术,让咨询对象或团体成员了解并练习作决定的过程与方法,待有初步基础后,即正式进行活动。

②咨询员向咨询对象或团体成员说明"个案"的各种情形及活动的目标和内容。

③咨询员在准备"个案"时,应注意提供和引导成员收集以下资料:

a 咨询对象的目标与问题;

b 影响个人职业发展的因素,如家庭、个人的能力倾向、兴趣、经验、身体状况等;

c 环境资料,包括各种相关职业和教育环境;

d 咨询对象的生活形态、发展方向。

④咨询员将"个案"的所有资料提供给咨询对象或团体成员,由他或他们自行进行个案研究,

咨询员可以补充资料，并协助或引导咨询对象或成员寻求正确的研究方向，掌握分析的方法。如果是团体咨询，每位成员均须提出研究报告，说明他所作的决定及其理由。

⑤完成作业后，咨询对象各自分别提出报告，并与其他成员分享作决定的经验，咨询员就其方法及经验之优缺点与特色，提出讨论。

（三）情境模拟

情境模拟就是由咨询员制造出一个与工作环境类似，但充满学习与个人发展气氛的环境。而这个环境的营造却是使得咨询对象能适应他所处的组织环境。

情境模拟可以达到如下目的：

①改变个人的行为。给予咨询对象一个与工作相类似的环境，在其中他可以尝试许多不同的行为来协助自己去面对工作。

②为那些在学校、家庭和现实社会中，不能真正得到职业发展方面帮助的个体，提供一个较好的教育与体验环境。

在情境模拟过程中，咨询员除了要了解咨询对象的家庭、文化背景，还要求咨询对象对自我进行分析，并且在情境模拟中能有所改变。有时咨询员还要跟与咨询对象有关的其他人员，如家人、教师和老板等进行沟通，了解他们对咨询对象的期望，以便安排适宜的环境来协助咨询对象的职业咨询，从而共同促进咨询对象的职业发展。

（四）职业家族树

家庭对个人职业选择乃至职业发展都有深远的影响，职业家族树（occupational family tree）即以图画方式，刺激咨询对象评估家族的影响，促进咨询对象的职业认知。其进行方法如下：

①在树梢处填上个人偏好的职业（可填数种）。

②将家族中各人的职业分别填入树的支干上（各支干代表家族成员，标出称谓）。由于各人职业可能有所变动，因此可同时填上目前的职业与先前担任过的重要工作，并将与咨询对象有直接关系的重要人物特别圈起来。

③将家族人员职业的共同特点填于树根处。

④咨询员与咨询对象共同讨论“职业家族树”，可以下列问题作为引导：

a　对家族中各人的职业有何感觉？（骄傲、尴尬、羡慕、不屑等）

b　如何知道他们希望我要选择何种职业？

c　家族中在兴趣、能力、体能、外貌等特质上，与我最相似的是谁？他们从事的职业与我的偏好有何关联？

d　我的家庭在工作中最感满意的是什么？（如休闲时间、生活条件、家庭气氛等）

e　家族中哪些工作习惯与特质造成满意或不满意的结果？

⑤经过上述讨论，咨询员可以进一步引导咨询对象探讨各人各种职业的优点与缺陷（如普通职业对个人与社会的正面价值，或高层次的职业的负面情况等）。

总之，职业咨询的范围相当广泛，职业咨询的方法和技术也还有很多，这里就不一一介绍了。

第十五章　职业测评

每个人都不同于他人，每一天他也不同于自身。

——薄伯［中］

职业测评是心理测评的一种，一方面它可以给予个体科学的、客观的评价，另一方面它也可以对不同职业所要求的心理品质进行对位的分析，换句话说，职业测评可以使职业和个性做出最有效的结合。职业测评是大学生进行职业生涯规划，了解自我的重要途径。

第一节　职业测评概述

一、职业测评的涵义

（一）测　评

所谓测评，就是测量和评价的意思，即测评者运用特定的方法，通过收集被测者在其主要活动领域中的表征信息，给予其客观、准确的评价的过程。

测评一般包括两个环节，一个是测量，另一个是评价。所谓测量，按照史蒂芬斯〔S. S. Stevens）的说法，"就其广义来讲，测量是按照法则给事物指派数字"。具体地说，测量就是依据规则，对测量对象所具有的某属性给出一个可资比较的数值。而评价是指通过对测量所获得的表征信息进一步分析、概括、归纳、抽象或比较，得出定性或定量的结论。

（二）职业测评

职业测评是一种了解个人与职业相关和各种心理特质的方法。准确地说，职业测评是一种心理测验，它是通过一系列的科学手段对人的一些基本心理特质进行测量和评估。通过评估，分析个体的各种特点，再结合工作的特点，帮助个体进行职业选择，这也就是通常意义上所说的"人职匹配"。

现代心理学认为，心理测试（psychological tests）是一种对可以表现人的个别差异的心理与行为进行客观的标准化测定的方法。从这种意义上说，职业测评（vocational testsand assessments）是对个体职业倾向性的定量分析。

职业测评与心理测评、教育测评、素质测评又有所不同。心理测评包括心理过程中任何心理现象的测评；教育测评侧重于教学能力与教学成就的测评；素质测评是针对某一素质目标系作出量值和价值的判断过程。

【延展阅读】

职业测评的历史

职业测评兴起于20世纪初，在美国军事和工业领域获得了广泛应用，大大提高了职业招聘和培训部门的经济效益。1926年美国飞行学校的学员中，有87%因飞行不佳而被淘汰，其原因是空中飞行心理适应性不佳。直到第二次世界大战期间及以后，客观的要求促使心理选拔技术不断发展和普及，因飞行不佳而被淘汰的人数才开始下降：美国空军中淘汰率由70%降至36%，在法国，则由61%降至36%，大大减轻了培训资源的浪费，也有利于个人的职业生涯发展。

心理测量经过近百年的稳步发展，现已成为最有效、最客观的职业测评手段。全球约有四分之三以上的大公司在人员甄选、安置和培训方面使用职业测评，而且越来越多的中小公司也正加入到这一行列中来。美国电话电报公司早在20世纪30年代就起用评价中心技术，采纳许多心理测量的方法用于考查自己的管理者，并取得了相当的成功。摩托罗拉公司也很早接受和采纳了心理测量，在员工招聘中采用各种有关的心理测验。

西方许多发达国家从小学开始就会开展各种各样的活动以帮助学生认识工作、热爱工作并及早进行职业规划。美国的中学生至少要接受一次这样的职业测验。在中学和大学还设立了专业的职业辅导咨询中心，由职业心理学家依据专业的职业心理测评技术和规范化的咨询流程对学生进行职业指导。

在我国，随着近年来就业形势的变化，职业测评也越来越引起人们的关注。有关职业测评的信息纷纷见诸媒体，人才中介机构相续开展了职业测评的服务，各企事业机构也开始将职业测评运用于招聘过程之中。联想集团是国内较早在招聘中运用职业测评的企业，以前联想集团单纯通过面试招人的准确率是40%，而实施职业测评之后面试的准确率提高到了60%。但总体上讲，目前我国有关机构开展的职业测评活动仍然有很大的盲目性，即使在大学课堂上，也很少能够听到职业规划辅导类的学习内容，通过科学的技术手段和专业化的咨询流程提供职业辅导在我国依然是亟待加强的工作。

来源　作者：careersandy(2006-12-31). http://careersandy. blog. hexun. com/7122836_d. html.

二、职业测评的特点

职业测评是一种特殊复杂的社会认知活动，其主体包括主持测评者和测评对象，两者都是现实生活中的人，这就决定了职业测评不同于其他形式的测评活动。

归纳起来，职业测评主要有以下几方面的特点。

(一)职业测评是心理测量，而不是物理测量

这一特点是就职业测评的内容指向而言的。

一般来讲，职业测评主要是对个体心理现象的测量，包括能力、兴趣、性格、气质及价值观等。职业测评主要是心理测量，这是由心理素质在个体发展事业成功过程的关键性作用所决定的。美国心理学家特尔曼曾对800名男性成人进行测评，发现其中成就最大的20%与成就最小的20%两

组之间,最明显的差异是他们在心理素质上的差异。成就最大组,主要在进取心、意志力、兴趣和坚持性方面明显高于成就最小组。这说明职业测评的重点是心理测量,其测量结果不是以物理的度量单位计算的。

(二)职业测评是抽样测量,而不是具体测量

这一特点是从统计学意义上而言的。

职业测评的对象是素质及绩效,但素质及其绩效不是在某一孤立时空内抽象存在着的,而是表现或弥漫于个体活动的全部时空中。从理论上讲,职业测评实施时,涉猎的范围越广,收集的相关信息越充分、越全面,测评结果就越有效、越具体客观。但在实际操作中,上述理想状态不可能存在也不可能做到,任何一项测评的主持者,在有限时间内不可能掌握被测评者素质的全部表征信息,只能本着"部分能够反映总体"的原理,对测评要素进行抽样,保证样本的足够多及其足够的代表性,从样本的测量结果来推断全部待测评内容的特征,那种企图对测评内容一应俱全,全面进行测评的想法在实践中是行不通的,而且也没有这个必要。

(三)职业测评是相对测量,而不是绝对测量

任何测评从测评的实施者主观愿望来讲,都力求尽量地客观反映被测者素质的实际状况。但再严格的一项素质测评都不会不存在误差,这是由测评的主观性决定的。毕竟职业测评是人对人的测评。一方面,测评方案的设计及测评活动的实施都是凭借施测人的个人经验进行的,而不同的施测人对测评目标的理解,测评工具的使用及测评结果分数解释,都难免带有个人色彩,不可能完全一致。另一方面,作为测评对象的人,其素质是抽象模糊的,其构成是极其复杂的,且测评工具有一定的局限性,诚如苏东坡言:"人难知也,江海不足以喻其深,山谷不足以配其险,浮云不足以比其变。"由此可见,职业测评既有精确的一面,又有模糊的一面,是相对测量,而不是绝对测量。

(四)职业测评是间接测量,而不是直接测量

这一特点是由职业测评对象——人的素质的特点决定的。

人的素质是个体实施社会行为的基本条件和潜在能力。素质的突出特点之一是抽象性。素质是隐蔽在个体身上的客观存在,是一种内在抽象的东西,是看不见,摸不着乃至说不清的,但素质并不神秘,它具有一定的表现性,即素质可以通过人的行为表现出来,素质和行为之间存在一系列中介物。我们不能对素质本身进行直接测量,但可以通过表现的行为特征进行间接的推测和判断。

三、职业测评的作用

职业测评的目的是实现人适其职,职得其人;人尽其才,才尽其用。它在研究、咨询、辅导和职业生涯规划中都占据重要的地位,是不可或缺的工具。

具体来说,职业测评的功能包括以下几个方面。

(一)预测功能

预测个体在教育训练、职业训练以及未来工作中的表现。

（二）诊断功能

评估个体的长处和短处，优势和劣势，并诊断个体在兴趣、价值观和职业生涯决策等方面的特质。

（三）区别功能

区别出个体的某些特质最类似于哪一类的职业群体。

（四）比较功能

依据测量学指标，将个体素质、能力倾向、兴趣、价值观等与某些效标团体相比较，从而观察两者之间的匹配程度。

（五）探测功能

了解个体在职业生涯发展的连续过程中，其职业决策、职业适应性的行为、态度，以及能力方面的一般状况，以便提供必要的职业辅导。

（六）评估功能

对职业生涯咨询或辅导的进展情况和效果进行评估。

职业测评包括众多功能，企业需要它，各种组织需要它，个人也需要它。它能服务于人力资源规划，为招聘、安置、考核、晋升提供依据，同时也是个人择业的参考，是职业生涯规划与开发的基础。通过职业测评，无疑可以实现组织和个人"双赢"的目的。

第二节　职业测评的原理与内容

一、职业测评的种类

职业测评作为心理测验的一种，同时作为判定个别差异的工具，经过心理学家近一个世纪的研究得到了长足的发展，其范围不断扩大，质量不断提高，种类也不断增多。据不完全统计，目前国际上标准化的测验量表大概有两千余种。

按不同的标准加以区分，职业测评可以分成不同的类别。

（一）按测验功能分类

1. 智力测验

以测验人的智力为目的。

2. 能力倾向测验

目的在于发现被试的潜在才能，深入了解其长处和发展倾向。

能力倾向测验一般可分为：①一般能力倾向测验，即测定一个人多方面的一般潜能；②特殊能力倾向测验，偏重测量个人的特殊潜在能力。

3. 教育测验

测量一个人经教育，训练或学习后的学业成绩，又称成就测验。

教育测验又可分为:①学科测验,即测量学生某学科的知识、技能;②综合测验,即测量学生各学科的知识技能。

4. 人格测验

测量性格、气质、兴趣、动机、情绪、态度、信念等方面的个性特征,即个性中除能力以外的部分。

(二)按测验人数分类

1. 个别测验

即由一个主试在一个时间内测量一个被试。

2. 团体测验

即由一个主试同时测量许多被试。

(三)按测验材料分类

1. 文字测验

所用的是文字材料,被试用文字或语言作答,所以也称作纸笔测验。

2. 非文字测验

又称操作测验,以图画、仪器、模型、工具、实物作为测验材料,被试亦以操作表达。

(四)按测验目的分类

1. 描述性测验

测验目的在于对个人或团体的能力、性格、兴趣、知识水平等进行描述。

2. 诊断性测验

目的在于对个人或团体的某种行为问题进行诊断。

3. 预示性测验

目的在于以预测分数预示一个人将来的表现和所能达到的水平。

除了上述几种分类外,还有其他一些分类,例如,按测验的难度和时限分类,可分为速度测验和难度测验;按测验的要求分类,可分为最高行为测验和典型行为测验;按测验的性质分类,可分为构造性测验和投射性测验。上述这些分类都是相对的,同一个测验采用不同的标准,可能被分为不同的类别。

二、职业能力测量

(一)职业能力是择业的依据

能力问题是职业选择与个性特征关系中的一个核心问题。

一个人不了解自己的能力,很难挑选适合自己的工作(人对职业的选择)。企业的组织者,不了解某种职业对人的能力要求,也很难选择适合于这项工作的人(职业对人的选择)。例如,企业中考虑个人能力的情形就有两种:第一,在许多职业活动中,从事者的一些能力的欠缺可借助于自己的另一些能力而得到补偿。能力的这些选择性扩大了职业选择的可能性和取得职业成就的可能性。第二,某些专业(职业)需要特殊的能力。如军事指挥员,飞机驾驶员,无线电通讯员,高级体育运动员,画家,作家,音乐家等等。要选择这些职业的人,需要先弄清自己是否具有与这些职业相适应的能力。

职业(学习)能力是直接影响人们职业(学习)活动效率,使之得以顺利完成任务的相对稳定的心理特征。它是人们在职业或专业上取得成就的基本素质条件。人们的职业能力主要是在教育和环境的作用下形成和发展的,它是可以培养和提高的。

人的职业能力倾向一般被划分为九种:(括号内为简称)一般学习能力(G)、言语能力(V)、算术能力(N)、空间判断能力(S)、形态知觉能力(P)、符号分辨能力(Q)、眼手动作协调能力(K)、手指灵活能力(F)和手腕的灵活能力(M)。如表 15.1 所列。

表 15.1 人的职业能力

代号	能力类型	说明
G(1)	一般学习能力	指一般智力
V(2)	言语能力	词理解、语言推理、文字使用
N(3)	算术能力	正确而迅速地运算
S(4)	空间判断	理解立体与平面图形的关系
P(5)	形态知觉	正确辨别物体、图形的细小差异
Q(6)	符号分辨	发现文字、数字或符号错误
K(7)	眼手动作协调	眼和手能迅速、准确和协调动用
F(8)	手指灵活	手指能迅速、准确地操作细小物体
M(9)	手腕灵活	手腕迅速、灵巧地活动的能力

(二)职业能力测量方法

能力测验可以分为两类:特殊能力测验与多重能力测验。

特殊能力测验用于对特殊能力的鉴别,如文书能力测验、机械能力测验、音乐能力测验以及创造能力测验等,可以较好地预期被测者在这些特定的领域中的发展前景。

多重能力测验较好地解决了对人的各方面加以比较的问题,它可以帮助个体找到最具有发展潜力的方向,同时为其指出若干个可能的发展方向,供我们结合其他的可能进行选择。

多重能力测验的种类很多,其中最常用的有区辨能力测验(DAT)和一般能力倾向测验(GATB)。

1. 区辨能力测验

这一测验在学业指导中,可以说是最好的一个测验。原编制者因编制了这一测验,得到 1951 年美国人事与指导学会的研究奖。后又分别于 1957 年、1959 年、1963 年进行了修订。

该测验共由 8 个分测验组成,即言语推理、数学推理、抽象推理、空间关系、机械推理、文书速度与精确度、语文惯例(包括语句和语文惯用法及拼法)。

全套测验约需 4 个半小时完成,可分两次进行。

区辨能力测验适用于初中二年级至高中三年级,大学一年级及年轻的成人使用。

我国对该测验的修订工作尚在进行之中,因此,暂时无法在全国推广使用。

2. 一般能力倾向测验

一般能力倾向测验被广泛地用于职业选择和指导中,并在人员的录用和选择配置、合适职业的开发和职务再设计等方面发挥着重要的作用。

一般能力倾向测验最初是由美国劳工部自 1934 年起花了十多年时间研究制定的,后又几经修订,逐步完善。该测验因对各国很有影响而出名。

我国曾于 80 年代末对一般能力倾向测验加以修订,并制定出"中学生一般能力倾向测验",广泛地用于中学生学业指导,取得了良好的效果。后又于 90 年代初再行修订,制定出"一般能力倾向测验",并在全国推广应用,成为职业选择和指导方面极有影响的测验工具之一。

一般能力倾向测验由 15 个分测验构成,其中 11 种是纸笔测验,其余 4 种是器具测验。纸笔测验包括 A——K,器具测验包括 M、N、O、P 等。

A. 工具匹配测验;B. 名词比较测验;C. 划纵线测验;D. 计算测验;E. 平面图判断测验;F. 打点速度测验;G. 立体图判断;H. 算术应用;I. 语义;J. 打记号;K. 形状匹配;M. 插入;N. 调换;O. 组装;P. 分解。

一般能力倾向测验可以鉴定前面所述的 9 种能力。全套测验约需 2 小时 20 分钟完成。

测验分数经转化成为标准分,其等级分类如下:

优秀　　125 分以上;
中上　　110 ~ 124 分:
中等(a)　　100 ~ 109 分;
中等(b)　　90 ~ 99 分;
中下　　75 ~ 89 分;
差　　75 分以下。

该测验可帮助确定在 8 大类 32 小类职业领域内的职业能力。一般能力倾向测验与区辨能力测验的不同在于它更注重实际操作能力,具有更广泛的适用性,被认为是职业指导中最好的测验。

【延展阅读】

职业能力倾向自我测验

本测验把人的职业能力倾向分为 9 种,每种能力由 1 组 5 个题目反映。测验时,请你仔细阅读题目,采用"五等评分法"进行自我评定,然后分别计算出自评等级。

(一)一般学习能力倾向(G)

强	较强	一般	较弱	弱
1	2	3	4	5

1. 快而容易地学习新内容
2. 快而正确地解数学题
3. 你的学习成绩处于
4. 对课文的字、词、段落篇章的理解、分析和综合能力

5. 对学习过的知识的记忆能力

（二）言语能力倾向（V）

强	较强	一般	较弱	弱
1	2	3	4	5

1. 善于表达自己的观点
2. 阅读速度和理解能力
3. 掌握词汇量的程度
4. 你的语文成绩
5. 你的文学创作能力

（三）算术能力倾向（N）

强	较强	一般	较弱	弱
1	2	3	4	5

1. 做出精确的测量
2. 笔算能力
3. 口算能力
4. 打算盘
5. 你的数学成绩

（四）空间判断能力倾向（S）

强	较强	一般	较弱	弱
1	2	3	4	5

1. 解决立体几何方面的习题
2. 画三维度的立体图形
3. 看几何图形的立体感
4. 想象盒子展开后的平面图
5. 想象三维度的物体

（五）形态知觉能力倾向（P）

强	较强	一般	较弱	弱
1	2	3	4	5

1. 发现相似图形中的细微差别
2. 识别物体的细节部分
3. 注意物体的细节部分
4. 观察物体的图案是否正确
5. 对物体的细微描述

（六）书写知觉能力倾向（Q）

强	较强	一般	较弱	弱
1	2	3	4	5

1. 快而准确地抄写资料(如姓名、日期、电话号码)等
2. 发现错别字
3. 发现计算错误
4. 能很快查找编码卡片
5. 自我控制能力(如较长时间抄写资料)

(七)眼手运动协调能力倾向(K)

强	较强	一般	较弱	弱
1	2	3	4	5

1. 玩电子游戏
2. 打篮球、排球、足球一类活动
3. 打乒乓球、羽毛球运动
4. 打算盘能力
5. 打字能力

(八)手指灵巧度(F)

强	较强	一般	较弱	弱
1	2	3	4	5

1. 灵巧的使用很小的工具
2. 穿针眼、编织等使用手指的活动
3. 用手指做一件小工艺品
4. 使用计算器的灵巧程度
5. 弹琴

(九)手腕灵巧度(M)

强	较强	一般	较弱	弱
1	2	3	4	5

1. 用手把东西分类
2. 在推拉东西时手的灵活度
3. 很快地削水果
4. 灵活地使用手工工具
5. 在绘画、雕刻等手工活动中的灵活性

统计分数的方法:

1. 对每一类能力倾向计算总计次数

对每一道题目,我们采取“强”、“较强”、“一般”、“较弱”和“弱”五等级,供你自评。每组5道题完成后,分别统计各等级选择的次数总和,然后用下面公式计算出该类的总计次数(把“强”定为第一项,依次类推,“弱”定为第五项;第一项之和就是“强”的次数和)。总计次数=(第一项之和×1)+(第二项之和×2)+(第三项之和×3)+(第四项之和×4)+(第五项之和×5)。

2. 计算每一类能力倾向的自评等级

自评等级=总计次数/5。

3. 将自评等级填入下表：

职业能力倾向	自评等级	职业能力倾向	自评等级
G		Q	
V		K	
N		F	
S		M	
P			

根据结果对照表15.2所列，可找到你适合的职业（等级数为职业能力倾向等级，表示此职业必须达到的职业能力的最低水平）。

表15.2 职业对人的职业能力倾向的要求

职业类型	职业能力倾向								
	G	V	N	S	P	Q	K	F	M
生物学家	1	1	1	2	2	3	3	2	3
建筑师	1	1	1	1	2	3	3	3	3
测量员	2	2	2	2	2	3	3	3	3
测量辅导员	4	4	4	4	4	4	3	4	3
制图员	2	3	2	2	2	3	2	2	3
建筑和工程技术专家	2	2	2	2	2	3	3	3	3
建筑和工程技术员	2	3	3	3	3	3	3	3	3
物理科学技术家	2	2	2	2	3	3	3	3	3
物理科学技术员	2	3	3	3	2	3	3	3	3
农业、生物、动物、植物学的技术专家	2	2	2	4	2	3	3	2	3
农业、生物、动物、植物学的技术员	2	3	3	4	2	3	3	3	3
数学家和统计学家	1	1	1	3	3	2	4	4	4
系统分析和计算机程序编制者	2	2	2	2	3	3	4	4	4
经济学家	1	1	1	4	4	2	4	4	4
社会学家、人类学者	1	1	3	2	2	3	4	4	4
心理学家	1	1	2	2	2	3	4	4	4
历史学家	1	1	3	4	4	3	4	4	4
哲学家	1	1	4	3	3	3	4	3	4
政治学家	1	1	3	4	4	3	4	4	4
政治经济学家	2	2	2	3	3	3	3	3	5
社会工作者	2	2	3	4	4	3	4	4	4

职业类型	职业能力倾向								
	G	V	N	S	P	Q	K	F	M
社会服务助理人员	3	3	3	4	4	3	4	4	4
法官	1	1	3	4	3	3	4	4	4
律师	1	1	3	4	4	3	4	4	4
公证人	2	2	3	4	4	3	4	4	4
图书馆管理学专家	2	2	3	3	4	2	3	4	4
图书馆、博物馆和档案管理员	3	3	3	2	2	4	3	2	3
职业指导者	2	2	3	4	4	3	4	4	4
大学教师	1	1	3	3	2	3	4	4	4
中学教师	2	2	3	4	3	3	4	4	4
小学和幼儿园教师	2	2	3	3	3	3	3	3	3
职业学校教师（职业课）	2	2	2	3	3	3	3	3	3
职业学校教师（普通课）	2	2	3	4	3	3	4	4	4
内、外、牙科医生	1	1	2	1	2	3	2	2	2
兽医学家	1	1	2	1	2	3	2	2	3
护士	2	2	3	3	3	3	3	3	3
护士助手	2	4	4	4	2	2	2	3	2
工业药剂师	2	1	2	3	2	2	3	2	3
医院药剂师	2	2	2	4	9	2	3	2	3
营养学家	2	2	2	3	3	3	4	4	4
配镜师（医）	2	2	2	2	2	3	3	3	3
配眼镜商	3	3	3	3	3	4	3	2	3
放射科技术人员	3	3	3	3	3	3	3	3	3
药物实验室技术专家	2	2	2	3	2	3	3	2	3
药物实验室技术员	2	3	3	3	3	3	3	3	3
画家、雕刻家	2	3	4	2	2	5	2	1	2
产品设计和内部装饰者	2	2	3	2	2	4	2	2	3
舞蹈家	2	3	3	2	3	4	2	2	3
演员	2	2	4	3	4	4	4	4	4
电台播音员	2	2	3	4	4	3	4	4	4
作家和编辑	2	1	3	3	3	3	4	4	4
翻译人员	2	1	4	4	4	3	4	4	4
体育教练	2	2	2	4	4	3	4	4	4
运动员	3	3	4	2	3	4	2	2	2

职业类型	职业能力倾向								
	G	V	N	S	P	Q	K	F	M
秘书	3	3	3	4	3	2	3	3	3
打字员	3	3	4	4	4	3	3	3	3
记账员	3	3	3	4	4	2	3	3	4
出纳员	3	3	3	4	4	2	3	3	4
统计员	3	3	2	4	3	2	3	3	4
电话接线员	3	3	4	4	4	3	3	3	3
一般办公室职员	3	4	3	4	4	3	3	4	4
商业经营管理	2	2	3	4	4	3	4	4	4
售货员	3	3	3	4	4	3	4	4	4
警察	3	3	3	4	3	3	3	4	3
门卫	4	4	5	4	4	4	4	4	4
厨师	4	4	4	4	3	4	3	3	3
招待员	3	3	4	4	4	4	3	4	3
理发员	3	3	4	4	9	4	2	2	2
导游	3	3	4	3	3	5	3	3	3
驾驶员	3	3	3	3	3	3	3	4	3
农民	3	4	4	4	4	4	4	4	4
动物饲养员	3	4	4	4	4	4	4	4	4
渔民	4	4	4	4	4	5	3	4	3
矿工	3	4	4	3	4	5	3	4	3
纺织工人	4	4	4	4	3	5	3	3	3
机床操作工	3	4	4	3	3	4	3	4	3
锻工	3	4	4	4	3	4	3	4	3
无线电修理工	3	3	3	3	2	4	3	3	3
细木工	3	3	3	3	3	4	3	4	4
家具木工	3	3	3	3	3	4	3	4	3
一般木工	3	4	4	3	4	4	3	4	3
电工	3	3	3	3	3	4	3	3	3
裁缝	3	3	4	3	3	4	3	2	3

来源　(2008-02-18). http://blog.163.com/changda_jiachen@126/blog/static/5638098320081181381l329/.

三、职业兴趣测量

(一)职业兴趣是成就的推动力

职业兴趣是人对某类专业或职业所抱有的积极态度。一个人只有对自己从事的职业有着浓厚而稳定的兴趣,才会积极、主动地进行创造性的学习和工作,才会不畏艰难险阻发奋努力,才能在本职业领域内取得瞩目的成就。一个对自己职业毫无兴趣的人,即使再聪明,也会因缺乏进取的动力而难有建树。

伟大的科学发现的背后是科学家对该领域的强烈兴趣,爱因斯坦对数学的浓厚兴趣使他后来成为一个伟大的物理学家;生物学家达尔文对甲虫的如痴如醉,造就了影响我们一个世纪的《进化论》;化学家诺贝尔冒着生命危险研制炸药,终于取得了最后的成功。

美国曾对两千多名著名的科学家进行调查,发现很少有人是出于谋生的目的而工作,他们大多是出于个人对某一领域问题的强烈兴趣而孜孜以求,不计名利报酬才忘我地工作,他们的成就是与他们的兴趣相联系的。

因此,职业兴趣是成就的一个重要的推动力,它能将一个人的潜能最大限度调动起来,使他长期专注于某一方向,做出艰苦的努力,取得令人瞩目的成绩。

职业兴趣的发生发展一般要经历这样的过程:有趣——乐趣——志趣。

有趣是兴趣过程的第一个阶段,也是兴趣发展的低级水平,它往往短暂易逝,非常不稳定。处于这一阶段的兴趣常常与一个人对某一事物的新奇感相联系,随着这种新奇感的消失,兴趣也会自然地逝去。

乐趣是兴趣过程的第二个阶段,它是在有趣定向发展的基础上形成的,是兴趣发展的中级阶段。在这一阶段中,个人的兴趣变得专一、深入起来,如喜爱文学的人很可能会成天沉溺于文学作品中。

志趣是兴趣发展过程的第三个阶段,当乐趣与一个人的社会责任感、理想、奋斗目标结合起来时,乐趣便成了志趣。志趣是一个人取得成就的根本动力,是成功的重要保证。

(二)职业兴趣测量

与能力测验一样,职业兴趣的测量方法也很多,但主要有以下几种。

1. 史创(strong)职业兴趣量表

史创的职业兴趣测验是使用得最广而又研究得最多的测验。该测验分为男性测验及女性测验,可用于17岁以后的青年。

史创职业兴趣量表回答问题的方法有两种。有些项目是要求被测者在喜欢、不喜欢及无所谓喜欢与否这三种回答中选一项;还有些项目,则要求被测者回答喜欢某种职业活动,比较两种兴趣的高低,评定自己的能力及特质。项目要求被测者自由回答,并且不限定时间。

史创职业兴趣量表可区分出如下10个大类的兴趣领域:

第一类:美术家、心理学家、建筑师、医生、牙医。

第二类:数学家、物理学家、工程师、化学家。

第三类:生产经理、陆军军官、空军军官。

第四类:飞行员、农夫、木工、油漆工、数学教师、科学教师、警察、森林服务人员。

第五类:青年会体育指导、人事管理人员、青年会秘书、社会科学教师、学校校长、牧师。

第六类:音乐家、艺术人员、图书馆人员。

第七类:会计师。

第八类:会计员、办公室工作人员、代理人、银行职员。

第九类:推销经理人员、房地产推销员、人寿保险推销员。

第十类:制造业经理。

史创职业兴趣量表约需 30 ~ 50 分钟完成。

2. 库德(Kuder)职业兴趣测验

库氏职业兴趣测验是美国中学职业咨询中使用最广的测验,用于帮助学生根据所测得的职业兴趣,进行集中学习,从而为未来的职业做好早期准备。

库氏职业兴趣共有 10 类兴趣范围,它们是:户外、机械、计算、科学、说服、美术、文学、音乐、社会服务及文书等,每一兴趣范围均列举了多种职业。

全测验共有 504 个项目,每 3 个项目为一级,受测者要从这 3 种活动中选出最喜欢和最不喜欢的各一个。如:

①种植新奇花卉;

②为花商作宣传广告;

③在花店接电话订货;

在本组中如受测者选择"①"作为最喜欢的,则得分属于科学和美术类;如选择"②",则得分属于说服类;如选择"③",则得分属于文学类。将分数分类相加,即可得各类职业兴趣的总分。

库德(Kuder)职业兴趣测验约需 50 分钟完成。

3. 青年职业兴趣量表

青年职业兴趣量表是中国台湾测验学会青年职业兴趣测验编制小组编制。这是在参考了库德的职业兴趣量表以及其他一些职业兴趣量表的基础上编制而成,被广泛地应用于青年职业兴趣的鉴定。

青年职业兴趣量表共 100 个题目,与库德测验一样,每题包括 3 项不同的活动,要求受测者从中选择出一项自己最喜欢及一项自己最不喜欢的活动。如:

①参观画展;

②到图书馆阅读图书;

③参观博物馆。

在这一组中,如选择①作为最喜欢的,则在美术上得到 1 分,如选择②,则在社会科学上得到 1 分,如选择③,则在教育上得到 1 分。将分数分类相加,即得到各类职业兴趣的总分。

青年职业兴趣量表可以区分出 22 种职业兴趣,其中文学、音乐、美术、社会科学、法律、企业管理、会计统计、国际贸易、教育、体育、数学、物理科学、电学、化工、建筑、农艺、医学、药学等 18 种职业领域为男女生通用,而航海和机械工程为男生专用,家政和商业文书为女生专用。

四、职业个性测量

(一)职业个性是事业成败的关键

个性是一个人身上经常地、稳定地表现出来的心理特征的总和。它决定了个体之间的差异性和独特性。每个人都与别人有所不同,每个人都有自己独特的风格,人与人之间都存在着个别差异。从广义角度讲,上述的能力与兴趣均属于个性因素,所以这里所指的个性着重强调两者以外的其它因素,比如说,性格、态度、气质等。

职业心理学的研究表明,不同的职业对从业者的个性有不同的要求。如从事教师职业的人,必须具有强烈的责任感,正直、谦逊、耐心、细致、乐于交往等个性品质;科学研究者则必须具有认真、好强固执、独立自信、敢于怀疑、富于批判精神以及创新意识等个性特征;管理者必须具有敢做敢为、坚定、果断、沉着、精明能干、开朗愉快、善于交际等个性特征。

人的个性与其是否能适应某种职业有着很大的关系。如果一个人从事的职业与他的个性相适应,他工作起来就会得心应手,心情舒畅,在工作中也就容易取得成就。如果个性特点与所从事的职业不相适应,这种个性就会阻碍工作任务的完成,使从业者感到被动,缺乏兴趣并难以胜任,即使能够完成工作任务,也常常会感到倦怠或力不从心,精神紧张。因此,个性对事业的成败有着举足轻重的影响。

近年来情商这一概念的出现,则从另一角度向人们昭示了以个性因素为主要成分的非智力因素对一个人的成功所产生的巨大影响。不过,情商作为一种全新的心理学概念,尚处于研究和探索之中,相对而言,个性的测量就显得更为成熟、丰富,更易于操作。

(二)职业个性测量方法

个性测量方法很多,例如自陈法、投射法、人格评定法以及情境测验法等等,这些方法包容了丰富的心理学理论和技术。由于自陈测验法记分比较客观,解释比较容易,因此是目前个性测量最为常用的方法。

自陈法是一种自我评定的方法,即对拟测量的个性特征编制许多问题,让被测者回答,从其答案来衡量这项特征的高低。

对于正常人群最常用的自陈量表有吉尔福特13种个性因素测验、卡特尔16种个性因素测验以及爱德华个人偏好测验。

1. 吉尔福特13种个性因素测验

吉尔福特通过因素分析的方法,抽取出13种个性因素:社会内向、思想上的内向、抑郁、躁郁交替、随遇而安、一般活动、支配—服从、男性—女性、自卑、神经质、客观、合作以及随和等。

吉尔福特根据他的因素分析结果与季姆合作编制了一个气质测验。该测验包含了10个个性特质,每一个特质30题,共300题,每题有3个可能的答案,分别为:是、?、否。该测验的10个特质如下。

(1)*一般活动*

正的特质指匆忙、喜欢快速、精力充沛、有创见、有效率。

负的特质指容易疲劳、效率低、好沉思、从容不迫。

(2)抑 制

正的特质指思想严谨、细心、有毅力。

负的特质指无忧虑、冲动、好刺激。

(3)支 配

自我防卫、喜欢领导别人、喜欢在人群面前说话、好吹嘘。

或顺从别人、犹豫、避免在人群面前出现。

(4)社会性

有许多朋友,喜欢与别人交谈来往,喜欢引人注意。

或朋友很少,害羞。

(5)情绪稳定性

乐观、愉快、情感充沛;

或悲观、白日梦、忧虑、易激动、有罪恶感、寂寞。

(6)客观性

厚脸皮的。

或过分敏感的、自我中心的、怀疑心重、怕别人谈论自己。

(7)友 善

能忍受敌意、接受别人支配、尊敬别人。

或者对人敌意、愤怒、想支配别人,轻视别人。

(8)深思性

自我反省、观察自己和别人、内心平衡。

或是喜欢明显的活动、内心不协调。

(9)个人关系

对人能容忍,对社会制度有信心。

或挑剔批评别人,对社会制度不满,自怜,怀疑别人。

(10)男性气概

对男性活动与职业有兴趣,不易厌恶,个性强,对衣服流行式样较少兴趣;

或喜欢女性活动与职业,易厌恶、害怕,喜欢浪漫气氛、情绪较易表现出来。

2. 卡特尔 16 种个性因素测验

卡特尔与他的同事经过几十年的研究,确定了 16 种基本的根源性的个性特质,从而编制了一个由 187 个项目组成的个性测验。

卡特尔的 16 种个性因素分别如下。

(1)乐群性

高分者为外向、热情、乐群。

低分者为缄默、孤独、冷淡。

(2)聪慧性

高分者为聪明、富有才识,善于抽象思考。

低分者为思维迟钝、学识浅薄，抽象思考能力差。

(3)稳定性

高分者为稳定而成熟，能面对现实。

低分者为情绪激动，易烦恼。

(4)恃强性

高分者为好强、固执、独立积极。

低分者为谦逊、顺从、通融、恭顺。

(5)兴奋性

高分者为轻松兴奋，随遇而安。

低分者为严肃、审慎、冷静、寡言。

(6)有恒性

高分者为有恒负责，做事尽职。

低分者为苟且敷衍，缺乏奉公守法的精神。

(7)敢为性

高分者为冒险敢为，少有顾虑。

低分者为畏怯退缩，缺乏自信心。

(8)敏感性

高分者为敏感，感情用事。

低分者为理智的，着重现实，自恃其力。

(9)怀疑性

高分者为怀疑、刚愎，固执己见。

低分者为信赖随和，易与人相处。

(10)幻想性

高分者为幻想的、狂放任性的。

低分者为现实，合乎成规，力求妥善合理。

(11)世故性

高分者为精明能干、世故。

低分者为坦白、直率、天真。

(12)忧虑性

高分者为忧虑抑郁，烦恼自忧。

低分者为安详、沉着，通常有自信心。

(13)实验性

高分者为自由的，批评激进的不拘泥于现实的。

低分者为保守的，尊重传统观念与行为标准。

(14)独立性

高分者为自力自强，当机立断。

低分者为依赖，随群附众。

(15) 自律性

高分者为知己知彼，自律严谨。

低分者为矛盾冲突，不顾大体。

(16) 紧张性

高分者为紧张困扰，激动挣扎。

低分者为心平气和，闲散宁静。

卡特尔 16 种个性因素测验的每一个项目均提供 3 种选择，例如，金钱不能给予快乐：

A. 是的；

B. 介于是与不是之间；

C. 不是。

凡答案与记分标准相符合的给 2 分，相反给 0 分，中间则给 1 分。全套测验约需 45 分钟完成。

卡特尔 16 种个性因素测验广泛地用于对正常人群的个性分析和研究，在临床应用和职业指导方面具有极高的应用价值。

3. 爱德华个人偏好测验

爱德华个人偏好测验是根据美国哈佛大学心理学家默里所提出的需要理论编制而成。该测验的各个分测验的项目均针对这个理论的几种需要，它们分别为：①成就；②顺从；③秩序；④表现；⑤自治；⑥亲密；⑦省察；⑧求助；⑨支配；⑩谦逊；⑪助人；⑫变通；⑬坚毅；⑭性爱；⑮攻击。

爱德华个人偏好测验共有 225 个项目，每个项目包括一对句子，譬如：

a. 当我在一些事情上失败时我感到抑郁。

b. 当我在人群中讲话时我是神经质的。

被测者必须在 a、b 一对句子中选择一个适合自己的描述，此即为强迫选择法。爱德华个人偏好测验也经常被应用于研究与职业指导方面。

五、智商测量

(一) 智商——从业基础

智商(intelligence quiet)是衡量人的智力水平的一项重要指标，它表明了一个人潜力的大小和发展可能性的高低，一个人能否胜任某项职业与智商有很大关系。

具体地说，不同的职业，由于其复杂程度不同，对人的智力水平要求也不一样，越是复杂的工作越是要求从业者有着较高的智商。如表 15.3 所列。

表 15.3　职业与智商表

职业选择	专业人员	半专业人员	工商职工	半技术人员	技工
智　商	120	113	108	104	96

美国心理学家浦洛陶(Proctor)1935 年曾用陆军甲种团体智力测验测量 1514 位高中学生，13 年之后，他追踪研究其中 945 位所从事的职业，并将他们的职业分为五个大的职业组，然后计算每

组的平均智商,结果见下表15.4所列。

表15.4 浦洛陶研究各职业组的平均智商

平均智商	职业组	本组中典型工作
115	一	大学教授、牙医、工程师、律师、医生、业务执行员等
108	二	商店、房地产及保险经纪人、农场经理、主妇、护士、私人秘书、教师、推销员等
104	三	会计员、书记人员、电工技师、机械师、速记员、店员
99	四	铸造工、管门者、邮差、磨坊工人等
97	五	非技术性的工人

从上表可以看出,智商越高,其所从事的工作水准也越高。

研究表明,上大学智商至少应在90~100分以上,有人对高中、大学、研究生院毕业的学生进行了研究,发现3者的平均智商分别为110、120、130。而其他研究则表明,一些大科学家、文学家、学者和具有高度政治才能的人,其智商一般在140~150分以上,有的甚至在160分以上。

可见,智商与一个人所能从事的职业,所能达到的职业水平以及所能取得的职业成就是密不可分的。在西方国家,特别是美国与西欧的一些国家,智商已成为每个人基本情况的一部分,是各公司、企业挑选雇员的一项重要指标。那么,这些智商分数究竟意味着什么呢?

心理测量学对智商作了严格的区分和规定(详见表15.5所列),从中,我们可以清楚地看到智力分数的区界和占人口的百分比。

表15.5 不同智商的智力类别与人口分布

智力类别	智　商	占人口的%
超优	130以上	2.2
优秀	120~129	6.7
中上(聪明)	110~119	16.1
中等	90~109	50.0
中下	80~89	16.1
低能边缘	70~79	6.7
智力缺陷	69以下	2.2

由表15.5可知,大多数人的智商是在90~110之间,而智力在130分以上或69分以下的并不多,仅占2.2%,智力在140分以上被称作“天才”的人就更少了,他们仅占人口的0.5%。

研究还表明,智商在120分以上的人,其创造想象力比较丰富,观察细致准确,思维清晰、严密;智商在110~119分的人,上述方面表现略差;智商在90~109分的人占总人数的一半,这类人较现实,想象力不丰富,情绪化程度高,创造力偏低,思维的常规化程度高;智商在80~89分的人,思维比较迟钝,创造性很低;智商在70~79分的人,若得家庭和社会的帮助和引导,可与正常人一样工作、生活,若过于压抑,或受较大刺激,则易有弱智表现。

(二)智力测验

目前,我国智力测验很多,但最常用的是韦克斯勒智力测验和瑞文智力测验。

1. 韦克斯勒智力测验

韦克斯勒于1939年在美国贝勒维医院编制了一套韦克斯勒—贝勒维智力测验,用于测量10~60岁的个体。我国于80年代引入该测验并修订成韦克斯勒智力测验,使其适用于我国的文化。目前,韦氏测验广泛地运用于科研以及临床智力诊断和职业指导。

韦克斯勒从整体智力观点出发把智力分成言语和操作两部分。在他的言语量表中有常识、类同、算术、词汇、理解、数字广度6个分测验;在操作量表中有图画补缺、图片排列、积木图案、物体拼组、译码、迷津6个分测验。在韦氏测验里,除了可以计算出全部量表所反映的总智商以外,还可以分别计算出言语智商和操作智商。

韦氏测验属于个别测验,需要由受过专门心理训练的测试者对被测者一对一地施测。韦氏测验题量较大,大多数测题也都有严格的时间限制,如在规定的时间内没有作出回答,即被视为没有通过。整套测验约需2个小时完成。

2. 瑞文智力测验

瑞文智力测验是一种非文字的智力测验,它可以测量一个人的抽象思维能力、逻辑推理能力以及观察力等。

中国修订版的瑞文测验共由6个单元构成,每个单元有12个测题,这样共有72个测题。每一个测题都是一张抽象的图案或一系列无意义的图形所构成的一个方阵,方阵的右下方缺失一块,要求受测者从呈现在下面的另外6小块(或8小块)供选择的截片中挑选一块符合方阵整体结构的图片补上去。只有一块是正确的,换句话说,能使图案或方阵成为一个完美的整体。如图15.1所示。

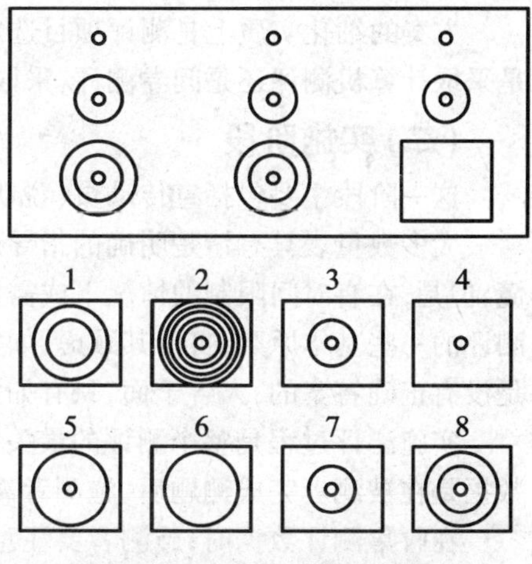

图15.1 瑞文智力测验图例

瑞文测验的测题按从易到难的原则依次排列,每个单元在智慧活动的要求上也各不相同。总的来说,矩阵的结构越来越复杂,因素越来越多样,关系也越来越隐蔽,解决这类问题也越来越依靠间接的抽象概括能力。

瑞文测验的适用范围很广,5~75岁的人都可以使用。同时,它是一种非文字测验,不受每个人的文化水平的制约。它既可以用于个体测试,也可用于团体测验。与韦氏测验相比,瑞文测验在计分方面更加严格和客观,花费时间也较少,整个测验必须在40分钟之内完成。

越来越多的研究表明,智力测验的结果并不能完全说明一个人的学业成绩和未来的职业成就水平,而非智力因素如一个人的抱负水平、成就动机以及能力倾向性、意志力、独立性、自信心等个性因素,则相反在极大的程度上制约着一个人的发展和成就水平。因此,智商测验应在权威机构的指导下严格进行,它并不能起绝对的决定作用,只能作为从业基础来参考。

第三节 大学生职业测评的实施

一、职业测评操作的一般程序

职业测评是一种相对复杂的测评,具有许多特殊性,但是,与其他类型的测量相比,也有许多共通之处。在测评过程中所有进行的步骤与其他类型的测评并没有什么不同。

现代职业测评的操作程序一般分为四个阶段:准备阶段、实施阶段、统计阶段和应用阶段。各阶段的步骤如下。

(一)准备阶段

这一阶段主要包括以下几个步骤:选择测评的时间和空间、测评的选定、方案的细化。

测评时间和空间的选择是测评准备工作的开始。首先被测者有测评的愿望,并用电话或亲自去测评中心的方法联系测评,在测评机构没有过多顾客和其他干扰,而其他方面条件也允许的情况下,可以立刻对用户开始测评。对于测评空间的选择,最好在一个相当安静的环境中,光线尽量不要太强,若非团体测评,要避免其他被测者对主要被测者的干扰。

测评选定的主要工作由测评机构根据自己的要求或由其他提出测评要求的机构或个人确定进行什么样的测评,在此期间,应制定出测评的初步方案。当然,对于专门的测评机构来说,测评项目的选定在了解被测者的情况后会很迅速地完成,但是要清楚,测评项目的选定直接关系到测评的实施和应用。

方案的细化实质上是测评项目选定的延伸,主要是确定测评的方法、手段、对象。具体地说,就是采取计算机测评还是问卷测评,采取哪一种量表,若是问卷测评,还要形成问卷或测评卡片。

(二)实施阶段

这一阶段主要包括宣传动员(说明指导语)、实施测评、收集测评数据、测评结果简单检验。

大多数量表具有清楚明确的指导语,有一定文化水平的人在不用测评者帮助的情况下就能看懂,但是,在有时间限制的情况下或需要有特殊补充的测评时要注意对被测者进行动员,让其明确测评的一些基本原则,打消其顾虑,如实回答测题,而不去推测答案。因为测评不同于平常考试,它是没有正确答案的,人各千面,只有如实地回答,才能得到有效的建议。

实施测评过程是整个测评的最关键步骤。被测者回答情况是测评继续进行的前提。收集测评数据是在被测者完成测题后,施测者需要完成的首要工作。

在收集测评数据时,施测者要注意检查一下被测者回答的简单情况,概括地说,就是有没有按指导语或测评要求来回答,这是测评结果的简单检验。

（三）统计阶段

若是手工测评，这一阶段包括以下三个步骤：数据整理、划分等级和类型、测评综合。若是计算机测评，这一阶段可以由计算机直接统计处理。

这是一个重要的环节，关系到整个测评工作的质量。大量的原始调查数据只有运用计算机才能够得到准确快速的统计分析。由于计算机已基本得到普及，而且按照测评方案的要求，计算机专业人员也已设计开发出相应的软件。因此，除了统计阶段的监督需要施测者完成外，统计工作现在已可以由计算机替代完成。

（四）应用阶段

这一阶段包括形成测评报告和相关职业心理分析、根据测评结果提出人职匹配建议、将测评总结反馈给部门或个人以及跟踪调查等。

在统计处理后，测评结果应以表格或其他形式输出，作为研究分析的依据。根据产生的各种统计运算结果，职业测评专家要进行各种分析研究，其中包括根据被测者职业兴趣和职业能力倾向和被测者的现实条件选择其可能选择的职业和适合选择的职业。之后要进行相关职业心理分析，并把被测者情况加以参照比较，找出适合被测者的工作职位，并通过与被测者的访谈补充，根据测评结果提出人职匹配建议。

在完成上述步骤后，还要将测评报告形成完善的总结或相应的文字材料，再提供给有关机构或个人。至此，一个职业测评过程全部结束。

二、当前各高校在就业指导中利用职业测评的情况

职业测评从最初的纸笔测验、手工阅卷，测评工程庞大、费时费力，发展到目前基于 Windows 的单机版测评软件，可以说实现了人机对话的重要一步。目前随着网络的普及，网络版职业测评也应运而生。受测者只要登录有关测评网站就可以在任何时间任何地点接受测评，而且随时可以通过网络查看到自己的测评报告。目前我国的职业测评业经过近 20 年的快速发展已经开始进入繁荣发展阶段，社会上各种职业测评机构也如雨后春笋般出现，正在为各行各业、各类人才提供着越来越完善的测评服务。

随着各高校信息化建设的飞速发展，各高校在就业工作中也越来越重视对网络的应用，绝大多数高校已建立了自己的就业网站，目前部分高校已经开展网络职业测评工作，并取得了较好效果。比如清华大学、北京大学、复旦大学及广州地区的中山大学、华南理工大学、华南师范大学等高校，都已经通过自主开发或与其他机构合作等形式开发测评软件，从而为本校大学生提供免费的网络测评服务，并辅之以就业指导课程和就业咨询服务，使毕业生能结合测评结果接受就业指导老师的面对面的解惑答疑。这较之于以前纯粹的就业指导讲座，效果更好。例如，清华大学就业中心学生测评室自 2004 年 2 月推出免费网上大学生职业测评与辅导服务项目后短短几个月就接受了近 3000 人进行在线测评，其中本科生 1367 人，硕士生 1086 人，博士生 329 人，在网上提出预约职业生涯规划咨询的也有 100 多人，其中绝大部分接受了测评和咨询的学生都对该项服务表示满意。

清华大学、华南理工大学采用的是由劳动和社会保障部劳动科学研究所、清华大学就业中心和北

森吉松管理技术有限公司联合开发的国内第一套针对大学生就业的职业测评系统，它包括316道选择题，诸如“如果能够选择的话，你更愿意是一个聪明的人还是一个公正的人?”、“在发生重大变故之后，你是否能安心干事和集中注意力?”、“通常情况下，你是否喜欢做决定?”，该系统测试要求在45分钟内不间断地完成，然后将获得8页的“职业发展报告”和10页的“基本分析报告”。职业发展报告包括动力测试结果、人格测试结果、类型描述、动力描述、适合的岗位特质、职业类型和个人发展建议等8个方面，而基本分析报告是帮助学生解读职业发展报告的辅助材料，包括MBTI人格理论、维度解释、类型偏好指数、动力理论、动力指数、动力与人格的整合和使用帮助等7个方面。

复旦大学的做法则是在大学生入学初就进行心理健康状况普查，为每一位大学生建立心理健康档案，到大四时则在心理咨询中心开设有关职业能力倾向测试项目，为有需要的毕业生提供测评及辅导服务。该中心配有自主开发的“职业能力倾向”测试软件，包括职业兴趣、职业价值观、职业人格三部分，通过测试并辅之以就业指导老师的咨询辅导为毕业生提供个性化的就业指导服务。

2005年1月在由广东省高校毕业生就业指导中心主办、广东省内11所高校就业指导中心协办的“广东省首届大学生职业规划大赛”中也将职业测评内容规定为大赛其中一个环节，据广东省高校毕业生就业指导中心有关负责人表示，其目的就是要充分应用职业测评技术来提高就业指导的实效性、针对性，从而提高就业指导工作的专业化、科学化水平。

【延展阅读】

警惕：别让职业测评成现代算命

“职场医生”乱点鸳鸯谱

职业测评在职业生涯中到底有用没用？它究竟是科学还是“现代算命”？“职场医生”的话应该怎么听？记者带着这些疑问，走访了几位专家。

把算命当成职业测评

李鸣是国际金融专业的应届毕业生，但是他一直喜欢IT技术。他不想从事本行，又担心改行的风险。

他的同学说，现在很多网站上都有职业测评，给他发了几个据说“特别准”的链接。他打开一个，内容是“看你最适合什么样的工作”

“旅行时在荒山野岭迷了路，这时天色已晚，你发现附近只有一间小屋子，迫不得已只好向主人借宿，可是屋主却告诉你四个房间都闹鬼，你会选择哪个房间呢？①有个人头从窗外恶狠狠瞪着你睡觉的房间；②厕所会传来开关门声和女人叹息声的房间；③你一躺上床去床就开始摇晃不让你睡的房间；④半夜醒来看到一个无头鬼坐在床边的房间。”

其他链接也是类似血型预测、星座预测、笔迹预测的东西，这让他糊涂了，这跟算命有什么区别呢？别以为只有学生分不清楚职业测评和算命，有些大企业居然将写满员工出生年月日时的人事资料送去找“大师”进行“人才测评”。

对此，北京市智慧之光咨询有限公司事业部总监、职业指导师张琼文表示深深忧虑：“人总是对命运充满好奇，总想借助于外力，寻找一个能够指点迷津的可靠途径。到了讲求科学与理性的现代，很多人把对这种依赖心理转移到测试题上，把算命也包装成‘职业测评’，这是个严重错误。”

非专业机构赚钱第一

李鸣决定去一家职业咨询中心。虽然觉得一个系列 8000 元太贵了，但这家公司“有强大的专家团队，特殊的就业渠道，神奇的测评工具”，让他一咬牙凑钱走进了大门。

去了几次，他发现，这家公司的服务，其实就是让他做一个价值不菲的测试，然后不停地对他说，你要有信心，你一定能成功……最后他一了解，那些所谓的专家，竟然大多数是刚毕业的学生，而且没有一个具有职业资格证书。那些特殊的岗位信息，是从三大人才网上得来的公开信息。神奇的测评工具，根本是在网上花几十元钱就能买到的产品。

空军第八军医大学教授、中国心理学会测评专业委员会委员武国城对这种现象不无忧虑：“如今不少人没有拿证书就给他人做职业测评，出现了滥用量表、对测验结果妄做评价、测试人员缺乏心理测验专业知识等现象，这是行业标准执行的不到位。”北京心灵之约心理咨询中心咨询师、华夏心理教育中心首批心理咨询师、职业测评专家胡宏女士告诉我们：“职业心理测评至今已经有 120 多年的历史，科学性以及量表的信度、效度也有了一定的标准。职业测评是在现代心理学、管理学的基础上，用心理测验、情境模拟等检测手段，对人的能力、个性、职业兴趣等因素进行科学的化验，以帮助求职者客观地了解自己的职业趋向和本身的业务能力。“职业测评大体上可分为两种：一是帮助个人规划和管理自己的职业生涯；二是帮助企业选拔人才，调配岗位等。在正规的测评机构，正确的心理测评经过正规职业测评师的解释，可以最大限度地发挥个人潜能，在人的发展过程中起到助力的作用。如果在非专业测评机构进行职业测评，会直接影响测评者的职业选择。”

心理咨询不是占卜

杨虹是李鸣的师姐，她前不久也面临着换不换工作的选择，于是她也进行了职业测评。职业测评的题目类似 GMAT 机考的心理测验题目。坐在电脑前输入考生号码后，进入了网上的测试页面，全部是选择题，比如“选择对您更有吸引力的词语：A 矛；B 盾”；“用望远镜观察天象：A 乐意；B 不乐意”，用鼠标点击答案即可。和正常考试一样，测验有时间限制，不同的是每套题前都会有这样的特殊提示：“回答无正误好坏之分，只是帮助你更好地理解自己，不要过多思考，不要遗漏任何题目。”她拿到了由计算机做出的详细的报告，长达 13 页，然后再约职业咨询师专门进行辅导。经过专业人员的辅导，她在新职业中取得了良好发展。杨虹之所以成功，是因为她注意选择了“医生”，看测评机构的人员和工具是不是符合行业要求，看工具是不是通过了国家鉴定。

胡宏女士介绍说：“有的测评机构会做很多的表格，其实，对大学生来说，做一个卡特 16PF 就可以了，这个测试是美国最早的职业测评之一，而且现在已经本地化了。它把你的个性分成 10 个因子，比如说你的内外向、智力水平、情绪的特点、自信心、毅力等这些方面做了非常系统的量化。这个量表会根据个人的性格特点，在职业选择上给出很多建议。测评结果会提供很多职业，大家在测评完就可以有选择、交叉地去从事。”

李鸣最后选择了这家正规机构，终于找到了自己的定位——金融系统的 IT 管理行业，这样既不浪费自己所学知识，又实现了个人理想。

但是，专家警告，职业测评并不是万能的，它不能解决所有人的所有问题。职业测评可以帮助你在潜意识内对自己准确定位，在短时间内实现人职匹配，却并不是能够预测你一生工资、地位、成就的法宝。如果认为一次职业测评就可以“定终身”，那就真的变成一种“现代迷信”了。

经典案例：职业测评小心中外人才观念打架

某家中国大公司正在进行招聘人员职业测评，采用了从美国引进的先进职业测评问卷。其中有一道题目，如果你的同事在工作中出现错误，你是公开向他指出这个错误，还是私下跟他解决？中国企业比较重视人际关系，一般主张采取“私下解决”的方法，但是，按照美国的测评答案，公开指出错误才是最正确的态度。这让求职者和企业领导觉得很矛盾。张琼文等专家都认为：“外国职业测评工具的确很先进，但是由于文化差异的客观存在，照搬西方职业测评必然会出现一些问题。比如语言体系、中西方文化、风俗习惯等，使它很容易遗漏了中国文化中认为有意义的现象与行为特征，比如上面那个例子，中国比较重视良好的人际关系，不愿意当面撕破脸批评同事，而西方就认为这是没有原则和魄力的表现。”专家建议，在进行职业测评时，不妨选择一些本土化做得较好的软件或者工具。

知识链接：三种人不适合职业测评

一位40多岁的企业老总气愤地对咨询师喊道，这个职业测评报告与他的实际情况不符：“没有人跟我说过我是这样的人！”但是，根据别人反映，他的确有着报告指出的职场缺陷。

并不是每个人都适合做职业测评，有三类人测评效果不大：一是自身资源太少，不足以改变现状的人；二是安于现状，不肯做出努力改变的人；三是已经对自己比较了解，能够自己解决职业方向的人。

来源　(2006-01-10). http://www.osta.org.cn/siteApp/htm/5485_3793_50028_cb5b093f2ab9bed1229d996c5ca38966.html.

三、正确选择职业测评

(一)测评的权威性

一个心理测评常模选取要耗费大量的人力物力，而且需要专业人员撰写解释系统，所以在选取职业测评机构时不仅要考虑到工具是否能适用自己目前状况，更要考虑该机构是否有专业、权威的背景，其提供的测评报告是否通俗易懂。这点可以考察一下该机构是否有比较权威、知名的心理学方面的专家做技术顾问，是否依托于相关高等院校、科研院所。

(二)咨询师的专业性

一个好的职业咨询师可以通过职业兴趣、MBTI或职业锚等对一个人有深刻的把握，并从中延伸出很多，而这需要有多年的咨询经验以及大量的咨询实例进行总结、汇总。准备参加测评的大学生可以通过了解咨询师的专业背景、学历层次、工作经历、从业年限等进行初步考察以了解其是否能提供较准确、个性化的职业发展建议。

(三)测评报告的通俗性

一个详细、有效的测评报告应包括测评的基本数据、根据数据对人进行的解释以及辅助阅读报告的背景知识，等等，不仅要专业严谨、分析全面，而且要通俗易懂。所以在准备参加测评之前应索取对方的测评报告样本进行阅读，看看是否是用通俗易懂的语言写成，是否提供了必要的职业指导和职业发展建议等。

参考文献

[1]池忠军.论生涯辅导历史演进的教育哲学基础:兼论大学生就业指导的新拓展 [J].山西高等学校社会科学学报,2001(9):25-28.

[2]马莲.略论大学生职业生涯辅导体系的构建[J].中国大学生就业,2007(12):54-57.

[3]赵曼.大学生生涯辅导中存在的问题与对策[J].文史博览:理论,2007(5):72-73.

[4]叶晓燕.大学生生涯辅导的理论与方法的研究[D].上海:东华大学,2006.

[5]张文,仲卫东.国外大学生生涯辅导及其启示[J].江西理工大学学报, 2006(10):39-40.

[6]吴迪.中美高校生涯辅导工作比较研究[J].成人高教学刊,2007(2):58-61.

[7]荆桂英.大学生生涯辅导及实施途径[J].东北电力学院学报,2004(8):87-90.

[8]于祥成.大学生生涯辅导探析[J].大学教育科学,2006(1):85-90.

[9]朱宁,薛艳.大学生职业生涯辅导与择业心理调适[J].高等职业教育:天津职业大学学报,2005(12):41-43.

[10]房云.职业生涯辅导教师的素质探讨[J]. 高等教育与学术研究,2007(3):40-42.

[11]王彦峰.当前大学生职业生涯规划的主要问题与应对策略[J].高教高职研究,2007(39):18-19.

[12]张元,等.职业生涯设计[M].北京师范大学出版社,2006.

[13]韩云金.大学生职业生涯规划的理论与实证研究[D].广州:华南农业大学,2006.

[14]张新娟.大学生职业决策研究[D].北京:华北电力大学,2006.

[15]马宁.大学生择业心理障碍及其成因分析[J].辽宁行政学院学报,2006(2):61-62.

[16]周频文.论大学生择业心理障碍的防治[J].湖南科技学院学报,2005(10):240-241.

[17]沈国强.大学生择业心理障碍及调适[J].教育探索,2007(3):106-107.

[18]贺丹.大学生创业倾向的影响因素分析[D].杭州:浙江大学,2006.

[19]张竞乾,朱玉涛,谢帆.论加强大学生职业生涯教育的必要性及具体措施[J].河北农业大学学报:农林教育版,2006(6):21-23.

[20]雷五明, 赵北平.大学生职业生涯教育的实施与保障[J].职业技术教育:教科版,2006(19):77-79.

[21]周雪惠.论职业生涯教育思想与我国高校职业生涯教育建设[D].成都: 四川师范大学,2005.

[22]李亦桃.美国职业生涯教育初探:对我国普通高中教育改革的启示[D].重庆: 西南师范大学,2005.

[23]陈军.大学生职业生涯教育研究[D].长春: 东北师范大学,2006.

[24]王志新.新时期的大学生职业咨询工作研究[J].中国青年研究,2004(5):140-146.
[25]刘昂.大学生职业心理咨询探析[J].山东商业职业技术学院学报.2003(3):74-75.
[26]李庆原.论学校职业咨询对教师的素质要求[J].职业教育研究,2005(9):14-15.
[27]雷五明.论学校心理咨询与职业咨询的异同[J].湖北教育学院学报,2006(7):87-89.
[28]沈之菲.职业咨询的方法与技术[J].思想·理论·教育,2002,(11):46-48.
[29]仵林军.大学生职业生涯规划研究[D].南京:南京理工大学,2005.
[30]黄昌建.大学生职业生涯规划研究[D].重庆:西南大学,2006.
[31]吴益妃.大学生职业生涯规划研究[D].上海:上海大学,2006.
[32]张国瑞.大学生职业生涯规划问题研究[D].济南:山东大学,2006.
[33]张文.大学生职业生涯规划探讨[D].武汉:中南大学,2006.
[34]詹发尚.大学生职业生涯规划的研究[D]曲阜:曲阜师范大学,2006.
[35]陈曼道.大学生职业生涯规划的研究[D]长沙:湖南师范大学,2006.
[36]鲁春晓.大学生职业生涯规划的心智模式[D].兰州:西北师范大学,2005.
[37]王琦.大学生职业生涯辅导模式的研究 [D].天津:天津大学,2006.
[38]孙颖.大学生职业发展战略研究[D] .天津:天津大学,2006.
[39]姚宇辉.集团雇员的职业生涯规划管理[D].重庆:西南财经大学,2005.
[40]罗淑珍.论高等学校教育的新任务:大学生职业生涯辅导[D].南宁:广西师范大学,2004.
[41]杨丽娟.论求职面试的技能技巧[J].中国科教创新导刊,2007,(10):81-82.
[42]黄建民.招聘中的面试技巧[J].企业改革与管理,2006(9):66-67.
[43]郝卯亮.高校毕业生求职简历写作教学谈[J].山西农业大学学报:社会科学版,2003(3):278-283.
[44]张端芝.简历和求职信写作要点阅读与写作[J].阅读与写作,2005(5):33-34.
[45]钟尚联.毕业生求职简历的设计与制作[J].中国职业技术教育,2007(8):32-33.
[46]胡纬华.论就业信息的处理策略[J].上海商学院学报,2005(9):14-16.
[47]李钦霞.大学生就业信息及其收集途径[J].河南教育学院学报:哲学社会科学版,2001(4):93-95.
[48]刘立平.获取和分析就业信息的方法[J].成才之路.2007(7):2-3.
[49]覃勇,彭建盛.论大学毕业生的就业信息准备[J].河池学院学报,2005(4):84-86.
[50]张淮生.大学生就业前如何做好信息准备[J].中国大学生就业,2006(9):33-34.
[51]季荣臣.大学毕业生搜集就业信息的原则和方法[J].河南教育学院学报:哲学社会科学版,2001(2):94-97.
[52]钟兴言.就业信息与大学生就业问题研究[D].福州:福建师范大学, 2006.
[53]闾浩.略谈毕业生面试技巧[J].科教文汇:下旬刊,2007(4):30.
[54]雷英.毕业生成功面试三部曲[J].宁波广播电视大学学报,2006(9):85-87.
[55]阿彪.职业指导的基本理论.阿彪博客[EB/OL].(2006-12-04).http://jxjxb.bokee.com/viewdiary.13958408.html.

[56]潘嵩.我国高校大学生创业教育对策研究[D].南京:河海大学,2007(3).
[57]许建.创业促进就业机制的效果与分析.猫扑网[EB/OL].(2007-10-17).http://i.mop.com/Rumours/blog/2007/10/17/4968437.html.
[58]郭平.大学生自主创业的素质准备[J].江西行政学院学报,2006(1):144-146.
[59]李红.创业素质及其培养策略探析[J].陕西理工学院学报:社会科学版,2006(5):71-74.
[60]蒲建萍.浅析当代大学生创业心理品质的若干问题[J].教书育人,2005(9):27-29.
[61]钟建华,胡明山,易璐.大学生创业精神培养探析[J].教育与职业,2006(9):174-175.
[62]米丽艳.论我国的人才测评[D].哈尔滨:哈尔滨工程大学,2004.
[63]李佳.职业测评研究[D].哈尔滨:哈尔滨工程大学,2001.
[64]赵莹.我国人才测评工作的研究与探索[D].哈尔滨:哈尔滨工程大学,2004.
[65]于薇.人才测评的研究与探索[D].哈尔滨:哈尔滨工程大学.2001.
[66]陈景秋,王垒.职业测评:功能与实践[J].职业,2003(3):30-32.
[67]张玲.走近职业测评[J].中国大学生就业,2006(17):27-29.
[68]徐昶斌.职业测评在就业指导实践中应用的问题探讨[J].中国大学生就业.2005(15):73-75.
[69]李睿.青年职业生涯目标的抉择[J].中国青年研究,2003(8):11-15.
[70]崔春.浅论大学生职业目标的确定[J].吉林华侨外国语学院学报,2007(1):46-49.
[71]马士斌.生涯目标及其设计[J].人力资源,2000(2):35-36.
[72]陈秀珍.大学生职业生涯目标缺失的原因分析[J].科教文汇,2007(3):44.
[73]罗兰芬,甘保和.论大学生职业生涯规划与就业指导的结合[J].科技资讯,2007(34):81.
[74]陈啸.论大学生职业生涯规划与就业指导[J].教育与职业,2006(1):53-55.
[75]郭蕾.劳动力市场中信息不对称对大学生就业的影响及对策研究[J].宜宾学院学报,2006(11):24-26.
[76]刘海.社会职业及其分类时间[EB/OL].[2008-03-06].http://www.hdc.edu.cn/News_View.ew.asp?NewsID=705.
[77]王丹.论我国劳动力市场发展的问题与对策[J].科技·人才·市场,2001(5):60-62.
[78]潘泰萍.中国劳动力市场发展中存在的问题及其对劳动关系的影响[J].生产力研究,2007(20):79-81.
[79]孙宏.劳动力市场分割对大学毕业生就业的影响[J].开发研究,2007(3):144-147.
[80]夏阳.浅析大学生的就业能力[J].中国大学生就业,2006(15):105-106.
[81]马小辉.提升大学生就业能力的策略探究[J].学校党建与思想教育,2007(11):63-64.
[82]杨邦勇.当代大学生就业能力提升研究[J].中国大学生就业,2007(14):28-30.
[83]向从武.略论大学生就业能力的培养[J].边疆经济与文化,2007(5):113-114.
[84]吕红平,李英.大学生如何提升就业能力[EB/OL].[2008-02-28].http://news.xinhuanet.com/employment/2007-01/01/content_5557485.htm.
[85]郭凤莲.毕业生求职中常见的心理障碍及其自我调适[J].株洲工学院学报,2003(4):

150-157.
[86]谷桂远.求职应试的三种心理控制[J].心理与健康,2004(9):57-57.
[87]陆琨.论大学生良好就业心理素质培养[J].边疆经济与文化,2007(12):101-103.
[88]龙春江.论大学生就业权益保护重在预防[J].科教文汇,2007(5):145-145.
[89]闵辉.毕业生就业协议探析:兼谈毕业生就业权益保护[J].思想理论教育,2006(1):63-66.
[90]李世军,陈宝兰,黄熙.就业协议与劳动合同的冲突及其解决办法[J].合肥工业大学学报,2006(12):6-8.
[91]陈明文.签订劳动合同应注意的几个问题[J].学子,2004(6):10.
[92]陈志林.浅析违约责任[J].建材与装饰,2007(9):345-348.
[93]邹开亮.大学生就业违约的制度归因及对策[J].喀什师范学院学报.2007,9:26-28.
[94]都兴芳.求职面试中的心理障碍与调适[J].吉林省社会主义学院学报,2007(2):44-45.
[95]王坚.试论大学生求职受挫后的心理策略[J].湖北经济学院学报,2006(9):138-139.
[96]陈春法.就业辅导:基于对高职生就业力的提升[M].北京:人民出版社,2007.
[97]陈绵水,高海生.大学生职业生涯规划教程[M].北京:北京交通大学出版社,2007.
[98]蒋德勤.大学生就业指导教程[M].北京:北京交通大学出版社,2007.